西政文库·教授篇

农村消费信贷
促进法律机制研究

胡元聪 著

图书在版编目(CIP)数据

农村消费信贷促进法律机制研究 / 胡元聪著. — 北京：商务印书馆，2022
（西政文库）
ISBN 978-7-100-20080-6

Ⅰ.①农… Ⅱ.①胡… Ⅲ.①农村－消费贷款－信贷管理－法规－研究－中国 Ⅳ.①D922.282.4

中国版本图书馆CIP数据核字（2021）第125837号

本著作为作者主持的 2012 年度国家社科基金青年项目成果（项目批准号：12CFX071；结项证书号：20181250）

权利保留，侵权必究。

西政文库
农村消费信贷促进法律机制研究
胡元聪 著

商 务 印 书 馆 出 版
（北京王府井大街36号 邮政编码100710）
商 务 印 书 馆 发 行
北京富诚彩色印刷有限公司印刷
ISBN 978-7-100-20080-6

2022 年 4 月第 1 版　　　　　开本 680×960　1/16
2022 年 4 月第 1 次印刷　　　印张 29　3/4

定价：148.00 元

西政文库编委会

主　任：付子堂
副主任：唐　力　周尚君
委　员：（按姓氏笔画排序）
　　　　龙大轩　卢代富　付子堂　孙长永　李　珮
　　　　李雨峰　余劲松　邹东升　张永和　张晓君
　　　　陈　亮　岳彩申　周尚君　周祖成　周振超
　　　　胡尔贵　唐　力　黄胜忠　梅传强　盛学军
　　　　谭宗泽

总　序

"群山逶迤，两江回环；巍巍学府，屹立西南……"

2020年9月，西南政法大学将迎来建校七十周年华诞。孕育于烟雨山城的西政一路爬坡过坎，拾阶而上，演绎出而今的枝繁叶茂、欣欣向荣。

西政文库以集中出版的方式体现了我校学术的传承与创新。它既展示了西政从原来的法学单科性院校转型为"以法学为主，多学科协调发展"的大学后所积累的多元化学科成果，又反映了学有所成的西政校友心系天下、回馈母校的拳拳之心，还表达了承前启后、学以成人的年轻西政人对国家发展、社会进步、人民福祉的关切与探寻。我们衷心地希望，西政文库的出版能够获得学术界对于西政学术研究的检视与指引，能够获得教育界对于西政人才培养的考评与建言，能够获得社会各界对于西政长期发展的关注与支持。

六十九年前，在重庆红岩村的一个大操场，西南人民革命大学的开学典礼隆重举行。西南人民革命大学是西政的前身，1950年在重庆红岩村八路军办事处旧址挂牌并开始招生，出生于重庆开州的西南军政委员会主席刘伯承兼任校长。1953年，以西南人民革命大学政法系为基础，在合并当时的四川大学法学院、贵州大学法律系、云南大学法律系、重庆大学法学院和重庆财经学院法律系的基础上，西南政法学院正式成立。中央任命抗日民族英雄、东北抗日联军第二路军总指挥、西南军政委员会政法委员会主任周保中将军为西南政法学院首任院长。1958年，中央公安学院重庆分院并入西南政法学院，使西政既会聚了法学名流，又吸纳了实务精英；既秉承了法学传统，又融入了公安特色。由此，学校获誉为新中国法学教育的"西南联大"。

20世纪60年代后期至70年代，西南政法学院于"文革"期间一度停办，老一辈西政人奔走呼号，反对撤校，为保留西政家园不屈斗争并终获胜利，为后来的"西政现象"奠定了基础。

20世纪70年代末，面对"文革"等带来的种种冲击与波折，西南政法学院全体师生和衷共济，逆境奋发。1977年，经中央批准，西南政法学院率先恢复招生。1978年，经国务院批准，西南政法学院成为全国重点大学，是司法部部属政法院校中唯一的重点大学。也是在70年代末，刚从"牛棚"返归讲坛不久的老师们，怀着对国家命运的忧患意识和对学术事业的执着虔诚，将只争朝夕的激情转化为传道授业的热心，学生们则为了弥补失去的青春，与时间赛跑，共同创造了"西政现象"。

20世纪80年代，中国的法制建设速度明显加快。在此背景下，满怀着憧憬和理想的西政师生励精图治，奋力推进第二次创业。学成于80年代的西政毕业生们，成为今日我国法治建设的重要力量。

20世纪90年代，西南政法学院于1995年更名为西南政法大学，这标志着西政开始由单科性的政法院校逐步转型为"以法学为主，多学科协调发展"的大学。

21世纪的第一个十年，西政师生以渝北校区建设的第三次创业为契机，克服各种困难和不利因素，凝心聚力，与时俱进。2003年，西政获得全国首批法学一级学科博士学位授予权；同年，我校法学以外的所有学科全部获得硕士学位授予权。2004年，我校在西部地区首先设立法学博士后科研流动站。2005年，我校获得国家社科基金重大项目（A级）"改革发展成果分享法律机制研究"，成为重庆市第一所承担此类项目的高校。2007年，我校在教育部本科教学工作水平评估中获得"优秀"的成绩，办学成就和办学特色受到教育部专家的高度评价。2008年，学校成为教育部和重庆市重点建设高校。2010年，学校在"转型升格"中喜迎六十周年校庆，全面开启创建研究型高水平大学的新征程。

21世纪的第二个十年，西政人恪守"博学、笃行、厚德、重法"的西政校训，弘扬"心系天下，自强不息，和衷共济，严谨求实"的西政精神，坚持"教学立校，人才兴校，科研强校，依法治校"的办学理念，推进学校发展取得新成绩：学校成为重庆市第一所教育部和重庆市共建高校，入选首批卓越法律人才教育培养基地（2012年）；获批与英国考文垂大学合作举办法学专业本科教育项目，6门课程获评"国家级精品资源共享课"，两门课程获评"国家级精品视频公开课"（2014年）；入选国家"中西部高校基础能力建设工程"院校，与美国凯斯西储大学合作举办法律硕士研究生教育项目（2016年）；法学学科在全国第四轮学科评估中获评A级，新闻传播学一级学科喜获博士学位授权点，法律专业硕士学位授权点在全国首次专业学位水平评估中获评A级，经济法教师团队入选教育部"全国高校黄大年式教师团队"（2018年）；喜获第九届世界华语辩论锦标赛总冠军（2019年）……

不断变迁的西政发展历程，既是一部披荆斩棘、攻坚克难的拓荒史，也是一部百折不回、逆境崛起的励志片。历代西政人薪火相传，以昂扬的浩然正气和强烈的家国情怀，共同书写着中国高等教育史上的传奇篇章。

如果对西政发展至今的历史加以挖掘和梳理，不难发现，学校在教学、科研上的成绩源自西政精神。"心系天下，自强不息，和衷共济，严谨求实"的西政精神，是西政的文化内核，是西政的镇校之宝，是西政的核心竞争力；是西政人特有的文化品格，是西政人共同的价值选择，也是西政人分享的心灵密码！

西政精神，首重"心系天下"。所谓"天下"者，不仅是八荒六合、四海九州，更是一种情怀、一种气质、一种境界、一种使命、一种梦想。"心系天下"的西政人始终以有大担当、大眼界、大格局作为自己的人生坐标。在西南人民革命大学的开学典礼上，刘伯承校长曾对学子们寄予厚望，他说："我们打破旧世界之目的，就是要建设一个人民的新世界……"而后，从化龙桥披荆斩棘，到歌乐山破土开荒，再到渝北校区新建校园，几代西政人为推进国家的民主法治进程矢志前行。正是在不断的成长和发展过程中，西政见证了新中国法学教育的涅槃，有人因此称西政为"法学黄埔军校"。其实，这并非仅仅是一个称号，西政人之于共和国的法治建设，好比黄埔军人之于那场轰轰烈烈的北伐革命，这个美称更在于它恰如其分地描绘了西政为共和国的法治建设贡献了自己应尽的力量。岁月经年，西政人无论是位居"庙堂"，还是远遁"江湖"，无论是身在海外华都，还是立足塞外边关，都在用自己的豪气、勇气、锐气，立心修德，奋进争先。及至当下，正有愈来愈多的西政人，凭借家国情怀和全球视野，在国外高校的讲堂上，在外交事务的斡旋中，在国际经贸的商场上，在海外维和的军营里，实现着西政人胸怀世界的美好愿景，在各自的人生舞台上诠释着"心系天下"的西政精神。

西政精神，秉持"自强不息"。"自强不息"乃是西政精神的核心。西政师生从来不缺乏自强传统。在20世纪七八十年代，面对"文革"等带来的发展阻碍，西政人同心协力，战胜各种艰难困苦，玉汝于成，打造了响当当的"西政品牌"，这正是自强精神的展现。随着时代的变迁，西政精神中"自强不息"的内涵不断丰富：修身乃自强之本——

尽管地处西南，偏于一隅，西政人仍然脚踏实地，以埋头苦读、静心治学来消解地域因素对学校人才培养和科学研究带来的限制。西政人相信，"自强不息"会涵养我们的品性，锻造我们的风骨，是西政人安身立命、修身养德之本。坚持乃自强之基——在西政，常常可以遇见在校园里晨读的同学，也常常可以在学术报告厅里看到因没有座位而坐在地上或站在过道中专心听讲的学子，他们的身影折射出西政学子内心的坚守。西政人相信，"自强不息"是坚持的力量，任凭时光的冲刷，依然能聚合成巨大动能，所向披靡。担当乃自强之道——当今中国正处于一个深刻变革和快速转型的大时代，无论是在校期间的志愿扶贫，还是步入社会的承担重任，西政人都以强烈的责任感和实际的行动力一次次证明自身无愧于时代的期盼。西政人相信，"自强不息"是坚韧的种子，即使在坚硬贫瘠的岩石上，依然能生根发芽，绽放出倔强的花朵。

西政精神，倡导"和衷共济"。中国司法史上第一人，"上古四圣"之一的皋陶，最早提倡"和衷"，即有才者团结如钢；春秋时期以正直和才识见称于世的晋国大夫叔向，倾心砥砺"共济"，即有德者不离不弃。"和衷共济"的西政精神，指引我们与家人美美与共：西政人深知，大事业从小家起步，修身齐家，方可治国平天下。"和衷共济"的西政精神指引我们与团队甘苦与共：在身处困境时，西政举师生、校友之力，攻坚克难。"和衷共济"的西政精神指引我们与母校荣辱与共：沙坪坝校区历史厚重的壮志路、继业岛、东山大楼、七十二家，渝北校区郁郁葱葱的"七九香樟""八零花园""八一桂苑"，竞相争艳的"岭红樱""齐鲁丹若""豫园"月季，无不见证着西政的人和、心齐。"和衷共济"的西政精神指引我们与天下忧乐与共：西政人为实现中华民族伟大复兴的"中国梦"而万众一心；西政人身在大国，胸有大爱，遵循大道；西政人心系天下，志存高远，对国家、对社会、对民族始终怀着强烈的责任感和使命感。西政人将始终牢记：以"和衷共济"的人生态度，以人类命运共同体的思维高度，为民族复兴，为人类进步贡献西政人的智慧和力量。这是西政人应有的大格局。

西政精神，着力"严谨求实"。一切伟大的理想和高远的志向，都需要务实严谨、艰苦奋斗才能最终实现。东汉王符在《潜夫论》中写道："大人不华，君子务实。"就是说，卓越的人不追求虚有其表，有修养、有名望的人致力于实际。所谓"务实"，简而言之就是讲究实际，实事求是。它排斥虚妄，鄙视浮华。西政人历来保持着精思睿智、严谨求实的优良学风、教风。"严谨求实"的西政精神激励着西政人穷学术之浩瀚，致力于对知识掌握的弄通弄懂，致力于诚实、扎实的学术训练，致力于对学习、对生活的精益求精。"严谨求实"的西政精神提醒西政人在任何岗位上都秉持认真负责的耐劳态度，一丝不苟的耐烦性格，把每一件事都做精做细，在处理各种小事中练就干大事的本领，于精细之处见高水平，见大境界。"严谨求实"的西政精神，要求西政人厚爱、厚道、厚德、厚善，以严谨求实的生活态度助推严谨求实的生活实践。"严谨求实"的西政人以学业上的刻苦勤奋、学问中的厚积薄发、工作中的恪尽职守赢得了教育界、学术界和实务界的广泛好评。正是"严谨求实"的西政精神，感召着一代又一代西政人举大体不忘积微，务实效不图虚名，博学笃行，厚德重法，历经创业之艰辛，终成西政之美誉！

"心系天下，自强不息，和衷共济，严谨求实"的西政精神，乃是西政人文历史的积淀和凝练，见证着西政的春华秋实。西政精神，在西政人的血液里流淌，在西政人的骨子里生长，激励着一代代西政学子无问西东，勇敢前行。

西政文库的推出，寓意着对既往办学印记的总结，寓意着对可贵西政精神的阐释，而即将到来的下一个十年更蕴含着新的机遇、挑战和希望。当前，学校正处在改革发展的关键时期，学校将坚定不移地以教学为中心，以学科建设为龙头，以师资队伍建设为抓手，以"双一流"建设为契机，全面深化改革，促进学校内涵式发展。

世纪之交，中国法律法学界产生了一个特别的溢美之词——"西政现象"。应当讲，随着"西政精神"不断深入人心，这一现象的内涵正在不断得到丰富和完善；一代代西政校友，不断弘扬西政精神，传承西政文化，为经济社会发展，为法治中国建设，贡献出西政智慧。

是为序。

西南政法大学校长，教授、博士生导师
教育部高等学校法学类专业教学指导委员会副主任委员
2019 年 7 月 1 日

序

乡村振兴、共同富裕等一系列推动经济高质量发展的重要战略举措都绕不开农村消费问题，在后疫情时代"双循环"背景之下更是如此。党的十八大报告强调要加快建立扩大消费需求长效机制以释放居民消费潜力，十九大报告强调要完善促进消费的体制机制增强消费对经济发展的基础性作用，党的十九届五中全会又提出"全面促进消费"。我国巨大的消费市场在农村，但是农村消费需求不足已成为我国经济社会发展中的主要矛盾之一，其直接导致了我国整体消费及其消费结构有所不足。要实现我国经济的高质量发展，就需要扩大国内消费市场尤其是广大的农村消费市场。而如何构建农村消费信贷促进法律机制是迫切需要研究的问题之一。胡元聪教授在其完成的中国法学会项目《扩大农村消费需求的法律激励机制研究》基础上成功申报的国家社科基金项目《农村消费信贷促进法律机制研究》，是对农村消费信贷促进法律机制的系统性研究，在一定程度上弥补了此方面的研究缺陷。系统研究此问题可以有多种路径，而呈现在读者面前的《农村消费信贷促进法律机制研究》是作者运用外部性的经济法克服原理（包括正外部性的经济法激励和负外部性的经济法约束）系统阐述农村消费信贷促进法律机制问题的一部力作，这无疑又有利于丰富外部性经济法克服的理论内涵。

纵观全书，作者沿着"理论研究—实证研究—规范研究—比较研究—对策研究"的思路，系统研究了我国农村消费信贷促进法律机制并提出以下核心观点：一是认为我国农村消费信贷面临制度困境，即对信贷机构的激励不足而"惧贷"，约束太少而"惜贷"；对信贷客户的激励不足而"不贷"，约束太多而"难贷"。二是主张基于农村消费信贷的正外部性，应该对信贷双方进行法律激励；基于农村消费信贷的负外部性，又必须对信贷双方进行法律约束。三是认为促进农村消费信贷，需要对农村消费信贷双方进行激励与约束的协同规制。对信贷机构进行激励与约束的协同规制，旨在实现其赢利性与普惠性的平衡；对信贷客户进行激励与约束的协同规制，旨在实现其信用性与受益性的平衡。四是认为国外促进农村消费信贷的制度经验是注重对信贷双方进行激励与约束的协同规制。五是总结了激励与约束协同规制之间的内在逻辑关系，即对信贷客户的约束可以对信贷机构产生激励，对信贷机构的约束可以对信贷客户产生激励；对信贷客户的激励必然要求对信贷机构进行约束，对信贷机构的激励必然要求对信贷客户进行约束。

据我观之，本著作有三个方面的创新。一是方法创新。本著作全面运用跨区域问卷调查、跨国家考察比较、跨学科综合研究等多种研究方法，从多个维度对农村消费信贷促进法律机制进行了系统研究，特别是规范研究部分的文本分析法和实证研究部分的 SPSS 分析法，极大地增强了研究结论的说服力和法律对策的针对性。二是观点创新。本著作基于对正外部性经济法激励，对负外部性经济法约束的理论，提出的对信贷机构的（信贷普惠）约束可以对信贷客户产生（信贷受益）激励从而解决信贷机构"惜贷"和信贷客户"不贷"问题，对信贷客户的（信贷信用）约束可以对信贷机构产生（信贷赢利）激励从而解决信贷客户"难贷"和信贷机构"惧贷"问题等观点有极大的创新性。三是视角创新。本著作从正外部性的经济法激励与负外部性的经济法约束的原理视角，将法律的两种相反相成的激励功能和约束功能协同运用于研究农村消费信贷促进法律机制问题，既深化了对法律激励与约束功能的理论研究内容，也丰富了对农村消费信贷的实证研究内容。因此，在学术建树方面，本著作融合了理论研究与实证研究、国内研究与国际研究、问题研究与对策研究、基本理论研究与制度架构研究，是在农村消费信贷促进法律机制方面进行的深入、系统且具前沿性的研究。

西南政法大学中国农村经济法制创新研究中心现为中央与地方共建项目、重庆市首批重点人文社会科学研究基地。中心是在我1999年为中共中央领导同志主讲《依法保障和促进农村的改革、发展与稳定》之后于2000年成立的。该中心较早关注了中国农村经济法制问题，有较为深厚的研究积淀。从20世纪80年代完成全国第一项有关农村经济法制的国家社科基金（当时名称为"中华社科基金"）重点项目"中国农村经济法制研究"以来，中心已获得中国农村经济法制相关的国家社科基金项目达数十项。本著作作为一种将外部性经济法克服理论运用于研究农村消费信贷问题的有益尝试，既有理论价值也有实践意义，同时也将推动西南政法大学中国农村经济法制创新研究中心的研究迈向一个新的台阶。我作为胡元聪的博士生导师，对他在中国农村经济法制方面进行持续研究过程中展示出的坚定的学术勇气、创新的研究智慧感到十分欣慰。在本著作付梓之际，我也希望有更多的经济法学人针对本著作的选题作更加深入和持续的研究。

是为序。

全国杰出资深法学家

西南政法大学教授

2021年8月

前　言

习近平总书记在 2020 年 12 月的中央农村工作会议上指出，"构建新发展格局，把战略基点放在扩大内需上，农村有巨大空间，可以大有作为"。因此，中国巨大的消费市场在农村。截至 2018 年底，我国农民数量约为 5.6 亿，但是《中华人民共和国 2019 年国民经济和社会发展统计公报》的数据显示，农村居民人均消费支出 13328 元，占整个人均消费支出的比例为 32%。因此，我国农村消费需求不足已成为我国经济社会发展中的主要矛盾之一，直接导致了我国整体消费的不足，进而影响到我国经济的高质量发展。

进入中国特色社会主义新时代，我国的社会主要矛盾已经转化为人民日益增长的美好生活需要和不平衡不充分的发展之间的矛盾。这里的发展不平衡当然也包括了基于城乡消费不平衡而带来的发展不平衡。与城市相比，农村消费不足的重要原因之一是农村消费信贷市场的落后。从需求侧来看，农村消费信贷需求已逐步由简单的生产生活需求向高层次需求转变，由零散、小额的需求向集中、大额的需求转变，因此其总体上呈现出多元化、多层次特征。从供给侧来看，还存在支持农村消费信贷方面的金融机构数量严重不足、金融产品数量偏少、金融服务质量不高等问题。前述统计公报的数据显示，2019 年末主要农村金融机构人民币贷款余额 190688 亿元，占全部金融机构人民币消费贷款余额 439669 亿元的 43%。这些都表明原有农村消费信贷规模、层次、内容已经无法满足乡村振兴战略背景下农村居民日益增长的融资需求。

中央自 2004 年以来每年均以"一号文件"形式提出要加快农村金融体制改革并改善农村金融服务。尤其是《关于改进和加强对农民工金融服务工作的指导意见》（银发〔2006〕287 号）更是明确指出要"积极发展农村消费信贷，活跃农村消费市场"。近年来，我国出台的系列"三农"方面的法律法规，为促进农村消费信贷提供了法律依据并取得了显著的成效。截至 2019 年末，全国银行卡助农取款服务点村级行政区覆盖率达 99.21%。截至 2019 年 9 月末，全国已组建村镇银行 1633 家，中西部占比 65.7%，覆盖全国 31 个省份的 1296 个县（市、旗），县域覆盖率为 70.6%。但是，农村消费信贷的供给仍然显得较为落后。数据显示，农户正规金融消费贷款缺口超过 3 万亿元。而央行发布的中国普惠金融指标分析报告（2019 年）显示，截至 2019 年末，农户信用贷款比例为 16.97%。因此，完善农村消费信贷促进法律机制以推动农村消费信贷市场的繁荣就显得非常迫切。

在农村消费信贷法律关系中，信贷机构与信贷客户是最直接的法律主体。健康发展的农村消费信贷中，信贷机构与信贷客户之间存在双向正外部性，此时需要法律制度的激励。同时，信贷机构与信贷客户之间也存在双向负外部性，此时就需要法律制度的约束。总之，为了激励双方的正外部性和约束双方的负外部性，需要构建针对他们的激励与约束协同法律机制，以促进"双循环"背景下我国农村消费信贷市场的繁荣，从而助推"共同富裕"战略下我国经济的高质量发展。

目 录

绪 论 1
 一、研究背景和研究价值 1
 二、研究现状和综述评价 3
 三、研究方法和研究思路 35
 四、逻辑框架和基本观点 37
 五、创新之处和必要说明 39

第一章 农村消费信贷促进法律机制的理论研究 42
 第一节 农村消费信贷的概念表达 42
  一、农村消费信贷的溯源及演变 42
  二、农村消费信贷的界定及特征 45
  三、农村消费信贷的分类 51
  四、农村消费信贷的用途及功能 52
 第二节 农村消费信贷的法治化及法律关系 57
  一、农村消费信贷与金融法律制度的关系 57
  二、农村消费信贷法律关系 60
 第三节 农村消费信贷促进法律机制构建的经济学
    与经济法学基础 67

一、农村消费信贷促进法律机制构建的经济学基础 67

二、农村消费信贷促进法律机制构建的经济法学基础 72

第四节 外部性视野下农村消费信贷促进激励与约束法律
机制构建的理论基础 78

一、外部性及农村消费信贷外部性的界定 78

二、农村消费信贷中信贷机构与信贷客户之间双向正负
外部性的表现 81

第五节 经济法视野下农村消费信贷促进法律机制构建的
基本原则与价值目标 89

一、农村消费信贷促进法律机制构建的基本原则 89

二、农村消费信贷促进法律机制构建的价值目标 106

第二章 我国农村消费信贷促进法律机制的实证研究
——基于对信贷双方的调查与分析 114

第一节 我国农村消费信贷促进法律机制的实证研究
——基于信贷机构的视角 114

一、统计实证研究说明 114

二、信贷机构对农村消费信贷的认识 117

三、信贷机构视角下农村消费信贷的现况 120

四、信贷机构视角下农村消费信贷的法律激励机制 126

五、信贷机构视角下农村消费信贷的法律约束机制 135

第二节 我国农村消费信贷促进法律机制的实证研究
——基于信贷客户的视角 140

一、统计实证研究说明 140

二、信贷客户对农村消费信贷的认识 142

三、信贷客户视角下农村消费信贷的现况 149

四、信贷客户视角下农村消费信贷的法律激励机制 ……155

　　五、信贷客户视角下农村消费信贷的法律约束机制 ……165

第三节　信贷机构与信贷客户关于农村消费信贷促进法律机制观点的比较分析 ……170

　　一、信贷机构与信贷客户对农村消费信贷认识的比较分析 ……171

　　二、信贷机构与信贷客户关于农村消费信贷现况的比较分析 ……172

　　三、信贷机构与信贷客户关于农村消费信贷法律激励机制的比较分析 ……175

　　四、信贷机构与信贷客户关于农村消费信贷法律约束机制的比较分析 ……178

第三章　我国农村消费信贷促进法律机制的规范研究 ……180

第一节　我国农村消费信贷促进中对信贷机构激励与约束法律机制的类型化分析——基于微观视角 ……180

　　一、我国农村消费信贷促进中对信贷机构激励法律机制的类型化分析 ……181

　　二、我国农村消费信贷促进中对信贷机构约束法律机制的类型化分析 ……194

　　三、类型化分析后的简要评价 ……209

第二节　我国农村消费信贷促进中对信贷客户激励与约束法律机制的类型化分析——基于微观视角 ……211

　　一、我国农村消费信贷促进中对信贷客户激励法律机制的类型化分析 ……211

　　二、我国农村消费信贷促进中对信贷客户约束法律

机制的类型化分析 221

三、类型化分析后的简要评价 226

第三节 我国农村消费信贷促进中对信贷机构激励与约束
法律机制的不足——基于宏观视角 229

一、我国农村消费信贷促进中对信贷机构激励法律
机制的不足 230

二、我国农村消费信贷促进中对信贷机构约束法律
机制的不足 244

第四节 我国农村消费信贷促进中对信贷客户激励与约束
法律机制的不足——基于宏观视角 252

一、我国农村消费信贷促进中对信贷客户激励法律
机制的不足 252

二、我国农村消费信贷促进中对信贷客户约束法律
机制的不足 262

第四章 中外农村消费信贷促进法律机制的比较研究 270

第一节 中外农村消费信贷促进中对信贷机构激励与约束的
制度考察及比较 270

一、中外农村消费信贷促进中对信贷机构激励的制度
考察及比较 271

二、中外农村消费信贷促进中对信贷机构约束的制度
考察及比较 286

第二节 中外农村消费信贷促进中对信贷客户激励与约束的
制度考察及比较 299

一、中外农村消费信贷促进中对信贷客户激励的制度
考察及比较 299

二、中外农村消费信贷促进中对信贷客户约束的制度
　　考察及比较 313

第五章　我国农村消费信贷促进法律机制的对策研究......................328
　第一节　构建我国农村消费信贷促进中本土化的针对信贷
　　　　　机构的激励与约束协同法律机制 328
　　一、构建我国农村消费信贷促进中针对信贷机构的激励
　　　　法律机制 328
　　二、构建我国农村消费信贷促进中针对信贷机构的约束
　　　　法律机制 353
　第二节　构建我国农村消费信贷促进中本土化的针对信贷
　　　　　客户的激励与约束协同法律机制 377
　　一、构建我国农村消费信贷促进中针对信贷客户的激励
　　　　法律机制 377
　　二、构建我国农村消费信贷促进中针对信贷客户的约束
　　　　法律机制 402

结　论 418
参考文献 420
后　记 450

绪　论

本部分主要从研究背景和研究价值、研究现状和综述评价、研究方法和研究思路、逻辑框架和基本观点、创新之处和必要说明等几个方面对本书的主题进行介绍，为后文展开论述提供铺垫。

一、研究背景和研究价值

（一）研究背景

2008 年开始席卷全球的金融危机导致我国经济遭受严重冲击，出口严重受阻，投资相对疲软，因此通过消费拉动经济增长尤显重要。有学者认为，刺激国内消费是从出口依赖型增长模式转向平衡化增长路径的必然选择，也是政府政策目标从"唯 GDP 论"的功利主义转向注重民生发展的福利主义的必然选择。[1] 党的十七大、十八大和十九大报告都强调要坚持扩大国内需求特别是消费需求的方针，要牢牢把握扩大内需这一战略基点，党的十九届五中全会基于后疫情时代和"双循环"的背景更是提出"全面促进消费"。我国农民数量占总人口的 40% 左右。因此，扩大农村消费需求是拉动我国经济增长的最积极因素。[2] 然而，

---

[1] L. Bonatti, A. Fracasso, "Hoarding of International Reserves in China: Mercantilism, Domestic Consumption and US Monetary Policy", *Journal of International Money and Finance*, 2013, 32(2): 1044-1078.

[2] 胡元聪等：《扩大农村消费需求的法律激励机制研究》，法律出版社 2012 年版，前言。

我国目前农村消费仅占总消费的 32% 左右，这直接导致了我国整体消费需求不足。

当前，我国农村存在着消费方面的金融产品过少、服务方式单一、业务功能不足与农民多元化金融需求的矛盾。因此，农村消费不足的一个重要原因是存在着严重的农村消费信贷供给与需求的双重不足。目前我国农村消费信贷存在着对信贷机构和信贷客户[①]正外部性激励不足和负外部性约束不足的双重困境。具体来看：一是对信贷机构正外部性激励不足，不足的方面具体包括财政税收激励、资金筹集激励、利率市场化激励、风险控制激励、担保创新激励、业务竞争激励、风险容忍激励、业务考评激励等，这些激励不足导致的结果是信贷机构的信贷动力不足。二是对信贷机构负外部性约束不足，不足的方面具体包括准入、退出制度约束，分类监管约束，内部治理约束，支农责任约束，业务考评约束等，这些约束不足导致的结果是信贷机构的信贷压力不足。三是对信贷客户正外部性激励不足，不足的方面具体包括信贷声誉激励、额度增加激励、周期延长激励、还款动态激励、贷款补贴激励、担保创新激励、产品创新激励、信用村（户）评定激励、农民增收和社会保障制度激励等，这些激励不足导致的结果是信贷客户的借款动力不足。四是对信贷客户负外部性约束不足，不足的方面具体包括征信标准化约束、信用等级评价约束、声誉惩罚约束、还款监测和预警约束等，这些约束不足导致的结果是信贷客户的还款压力不足。因此，本著作旨在构建本土化的针对信贷机构的激励与约束协同法律机制和构建本土化的针对信贷客户的激励与约束协同法律机制。

---

① 为了行文方便，本著作将正式的直接的信贷关系中，发放贷款的金融机构的一方统一称之为"信贷机构"，申请和接受贷款的一方统一称之为"信贷客户"。同时，在本著作的调查中，问卷调查的对象之一是农户，但是其是作为潜在的信贷客户来对待的，毕竟农户都可能成为将来的信贷关系中的信贷客户。

（二）研究价值

基于后疫情时代双循环背景之下我国转变经济发展方式和推动经济高质量发展的战略需要，拉动国内需求尤其是农村消费显得更为迫切。本课题的研究旨在构建我国本土化的农村消费信贷促进法律机制，为扩大农村消费信贷提供制度保障。因此，本课题的研究具有重大的理论价值与实践价值。

理论价值主要体现在：一是从经济法视野下的外部性理论出发，推动农村消费信贷中对信贷机构和信贷客户进行法律激励与约束的理论创新和制度构建；二是为信贷机构和信贷客户激励与约束协同规制理念的革新和政策措施的法治化提供理论支撑；三是研究农村金融制度现代化和农村金融区域法治理念，以为支持扩大农村消费信贷提供理论素材。

实践价值主要体现在：一是为中央和地方因地制宜地出台促进农村消费信贷的法律法规，以促进农村消费，提高信贷客户生活水平提供理论依据；二是为农村消费信贷的激励与约束协同规制提供本土化的制度设计，为促进农村消费信贷机构积极开展农村消费信贷，信贷客户积极参与消费信贷提供理论动力；三是贯彻新发展理念，构建新发展格局，立足新发展阶段，通过信贷扩大农村消费，提升农民生活水平，加速农村城镇化及农业产业化，从而为促进农村消费信贷市场的繁荣提供法律支撑。

二、研究现状和综述评价

（一）国外研究现状

1. 农村消费信贷促进法律机制现状及其存在的问题

国外直接从法学学科角度研究农村消费信贷的文献非常少，而不少经济学、管理学的研究成果可以为法学视角的研究提供参考。如基础理论研究中涉及农村信贷国家干预理论,具体制度研究中涉及农村信贷抵押制度、信用制度、保险制度、惩戒制度等等。

(1) 农村消费信贷促进机制中政府干预理论的演变及其争论

在政府干预农村消费信贷的程度上经历了一系列的演变,主要表现为三个阶段:

第一,政府过度干预阶段。20世纪80年代以前,农村信贷补贴论处于主导地位,该理论体现为:其一,从政府干预角度的分析。由于政府干预欠缺,所以农村消费信贷供给不足。如第三世界国家中,正式的金融机构没能有效地为农民大众服务(Yaron et al., 1997)[1];其二,从当时农村金融制度的角度分析。他们认为,大部分农业信贷实际上被大农场主和富有者获得(Avishay Braverman et al., 1991)[2],贫困者只能依赖非正式的农村金融机构来满足他们的金融需求(Yaron et al., 1997[3]; Jacob Yaron, 2003[4]);其三,从农民自身的角度分析。农村居民没有储蓄能力,他们借款的目的是为农业生产而非消费,因此政府为了农业生产发展需要从外部注入低息的政策性资金。

但是这些研究也受到批判。如有学者批驳了为低息农业贷款辩护的论点,认为低息贷款政策是发展中国家金融市场经营不善的主要原因(Adams, 1984)[5]。政府的介入虽然在短期内促进了农业生产的发展,但收入持续增长以及贫困消减的目标并没有实现(Yaron and

---

[1] Yaron, Benjamin, "Developing Rural Financial Markets", *Finance and Development*, 1997, 12: 40-43.

[2] Avishay Braverman, Monika Huppi, "Improving Rural Finance in Developing Countries", *Finance and Development*, 1991(1).

[3] Yaron, Benjamin, "Developing Rural Financial Markets", *Finance and Development*, 1997, 12: 40-43.

[4] Yaron, Jocob, "Successful Rural Finance Institutions", *World Bank Discussion Paper 150*, Washington, D. C.

[5] D. W. Adams, *Are the Arguments for Cheap Agricultural Credit Sound? Undermining Rural Development with Cheap Credit*, Westview Press, 1984.

Benjamin，1997）①。反之，直接的集中补贴信贷论却认为信贷质量、储蓄动员和金融市场效率被忽视，严重妨碍了大多数发展中国家的金融深化（Gonzalez-Vega，2003）②，因此他们更加强调信贷供给。另外，由于对农民储蓄的激励不足，信贷机构资金来源受限，从而导致纯粹的财政压力（Avishay Braverman et al.，1991）③。而且，获得低息贷款的农户很少把贷款用于农业（Adams et al.，2002）④。因此，政府的低息政策和政策性资金注入抑制了农村金融发展（Vogel et al.，1999）⑤。

第二，政府退出干预阶段。20世纪80年代，在批判农业信贷补贴论的基础上的"农村金融市场论"逐渐成为主流。其理论要点主要有：其一，从政府干预的角度分析。政府的作用是为建立高效农村金融体制创造良好的法律环境（Yaron，1997）⑥。其二，从农村金融制度角度分析。对消除贫困贡献最大的是建立一种可持续发展的金融机制（Gulli，1998）⑦。金融市场自由化仅是深化农村金融体制的必要条件但并非充足条件（Zeller，2003）⑧。其三，从农民自身角度分析。如果存在储蓄的机会和激励机制，即使贫困地区的小农户也可以储蓄相当大

---

① Yaron, Benjamin, "Developing Rural Financial Markets", *Finance and Development*, 1997, 12: 40-43.

② Claudio Gonzalez-Vega, "Deepening Rural Financial Markets: Macroeconomic, Policy and Political Dimensions", Paving the Way Forward for Rural Finance, An International Conference on Best Practices, 2003.

③ Avishay Braverman, Monika Huppi, "Improving Rural Finance in Developing Countries", *Finance and Development*, 1991(1).

④ D. W. Adams, "Filling the Deposit Gap in Microfinance", Paper for the Best Practices in Savings Mobilization Conference, Washington D. C., 2002, 1(10): 5-6.

⑤ Robert C. Vogel, Arelis Gomez, Thomas Fitzgerald, "Regulation and Supervision of Microfinance: A Conceptual Framework", February, 1999.

⑥ Jacob Yaron, Mcdnald Benjamin, "Developing Rural Financial Markets", *Finance and Development*, 1997, 12: 40-43.

⑦ Hege Gulli, "Microfinance and Porerty: Questioning the Conventional Wisdom", International Development Bank, NewYork, 1998.

⑧ Carla Henyr, Manohar Sharma, C. Lapena Manfred Zeller, "Microfinance Poverty Assessment Tool", Consultative Group to Assist the Poor, 2003.

数量的存款，而且农村居民对消费信贷也有需求（Rutherford，1999[①]；Adams，2002[②]）。

第三，政府适度干预阶段。20世纪90年代东南亚金融危机后，不完全竞争市场理论成为主流。这种观点实质上是主张政府的适度干预。其一，从政府适度干预的必要性分析。学者指出，信贷市场失灵在农村领域尤其突出，政府介入非常必要（Stiglitz，1993[③]；Thomas Hellman et al.，1996[④]）；对农村金融市场进行政府干预是必要的，但干预应该以弥补市场失灵为主要目标（Yaron et al.，1997）[⑤]。有学者指出，在发展中国家金融体制改革的初期阶段，政府的干预或者供给主导型的经济发展政策似乎更易取得成功（J. Franks，1990[⑥]；Gibson，1994[⑦]）。其二，从政府适度干预的具体内容分析。政府应致力于减少对农村信贷的直接干预而侧重于改善农村金融市场发展的宏观环境，协调农村信贷市场的金融结构。政策结果显示，发展中国家农村金融市场利率逐步市场化、金融服务覆盖面扩大、补贴依赖度下降、偿还

[①] Rutherford, Stuart, "The New World of Microenterprise Finance-Building Healthy Financial Institutions For the Poor", 1994.

[②] D. W. Adams, "Filling the Deposit Gap in Microfinance", Paper for the Best Practices in Savings Mobilization Conference, Washington, D. C., 2002(11).

[③] J. Stiglitz, "Incentives, Organizational Structures and Contractual Choice in the Reform of Socialist Agriculture", in A. Braverman, K. Brooks, C. Csaki, *The Agricultural Transition in Central and Eastern Europe and the Former USSR*, World Bank, Washington, D. C., http://www.worldbank.org/, 1993-11-2.

[④] Thomas Hellman, Kevin Murdock, Joseph Stiglitz, "Financial Restraint: Towards a New Paradigm", Masahiko Aoki, Hyung- Kikim, and Masahiro Okuno-Fujiwara (eds.), *The Role of Government in East Asian Economic Development: Comparative Institutional Analysis*, Oxford University Press, 1996.

[⑤] Jacob Yaron, McDonald P. Benjamin, Jr. Gerda L. Piprek, *Rural Finance: Issues, Design and Best Practices*, The World Bank, 1997.

[⑥] J. Franks, C. Mayer, "Capital Markets and Corporate Control: A Study of France, Germany, and the UK", *Economic Policy*, 1990 (4): 189-213.

[⑦] Gibson, E. Tsakalotos, "The Scope and Limits of Financial Liberalization in Developing Countries: A Critical Survey", *Journal of Developing Studies*, 1994 (3): 578-628.

率得到提高（Jacob Yaron et al.，1998）①。有学者探讨了中欧和东欧国家，发现政府干预已经解决了一些农村信贷市场中的问题。②

（2）农村消费信贷促进机制中面临的制度问题

有学者认为，市场参与者之间的信息不对称、缺乏适当的抵押物和高交易成本等，是制约农村消费信贷市场发展的主要因素（Hoff and Stiglitz，1990③；Besley，1994④；J. F. M. Swinnen and H. R. Gow，1999⑤）。具体来看：

第一，关于克服信息不对称的制度问题。有学者认为，农村居民的社会关系庞杂，农村经济组织对反映其道德品质的借贷历史和其他行为表现都无标准规范的书面记录，其信用状况无以考证；农村信用市场中，处于信息不清晰状态下的潜在借款人会采取带来负外部性的借款对策（Bose，1998）⑥。正规银行要么不能，要么不愿意解决农村信用交易（Ammar Siamwalla et al.，1990）⑦。美国政府在农村消费信贷方面也面临农村信用交易系统中高交易成本和低还款率的制度问题需要

---

① Jacob Yaron, McDonald P. Benjamin, Jr. Gerda L. Piprek, *Rural Finance: Issues, Design and Best Practices*, The World Bank, 1997.

② Johan F. M. Swinnen, Hamish R. Gow, "Agricultural Credit problems and Policies During the Transition to a Market Economy in Central and Eastern Europe", *Food Policy*, Vol. 24, Issue 1, February, 1999: 21-47.

③ Karla Hoff, Joseph E. Stiglitz, "Introduction: Imperfect Information, and Rural Credit Markets-Puzzles and Policy Perspective", *The World Bank Economic Review*, 1990, 4: 235-250.

④ Timothy Besley, "How Do Market Failures Justify Interventions in Rural Credit Markets", *The World Bank Research*, Observer, 1994, 1: 27-48.

⑤ J. F. M. Swinnen, H. R. Gow, "Agricultural Credit Problems and Policies During the Transition to a Market Economy in Central and Eastern Europe", *Food Policy*, 1999 (1), Vol. 24: 21-47.

⑥ Pinaki Bose, "Formal-Informal Sector Interaction in Rural Credit Markets", *Journal of Development Economics*, 1998, 56: 265-280.

⑦ Ammar Siamwalla, Chirmsak Pinthong, Nipon Poapongsakorn, Ploenpit Satsanguan, Prayong Nettayarak, Wanrak Mingmaneenakin and Yuavares Tubpun, "The Thai Rural Credit System: Public Subsidies, Private Information, and Segmented Markets", *World Bank Economic Review*, 1990, 4 (3): 271-295.

解决（N. A. Mujumdar., 1997）[1]。

第二，关于抵押的制度问题。有学者提到，在得到贷款的公司中约有60%提供了抵押物作为贷款保障（Leeth and Scott, 1989）[2]；还有学者提到，美国几乎70%的工商业贷款拥有担保。而农户倾向于将流动性资金先购买资产然后作为抵押申请贷款，这些资产难以评估和流通给抵押带来了障碍（Berger and Udell, 1990）[3]；有学者认为，农村金融市场缺少抵押物和辅助性机构导致了合同强制执行非常困难（Besley, 1994）[4]。

第三，关于风险控制的制度问题。除了农业自身的风险外，农业法律、法规及政策有关的风险也很大（Pearce, 2004）[5]。具体包括：其一，农村信贷机构缺少有效监督其借款者投资和偿债行为的动力，从而造成借款者故意拖欠贷款（Avishay Braverman and Monika Huppi, 1991）[6]；其二，宏观经济环境、城市偏向政策、法律规章制度障碍也给农村金融机构带来挑战（Yaron and Benjamin, 1997）[7]；其三，脆弱性约束、营运约束、能力约束和政治法律约束会转化成对农村金融机构的挑战（Miller, 2004）[8]。

---

[1] N. A. Mujumdar, "Overhauling the Somnolent Rural Credit System", *Economic and Political Weekly*, Vol. 32, No. 42 (Oct. 18-24, 1997): 2707-2710.

[2] John D. Leeth and Jonathan A. Scott, "The Incidence of Secured Debt: Evidence from the Small Business Community", *Journal of Financial and Quantitative Analysis*, Vol. 24, Issue 3, September, 1989: 379-394.

[3] A. N. Berger, G. F. Udell, "Collateral, Loan Quality and Bank Risk", *Journal of Monetary Economics*, 1990, 25 (1): 21-42.

[4] Timothy Besley, "How Do Market Failures Justify Interventions in Rural Credit Markets", *The World Bank Research*, Observe, 1994, 1: 27-48.

[5] Doug Pearce, Junior Davis, Gideon Onumah, et al., "Making Rural Finance Count for the Poor", DFID, 2004: 5-20.

[6] Avishay Braverman and Monika Huppi, "Improving Rural Finance in Developing Countries", *Finance and Development*, 1991 (1).

[7] Jacob Yaron, McDonald Benjamin, "Developing Rural Financial Markets", *Finance and Development*, 1997, 12: 40-43.

[8] Calvin Miller, "Twelve Key Challenges in Rural Finance", *FAO*, 2004: 1-2.

第四，关于审批等内部治理的问题。有学者指出，农业生产的时节性与正规金融机构审批长期性的矛盾，降低了农户对政策性或商业贷款的需求（Ahmed and Kennedy，1994）[1]。有学者认为，许多联保贷款的失败归因于制度缺陷，包括银行体系中的腐败等。他们认为将来的团体贷款要想获得成功就要大力治理腐败（Braverman and Guasch，1986）[2]。

第五，关于农村金融组织机制的问题。农村信贷市场上非正规金融与正规金融的"分割"与"共存"是发展中国家的普遍现象（Hoff and Stiglitz，1993）[3]。20世纪90年代以来，大部分发展中国家的正规金融组织的改革并不很成功（Yaron，1994）[4]。非正规金融在解决信息不对称方面有比较优势（Steel et al.，1997）[5]。中国农户来自非正规信贷市场的贷款为来自正规信贷市场的四倍以上，前者对农户的重要性远胜于后者（IFAD，2002）[6]。

第六，关于贷款成本约束等机制问题。学者认为，考虑到过高交易成本和贷款拒绝率，部分借款者自愿退出了正规信贷市场（Petrick，2004[7]；Boucher，2005[8]）。还有学者认为金融机构贷款甄别机制的

---

[1] Anwar Ahmed and John Kennedy, "The Effect of Credit Liberalization on Farm Households in Bangladesh", *The Bangladesh Development Studies*, Vol. 22, No. 4 (December, 1994): 1-21.

[2] Avishay Braverman, J. Luis Guasch, "Rural Credit Markets and Institutions in Developing Countries: Lessons for Policy Analysis from Practice and Modern Theory", *World Development*, Vol. 14, No. 10/11, October-November, 1986: 1253-1267.

[3] K. Hoff, A. Braverman, J. E. Stiglitz, (eds.), *The Economics of Rural Organization: Theory, Practice and Policy*, New York Oxford University Press, 1993: 186-213.

[4] Jacob Yaron, "What Makes Rural Finance Institutions Successful?", *World Bank Research Observer*, 1994, Vol. 9 (1): 49-70.

[5] William F. Steel, et al., "Informal Financial Markets under Liberalization in Four African Countries", *World Development*, 1997, 25 (5).

[6] IFAD, "Double-Edged Sword? Efficiency vs. Equity in Lending to the Poor", IFAD's Thematic Study on Rural Finance in China, Evaluation Profile, No. 3, April, 2002.

[7] Martin Petrick, "Farm Investment, Credit Rationing, and Governmentally Promoted Credit Access in Poland: A Cross-Sectional Analysis", *Food Policy*, Vol. 29, Issue 3, June, 2004: 275-294.

[8] Steve Boucher, Catherine Guirkinger and Carolina Trivelli, "Direct Elicitation of Credit Constraints: Conceptual and Practical Issues with an Empirical Application to Peruvian Agriculture", Presentation at the American Agricultural Economics Association Annual Meeting, 2005.

不健全导致借款者误认为自己不能获得贷款而自愿放弃（Kon and Storey，2003）[①]。研究还发现，有农户担心失去其抵押物而自愿退出市场（Boucher，2002）[②]。

2. 农村消费信贷促进法律机制的完善

国外学者对于农村消费信贷促进法律机制的研究主要体现在对信贷机构和信贷客户的双重激励与约束法律机制上，只不过部分内容的研究成果偏少，部分内容的成果则非常丰富。学者们提出通过放松信贷管制和增加金融供给破除信贷需求压抑的制度性根源的具体建议（Boucher et al.，2005）[③]。

（1）健全针对信贷机构的激励与约束机制

第一，健全针对信贷机构的激励机制。

其一，团体贷款激励机制。团体贷款的优势在于，在信息不对称情况下，机构可以在提高小组成员违约成本的同时大大降低交易成本。学者认为小组贷款是一种成本有效型激励，可以鼓励贷款者使用本地信息和局部知识甄别合适的小组成员、同伴监督以及同伴压力（Martin and Anthony，1997）[④]。学者指出，在没有实物担保时，团体贷款能够有效解决信贷配给难题，因为任何团体成员违约都将受到"社会制裁"而替代了担保物的功能（Impavido，1998）[⑤]。即使连带责任

[①] Y. Kon and D. J. Storey, "A Theory of Discouraged Borrowers", *Small Business Economics*, Vol. 21, 2003: 37-49.

[②] Steve Boueher, "Endowments and Credit Market Performance: An Econometric Exploration of Non-Price Rationing Mechanisms in Rural Credit Markets in Peru", http: //www.agecon.ucdavis.edu/people/faculty/facultvdocs/Boucher/papers/Wealth and Credit Peru.pdf., 2002.

[③] Steve Boucher, Catherine Guirkinger and Carolina Trivelli, "Direct Elicitation of Credit Constraints: Conceptual and Practical Issues with an Empirical Application to Peruvian Agriculture", Presentation at the American Agricultural Economics Association Annual Meeting, 2005.

[④] J. Spencer Martin, Anthony M. Santomero, "Investment Opportunities and Corporate Demand for Lines of Credit", *Journal of Banking & Finance*, Vol. 21, Issue 10, October, 1997: 1331-1350.

[⑤] G. Impavido, "Credit Rationing, Group Lending and Optimal Group Size", *Annals of Public and Cooperative Economics*, 1998, 69 (2).

具有较高监督成本，团体贷款同样比个人贷款具有优势（J. Conning，2005）。[1] 有学者研究发现，监督成本的高低对于能否更好地选择贷款类型意义重大。共同监督的成本优势使其在贷款频率、监督有效性以及还款表现上都优于机构监督（Timothy N. Cason，2012）[2]。

其二，抵押担保激励机制。美国70%的工商业银行贷款以及英国85%的小企业贷款都使用了抵押（Berger and Udell，1990）[3]，它改变了金融机构的收益和所承担的风险，也改变了对借款人行为的激励。研究还表明，通过提供低利率、高抵押物和高利率、低抵押物的贷款组合合同，可以将低风险和高风险借款人分离。这样，对于低风险的借款人而言，信贷约束就变成了抵押物约束（Bester，1985）[4]。相反，抵押物机制的完善就能激励消费信贷的供给。

其三，正规与非正规农村信贷互联机制。国外有学者将正规金融和非正规金融进行合作研究，形成创新性信贷互联机制。具体包括三种：一是正规金融机构与非正规代理人垂直互联机制，即显性互联机制（Fuentes，1996[5]；Varghese，2004[6]）。二是转贷互联，即正规金融机构向非正规机构贷款，后者再将贷款转贷给农村借款人（Ghate，1992[7]；Hoff and Stiglitz，1997[8]）。三是正规机构隐形地利用非正规

---

[1] J. Conning, "Monitoring by Peers or by Delegates? Joint Liability Loans under Moral Hazard", Department of Ecomics Working Paper, 2005.

[2] T. N. Cason, L. Gangadharan, P. Maitra, "Moral Hazard and Peer Monitoring in a Laboratory Microfinance Experiment", *Journal of Economic Behavior and Organization*, 82, 2012.

[3] Allen N. Berger and Gregory F. Udell, "Collateral, Loan Quality and Bank Risk", *Journal of Monetary Economics*, Vol. 25, Issue 1, January, 1990: 21-42.

[4] Helmut Bester, "Screening vs. Rationing in Credit Markets with Imperfect Information", *The American Economic Review*, Vol. 75, No. 4, 1985: 850-855.

[5] G. A. Fuentes, "The Use of Village Agents in Rural Credit Delivery", *Journal of Development Studies*, Vol. 33 (2), 1996: 188-209.

[6] Adel Varghese, "Bank-Money lender Credit Linkages: Theory and Practice", Bush School Working Paper, No. 415, The Bush School of Government and Public Service, 2004.

[7] P. Ghate, *Informal Finance: Some Findings from Asia Boston*, Oxford University Press, 1992.

[8] Karla Hoff and Joseph E. Stiglitz, "Moneylenders and Bankers: Price-Increasing Subsidies in a Monopolistically Competitive Market", *Journal of Development Economics*, Vol. 52, 1997: 429-462.

的信息,即隐形互联(Jain,1999)[1]。由此学者得出结论:一是正规金融机构与非正规金融机构互联有具体的激励相容条件(Varghese,2004)[2]。二是互联之后借款人可以从放贷者那里取得贷款来偿还银行贷款进而继续从银行获得贷款。这种互联模式比增加银行间的竞争更有效(Varghese,2005)[3]。

除以上三种机制,还有学者指出,在农村消费信贷领域,正规金融与非正规金融的合作可分为两类:一是将非正规金融安排植入正规金融机构,使正规金融机构适应农村信贷环境;二是正规金融机构和非正规金融机构分别为独立机构且形成合作伙伴关系(Maria Pagura and Marie Kirsten,2006)[4]。

其四,信贷机构代理人激励机制。有学者认为,代理人问题通常表现为工作不努力、过度在职消费以及任用与自己有特殊关系而又缺乏相应才能的人等等。因此,通过设计有效激励机制,以避免代理人做出不利于委托人的行为。还有,为保证委托人权益不被代理人损害,委托人和代理人的契约关系需要健全对代理人的选择、监督和激励机制(Demsetz,1983)[5]。

第二,健全针对信贷机构的约束机制。

其一,信贷机构垄断权力约束机制。有学者认为,在农村消费信贷市场中政府干预存在失灵,因此需要保障措施防止银行垄断权力

---

[1] Sanjay Jain, "Symbiosis vs. Crowding-out: the Interaction of Formal and Informal Credit Markets in Developing Countries", *Journal of Development Economics*, Vol. 59, 1999:419-444.

[2] Adel Varghese, "Bank-Moneylender Credit Linkages: Theory and Practice", Bush School Working Paper, No.415, The Bush School of Government and Public Service, 2004.

[3] Varghese, "Bank-Moneylender Linkages as an Alternative to Bank Competition in Rural Credit Market", *Oxford Economic Papers*, Vol.57, 2005:315-335.

[4] Maria Pagura, Marie Kirsten, "Formal-Informal Financial Linkages: Lessons from Developing Countries", *Small Enterprise Development*, 40(4), 2006:67-75.

[5] Harold Demsetz, "The Structure of Ownership and the Theory of the Firm", *Journal of Law and Economics*, 26, 1983:375-390.

(Timothy Besley, 1994)[①]。为了约束垄断金融机构权力, 需要建立竞争性农村金融组织与之竞争: 其一是小额信贷的竞争约束。有学者指出, 小银行基于其"软信息"在关系型借贷上拥有优势, 而大银行基于其"硬信息"和发放市场交易型贷款, 在关系型贷款上处于劣势(Berger et al., 2002)[②]。有学者通过研究, 肯定了乡村银行小组借贷的优点和客户信息收集的优点(Ouattara et al., 1998)[③]。其二是非正规金融部门的竞争约束机制。有学者认为, 完整的农村金融组织体系包括正规性金融部门以及多种形式的非正规金融部门, 后者往往具有正规金融机构不具备的优势(Hoff and stiglitz, 1991)。[④]有学者研究了中国和印度的农村金融组织, 认为微型金融的潜在客户仍在很大程度上依赖于非正式金融组织(Kellees Tsai, 2004)[⑤]。因此, 学者们指出, 应该帮助非正式金融机构改进管理并整合到金融市场, 并提出了非正式金融正规化的观点(Hans Dieter Seibel, 2001[⑥]; Erna Andersen et al., 2008[⑦])。

其二, 信贷机构支农贷款比例约束机制。有学者认为, 在印度, 按照印度政府有关优先产业目标的规定, 正规金融机构40%的信贷必须投放到农村地区(Banerjee and Duflo, 2004)[⑧]。再如美国《社区再投

[①] Timothy Besley, "How Do Market Failures Justify Interventions in Rural Credit Markets?", *World Bank Research Observer*, 9 (1), 1994: 27-47.

[②] A. N. Berger and G. F. Udell, "Small Business Credit Availability and Relationship Lending: The Importance of Bank Organizational Structure", *The Economic Journal*, Vol. 112, 2002: 32-53.

[③] Korotoumou Ouattara, Claudio Gonzalez-Vega and Douglas H. Graham, "Village Banks, Caissesvillageoises, And Credit Unions: Lessons From Client-Owned Microfinance Organization in West Africa", SAID Microfinance Best Practices Case Study, April, 1998.

[④] Karla Hoff and Joseph E. Stiglitz, "Introduction: Imperfection Information and Rural Credit Markets: Puzzles and Policy Perspectives", *The World Bank Economic Review*, Vol. 4 (3), 1991: 235-250.

[⑤] Kellees Tsai, "Imperfect Substitutes: The Local Political Economy of Informal Finance and Microfinance in Rural China and India", *World Development*, Vol. 32 (9), 2004: 1487-1507.

[⑥] Hans Dieter Seibel, "Mainstreaming Informal Financial Institutions", *Journal of Developmental Entrepreneurship*, Vol. 6, No. 1, (April, 2001): 83-95.

[⑦] Erna Andersen, Paula Kantor and Amanda Sim, "Microcredit, Informal Credit and Rural Livelihoods: A Village Case Study", *Afghanistan Research and Evaluation Unit Case Study Series*, April, 2008.

[⑧] A. Banerjee, E. Duflo, "What Do Banks (not) Do?", *Massachusetts Institute of Technology*, 2004.

资法》要求所有银行金融机构都应在其接受存款的地区投放一定比例的贷款。但是，由于这些大银行远离农村客户，使获得信息和执行契约非常困难，但是为了满足要求，金融机构应该寻求向农村地区持续提供贷款的制度设计（Traiger and Hinckley，2008）[①]。

（2）健全针对信贷客户的激励与约束机制

第一，健全针对信贷客户的激励机制。

其一，动态借款激励机制。动态借款激励可分为：一是对于如约按时还款的借款人给予继续信贷机会；二是对于如约按时还款的借款人在继续贷款的同时，额外获得如增加贷款额度、降低贷款利率等激励机会。因此，即使没有连带责任和抵押担保，动态和渐进的贷款也能够促进还款（G. A. Tedeschi，2006）[②]。还有学者认为，连续性贷款支持能够强化监管激励机制，即使没有连带责任也能化解道德风险（Chowdhury，2007）[③]。

其二，周期还款激励机制。周期还款激励机制有三个优点：一是信贷人员能够对借款人资金运用情况进行动态监控；二是帮助信贷机构更好寻求具有稳定现金流的借款人；三是帮助借款人解决"储蓄约束"（Armendariz de Aghion B. and J. Morduch，2005）[④]。还有学者认为，如果能确定团体贷款合作违约方的最优惩罚金额，灵活的团体贷款也比个人贷款具有优势（B. Bharat and S. Ogden，2010）[⑤]。

其三，贷款利率激励机制。有学者认为，在贷款人识别借款人和

[①] Warren W. Traiger and Buckley Hinckley LLP, "The Community Reinvestment Act: A Welcome Anomaly in the Foreclosure Crisis", New York, January 7, 2008.

[②] G. A. Tedeschi, "Here Today, Gone Tomorrow: Can Dynamic Incentives Make Microfinance More Flexible?", *Journal of Development Economics*, 2006, 80 (1): 84-105.

[③] Prabal Roy Chowdhury, "Group-lending with Sequential Financing, Contingent Renewal and Social Capital", *Journal of Development Economics*, 2007, (84).

[④] Armendariz de Aghion and J. Morduch, *The Economics of Microfinance*, Cambridge, MA: MIT Press, 2005.

[⑤] B. Bharat and S. Ogden, "Group Lending and Individual Lending with Strategic Default", *Journal of Development Economics*, 2010, 91 (2): 348-363.

试图影响借款人行为的贷款合约中，利率具有重要的筛选和激励机制。当他们之间存在着有关项目的投资风险信息不对称时，只包含利率的贷款合同就不能有效区分借款人类型，其贷款需求就难以得到全部满足（J. E. Stiglitz and A. Weiss., 1981）[1]。

其四，还款信誉激励机制。有学者认为良好的还款记录可以使借款者在借贷市场上获得更好的信誉，而信誉比较低的借款者总是停留在比较低的信誉水平（Douglas W. Diamond, 1991）[2]。还有学者认为，社会抵押机制是目前在我国应用最为广泛的抵押机制（Besley and Coate, 1991）[3]。但是，也有学者认为，信誉在竞争型市场上受到重视的先决条件是潜在的长远经济利益大于现期缘于背弃承诺而获得的利益（Klein and Leffler, 1981）[4]。

第二，健全针对信贷客户的约束机制。

其一，贷款信息提供机制。借贷之间的信息不对称使有良好前景的公司需求资金的积极性遭到打击（Akerlof, 1970）[5]。金融中介不仅在储蓄和投资转化的过程中提供信息，而且在最终资金供给方和需求方之间插入一个第三方（Chant, 1989）[6]，并对使用资金一方加以监控（Diamond, 1984）[7]。

---

[1] J. E. Stiglitz and A. Weiss, "Credit Rationing in Markets with Imperfect Information", *The American Economic Review*, 1981, 71 (3).

[2] Douglas W. Diamond, "Monitoring and Reputation: The Choice between Bank Loans and Directly Placed Debt", *Journal of Political Economy*, Vol. 99, No. 4, August, 1991: 689-721.

[3] T. Besley, S. Coate, "Group Lending, Repayment Incentives and Social Collateral", RPDS Discussion Paper 152, Woodrow Wilson School, Princeton University, 1991.

[4] B. Klein, K. B. Leffler, "The Role of Market Forces in Assuring Contractual Performance", *Journal of Political Economy*, 89, 1981: 1326-1346.

[5] G. A. Akerlof, "The Market for 'Lemons': Quality Uncertainty and the Market Mechanism", *Quarterly Journal of Economics*, Vol. 84, No. 3, 1970: 488-500.

[6] J. Chant, "The New Theory of Financial Intermediation", in Kevin Dowd and Mervyn K. Lewis (eds.), *Current Issues in Financial and Monetary Economics*, The Macmillan Press Ltd., 1989.

[7] D. W. Diamond, "Financial Intermediation and Delegated Monitoring", *Review of Economic studies*, 51, 1984: 393-414.

其二，贷款信用评分机制。信用评分机制是对潜在借款人未来还款表现进行评价的过程（Feldman，1997）[1]。当银行使用信贷评分技术后，发现违约率降低了50%以上（Mysers and Forgy，1963）[2]；自美国颁布《公平信用机会法》后，信用评分技术切实得到应用（ECOA，1975[3]；ECOA，1976[4]）。有学者研究发现信用评分技术的引进会使大银行对小企业贷款的比例增加8.4%（Frame et al.，2001）[5]。

其三，贷款抵押机制。有学者认为当借贷双方具有不对称信息时，抵押担保可以提高贷款者对其预期收益的评估能力（Chan and Kanatas，1985）[6]。联合国粮农组织报告[7]详细分析了抵押担保机制在农村贷款中的作用：降低金融机构成本、提高还款率等。世界银行研究报告[8]详尽分析了基于订单的金融工具、抵押担保替代机制以及使用新技术支持农村金融创新的理论和实践做法。学者认为，世界范围的证据表明了土地确权可以提高正规信贷的可得性以及更高的投资水平（Feder and Nishio，1998）[9]。

其四，贷款"社会资本"约束机制。社会资本是指包括信用、规范和关系网络等社会组织中能够促进协同以提高社会效率的各项特征

---

[1] Ron Feldman, "Small Business Loans, Small Banks and Big Change in Technology Called Credit Scoring", *The Region*, Sep., 1997: 19-25.

[2] J. H. Myers and E. W. Forgy, "The Development of Numerical Credit Evaluation Systems", *Journal of American Statistics Association*, Vol. 58, September, 1963: 799-806.

[3] ECOA (1975), *Equal Credit Opportunity Act*, U. S. C., Title 15, Sec. 1691 et seq.

[4] ECOA (1976), *Equal Credit Opportunity Act Amendments of the Committee on Banking Housing and Urban Affairs*, 94th Congress.

[5] W. Scott Frame, Aruna Srinivasan and Lynn Woosley, "The Effect of Credit Scoring on Small-Business Lending", *Journal of Money, Credit and Banking*, Vol. 33 (3), 2001: 813-825.

[6] Yuk-Shee Chan and George Kanatas, "Asymmetric Valuations and the Role of Collateral in Loan Agreements", *Journal of Money, Credit and Banking*, Vol. 17, No. 1, Feb., 1985: 84-95.

[7] *Collateral in Rural Loans*, FAO, 1996.

[8] The World Bank, *Rural Finance Innovations: Topics and Case Studies*, Washington, D C: World Bank, 2005.

[9] G. Feder and A. Nishio, "The Benefits of Land Registration and Titling: Economic and Social Perspectives", *Land Use Policy*, Vol. 15, No. 1, 1998: 24-44.

（Putnam，1993）[1]。农村社区内的社会资本作用是，在一个成员能彼此证明信用且广泛使用信用的小组中，成员将比没有信用小组个体取得更大的成绩（Coleman，1990）[2]。Bastelaer提出的社会资本降低微型金融不对称信息成本的研究引发了理论界的极大兴趣：Gramneen Bank的主要社会资本来源于信贷员和借款者之间保持连续的关系，其使得市场失灵得到了缓解（Bastelaer，1999）[3]。大量的证据表明，这些小额信贷机构愿意将资金贷给传统农村金融机构不愿意服务的人群，却取得了自身的财务可持续和比传统金融机构更高的还款率（Hossain，1988[4]；Morduch，1999[5]）。学者初步证明了小组成员之间通过联保创造的社会资本可以提高还款率（Wenner，1995[6]；Wydick，1999[7]）。世界银行也认为，"同伴监督或压力"是利用社会资本成功解决发展中国家信贷市场失灵的典型。因此，小组信贷和连带责任被认为是克服信贷约束的关键性制度创新，也被世界各地的微型金融机构广泛复制。世界银行专门成立研究社会资本的协会并在世界各地的发展援助中极力传播和推崇社会资本的知识和技术。

需要说明的是，社会资本包括大多数正规化的制度关系和结构等内容，其是建立在North的研究基础之上。[8] 这里就与本著作强调的法

---

[1] Robert D. Putnam, "The Prosperous Community: Social Capital and Public Life", *The American Prospect*, Vol. 4, No. 13, March 21, 1993.

[2] James S. Coleman, *Foundations of Social Theory*, Harvard University Press, 1990.

[3] T. Van Bastelaer, "Imperfect Information, Social Capital and the Poor's Access to Credit", Center for Institutional Reform and the Informal Sector Working Paper, No. 234, 1999.

[4] Mahabub Hossain, "Credit for Alleviation of Rural Poverty: The Grameen Bank in Bangladesh", International Food Policy Research Institute, 1998.

[5] Jonathan Morduch, "The Microfinance Promise", *Journal of Economic Lierature*, Vol.XXXV, 11, 1999: 1569-1614.

[6] Mark D. Wenner, "Group Credit: A Means to Improve Information Transfer and Loan Repayment Performance", *Journal of Development Studies*, Vol. 32 (20), 1995: 263-281.

[7] Bruce Wydick, "Can Social Cohesion Be Harnessed to Repair Market Failures? Evidence from Group Lending in Guatemala", *The Economic Journal*, Vol. 109, Issue 457, July, 1999: 463-475.

[8] D. North, *Institutions, Institutional Change and Economic Performance*, Cambridge University Press, 1990.

律促进机制挂起钩来。同时,社会资本机制的良好运行涉及小组成员自选择(Sharma and zeller,1997)[①]、小组规模(Andersen and Nona,1998)[②]、小组成员同质性(Devereux and Fishe,1993)[③]和人口密度(Mondal and Tune,1993)[④]等四个问题。

(二)国内研究现状

1. 农村消费信贷宏观理论研究层面的问题

国内直接研究农村消费信贷法律激励机制的文献不是很多,但是与其紧密相关的农村金融问题的理论研究主要从金融结构论、金融抑制论和金融功能论等方面研究我国农村金融问题,可以为本著作的研究提供参考。

(1)金融结构理论方面

金融结构理论的代表人物雷蒙德·W.戈德史密斯对金融发展的过程及规律进行了描述和分析。我国学者结合该理论,在农村消费信贷方面产生了以下观点:第一,关于我国金融结构的基本状况。有学者对1978—1991年我国金融资产结构的变动状况进行了分析(谢平,1992)[⑤];有学者认为中国金融资产结构存在"畸形"(易纲,1996)[⑥];有学者以中国区域金融分析为题探讨了地区金融发展状况和发展战略

[①] Sharma Manohar and Manfred Zeller, "Repayment Performance in Group-Based Credit Programs in Bangladesh: An Empirical Analysis", *World Development*, Vol.25, 1998: 1731-1742.

[②] L. E. Andersen and O. Nina, "Micro-Credit and Group Lending: The Collateral Effect", Working Paper 1998-18, University of Aarhus, 1998.

[③] J. Devereux and R. Fishe, "An Economic Analysis of Group Lending Programs in Developing Countries", *The Developing Economics*, Vol.31 (l), 1993: 102-121.

[④] W. L. Mondal and R. A. Tune, "Replicating the Grameen Bank in North America: The Good Faith Fund Experience", in A. Wahid (ed.), *The Grameen Bank: Poverty Relief in Bangladesh*, Boulder: Westview Press, 1993.

[⑤] 谢平:《中国金融资产结构分析》,《经济研究》1992年第11期,第30—37页。

[⑥] 易纲:《中国金融资产结构分析及政策含义》,《经济研究》1996年第12期,第26—33页。

(张军洲，1995）①；有学者认为，中国金融结构合理化状况有其特殊性。在经济转轨过程中，中国金融结构合理化是逐步提高的，但问题依然很多（蔡则祥，2006）②。第二，关于我国金融结构带来的问题。有学者将银行资产质量不高、抗风险能力不强归因于金融结构的不合理（王广谦，2002）③；还有学者认为，我国金融结构导致的问题是，东部地区的金融结构具有市场功能导向的程度已经远强于中、西部地区；而西部地区的金融结构还处于银行功能和市场功能"双弱"的金融结构状态（何晓夏、章林，2010）④。第三，关于我国金融结构问题的解决。有学者认为，应当合理划分政府与市场的边界，正确认识地方经济和地方政府的作用以及实行开放式金融保护主义（周寒君、钟必画、陶然飞，2009）⑤。还有学者认为，必须开放农村的资金市场以发育多元化的农村金融组织（张晓山、何安耐，2002）⑥。

（2）金融抑制理论方面

代表人物罗纳德·I.麦金农和爱德华·肖等根据发展中国家的实际情况提出了金融抑制理论，即政府对金融的过多干预抑制了金融体系的发展。我国学者结合该理论，在农村消费信贷方面有以下一些观点：第一，有学者认为农户资金借贷行为扭曲的根本原因是金融需求方存在金融抑制（何广文，1999）⑦，其具体表现为供给型、需求型和

---

① 张军洲：《中国区域金融分析》，中国经济出版社1995年版，第2—4页。
② 蔡则祥：《中国金融结构合理化问题研究》，《审计与经济研究》2006年第4期，第69—74页。
③ 王广谦：《中国金融发展中的结构问题分析》，《金融研究》2002年第5期，第47—56页。
④ 何晓夏、章林：《中国区域金融结构差异研究》，《金融论坛》2010年第1期，第25—31页。
⑤ 周寒君、钟必画、陶然飞：《我国金融结构问题浅析》，《福建论坛（社科教育版）》2009年第4期，第138—139页。
⑥ 张晓山、何安耐：《关于农村金融体制改革的几点思考》，《农业经济问题》2002年第9期，第41—45页。
⑦ 何广文：《金融抑制：农村居民资金借贷行为扭曲的根本原因》，《经济研究参考》1999年第5期，第39—40页。

供需结构型（王国华、李克强，2006）①。第二，有学者认为中国金融抑制的根本问题在于政府对金融的不当干预和管制（楚尔鸣、赵明勋，2003）②；林毅夫则指出，在一些农村地区信贷短缺可能是由于区域的不平衡、缺乏资金的横向流动、对机构农业信贷的总体限制等问题造成的（林毅夫，2000）③。第三，有学者从金融抑制的角度指出我国金融服务难以满足"三农"发展的需要（郭卫，2002④；宋艳林、刘小玲，2004⑤；翟书斌，2004⑥；任伟，2006⑦）。第四，有学者认为金融约束可以有效地修正金融抑制的许多缺陷（殷本杰，2006）⑧，应当从制度设计和业务开展上提高对农村金融的供给（马晓河、蓝海涛，2003）⑨。

（3）金融功能理论方面

金融功能理论分传统金融功能理论（即机构金融观点）和现代金融功能理论（基本假定是金融功能比金融机构更加稳定而且金融功能优于组织机构）。我国学者结合该理论，在农村消费信贷方面有以下一些观点：第一，有学者指出我国农村金融体系的主要问题在于因管制

---

① 王国华、李克强：《论我国农村金融抑制与金融制度创新》，《中央财经大学学报》2006年第5期，第27—33页。

② 楚尔鸣、赵明勋：《金融抑制、金融深化与经济增长——基于中国的经验检验》，《湘潭大学社会科学学报》2003年第1期，第92—97页。

③ 林毅夫：《在农村经济结构调整中创造巨大需求》，《人民论坛》2000年第1期，第15—16页。

④ 郭卫：《农村金融抑制与金融深化问题研究》，《金融理论与实践》2002年第11期，第38—40页。

⑤ 宋艳林、刘小玲：《金融抑制及我国农村金融体系的重构分析》，《南方经济》2004年第7期，第42—44页。

⑥ 翟书斌：《论现阶段我国农村的金融抑制》，《河南金融管理干部学院学报》2004年第2期，第24—26页。

⑦ 任伟：《对我国农村金融抑制问题的思考》，《林业经济》2006年第9期，第69—71页。

⑧ 殷本杰：《金融约束：新农村建设的金融制度安排》，《中国农村经济》2006年第6期，第38—42页。

⑨ 马晓河、蓝海涛：《当前我国农村金融面临的困境与改革思路》，《中国金融》2003年第11期，第11—13页。

不足导致的农村金融体系功能异化和不足（陈亮，2006）[①]。第二，有学者认为金融体系历次改革过于注重农村金融机构的存在形态（姚耀军，2006）[②]。第三，有学者指出我国农村金融体系各金融机构的功能分工及其金融功能发挥存在不足（刘红，2006[③]；温铁军，2007[④]）。以上三种理论的共同点是，均表现为在对信贷机构和信贷客户的法律激励机制方面存在严重的不足，因此农村消费信贷市场难以繁荣。

2. 农村消费信贷存在的制度层面问题

从激励与约束的具体措施来看，国内关于农村消费信贷制度的实证研究主要涉及：

（1）对农村消费信贷机构的法律激励机制不足

学者们普遍认为，由于缺少对信贷机构系统的法律激励机制，信贷机构对于农村消费信贷并不积极，出现较为普遍的"惧贷"现象。具体包括：第一，农村消费信贷业务本身的原因，如农村消费信贷机构对小而散的信贷业务缺乏兴趣（方昕，2010）[⑤]。第二，信贷客户信用的原因，如金融机构无法有效识别和测量信贷客户的信贷风险（陶桂平、韩立岩，2011）[⑥]；同时，农村缺少个人信用激励法律制度（李信见，2011）[⑦]。第三，农村消费信贷体系的原因，如农村金融的较高成本

[①] 陈亮：《撬动农村经济持续发展的金融支点——关于农村金融服务体系的功能演进与改革发展》，《江西财经大学学报》2006年第2期，第34—38页。

[②] 姚耀军：《中国农村金融改革：基于金融功能观的分析》，《西安交通大学学报（社会科学版）》2006年第4期，第1—6页。

[③] 刘红：《功能观视角下的农村金融体系》，《财贸研究》2006年第1期，第26—31页。

[④] 温铁军：《重构农村金融体系 农村资金回流农村》，《华夏星火》2007年第2期，第23页。

[⑤] 方昕：《小额信贷激励机制与微观信贷政策创新研究》，西南财经大学博士学位论文，2010年。

[⑥] 陶桂平、韩立岩：《扩大农村消费需求完善消费信贷体系》，《中国农村金融》2011年第6期，第18—20页。

[⑦] 李信见：《基于农村信用体系建设的信用制度激励与约束机制——长岛农村信用社优化金融生态环境与化解不良贷款案例》，《征信》2011年第5期，第71—72页。

制约了普惠性金融体系的建立（茅于轼，2008[①]；杜晓山，2010[②]）。第四，国家层面的原因，如农村金融的国家优惠和扶持政策不到位（郭振海，2005）[③]。第五，农村消费信贷担保机制的原因，如农村担保方式动能不足，信贷供给无法满足需求（黄忠新，2010）[④]。第六，农村消费信贷保险机制的原因，如农业保险法律制度缺位，无法激励农村消费信贷机构的放贷信心（甘新莲，2007）[⑤]；农村消费信贷面临退出风险、农业风险、政策性风险从而抑制了消费信贷导入农村（吴志远、屈超，2010）[⑥]。

（2）对农村消费信贷机构的法律约束机制不足

学者们普遍认为，由于缺少对信贷机构系统的法律约束机制，信贷机构对于农村消费信贷并不积极，出现较为普遍的"惜贷"现象。第一，国家金融体制的原因，如外生的农村国有商业金融在改革中逐渐显露出"嫌贫爱富"的本性，大规模撤出农业和农村，资金外流严重（何广文，2002[⑦]；张杰，2003[⑧]；孙培宽，2006[⑨]）。第二，金融机构追求赢利性的原因，如农村信用社为了脱困，也走上了规模经营、撤并集中、权限上收、业务非农化之路（何广文，1999[⑩]；夏

[①] 茅于轼：《农村金融机构如何面对"三农"信贷的高成本？》，《中国城乡金融报》2008年8月6日，B03版。

[②] 杜晓山：《小额信贷与普惠金融体系》，《中国金融》2010年第10期，第14—15页。

[③] 郭振海：《金融支持"三农"发展的现行体制约束与重构》，《西安金融》2004年第7期，第2页。

[④] 黄忠新：《健全信贷担保机制缓解农村信贷约束》，《征信》2010年第3期，第40—41页。

[⑤] 甘新莲：《农村金融支持"三农"的机制约束与政策建议》，《武汉金融》2007年第2期，第50—51页。

[⑥] 吴志远、屈超：《农村需求型金融抑制的原因与对策——基于江西农户的调查》，《江西农业大学学报（社会科学版）》2010年第3期，第40—43页。

[⑦] 何广文：《处理好农村金融发展与农村经济增长的关系》，《经济研究参考》2002年第7期，第27页。

[⑧] 张杰：《国有银行的存差：逻辑与性质》，《金融研究》2003年第6期，第1—13页。

[⑨] 孙培宽：《构建中央银行内审评价体系探讨》，《金融会计》2006年第6期，第55—56页。

[⑩] 何广文：《从农村居民资金借贷行为看农村金融抑制与金融深化》，《中国农村经济》1999年第10期，第46页。

斌，2003①）。第三，金融机构财政支持的原因，如小额信贷过度依赖财政和外援，大都以具有期限的项目为基础，缺乏持续发展能力（杜晓山，2004）②。第四，非正规金融机构的原因，如非营利性消费信贷机构游离于法律规范之外，信贷责任约束不足（潘海洋、薛颖，2011）③。第五，金融监管制度的原因，如农村消费信贷机构贷前贷后监管乏力，贷款到期无法收回（李佳佳、谭理，2011）④。第六，信贷项目创新约束机制的原因，如信贷创新不适时，消费信贷潜能开发不足（陈玉芝，2007）⑤。

（3）对农村消费信贷客户法律约束机制过多而法律激励机制不足

学者们认为，由于对农村消费信贷客户法律约束机制过多，法律激励机制不足，出现较为普遍的"难贷"和"不贷"现象。第一，消费信贷客户自身的原因。如受传统观念影响，农村消费信贷客户收入水平低大胆消费难（徐以良，2001⑥；高亮，2007⑦）；农村消费信贷客户贷款难，农村消费信贷客户信心不足（李晓，2009⑧；何广文、李莉莉，2011⑨）；个人征信体系缺失、民间金融规制制度不到位（杨盛兰，2009）⑩。第二，消费信贷风险防范制度的原因。如认为消费信贷风险防范制约机制尚不健全，抗御风险能力较弱，同时也缺乏对农村

---

① 夏斌：《共同下好金融业并购这盘棋》，《银行家》2003年第5期，第10—13页。
② 杜晓山：《中国农村小额信贷的实践尝试》，《中国农村经济》2004年第8期，第12—19页。
③ 潘海洋、薛颖：《农村非营利组织激励与约束法律机制研究》，《广西政法管理干部学院学报》2011年第2期，第86—91页。
④ 李佳佳、谭理：《农村消费信贷供给与需求约束因素分析》，《时代金融》2011年第11期，第57—58页。
⑤ 陈玉芝：《中小企业融资过程中的金融创新》，《商场现代化》2007年第1期，第320—321页。
⑥ 徐以良：《农村消费信贷市场拓展难》，《农金纵横》2001年第5期，第54—55页。
⑦ 高亮：《当前农村消费信贷市场的现状及发展对策》，《西南金融》2007年第11期，第41—42页。
⑧ 李晓：《需求导向下的农村金融供需矛盾研究》，山东农业大学硕士学位论文，2009年。
⑨ 何广文、李莉莉：《大型商业银行的小额信贷之路——兼论与新型农村金融机构间的合作机制》，《农村金融研究》2011年第5期，第21—26页。
⑩ 杨盛兰：《农村消费信贷法制建设探讨》，暨南大学硕士学位论文，2009年。

消费信贷客户的消费信贷风险补偿激励机制（陈淑君，2006）[①]。第三，消费信贷创新项目的原因。认为农村金融产品创新不足，并且农村消费信贷供给品种与需求脱节（胡志成、唐剑，2010）[②]。第四，农村消费信贷环境的原因。认为农村金融生态环境建设缺乏（龚晓菊、刘奇山，2010[③]；蔡雯，2010[④]）；如政策性金融发展不到位（何广文、欧阳海洪，2003）[⑤]；由于人情关系的原因贷不到款（马九杰等，2004）[⑥]；贷款成本太高（朱粤伟，2007[⑦]；茅于轼，2008[⑧]）；贷款抵押制度的原因导致不方便贷款（马九杰等，2004[⑨]；周擎，2006[⑩]）；社会保障机制缺失（陈大章、张庆登、公为强，2000）[⑪]；消费者信贷权益保护机制不健全（曹丽萍，2015）[⑫]。

当然，问题的矛盾之处还在于，对农村消费信贷客户法律约束

[①] 陈淑君：《试论我国商业银行金融风险防范与管理对策》，《漯河职业技术学院学报》2006年第3期，第73—75页。

[②] 胡志成、唐剑：《农村消费信贷的制约因素与发展对策》，《武汉金融》2010年第12期，第64页。

[③] 龚晓菊、刘奇山：《论扩大农村消费的金融支持》，《现代财经》2010年第8期，第35—43页。

[④] 蔡雯：《完善西部地区农村金融服务体系的路径选择》，《廊坊师范学院学报（社会科学版）》2010年第1期，第97—101页。

[⑤] 何广文、欧阳海洪：《把握农村金融需求特点完善农村金融服务体系》，《中国金融》2003年第11期，第14—16页。

[⑥] 马九杰、郭宇辉、朱勇：《县域中小企业贷款违约行为与信用风险实证分析》，《管理世界》2004年第5期，第58—66页。

[⑦] 朱粤伟：《农村金融交易成本分析——以岳阳市农村信用社为例》，《武汉金融》2007年第9期，第48—49页。

[⑧] 茅于轼：《农村金融机构如何面对"三农"信贷的高成本》，《中国城乡金融报》2008年8月6日，B03版。

[⑨] 马九杰、孔祥智、朱勇：《县域中小企业信贷约束及源自信贷供给行为的影响》，《农业经济问题》2004年第7期，第22—28页。

[⑩] 周擎：《现有制度安排下提升农村金融服务的创新与突破——对浙江金融支农创新案例的思考》，《浙江金融》，2006年第11期，第28—30页。

[⑪] 陈大章、张庆登、公为强：《经济欠发达地区农村消费信贷特点及制约因素》，《金融研究》2000年第11期，第134页。

[⑫] 曹丽萍：《加强农村金融消费者权益保护》，《光明日报》2014年4月19日，第5版。

机制不足，其后果是容易出现贷款违约。学者们认为，为了扶持"三农"，贷款利率往往制定得比较低（周小川，2004）[①]。但是后果却出人意料：一是农村金融机构积累了大量不良资产，农村金融需求得不到满足，扶贫贴息贷款还贷率仅为30%左右（郭沛，2004）[②]；目前农村信用社抵（质）押贷款中不良贷款呈上升趋势，不良率达到30%以上（罗晓亮，2008）[③]。二是按贷款五级分类标准衡量，农行不良贷款率为26.17%，农村信用社不良贷款率为17.54%（柳沙玲，2008）[④]。

总之，农村消费信贷法律激励机制不足的后果是，信贷客户只能求助民间金融，这带来了民间金融的繁荣：一是从全国层面来看，农村固定观察点办公室的调查显示，农户生活性消费信贷几乎全部来源于非正规金融渠道（方鸿等，2006）[⑤]，民间借贷率高达90.8%（马九杰等，2010）[⑥]；二是从区域层面来看，在浙江、福建、广东等沿海经济发达地区，民间借贷更加活跃，而私人借贷资金被用于消费（主要用于住房、婚丧嫁娶等）（朱守银等，2003）[⑦]，但是民间金融却始终处于"黑市"和"非法"状态（张杰，2003）[⑧]。

3.农村消费信贷促进的法律激励与约束机制的构建路径

虽然目前没有学者直接从法律激励与约束机制的协同规制视角来

[①] 周小川：《关于农村金融改革的几点思路》，《经济学动态》2004年第8期，第10—15页。
[②] 郭沛：《中国农村非正规金融规模估算》，《经济研究参考》2004年第39期，第29—30页。
[③] 罗晓亮：《农信社抵（质）押贷款风险应引起重视》，《中国特产报》2008年2月29日，B03版。
[④] 柳沙玲：《基于消费结构升级的农村消费信贷需求与供给研究》，湖南大学硕士学位论文，2008年。
[⑤] 方鸿、曹明华、潘意志：《民间金融兴盛与农村信用社改革》，《山地农业生物学报》2006年第4期，第345—348页。
[⑥] 马九杰、刘海英、温铁军：《农村信贷约束与农村金融体系创新》，《中国农村金融》2010年第2期，第39—41页。
[⑦] 朱守银、张照新、张海洋、汪承先：《中国农村金融市场供给和需求——以传统农区为例》，《管理世界》2003年第3期，第89页。
[⑧] 张杰：《中国农村金融制度：结构、变迁与政策》，中国人民大学出版社2003年版。

研究农村消费信贷问题,但是零散的研究文献还是不少。具体可以从宏观层面和微观层面进行综述。

(1) 宏观层面的制度建议

第一,国家政府层面。具体包括:政府应对农村金融组织实行鼓励和扶持政策,如要对农村金融组织实行税收优惠政策(段应碧,2003)①;要合理引导农村民间金融合法化并且需要理顺政府干预与金融市场发展的关系(齐明,2007)②;要发展农村合作金融(张晓山,1993③;温铁军,1994④);要建立功能完善的农村金融的多元制度体系(冉光和、王锡桐,2000⑤;温铁军,2007⑥);要对农村金融体系普遍放开,让合理的地下金融转化为地上金融(茅于轼,2008)⑦;要建立抵押品替代制度机制(潘义勇,2006⑧;马九杰,2008⑨);要完善个人征信体系、信贷担保机制、消费者信贷权益保护机制、民间金融规制、农村社会保障制度建设等(杨盛兰,2009)⑩;要积极完善小额信贷制度,大力发展微小金融机构,充分发挥合作金融功能,加强农村金融生态环境建设(龚晓菊、刘奇山,2010)⑪;要构建多种形式的农村合

---

① 段应碧:《发展公益性小额信贷组织,破解贫困农户贷款难题》,《农业经济问题》2011年第1期,第4—6页。
② 齐明:《中国农村金融体系发展问题研究》,东北财经大学硕士学位论文,2007年。
③ 张晓山:《浅议农村合作金融体制的建立与发展》,《改革》1993年第6期,第81—84页。
④ 温铁军:《农村合作金融研究与发展的基本思路》,《农村经营管理》1994年第1期,第27页。
⑤ 冉光和、王锡桐:《财政货币政策配合与农业可持续发展》,《财经问题研究》2000年第1期,第3—6页。
⑥ 温铁军:《重构农村金融体系,农村资金回流农村》,《华夏星火》2007年第2期,第23页。
⑦ 茅于轼:《农村金融机构如何面对"三农"信贷的高成本?》,《中国城乡金融报》2008年8月6日,B03版。
⑧ 潘义勇:《开放土地金融 搞活土地资本经营》,《广东社会科学》2006年第1期,第50—54页。
⑨ 马九杰:《抵押品替代机制与农村金融创新》,《中国农村金融》2008年第1期,第20页。
⑩ 杨盛兰:《农村消费信贷法制建设探讨》,暨南大学硕士学位论文,2009年。
⑪ 龚晓菊、刘奇山:《论扩大农村消费的金融支持》,《现代财经》2010年第8期,第35—43页。

作金融法律体系（盛学军、于朝印，2010）①；农村消费信贷担保模式的确立或连带责任的承担是农村信贷的手段而非目标（王众、何锦强，2010）②；要引导农村非正规金融在法治轨道上与正规金融形成良性互动（王运慧，2010）③。

第二，农村金融机构层面：认为需要做的包括完善消费信贷业务制度办法和操作规程、提高经办人员的业务素质等（徐以良，2001）④；要在农村大力发展小额信贷以补充国有商业银行不愿给个体、私企贷款而造成的农村经济融资困难的不足（唐彦芳、冉光和，2003）⑤；商业银行应建立农村消费信贷发展新思路，努力形成消费信贷的有效供给（姜楠华，2002）⑥；要推进农村商业银行改革，完善治理结构，转换经营机制（温铁军，2007）⑦；促进农村消费信贷的关键在于供给结构而非供给规模，提高中长期贷款在农村消费信贷中的比例势在必行（刘金东、冯经纶，2014）⑧；面对激烈的消费金融市场竞争，商业银行应提前布局（黄迈，2015）⑨。

（2）微观层面的制度建议

第一，农村消费信贷中对信贷机构法律激励与约束机制的健全路径。

---

① 盛学军、于朝印：《中国农村合作金融异化语境下的法律制度重构》，《社会科学》2010年第12期，第105—113页。
② 王众、何锦强：《我国农村金融信贷担保的困境及其法律救济》，《特区经济》2010年第2期，第165—166页。
③ 王运慧：《我国农村非正规金融的法律规制与对策思考》，《金融理论与实践》2010年第8期，第73—76页。
④ 徐以良：《如何拓展农村消费信贷业务》，《现代金融》2001年第4期，第6—7页。
⑤ 唐彦芳、冉光和：《农村金融组织体系变迁问题及对策研究》，《华中农业大学学报（社会科学版）》2003年第2期，第44—46页。
⑥ 姜楠华：《农村消费信贷发展的若干制约因素及对策》，《农村经济》2002年第6期，第43页。
⑦ 温铁军：《重构农村金融体系 农村资金回流农村》，《华夏星火》2007年第2期，第23页。
⑧ 刘金东、冯经纶：《农村消费信贷供给的调整：规模还是结构》，《上海金融》2014年第3期，第14—20页。
⑨ 黄迈：《消费升级有望拓宽消费金融发展空间》，《中国农村金融》2015年第24期，第41—42页。

首先,在对信贷机构的法律激励机制健全方面。一是要实行抵押品代替策略和抵押品扩大策略(马九杰、温铁军、刘海英,2010)[①];二是要构建消费信贷机构农户信用评估模型(牛晓健、凌飞,2021)[②];三是要鼓励保险公司介入农业以减少消费信贷自然风险损失(吕志勇、孙元元,2011)[③];四是要完善消费信贷政策,通过建立健全风险补偿机制和政策支持体系,鼓励涉农金融机构加大创新力度(许雪峰,2011)[④];五是要通过税收优惠和奖励等方式调动金融机构的积极性(肖忠意、李思明,2015)[⑤]。

其次,在对信贷机构的法律约束机制健全方面。一是信贷机构要落实农户的信用权(左平良,2010)[⑥]和保障农户的消费信贷权(周显志、夏少敏,1999)[⑦];二是要直接规定信贷机构的消费信贷责任(王小华,2011)[⑧];三是要构建多个信贷主体共同发展的农村消费信贷体系(孟凡泓,2010)[⑨];四是要建立风险分担法律机制(陆磊、文维虎,2012)[⑩];五是要提高信贷监管的有效性(杨连波,

---

[①] 马九杰、温铁军、刘海英:《农村信贷约束与农村金融体系创新》,《中国农村金融》2010年第2期,第39—41页。

[②] 牛晓健、凌飞:《基于组合学习的个人信用风险评估模型研究》,《复旦学报(自然科学版)》2021年第6期,第703—719页。

[③] 吕志勇、孙元元:《我国巨灾保险制度中的激励与约束共容机制研究》,《山东财政学院学报》2011年第2期,第20—24页。

[④] 许雪峰:《新常态下扩大农村消费需求的途径》,《中国农村信用合作报》2015年12月29日,第7版。

[⑤] 肖忠意、李思明:《中国农村居民消费金融效应的地区差异研究》,《中南财经政法大学学报》2015年第2期,第56—63页。

[⑥] 左平良:《贫困农户信贷权及其实现的经济法分析》,《政治与法律》2010年第11期,第102—109页。

[⑦] 周显志、夏少敏:《关于消费信贷问题的法学思考》,《消费经济》1999年第3期,第38—41页。

[⑧] 王小华:《东南亚国家农村扶贫信贷制度的比较与启示》,《上海金融学院学报》2011年第2期,第93—102页。

[⑨] 孟凡泓:《金融支持"三农"经济发展的现行体制约束与重构对策》,《黑龙江金融》2010年第8期,第42—43页。

[⑩] 陆磊、文维虎:《涉农贷款考核激励机制如何建立》,《中国城乡金融报》2012年12月1日,B02版。

2008）①。

第二，农村消费信贷中对信贷客户法律激励与约束机制的健全路径。

首先，在对信贷客户的法律激励机制健全方面。一是要创新农村消费信贷产品（张德利、李力，2006）②，以及增加农村金融产品供给，包括产品种类的增加（高子龙，2014）③；二是要健全消费信贷风险转移约束机制和统一消费信贷风险管理文化和理念（代卫疆，2007）④；三是要加大金融产品和服务方式的创新力度（马九杰、刘海英、温铁军，2010）⑤；四是要提高农村消费信贷客户信贷的积极性（郭宝贵、刘兆征，2011）⑥；五是要实现民间金融合法化（岳彩申，2011）⑦，发展新型农村信贷机构（陆智强、熊德平、李红玉，2011）⑧以及综合性合作组织（袁月兴、杨帅、温铁军，2012）⑨；六是要实现农村金融利率市场化（任常青，2007）⑩；七是要健全抵押制度（高圣平、陈文学，2009）⑪；八是要健全社会保障体系，增强农村居民消费信贷的信心（腾向丽，2011）⑫；九是适当放松信贷标准（齐红倩、李志创，

---

① 杨连波：《关于建立支农信贷风险转移机制的思考》，《农村经济》2008年第1期，第76—77页。

② 张德利、李力：《新农村建设急需小额消费信贷支持》，《金融时报》2006年7月4日，第10版。

③ 高子龙：《农村消费信贷的金融产品供给研究》，中国海洋大学硕士学位论文，2014年，第47页。

④ 代卫疆：《我国商业银行消费信贷风险管理研究》，西南财经大学硕士学位论文，2007年。

⑤ 马九杰、刘海英、温铁军：《农村信贷约束与农村金融体系创新》，《中国农村金融》2010年第2期，第39—41页。

⑥ 郭宝贵、刘兆征：《建立扩大农村消费需求的长效机制》，《宏观经济管理》2011年第11期，第54—56页。

⑦ 岳彩申：《民间借贷规制的重点及立法建议》，《中国法学》2011年第5期，第84—96页。

⑧ 陆智强、熊德平、李红玉：《新型农村金融机构：治理困境与解决对策》，《农业经济问题》2011第8期，第57—61页。

⑨ 袁月兴、杨帅、温铁军：《社会资本与农户信贷约束缓解——山西蒲韩乡村合作与台湾农会比较研究》，《贵州社会科学》2012年第6期，第53—56页。

⑩ 任常青：《农村金融利率市场化问题探讨》，《中国农村金融》2007年第7期，第25—26页。

⑪ 高圣平、陈文学：《农村信贷抵押制度的完善》，《武汉金融》2009年第11期，第4—7页。

⑫ 腾向丽：《促进农村消费信贷良性发展》，《浙江金融》2011年第4期，第12页。

2017）[1]。

其次，在对信贷客户的法律约束机制健全方面。一是加强失信约束机制和征信体系建设，增加失信客户的成本（李信见，2011[2]；闵远光，2014[3]）；二是改善农村金融生态环境，为农村消费信贷客户的信贷提供便利（周锋荣，2011）[4]；三是要健全农村贷款担保制度和农业保险制度（贺翔，2010[5]；王煜宇，2011[6]）；四是要促进小额信贷激励机制发展和微观信贷政策创新（方昕，2012）[7]；等等。

（三）综述评价

1. 国内外农村消费信贷促进法律机制研究的特点

（1）从文献的学科视角看，经济学层面研究成果多，法学层面研究成果少。国外学者的研究多是从经济学、管理学、社会学，尤其以经济学层面最多。这些研究视角包括：一是农村消费信贷的需求与供给、成本与收益、流动性约束、信贷配给、信贷抑制以及与经济增长的关系等视角；二是农村消费信贷的国家过度干预、国家干预不足、国家适度干预等视角；三是不同国家、不同地区农村消费信贷的实践层面进行的理论和实践研究。他们的研究难免会涉及法律、制度和政策等，但是纯粹从法学视角研究的文献比较少。

---

[1] 齐红倩、李志创：《我国农村金融发展对农村消费影响的非线性效应分析》，《数量经济研究》2016年第2期，第111—127页。

[2] 李信见：《基于农村信用体系建设的信用制度激励与约束机制——长岛农村信用社优化金融生态环境与化解不良贷款案例》，《征信》2011年第5期，第71—75页。

[3] 闵远光：《失信惩罚机制的设计和运行研究》，《企业经济》2004年第10期，第25—26页。

[4] 周锋荣：《农村金融应助力农村消费市场》，《农民日报》2011年9月13日，第3版。

[5] 贺翔：《农村金融在扩大农民内需促进农村经济发展中的作用研究》，吉林财经大学硕士学位论文，2010年，第31页。

[6] 王煜宇：《农村金融法制化：国际经验与启示》，《农业经济问题》2011年第8期，第102—109页。

[7] 方昕：《小额信贷激励机制与微观信贷政策创新研究》，西南财经大学博士学位论文，2010年。

（2）从农村消费信贷的目的视角看，生产消费信贷与生活消费信贷相比，前者相关成果多，后者相关成果少。需要说明的是，早先的文献，尤其是支持农村消费信贷补贴论的学者，都倾向于认为或者都假设的情形是政府重视农业生产消费信贷而不愿意进行纯粹农民生活方面的消费信贷，所以主张农村居民借款目的是用于生产消费而非生活消费。这里的消费信贷也就是为了对农业产业进行扶持的信贷。不过随着"生活消费"重要性的增强，国外不再严格区分信贷的目的是用于生产还是生活。我国现在也不再区分生活还是生产消费信贷，并且为了扩大消费拉动经济增长，迫切需要加快农村生活消费信贷的发展。

（3）从农村消费信贷的规模视角看，小额信贷与一般信贷相比，前者相关成果多，后者相关成果少。由于小额信贷的特殊形式、特殊性质以及特殊功能，它更加适合于农村，尤其是发展中国家的农村，正如"小额信贷的合同模式，减少了道德风险"（Armendáriz and Morduch，2010）[①]。因此，100多个国家1997年在华盛顿召开小额信贷峰会，通过的《小额信贷宣言和行动纲领》要求各国在2005年前向7000多万户贫困者提供小额信贷支持。因此，从研究成果来看，在农村消费信贷的研究中，对于小额信贷的研究非常多，而对于一般信贷的研究较少。

（4）从农村消费信贷的性质视角看，正规银行信贷与民间信贷相比，前者相关成果多，后者相关成果少。国外农村消费信贷也是正规消费信贷和非正规消费信贷共存，但是学者们首先还是从正规银行入手研究信贷配给问题，对于非正规消费信贷研究的则少一些。但是，很多实证研究表明，能获得正规信贷部门贷款的农户在非洲大约仅占5%，在亚洲、拉丁美洲或许仅有15%（Pischke et al.，1983）[②]。在发展

[①] Armendáriz, Beatriz and Jonathan Morduch, *The Economics of Microfinance*, MIT Press, 2010.

[②] J. D. Von Pischke, D. W. Adams, G. Donald, *Rural Financial Markets in Developing Countries*, The Johns Hopkins University Press, Baltimore, 1983: 441.

中国家尤其是当商业银行占据绝对优势地位时，农村金融抑制现象广泛存在，其他都要依靠非正规的信贷（Fry，1995）[①]。因此，学者们也更多地关注了非正规消费信贷以及正规信贷与非正规信贷的联贷机制问题。

（5）从农村消费信贷的国家发展水平角度看，发展中国家与发达国家相比，前者相关成果多，后者相关成果少。对农村消费信贷这个课题的研究于发展中国家的意义更大，因为在发展中国家，如中国、玻利维亚、印度、孟加拉等国家的农村消费信贷受到学者们的普遍关注，许多实证研究都是以这些国家为蓝本。正如有学者指出，因为金融抑制现象的存在，使得发展中国家金融行业的发育程度与发达国家存在较大差距，前者通常仅为OECD国家的一半左右（Demirgus-Kunt，1994）[②]。而对于发达国家农村消费信贷的关注相对较少，因为发达国家的农村消费信贷比较少，他们已经走过了这个阶段，抑或是发达国家的相关制度已然比较健全。

（6）从激励与约束机制视角看，信贷客户激励机制相关的成果多，约束机制相关的成果较少；信贷机构激励和约束机制相关的成果均偏少。文献表明，学者们在研究农村消费信贷促进法律机制时，较多地研究了对信贷客户的法律激励机制问题，如动态还款激励机制、利率激励机制等，这方面的研究文献相当多。而对于信贷客户的法律约束机制较少，如征信标准化约束机制、信贷惩罚机制等。同时，对于信贷机构的研究方面，无论是法律激励机制还是法律约束机制都显得比较少。这也是大多数学者较为忽视的一个很重要的方面。

（7）从作者所属机构和单位看，研究机构的成果多，实务部门的

[①] M. J. Fry, *Money, Interest and Banking in Economic Development*, Baltimore and London: Johns Hopkins University Press, 1995.

[②] Demirgus-Kunt, "The Financial System and Public Enterprises Reform: Concepts and Cases", World Bank Policy Research Working Paper, 1994(6), No.1319.

成果少。直接研究农村消费信贷的文献和作者都很少。大部分学者来源于高校、研究机构,并且多为教师和博士、硕士研究生。实务部门如金融监管机构和金融机构的作者虽然时有出现,但是相对来说还是比较少见。

2. 国外农村消费信贷促进法律机制研究对我国的启示

(1) 理论研究方面的启示。国外的研究成果中,金融抑制论(对应农业信贷补贴论)是典型的政府干预过多(相当于"输血"模式),从激励与约束法律机制视角来看,明显的是激励有余约束不足;而金融深化论(对应农村金融市场理论)是典型的国家干预过少,激励不足约束也不足。综合来看,金融约束论(对应不完全竞争市场论)是比较适合农村消费信贷的理论模式(相当于"造血"模式),此时,国家适度干预,既有激励机制又有约束机制,因此取得了明显的效果。

实际上,金融抑制论(对应农业信贷补贴论)和金融深化论(对应农村金融市场理论)就是国家过度干预与市场过度自由的两个极端,存在的问题比较明显,一个是重激励轻约束,一个是轻激励轻约束。而金融约束论(对应不完全竞争市场论)则是我国农村消费信贷的必走之路。正如 Edward S. Shaw 指出,中国有富庶的人力和其他资源以及悠久的文化,它所需要的只是指导经济刺激,以期提高生产率的种种政策。深化的金融政策值得予以认真、仔细但并非是排他的考虑(Edward S. Shaw,1973)[①]。

我国当前对金融结构论、金融功能论的研究也表明,我国对农村消费信贷机构的激励与约束法律机制方面做得不够。因此,我国适合参考金融约束论,并且在参考的基础上,实施对信贷机构和信贷客户的双重激励与约束法律机制,从而达到理想效果。

---

① Edward S. Shaw, *Financial Deepening in Economic Development*, Oxford University Press, 1973.

（2）具体制度研究方面的参考。国外研究和国内研究相比较，他们的研究既有共性也有个性。在共性研究方面，对信贷机构都涉及利率市场化激励、风险控制激励、担保创新激励、业务竞争激励、内部治理优化约束、支农责任约束、业务考评约束等制度；对信贷客户都涉及信贷声誉激励、周期延长激励、贷款额度增加激励、还款动态激励、担保创新激励等制度。在个性研究方面，国内学者较多地研究了财政税收激励、资金筹集激励、风险容忍激励、分类监管约束等。而国外学者较多地研究了团体贷款约束、信用等级评价约束等制度。因此，我国今后的研究还要借鉴国外研究成果，结合我国现实，运用实证研究方法研究我国具体农村消费信贷促进法律机制的构建。

总之，我国农村消费信贷中的信贷机构"惧贷"、"惜贷"和信贷客户"难贷"、"不贷"现象比较普遍。原因在于我国仍然缺少从法律制度视角对农村消费信贷进行深入系统研究的成果，缺少如何进行制度激励与约束的系统思考。毕竟，农村消费信贷涉及不同的法律关系主体（信贷客户、信贷机构、担保人等）之间的不同的权利和义务关系。因此，如何从法律视角尤其是法律激励功能与约束功能视角对农村消费信贷行为和农村消费信贷关系进行深入探究，是我国今后研究的方向所在。

3.国内外农村消费信贷促进法律机制研究的不足及展望

经过研究，本著作认为农村消费信贷面临的制度困境是对信贷机构的激励不足而"惧贷"，约束太少而"惜贷"，对信贷客户的激励不足而"不贷"，约束太多而"难贷"。因此基于农村消费信贷的正外部性，应该对信贷双方进行法律激励；基于农村消费信贷的负外部性，又必须对信贷双方进行法律约束。农村消费信贷促进的激励与约束法律机制之间存在紧密的关系。对信贷客户的约束可以对信贷机构产生激励，对信贷机构的约束可以对信贷客户产生激励；对信贷客户的激励必然要求对信贷机构进行约束，对信贷机构的激励必然要求对信贷客户进行约束。

从关于信贷机构的激励与约束机制方面的研究文献来看，激励法律制度研究较多的是利率市场化激励、风险控制激励、担保创新激励、业务竞争激励等制度，研究较少的是财政税收激励、资金筹集激励、风险容忍激励、业务考评激励等制度。约束法律机制研究较多的是内部治理优化约束、支农责任约束、业务考评约束等制度，研究较少的是准入、退出制度约束、分类监管约束等制度。

从关于信贷客户的激励与约束机制方面的研究文献来看，激励法律机制研究较多的是信贷声誉激励、周期延长激励、贷款额度增加激励、还款动态激励、担保创新激励等制度。研究较少的是贷款补贴激励、信贷产品创新激励、信用村（户）评定激励等制度。约束法律机制研究较多的是团体贷款约束、信用等级评价约束等制度，研究较少的是征信标准化约束、声誉惩罚约束、还款监测和预警约束等制度。

因此，今后研究的方向是弥补现有研究的不足，使研究更加系统化和专业化，尤其是必须注重对信贷机构和信贷客户的双重激励与约束法律机制的研究。也就是说，学者们已经看到了政府在农村消费信贷方面适度干预的重要性，但是对于干预的作用点到底是什么还有待深入探究。

三、研究方法和研究思路

（一）研究方法

文献查阅法。本著作全面、分类地搜集国内外权威及最新文献，对属于经济学、管理学、社会学和法学方面的相关资料进行整理，全面梳理农村消费信贷法律机制研究空白点，将分散的研究按照激励与约束法律机制进行系统化梳理，总结其研究贡献并分析其研究不足。

问卷调查法。本著作针对农村消费信贷双方，即信贷机构与信贷客户分别设计问卷,选择东部、中部、西部20个省、市、自治区的信贷机构发放1500份,选择东部、中部、西部18个省、市、自治区的信贷客户发放1500份。通过调查获得第一手资料,找出我国促进农村消费信贷面临的制度困境。

综合比较法。为了寻求可以借鉴的现成经验,本著作深度考察和综合比较美国、孟加拉、印尼等国家促进农村消费信贷的激励与约束协同法律机制,系统梳理类型化的经验以为我国进行本土化参考。

类型化方法。本著作根据我国国情,基于区域金融法治理念,对东部和中西部地区、城市郊区和边远地区农村消费信贷现状进行比较研究,对农村消费信贷机构和农村消费信贷客户进行分类调查,以保证研究的科学性和针对性。

文本分析法。本著作选取了2005年以来,中国人民银行、银监会(2018年4月8日之后改为银保监会)、国家税务总局、财政部等部委发布的300多件规范性文件,对其中针对信贷机构和信贷客户关于农村消费信贷促进的激励与约束法律机制文本内容进行系统梳理并总结其中的规律。

(二)研究思路

本著作沿着"理论研究—实证研究—规范研究—比较研究—对策研究"的思路,系统研究我国农村消费信贷促进法律机制。在理论研究层面,本著作引入外部性理论,基于该理论,健康发展的农村消费信贷对信贷双方都会带来正外部性,因此应该给予信贷双方法律制度上的激励。但是不健康发展的农村消费信贷对信贷双方都会带来负外部性,因此也必须对信贷双方进行法律制度上的约束。在实证研究和规范研究层面,本著作通过考察国内相关研究和实践现状后发现,在我国农村消费信贷市场上,信贷双方,即信贷机构开展消费信贷和信贷客户参与消费信贷的积极性都不高。从制度规范层面来看,其重要原因在于，针对信贷机构和信贷客户的法律激励与约束机制不健全，导致消费信贷机构"慎贷"、"惜贷"，消费信贷客户"不贷"、"难贷"的现象。因此，必须健全对信贷双方的法律激励机制和约束机制，从而促进农村消费信贷市场的繁荣。在比较研究层面，本著作考察国外相关国家的农村消费信贷实践，发现农村消费信贷市场活跃的重要原因是其法律激励与约束机制比较健全，尤其是将激励与约束机制并用值得我国参考。在对策研究层面，本著作在探究法律的激励功能、约束功能与农村消费信贷之间的内在联系的前提下，基于多层面问卷调查、多国家（地区）综合比较和经验参考，结合我国农村实践构建农村消费信贷的法律激励与约束机制。总之，本著作首先探究促进农村消费信贷激励与约束法律协同机制的理论基础和价值目标；然后基于问卷调查、文本分析和国际比较，总结促进农村消费信贷的国内制度困境和国外制度经验；最后构建促进农村消费信贷的激励与约束协同法律机制，为推进我国农村消费信贷市场的繁荣提供法律制度框架。

四、逻辑框架和基本观点

（一）逻辑框架

第一章为农村消费信贷促进法律机制的理论研究。本著作主要从农村消费信贷的概念表达、农村消费信贷的法律关系、农村消费信贷促进法律机制构建的理论基础、基本原则和价值目标等方面进行理论研究。

第二章为我国农村消费信贷促进法律机制的实证研究。本著作选取我国东部、中部、西部20个省市的农村消费信贷机构和东部、中部、西部18个省市的农村消费信贷客户进行问卷调查，并通过SPSS分析工具对其中的问题进行分析。

第三章为我国农村消费信贷促进法律机制的规范研究。本著作从微观视角与宏观视角对我国现有的关于农村消费信贷促进的激励与约束法律机制文本内容进行系统梳理并总结其中的规律。

第四章为中外农村消费信贷促进法律机制的比较研究。本著作针对中外农村消费信贷相关法律法规，除了比较综合性的消费信贷法律，还将比较专门性法律法规或具体规定。同时分别针对中外信贷机构与信贷客户的激励与约束法律机制进行比较分析。

第五章为我国农村消费信贷促进法律机制的对策研究。在对我国农村消费信贷促进法律机制进行理论研究、实证研究、规范研究以及中外比较研究的基础上，结合我国国情，分别针对农村消费信贷机构和信贷客户提出具体的本土化的激励与约束协同规制的制度建议。

（二）基本观点

本著作提出以下基本观点：一是我国农村消费信贷面临的制度困境包括对信贷机构的激励不足而"惧贷"，约束太少而"惜贷"；对信贷客户的激励不足而"不贷"，约束太多而"难贷"。二是基于农村消费信贷的正外部性，应该对信贷双方进行法律激励；基于农村消费信贷的负外部性，又必须对信贷双方进行法律约束。三是促进农村消费信贷，需要贯彻农村金融区域法治理念，对农村消费信贷双方进行激励与约束的协同规制。对信贷机构进行激励与约束的协同规制，旨在实现其赢利性与普惠性的平衡；对信贷客户进行激励与约束的协同规制，旨在实现其信用性与受益性的平衡。四是国外促进农村消费信贷的制度经验是注重对信贷双方进行激励与约束的协同规制。五是激励与约束协同规制的内在逻辑关系是：对信贷客户的约束可以对信贷机构产生激励，对信贷机构的约束可以对信贷客户产生激励；对信贷客户的激励必然要求对信贷机构进行约束，对信贷机构的激励必然要求对信贷客户进行约束。

五、创新之处和必要说明

(一)创新之处

本著作的创新之处在于以下三个方面:

方法创新。本著作全面运用跨学科资料收集、跨区域问卷调查、跨国家考察比较、以法学为主的跨学科综合研究等多种研究方法,做到了理论与实务紧密结合,文本分析与实证分析紧密结合,增强了研究结论的说服力和法律对策的针对性。

视角创新。本著作将法律的约束功能和激励功能这两种相反相成的功能协同运用于研究如何促进农村消费信贷市场的繁荣,既深化了对法律激励与约束功能的理论研究,也丰富了对农村消费信贷的实证研究。

观点创新。本著作引入对正外部性进行经济法激励、对负外部性进行经济法约束的理论,主张在农村金融区域法治理念下构建农村消费信贷的激励与约束协同法律机制,从而促进农村消费信贷市场的繁荣。

(二)必要说明

1. 关于农村消费信贷的分类

本著作所述农村消费信贷,包括生产性消费信贷和生活性消费信贷,实际上二者并不被严格区分。虽然有学者研究表明,投放尽可能多的生活性信贷额度、发挥其提升消费的直接效应,是刺激农村消费市场的更优选择。[①] 但是,一般来说,生产性消费充足,收入可能更高,

---

[①] 陈东、刘金东:《农村信贷对农村居民消费的影响——基于状态空间模型和中介效应检验的长期动态分析》,《金融研究》2013年第6期,第163—164页。

从而会带动生活性消费；反之，生活性消费的增加，也可能刺激对生产性消费的投入。

我国实行家庭联产承包责任制后，农村的生产性消费和生活性消费都以家庭为单位。一般来说，农户认为生产性消费重于生活性消费，但是并不绝对。并且现实农村经济生活中还存在资金可互换性现象。① 当农户的生产性消费无法满足时，一般会减少生活性消费；当农户的生活性消费无法满足时，一般会减少生产性消费。当农村消费信贷机构只单纯发放生活性消费信贷时，该项资金也完全有可能被农民用于生产性消费；当农村消费信贷机构只单纯发放生产性消费信贷时，该项资金也完全有可能被农民用于生活性消费。

从对再生产的作用来说，生产性消费主要用于再生产，而生活性消费也可视作对再生产的人力资本投入，两者缺一不可。因此，在定义农村消费信贷时，有必要将生产性消费与生活性消费都归于其中，或者说，这里并不严格区分生产性消费和生活性消费，或者说，也没有严格区分的必要。

2. 关于农村消费信贷的模式

我国《农户贷款管理办法》（银监发〔2012〕50号）第十五条规定了农户贷款种类：信用贷款、保证贷款、抵押贷款、质押贷款，以及组合担保方式贷款。本著作所指农村消费信贷主要是指以上五种模式的贷款，但是也包括联保贷款、政府保证贷款等。

3. 关于激励与约束协同规制的内容

对信贷机构和信贷客户激励与约束协同规制具有内在的逻辑关系：对信贷机构的约束可以对信贷客户产生激励；对信贷客户的约束可以对信贷机构产生激励。这样，某些制度既具有对信贷机构的激励功能，

---

① 黄祖辉、刘西川、程恩江：《中国农户的信贷需求：生产性抑或消费性——方法比较与实证分析》，《管理世界》2007年第3期，第73—80页。

也具有对信贷客户的激励功能；某些制度既具有对信贷机构的约束功能，也具有对信贷客户的约束功能。因此，本著作下文关于对信贷机构和信贷客户的激励与约束法律制度的划分并不是必然分开的，只是为了论述的方便，以及为了避免内容的重复，将他们做了简单的分类，并且在第四章和第五章也有相似的问题，特此说明。

第一章 农村消费信贷促进法律机制的理论研究

本章主要从农村消费信贷的概念表达，农村消费信贷的法律关系，农村消费信贷促进法律机制构建的理论基础、基本原则和价值目标等方面进行理论研究。

第一节 农村消费信贷的概念表达

一、农村消费信贷的溯源及演变

农村消费信贷从无到有，发展到今天经历了一个漫长的过程。本著作在此对它进行追根溯源并对其发展演变作出简要梳理。

（一）从生活消费到生活消费与生产消费均有的演变

早些时候的借贷主要是用于生活消费。在我国古代，生活消费比生产消费重要得多，正如马斯洛的需求理论认为的首先得满足基本生存。早在原始社会末期，由于生产力极其低下，部落中部分成员难免缺乏食物，只有从其他成员处"借入"，待日后自己狩猎成功，再进行"归还"。此时的借与还主要是一种互助性质的行为。农村借贷行为的发生，是在私有财产出现之后。有学者指出，中国古代高利贷也可能经历了由互助到借贷再到高利贷的逻辑发展过程。① 汉朝时候,"农夫所以常困,有不劝耕之心",而为了维持基本的生产或生活,他们只能向富人借贷,最早的借贷活动开始出现了。这表明,消费借贷与生产借贷相比可能更早,因为农民往往收支相抵、入不敷出、生活贫困,为维持生活进行借贷。② 后来,随着社会经济的发展,人们的借贷就不仅仅是用于生活消费。如 1936 年对湖南省等 4 省的农村金融调查显示,农户借来的钱粮用途是:农业生产 16%,副业 4%,修补房舍 3%,还旧债及捐税 5%,灾祸及丧病 26%,口粮生活 45%,其他 1%。③

(二)从免费施舍到有借有还及借贷获利的演变

最早时期的"贷"一般无任何附加条件。据《说文解字注》载:"贷,施也。谓我施人曰贷也。"但是,随着商业的逐步发展,"贷"发生了较大的变化:一是借贷演变为高利贷④;二是"贷"的观念发生变化,称之为"借贷";三是发展成一种债务,称之为"责",即债也。周朝时期,出贷之后均需如数归还,而且实现了制度化。春秋中后期,借贷还要归还生息。战国时期,生息式的借贷成为一种社会常态。⑤

---

① 刘秋根:《试论中国古代高利贷的起源和发展》,《河北学刊》1992 年第 2 期,第 98 页。
② 据《汉书·食货志》记载:今一夫挟五口,治田百,岁收一石半,为粟百五十石。除十一之税十五石,余百三十五石。食,人月一石半,五人终岁为粟九十石,余有四十五石。石三十,为钱千三百五十。除社闾尝新春秋之祠,用钱三百,余千五十。衣,人率用钱三百,五人终岁用千五百,不足四百五十。不幸疾病死丧之费,及上赋敛,又未与此。此农夫所以常困,有不劝耕之心,而令籴至于甚贵者也。另有:晁错复说上曰:今农夫五口之家,其服役者不下二人,其能耕者不过百亩,百亩之收不过百石。春耕夏耘,秋获冬藏,伐薪樵,治官府,给徭役;春不得避风尘,夏不得避暑热,秋不得避阴雨,冬不得避寒冻,四时之间,亡日休息;又私自送往迎来,吊死问疾,养孤长幼在其中。勤苦如此,尚复被水旱之灾,急政暴赋,赋敛不时,朝令而暮改。当具有者半贾而卖,亡者取倍称之息,于是有卖田宅。鬻子孙,以偿责者矣。
③ 王煜宇:《农村金融法律制度改革与创新:基于法经济学的分析范式》,法律出版社 2012 年版,第 76 页。
④ 参见徐祇朋:《周代借贷性质的演变》,《松辽学刊(哲学社会科学版)》2000 年第 2 期,第 32 页。
⑤ 参见乜小红:《论中国古代借贷的产生及其演变》,《经济思想史评论》2010 年第 2 期,第 159—160 页。

（三）从实物借贷到货币借贷的演变

早期的借贷活动最先表现为实物借贷。如有学者认为，西周时期的借贷多以实物形式。当时的实物主要包括粮食、食盐①等。《管子》记载，春秋时期齐国西部谷物借贷的半年利率竟高达百分之百。这显然是为了直接满足消费需求而不是生产需求。后来随着生产发展，社会分工扩大，货币应运而生。秦汉时期，以货币借贷为主的民间借贷逐渐成为借贷的主要方式。借贷活动遂由实物借贷转为货币借贷，这一趋势延续至今。

（四）从民间借贷到民间借贷与政府借贷并存的演变

无论是民间借贷还是政府的官方借贷，都可以在周朝找到借贷相关的影子。也就说明，两种形式的借贷几乎是同时产生，并无明显的先后顺序。从政府借贷视角来看，《周礼·泉府》记载："民"可以从"泉府"赊贷，有短期无息借贷，有收取利息的贷放，而"泉府"的收入用于"国事"。"泉府"主要是针对贫民、小手工业者和小商贩进行借贷的具有官方信用性质的机构。当时的组织规模已达 128 人，说明官方借贷比较发达。从民间借贷视角来看，《周礼·秋官·朝士》载："凡有责者，有判书以治，则听。凡民同货财者，令以国法行之。犯令者，刑罚之。凡属责者，以其地傅而听其辞。"这表明，国家权力已经介入私人借贷事务，用法律予以规范。同时也从侧面说明，当时民间借贷也比较发达。时至今日，我国仍然发达的民间借贷依然与政府借贷并存。

---

① 关中无盐氏载："吴楚七国兵起时，长安中列侯封君行从军旅，赍贷子钱，子钱家以为侯邑国在关东，关东成败未决，莫肯与。唯无盐氏出捐千金贷，其息什之。三月，吴楚平。一岁之中，则无盐氏之息什倍，用此富埒关中。"参见《史记》卷 129《货殖列传》，中华书局 1959 年版，第 3280—3281 页。

(五)从依照习惯道德约束到依照法规约束的演变

《周礼》记载:"凡民之贷者,与其有司辨而授之,以国服为之息。"[①] 此时,国家并未直接干预这类借贷,只是作为调解者处于中立地位。而西周至春秋时期,高利贷的出现成就了富商大贾们对财富的积聚,进而形成富者愈富的"马太效应"局面。除商人外,贵族、官僚也普遍涉足借贷活动。国家开始制定法规进行规范,如唐代《杂令》规定了有息借贷问题。[②] 明代限制民间借贷的利率"不得超过三分",且"不论借款时间之长短,利息不得逾本金之半"。清代要求"每月取利并不得过三分。年月虽多,不过一本一利"。

二、农村消费信贷的界定及特征

(一)农村消费信贷的界定

1. 消费信贷的涵义

什么是消费信贷?国内学者主要从两个视角下定义:一是从信用关系和信用行为视角下定义。如较早研究消费信贷的学者尹世杰教授认为,消费信贷是银行信用社运用一部分资金满足居民消费需要的一种信贷行为。[③] 周显志教授则认为,其是指金融或商业等机构向有一定支付能力的消费者调剂资金余缺的信贷行为和信用关系。[④] 二是从信贷产品视角下定义,即消费信贷是由银行或专门机构向居民个人提供的,用于提高居民即期消费水平、平滑居民终生消费的一类信贷服务产品。[⑤]

而在西方国家,非常强调消费信贷的对象仅仅是个人或者自然人,

---

① (清)孙诒让:《周礼正义》(卷28),中华书局1987年版,第1098页。
② 包括契约的订立、利息禁制、履行方式、司法救济、质押物处理和保证责任等,参见何艳春:《我国民间借贷的历史渊源与管制》,《人民法院报》2013年4月19日,第5版。
③ 尹世杰:《关于农村消费信贷问题的探讨》,《广西农村金融研究》1983年第2期,第45页。
④ 周显志、夏少敏:《关于消费信贷问题的法学思考》,《消费经济》1999年第3期,第29页。
⑤ 中国人民银行货币政策司2002年发表的《中国消费信贷发展报告》。

用途仅仅是用于消费而不包括其他。如美国将其定义为，向自然人提供的并由其承担融资费用的信贷，只限于家庭或消费类型的交易，而不包括商业或农业经营目的。① 学者 Barro R. J. 作出了相似的界定。② 很显然，西方国家对其的定义比较狭窄。

本著作认为，消费贷款是指银行或其他金融机构向消费者以贷款形式提供的信用，包括信用贷款和抵押贷款等。这里没有特别限制贷款对象和用途。

2. 农村消费信贷的涵义

随着社会的发展，农村消费信贷在今天也有其新的涵义。关于什么是农村消费信贷，不同学者亦有不同的观点，主要包括广义、中义和狭义三种。

（1）狭义上的农村消费信贷

有学者认为，农村消费信贷是金融机构相继实施的，针对我国农村地区的个人单纯以生活消费为目的的贷款。其隶属于农村信用贷款。这里，狭义上的农村消费信贷强调：一是消费信贷的用途主要是满足纯粹生活消费目的，不包括生产消费贷款；二是强调贷款对象是非法人或组织的自然人；三是强调在贷款主体上局限于正规的银行或其他金融机构。

（2）中义上的农村消费信贷

有学者认为，农村消费信贷指在农村地区，由金融机构向农户提供的，用于满足农民消费需求的信贷方式。③ 这里，中义上的农村消费信贷强调：一是没有限制贷款的最终用途，即既可以是生产性也可以是生活性的消费信贷；二是贷款对象没有限制，可以是法人，也可以

---

① 即《1969 年消费信贷保护法案》的定义。参见陆衰行：《消费信贷立法的思考》，《金融法苑》2005 年第 5 期，第 60—61 页。

② 他认为消费信贷专指金融机构特别是商业银行向消费者提供的用来购买商品或其他服务的信贷，金融机构通过信用、抵押、质押等担保方式向个人发放贷款。参见 J. Barrower, "The Loan Market, Collateral and Rate of Interest", *The Journal of Money, Credit and Banking*, 1976: 345。

③ 高珊珊：《农村消费信贷信用风险评估》，中国矿业大学博士学位论文，2010 年，第 13 页。

是自然人;三是在贷款主体上局限于正规的银行或其他金融机构。

(3)广义上的农村消费信贷

有学者认为,农村消费信贷有两层涵义:一是农户从正规金融机构获取的,最终用于消费的贷款;二是农户从非正规渠道获取的消费性贷款。这里,广义上的农村消费信贷强调:一是没有限制贷款的最终用途,即既可以是生产性也可以是生活性的消费信贷;二是贷款对象没有限制,可以是法人,也可以是自然人;三是在贷款主体上既包括正规的银行或其他金融机构,也包括非正规贷款主体。

本著作认为,农村消费信贷是由正规金融机构向农村地区信贷客户提供的,用于满足消费需求的信贷方式。这种消费信贷包括生产性消费信贷和生活性消费信贷。[①] 因此,本著作对农村消费信贷的定义属于中义上的定义。

(二)农村消费信贷的特征

我国的农村消费信贷与城市消费信贷相比较,具有其自身的特征:

1. 农村消费信贷的主体多元性

农村消费信贷的主体是官方的金融机构,不包括民间金融组织。虽然我国的民间借贷非常盛行,其与官方借贷长期并存,且重要性日益凸显。但是本著作主要讨论国家正式金融机构,尤其是新型农村金融机构、农村信用社、中国农业银行等对农户的消费信贷。当然,随着农村消费信贷客户的需求日益增加以及国家的重视,参与农村消费信贷的信贷机构会逐渐增加。

---

① 学者认为还有一种特殊的信贷需求,它是指农户的信贷需求不是生产和生活所引致的,而是属于一种心理防御需求,即为了不露富而故意借钱。参见刘艳华:《中国农村信贷配给及其绩效评价研究》,山东农业大学博士学位论文,2009年,第29页。这种消费信贷不是本著作探讨的内容。

2. 农村消费信贷的用途广泛性

农村消费信贷的用途广泛，但是主要可以分为两类：一是生产消费性信贷，二是生活消费性信贷。而国外学者一般不作严格区分，正如学者指出，消费信贷区分生产和生活目的并不合适也没有必要（Franz Heidhues，1994）[1]。有学者认为有必要与建材提供者和房地产开发商合作以便有效使用贷款（Garajan and Meyer，2005）[2]，这里的用途主要是满足生活性消费需要，但是也利于生产性消费。本著作所涉及的文献，主要是关于生产性消费的信贷，但是其中不少也包括了生活性消费信贷，因此并不作严格区分。

3. 农村消费信贷的时间不均衡性

农村消费信贷的对象是农村信贷客户，其从事的农业生产具有强烈的季节性。调查发现，年末时农民卖粮手中有钱，没多少消费贷款需求；而春节前为婚嫁、过年需要消费贷款；春节后为春耕生产消费信贷则剧增；7—8月为解决子女上学等问题消费信贷需求不减。[3] 这种季节性的信贷需求，要求信贷机构调整信贷政策与其相适应，否则难以满足其信贷需求。同时，农村消费贷款的期限最好与农副产品收入期一致，以确保还贷能力。[4]

4. 农村消费信贷的需求多样性

国家统计局将农村居民家庭消费支出分为八大类。[5] 本著作将其分

---

[1] Franz Heidhues, "Consumption Credit in Rural Financial Market Development", Seminar on Pioneers, Problems and Premises of Rural Financial Intermediation in Developing Countries, Wageningen Agricultural University, 1994.

[2] Geetha Nagarajan, Richard L. Meyer, "Rural Finance: Recent Advances and Emerging Lessons, Debates, and Opportunities", AEDEWP-0041-05, 2005: 3-52.

[3] 聂清竹、纪文平、郎峰、高柏明：《对勃利县农村消费信贷情况的调查》，《黑龙江金融》2004年第10期，第22页。

[4] 沈虹：《开展农村消费信贷业务的几点建议》，《现代金融》1999年第5期，第39页。

[5] 包括食品支出，衣着支出，居住支出，家庭设备及服务支出，交通和通讯支出，文教、娱乐用品及服务支出，医疗保健支出，其他商品及服务支出。

为三个层次。第一层次包括衣着支出、食品支出、居住支出。第二层次包括交通和通讯支出，文教、娱乐用品和服务支出以及医疗保健支出。第三层次包括前述第一、第二层次消费之外的部分。①

我国东、中、西部经济发展水平差异很大，城乡"二元"经济结构也非常明显。同样是东、中、西部的农村，但是城市化农村、城乡结合部及偏远农村的经济发展水平差距也很显著。因此，不同经济发展水平的信贷客户有不同的消费信贷需求。显然，经济发展水平高的地区比经济发展水平低的地区有更多的消费信贷需求。同时，还有可能存在的情形是，消费信贷的主流客户应该是中等或中等偏上收入者阶层。②因此，信贷机构应关注农村中因收入水平差异而产生的不同消费需求，根据需要设计不同种类的有农村特色的消费信贷产品。

5.农村消费信贷的需求变动性

农村消费信贷需求与信贷客户的收入水平、信用水平、消费观念等密切相关。当农村消费信贷客户的收入水平、信用水平、消费观念发生变化以后，他们对消费信贷的需求就很可能会发生变化。当然这种变化一般是由需求数量少到需求数量多，由需求质量低到需求质量高的变化，当然也不排除反向变化。有学者指出，中部地区的农村消费信贷客户对资金的需求，逐渐由生产性消费信贷需求向生活性消费信贷需求转变。但现阶段中部地区生活性消费信贷的领域过于狭窄。因此，要发展农村消费信贷就必须大力拓展生活性消费信贷的范围③以不断适应信贷需求的变化。同时，农村消费信贷的需求变动性很强，也给农村消费信贷机构带来了机遇与挑战。

---

① 郝亚玲、张树忠：《农村信贷对农村居民消费结构的影响——基于31个省份的实证分析》，《郑州航空工业管理学院学报》2015年第3期，第84页。
② 李雨嘉：《论我国农村消费信贷需求与策略》，《理论月刊》2010年第8期，第181页。
③ 参见曾之明、岳意定：《拓展中部地区农村消费信贷的实证分析——以湖南省为例》，《河南金融管理干部学院学报》2009年第2期，第77页。

6. 农村消费信贷的区域差异性

我国当前农村消费信贷的区域差异特征非常典型。我国东、中、西部经济发展不平衡，同时，同一地区内部也有明显的"二元"经济结构存在。一般来说，发达地区倾向于正规信贷，而不发达地区倾向于非正规信贷。陈志武调查了收入水平最高的北京，次之的丹东县，第三的徐水县和河南的三个村，显示北京人之间的借贷和礼物往来最少，丹东和徐水次之①，农村人之间的借贷和礼物往来最多②。换句话说，农村地区的经济发展水平决定了消费信贷的层次和水平。有学者考察北京远郊农村，发现北京农村居民对于银行提供消费信贷服务的认可度远高于中西部地区。③同时，在相对边远的村屯，农户收入较低，消费能力有限。而收入较高的乡镇居民，消费意愿强烈。④

7. 农村消费信贷的结构失衡性

结构性失衡是我国农村消费信贷市场存在的主要问题。主要表现为：一是从信贷用途上看，生产性消费信贷较多，生活性消费信贷较少；二是在信贷时间上，小额短期的消费信贷较多，大额长期的贷款较少；三是在信贷项目上，住房消费信贷业务较多，由于信贷机构对其他创新型的信贷品种研究开发不够，耐用消费品、旅游、汽车、医疗等消费信贷贷款比较少。

8. 农村消费信贷的产品落后性

我国目前农村消费信贷产品还比较落后，较多的还是比较传统的住房购买、修建及其装修、购买农机具等生产设备、购买农药化肥种子等原料、购买家电等耐用消费品、子女教育、子女婚嫁等几种。娱

---

① 陈志武：《对儒家文化的金融学反思》，《原道》2007年第1期，第191页。
② 郭梅亮：《传统文化习俗下的农村消费性金融需求分析》，《中国经济问题》2011年第1期，第59页注释。
③ 陶桂平、韩立岩：《扩大农村消费需求，完善消费信贷体系》，《中国农村金融》2011年第6期，第19页。
④ 潘佐郑、王骄阳：《农村消费信贷供给与需求的实证分析》，《区域金融研究》2010年第5期，第57页。

乐、文化、保健、旅游类等享受型消费信贷还并未充分进入信贷机构支持的消费信贷范围。

9. 农村消费信贷的抵押物局限性

我国目前农村消费信贷的抵押物范围存在较大的局限，仅有住房、耕牛、大型农机具等。但是因为抵押物流转相关市场没有完全建立，信贷机构并不喜欢现有的抵押物，所以迫切需要增加抵押物的品种类别。

三、农村消费信贷的分类

（一）按照消费信贷的用途分类

按照消费信贷的用途，一般将农村消费信贷分为两类，即生产性消费信贷和生活性消费信贷。按照这种分类标准，也有学者将农村消费信贷分为生产性贷款与消费性贷款；还有学者认为其可以分为经营性贷款与生活性贷款；也有学者将其分为经营性消费信贷和生活性消费信贷。根据前述分类，本著作将农村消费信贷分为生产性消费信贷和生活性消费信贷。

（二）按照消费信贷的层次分类

按照消费信贷的层次，可以将农村消费信贷分为生存型、享受型和发展型消费信贷。其中，教育、医疗和住房等方面的消费信贷属于生存型消费信贷；娱乐、文化、保健类等方面的消费信贷属于享受型消费信贷；交通、通讯、培训等等方面的消费信贷属于发展型消费信贷。我国目前的信贷机构对农村发放的信贷主要局限于生存型消费信贷，对享受型和发展型消费信贷重视还不够。

（三）按照消费信贷的信用形式分类

根据《农户贷款管理办法》（银监发〔2012〕50号）的规定，农户贷款按信用形式分为信用、保证、抵押、质押贷款和组合担保方式贷款等五大类别。本著作所指农村消费信贷就是指以上五大类别的贷款。不过，我国目前的信贷机构对农村发放的信贷主要还是局限于或者倾向于生产性贷款，而对纯消费性贷款明显重视不够。

（四）按照消费信贷的时间长短分类

农村消费信贷按照消费信贷时间的长短可以分为三类：一是期限一般为几天或几个月，最长不超过一年的短期消费信贷；二是期限一般在1—3年，由消费者以分期付款的方式还款的中期消费信贷；三是期限在3年以上，绝大部分采取抵、质押贷款方式，消费者在较长时期内分期分批次偿还的长期消费信贷。我国当前农村消费信贷多为短期贷款和中长期贷款，且以短期贷款为主，而长期贷款较少。

（五）按照消费信贷的信用工具分类

农村消费信贷按照信用工具的不同可以分为分期付款、按揭贷款和信用卡贷款三种：一是分期付款（消费者在购买耐用消费品时按月偿还的贷款）；二是按揭贷款（消费者在购买房屋等商品时，在支付首付款后，将所购商品作为担保抵押给贷款银行的消费信贷）；三是信用卡贷款（消费者透支款项并由消费者在发卡行规定的期限内偿还）。我国当前农村消费信贷中按揭贷款相对多一些。

四、农村消费信贷的用途及功能

（一）农村消费信贷的用途

关于农村消费信贷的用途，正如在"必要说明"中所提及的，没有必要严格区分农村生产性消费信贷和生活性消费信贷。《关于银行业金融机构大力发展农村小额贷款业务的指导意见》（银监发〔2007〕67

号,以下简称《发展小额贷款业务指导意见》)也指出了农村消费信贷的具体范围。① 因此,本著作认为,农村消费信贷还应该继续扩大范围。《农户贷款管理办法》(银监发〔2012〕50号)第十四条也规定农户贷款分为农户生产经营贷款②和农户消费贷款③两种。其也说明了农村消费信贷的主要用途。

(二)农村消费信贷的功能

关于农村消费信贷的功能,国外有学者认为,农村消费信贷市场会改变家庭总效用和福利水平(Tobin,1987)④,以及发挥消费保险作用并降低农户的预防性储蓄动机从而拉动消费(Cochrane,1991)。还有学者认为,消费信贷功能(即通过提供消费信贷来平稳收入和平滑消费)是农村金融的三大功能之一(Schmidt,Kropp and Weires,1987)⑤。有学者还发现,农村金融服务会通过消费信贷影响农户食品安全(Zeller et al.,1997)⑥。还有学者指出,印度和泰国农民缺少信贷和保险可能会阻碍人力资本和企业家才能的形成从而恶化收入不平等状况(Robert M. Townsend,1995)⑦。发展初期的居民获得信贷的差异

---

① 即同时支持传统农业和现代农业;同时支持单一农业和有利于提高农民收入的各产业;同时满足农业生产费用融资需求和农产品生产、加工、运输、流通等各个环节融资需求;同时满足农民简单日常消费需求和农民购置高档耐用消费品、建房或购房、治病、子女上学等各种合理消费需求;同时满足农民在本土的生产贷款需求和农民外出务工、自主创业、职业技术培训等创业贷款需求。

② 农户生产经营贷款是指农村金融机构发放给农户用于生产经营活动的贷款,包括农户农、林、牧、渔业生产经营贷款和农户其他生产经营贷款。

③ 农户消费贷款是指农村金融机构发放给农户用于自身及家庭生活消费,以及医疗、学习等需要的贷款。农户住房按揭贷款按照各银行业金融机构按揭贷款管理规定办理。

④ J. Tobin, *Financial Intermediaries, the New Palagravea Dictionary of Economics*, Edited by John Eatwell, Murray Milgate, Peter Newman, Vol. 2, E to J, 1987.

⑤ Schmidt, Kropp, Weires, „Landliches Finanzwesen: Ein Orien-Tierungsrahmen", BMZ, GTZ/DSE, Eschborn, 1987: 1-7.

⑥ M. Zeller, Joachim von Braun, et al., "Rural Finance for Food Security of the Poor: Implications for Research and Policy", *Food Policy Review*, 1997 (4): 15-81.

⑦ Robert M. Townsend, "Consumption Insurance: An Evaluation of Risk-Bearing Systems in Low-Income Economies", *The Journal of Economic Perspective*, Vol. 9, No. 3, Summer, 1995: 83-102.

导致企业家和雇员的形成（Banerjee and Newman，1993）[1]，也不利于人力资本和物质资本积累（De Gregorio，1996）[2]，而且信贷约束与无效的金融体系共存可能造成经济增长缓慢（Greenwood and Jovanovic，1990[3]；Levine，1997[4]）。消费信贷增长和消费支出增长之间存在着显著的正相关关系（Bacchetta and Gerlach，1997）[5]。消费信贷能够平滑低收入群体的消费行为，能够改善中高收入群体的消费和投资模式，但是显著减少了各个收入群体的储蓄率（Chang，2010）[6]。

国外学者们也研究了消费信贷的负面作用，即过分轻易地获得消费信贷，带来了一系列严重的经济、社会、心理问题（Neuner et. al.，2005）[7]。具体表现为：一是消费信贷使得一部分消费者对奢侈品、汽车、度假以及其他服务的消费更加容易，加剧了社会攀比（Livingstone and Lunt，1992）[8]；二是25—34岁之间的消费者最容易由于过度使用消费信贷而导致个人破产（Sullivan，1989）[9]，而循环信用和小额分期付款的滥用是导致个人破产率大幅度上升的直接原因

---

[1] Abhijit V. Banerjee and Andrew F. Newman, "Occupational Choice and the Process of Development", *Journal of Political Economy*, Vol. 101, No. 2, Apr., 1993: 274-298.

[2] José De Gregorio, "Borrowing Constraints, Human Capital Accumulation, and Growth", *Journal of Monetary Economics*, Vol. 37, Issue 1, February, 1996: 49-71.

[3] J. Greenwood, B. Jovanovic, "Financial Development and Economic Development", *Economic Development and Cultural Change*, 1990.

[4] Ross Levine, "Financial Development and Economic Growth: Views and Agenda", *Journal of Economic Literature*, Vol. 35, No. 2, Jun., 1997: 688-726.

[5] Bacchetta, S. Gerlach, "Consumption and Credit Constraints: International Evidence", *Journal of Monetary Economics*, 40 (2), 1997: 207-238.

[6] Chang, Y. Beryl, "Greater Access to Consumer Credit: Impact on Low Versus High Income Groups", *Journal of Business & Economic Studies*, Vol. 16, No. 1, 2010: 33-57.

[7] M. Neuner, G. Raab and L. A. Reisch, "Compulsive Buying in Maturing Consumer Societies: An Empirical Reinquiry", *Journal of Economic Psychology*, Vol. 26 (4), 2005: 509-522.

[8] Sonia M. Livingstone and Peter K. Lunt, "Predicting Personal Debt and Debt Repayment: Psychological, Social and Economic Determinants", *Journal of Economic Psychology*, Vol. 13, Issue 1, 1992: 111-136.

[9] Teresa A. Sullivan, E. Warren, J. Lawrence Westbrook, *Financial Beharior: As We Forgive Our Debtors. Bankruptcy and Consumer Credit in America*, Oxford Unirersity Press, 1989: 20.

（Paquin and Squire Weiss，1998）[1]；三是过度的消费信用会导致消费、生产和就业超过可持续发展的水平，产生极高的社会成本，最终要靠消减赤字等来解决。

国内学者都认为消费信贷是扩大内需促进经济增长的重要手段（易宪容等，2004[2]；楚尔鸣，2009[3]）。有学者对我国1978—2007年的相关数据进行研究，发现农村金融深化有利于促进农村居民消费增长（刘纯彬、桑铁柱，2010）[4]；有学者分析了我国1978—2008年的数据，表明金融信贷在短期可有效扩大农民消费（郭英、曾孟夏，2011）[5]。有学者研究了我国1978—2010年的数据，发现农村金融发展对农村居民消费增长具有明显的正向促进作用（张毓卿、周才云，2012）[6]；有学者分析了我国1979—2010年的数据，表明农户人均可支配收入、农村金融效率和农村金融规模都显著影响农户的消费支出（胡帮勇、张兵，2012）[7]；有学者分析了我国1995—2009年数据，表明农村金融主要是从四个方面促进农村居民消费增长（谢顺利、周翼璇，2014）[8]。有学者指出，东部、中部、西部农业信贷支持水平都对农村居民消费支出具有正向影响，其中中部最强，西部次之，东部最弱（陈力朋、陈锦

---

[1] Paul Paquin, Melissa Squire Weiss, "Personal Bankruptcies: Study Finds Four Key Determinants", *Journal of Retail Banking Services*, Vol. 20, No. 1, 1998: 49.

[2] 易宪容、黄瑜琴、李薇：《消费信贷、信用约束与经济增长》，《经济学动态》2004年第4期，第36页。

[3] 楚尔鸣：《扩大消费需求必须重视金融政策》，《消费经济》2009年第1期，第9—11页。

[4] 刘纯彬、桑铁柱：《农村金融深化与农村居民消费增长：假说与实证》，《江西财经大学学报》2010年第2期，第62—66页。

[5] 郭英、曾孟夏：《我国农业支持与农民收入和消费的再思考——基于整体性的多变量协整系统》，《经济问题》2011年第11期，第77—81页。

[6] 张毓卿、周才云：《金融对农村居民消费增长支持效应的动态分析》，《江西社会科学》2012年第2期，第77—81页。

[7] 胡帮勇、张兵：《中国农村金融发展对农民消费影响的实证研究——基于1979年—2010年的时间序列数据》，《经济经纬》2012年第6期，第22—26页。

[8] 即增强流动性、优化交易方式、培养消费意识和提供消费保险，参见谢顺利、周翼璇：《我国农村金融发展对居民消费的影响研究》，《消费经济》2014年第1期，第28—32页。

然，2015）[①]；还有学者认为，农业信贷配给对农民消费具有负向间接效应，而且对低收入水平者抑制作用高，对高收入水平者抑制作用相对低（刘艳华，2016）[②]。

本著作着重强调的是农村消费信贷促进农村居民消费方面的功能。其功能可以划分为两种：

1. 提高农村消费信贷客户的消费水平

（1）直接促进农村消费的功能，即通过消费性信贷直接产生消费。有学者利用孟加拉国农村的大面板数据分析了小额信贷对农村居民消费的影响，即当家庭遇到疾病冲击时，小额信贷对缓解居民消费受该冲击影响的效应。[③] 亦即通过消费性信贷，可以直接增加信贷客户的短期收入，使其可以购买急需的消费品，如婚嫁物品、住房即期装修、汽车以及应对疾病等，从而直接促进农村居民的消费，提高信贷客户的消费水平。

（2）间接促进农村消费的功能，即通过带动农村生产，提高农民纯收入提高消费。有学者发现，农户生产经营性信贷可以通过增加产出和收入促进消费支出增长。[④] 即通过生产性消费信贷支持带动农业生产，进一步发挥农村金融对农村经济的"输血"、"活血"与"造血"功能[⑤]，从而间接提高农民即期收入，增强其消费能力，进而提高农村居民的消费水平。学者尹学群等指出，生产经营性信贷对农业产出增长、收

[①] 陈力朋、陈锦然：《农业信贷支持对农村居民消费支出的影响——基于省级面板数据的实证分析》，《西部论坛》2015年第2期，第17—24页。

[②] 刘艳华：《农业信贷配给对农村居民消费的间接效应——基于面板门槛模型的阐释》，《农业经济问题》2016年第7期，第98—105页。

[③] A. Islam, P. Maitra, "Health Shocks and Consumption Smoothing in Rural Households: Does Microcredit Have a Role to Play?", *Journal of Development Economics*, 97 (2), 2012:232-243.

[④] X. Li, C. Gan and B. Hu, "The Welfare Impact of Microcredit on Rural Households in China", *Journal of Socioeconomics*, 40 (4), 2011:404-411.

[⑤] 徐充、张志元：《关于拓展我国农村消费信贷的思考》，《经济问题》2009年第9期，第95页。

入提升以及消费支出增长均具有显著作用。① 当然也有持不同意见者。②

2. 提高农村消费信贷客户的生产水平

社会再生产的四个环节互相制约，相互促进。马克思说，信用也会作为媒介，从而提高通货的速度③，即通过信用能加速商品流转从而促进生产的发展。同时，通过消费信贷，使消费者的购买力提前实现，既满足了消费需要，又加速了商品流通，反过来又促进了生产发展。开展农村消费信贷，必将能够活跃农村经济，促进农业生产发展。因为开展消费信贷，可以使他们在发展生产的同时，逐步提高消费水平。通过消费水平的提高，反过来可以促进生产的发展，从而能够尽快致富。

第二节 农村消费信贷的法治化及法律关系

一、农村消费信贷与金融法律制度的关系

（一）农村消费信贷对法律制度的需求

宏观方面。有学者指出，转型经济国家的正式法律制度发展中，基于血缘、地缘、伦理关系、信誉的市场交往往往受到冲击。当法制逐步完善，多层次治理市场就发挥出更强的契约执行能力，非正式的治理方式就会退化到次要地位（Dixit，2004）④。Johnson 等最早研究了

---

① 尹学群、李心丹、陈庭强：《农户信贷对农村经济增长和农村居民消费的影响》，《农业经济问题》2011 年第 5 期，第 21—27 页。

② 有学者的研究表明，过度的消费信贷显著减少了各个群体的储蓄率，降低了经济的长期可持续增长率，因此从长期看会降低大部分人的生活标准。See Beryl Y. Chang, "Greater Access to Consumer Credit: Impact on Low Versus High Income Groups", *Journal of Business & Economic Studies*, Vol. 16, No. 1, 2010: 33-57.

③ 马克思：《资本论》，曾令先、卞彬、金永编译，江苏人民出版社 2011 年版，第 423 页。

④ Avinash K. Dixit, *Law Lessness and Economics: Alternative Modes of Governance*, Princeton University Press, 2004.

投资者保护的法律制度与金融危机的关系。他们分析了 25 个国家的证券市场在亚洲金融危机中的表现，结果表明在投资者法律保护制度非常不健全的国家更容易爆发金融危机，经济衰退的可能性更大（S. Johnson et al., 2000）[1]。

微观方面。学者们认为，一是农村消费信贷市场的评估离不开法制因素。有学者指出，对农村金融市场的评估应包括政策环境、法律和监管体系、政策干预的效力等（Yaron et al., 1998）[2]。大多数发展中国家由于不完全产权、法律执行问题等使得正规金融机构对农户的抵押资产评估价值很低（J. F. M. Swinnen and H. R. Gow, 1999）[3]。二是农村消费信贷市场离不开法制基础。有学者认为，任何国家的农村金融市场运作依赖于法律基础和非法律基础，因此应构建保证农村金融安全的法律框架。同时认为吸引资金流入农村金融市场的关键在于金融机构准入和退出机制立法（Heywood W. Fleisig, 2003）[4]。三是金融法制与经济增长之间的关系。有学者指出，经济主体自身能够改善合约的规范性，逐渐消除合约制度可能存在的消极影响（Daron Acemoglu, 2003）[5]。有学者认为，合同的有效执行与支持性法律框架和正规金融部门内部运行体系密切相关（Demirguc-Kunt and Levien, 2004）[6]。

---

[1] S. Johnson and P. Boone, A. Breach, E. Friedman, "Corporate Governance in the Asian Financial Crisis", *Journal of Financial Economics*, Vol. 58, 2000: 141-186.

[2] Yaron, Benjamin, Charitonenko, "Promoting Efficient Rural Financial Intermediation", *The World Bank Research Observer*, Vol. 13, 1998: 147-170.

[3] J. F. M. Swinnen, H. R. Gow, "Agricultural Credit Problems and Policies during the Transition to a Market Economy in Central and Eastern Europe", *Food Policy*, Vol. 24, 1999: 21-47.

[4] Heywood W. Fleisig and Nuria de la Peña, "Legal and Regulatory Requirements for Effective Rural Financial Markets Paving the Way Forward for Rural Finance An International Conference on Best Practices", *Legal Policy and Ramifications for Rural Finance*, 2003.

[5] Daron Acemoglu and Simon Johnson, "Unbundling Institutions", *Journal of Political Economy*, Vol. 113 (5), 2005: 949-995.

[6] Asli Demirguc-Kunt, Ross Levein, Luc Laeven, "Regulation, Market Structure, Institutions, and the Cost of Financial Intermediation", *Journal of Money, Credit and Banking*, Vol. 36, No. 3, 2004: 593-622.

(二)金融法律制度对农村消费信贷的促进功能

农村消费信贷的法律促进机制涉及金融制度,不同学者对金融制度有不同见解。有学者认为,金融活动的核心是激励,因为金融制度的主要功能就是通过确定一个有效的激励结构,为制度所涉成员提供有效的激励。① 还有学者认为,金融制度可以约束和激励人们的金融行为,降低金融交易费用和竞争中不确定性导致的金融风险(P. C. Kumar,1994)②。

其实,早在18世纪,亚当·斯密(Adam Smith,1776)③ 就认为法律应该规定出最高利息率。否则,银行闲置的资金就会流向资金利用效率低的借款人和具有投机性的借款者手中,因为只有这两种人愿意支付高利息。La Portad 等以49个国家为样本,对金融与一国法律渊源之间的关系进行了实证研究,结论是按法律或者法律执行质量衡量的投资者保护水平与一国金融发展呈明显的正相关关系,对投资者保护好的国家,金融发展程度较高;对投资者保护程度较差的国家,金融发展水平较低(La Porta et al.,1997)④。他们还构造了一个信贷权指标,用来比较不同法律环境下的信贷权差异,结论同样是法律或者法律执行质量与信贷权指数呈正相关关系(La Porta et al.,1998)⑤。还有学者论述了法庭对债务合同执行力度对贷款数量、利率和违约率的影响,他们认为,司法效率的改进会增加信贷总量,减少信贷配给(M.

---

① 吴军、何自云:《金融制度的激励功能与激励相容度标准》,《金融研究》2005年第6期,第33页。

② P. C. Kumar, "Ineffciencies from Financial Liberalization in the Absence of Well-Functioning Equity Markets: A Comment", *Journal of Money, Credit and Banking*, Vol. 26, 1994: 341-344.

③ Adam Smith, *The Wealth of Nations*, 1776.

④ Rafael La Porta, Florencio Lopez-De-Silanes, Andrei Shleifer and Robert W. Vishny, "Legal Determinants of External Finance", *The Journal of Finance*, Vol. 52, No. 3, 1997: 1131-1150.

⑤ Rafael La Porta, Florencio Lopez-De-Silanes, Andrei Shleifer and Robert W. Vishny, "A Model of Investor Sentiment", *Journal of Financial Economics*, Vol. 49, Issue 3, September, 1998: 307-343.

Bianco et al.，2002）[①]。

二、农村消费信贷法律关系

消费信贷在市场经济发达国家起步更早而发展更快，且其在全世界范围内都是一种受到法律保护的消费形式。这些法律包括但不限于《消费信贷保护法令》（美国）、《1974 年消费信贷法》（英国）。我国的农村消费信贷以农户的信用为基础，使放贷机构（信贷机构）与农户（信贷客户）之间形成一种债权债务关系，目的是使农村居民在不影响未来生活水平的前提下提高今天的生活质量，并且受法律的保护。[②] 而消费信贷法是指针对金融机构对消费者提供消费信贷所形成消费关系的法律规范的总称。[③]

本著作认为，农村消费信贷法律关系包括农村消费信贷法律关系主体、农村消费信贷法律关系内容和农村消费信贷法律关系客体。农村消费信贷合同主体双方，即信贷机构和信贷客户之间实质上是一种债权债务关系。

（一）农村消费信贷法律关系主体

农村消费信贷法律关系主体，是指参与农村消费信贷法律关系，享受农村消费信贷权利和承担农村消费信贷义务的当事人。在我国的农村消费信贷法律关系中，最直接相关的主体是信贷机构与信贷客户。

---

① M. Bianco, T. Jappelli, M. Pagano, "Courts and Banks: Effects of Judicial Enforcement on Credit Markets", April, 2002, CSEF Working Paper, No. 58.
② 高珊珊：《农村消费信贷信用风险评估》，中国矿业大学博士学位论文，2010 年，第 13 页。
③ 参见周显志、郑佳：《论消费信用卡透支风险的法律监管制度建设》，《法学论坛》2005 年第 2 期，第 116 页。

1. 信贷机构

信贷机构是指从事农村消费信贷的金融组织。这些金融组织在不同层面有具体不同的名称。常见的有新型农村金融机构、县域金融机构、农村中小金融机构等等。这些信贷机构按照不同的标准可以进行不同的分类和界定：

（1）按照信贷机构的传统与新型类别划分。具体包括两类：第一是传统的金融机构[①]；第二类是新型农村金融组织，如村镇银行[②]、贷款公司[③]、农村资金互助社[④]、小额贷款公司[⑤]等。其中，《中央财政新型农村金融机构定向费用补贴资金管理暂行办法》（财金〔2009〕31号，以下简称《定向费用补贴资金管理暂行办法》）和《关于中央财政农村金融机构定向费用补贴资金管理暂行办法》（财金〔2010〕42号，以下简称《定向费用补贴资金管理暂行办法》）都将新型农村金融机构界定为经银监会批准设立的村镇银行、贷款公司、农村资金互助社三类农村金融机构。

（2）按照信贷机构所处的区域位置界定。《财政县域金融机构涉农贷款增量奖励资金管理暂行办法》（财金〔2009〕30号）指出，县域金融机构是指县辖区域内具有法人资格的金融机构和其他金融机构

---

① 如中国农业银行、中国农业发展银行、农村商业银行、农村信用社、邮政储蓄银行等。
② 《村镇银行管理暂行规定》第二条规定，村镇银行是指经中国银行业监督管理委员会依据有关法律、法规批准，由境内外金融机构、境内非金融机构企业法人、境内自然人出资，在农村地区设立的主要为当地农民、农业和农村经济发展提供金融服务的银行业金融机构。
③ 《贷款公司管理暂行规定》第二条规定，贷款公司是指经中国银行业监督管理委员会依据有关法律、法规批准，由境内商业银行或农村合作银行在农村地区设立的专门为县域农民、农业和农村经济发展提供贷款服务的非银行业金融机构。
④ 《农村资金互助社管理暂行规定》第二条规定，农村资金互助社是指经银行业监督管理机构批准，由乡（镇）、行政村农民和农村小企业自愿入股组成，为社员提供存款、贷款、结算等业务的社区互助性银行业金融机构。
⑤ 《关于小额贷款公司试点的指导意见》（银监发〔2008〕23号）规定，小额贷款公司是由自然人、企业法人与其他社会组织投资设立，不吸收公众存款，经营小额贷款业务的有限责任公司或股份有限公司。

（不含农业发展银行）在县及县以下的分支机构。

（3）按照规模大小来界定。《农村中小金融机构行政许可事项实施办法》（银监会令〔2008〕3号）指出，农村中小金融机构包括传统的农村商业银行、农村合作银行、农村信用合作社，以及新型农村金融机构如村镇银行、贷款公司和农村资金互助社等。

总之，本著作认为，农村消费信贷涉及的信贷机构包括：传统的金融机构如农村商业银行、农村合作银行、农村信用合作社等；新型农村金融机构如村镇银行、贷款公司和农村资金互助社，以及邮政储蓄银行等。

2. 信贷客户

本著作述及的信贷客户是指农村消费信贷的直接客户。一般来说，包括农村居民、农民工、农村企业和农村各类组织等。但是这些信贷客户在不同层面有具体不同的名称。这里有几个农村消费信贷的相关概念需要进一步厘清，如农户、农户贷款、农村区域、农村地区等。

（1）关于农户的界定。许多法律法规对农村消费信贷的重要主体——农户——进行了清晰的界定。

第一，《关于农村金融有关税收政策的通知》（财税〔2010〕4号，以下简称《农村金融税收政策通知》）和《关于中国农业银行三农金融事业部试点县域支行涉农贷款营业税优惠政策的通知》（财税〔2010〕116号）作出了相同的界定，即农户是指长期（一年以上）居住在乡镇（不包括城关镇）行政管理区域内的住户，具体包括两类[①]。《关于中国农业银行三农金融事业部涉农贷款营业税优惠政策的通知》（财税〔2015〕67号）又规定，农户以户为单位，既可以是从事农业生产经营的，也可以是从事非农业生产经营的。而农户的除外情形也有

[①] 一是长期居住在城关镇所辖行政村范围内的住户和户口不在本地而在本地居住一年以上的住户；二是国有农场的职工和农村个体工商户。

两类^①。

第二,《农户贷款管理办法》(银监发〔2012〕50号)规定,农户是指长期居住在乡镇和城关镇所辖行政村的住户、国有农场的职工和农村个体工商户。

(2)关于农村地区和农村区域的界定。以区域来界定农村消费信贷的对象也是一种常见的方式。

第一,关于农村地区。如《关于调整放宽农村地区银行业金融机构准入政策更好支持社会主义新农村建设的若干意见》(银监发〔2006〕90号,以下简称《调整放宽准入政策若干意见》)规定,农村地区是我国中西部、东北和海南省的县(市)及县(市)以下地区,以及其他省(区、市)的国定贫困县和省定贫困县(统称农村地区)。《村镇银行管理暂行规定》第五十九条、《贷款公司管理暂行规定》第四十三条、《农村资金互助社管理暂行规定》第六十六条对农村地区进行了一致的界定,只是在最后增加了"县以下地区"。

第二,关于农村区域。农村区域是指除地级及以上城市的城市行政区及其市辖建制镇之外的区域。^②

(3)关于农户贷款和涉农贷款的界定。农村消费信贷从贷款去向的视角也可以与普通的城市贷款进行一定的区分。

第一,关于农户贷款。《农户贷款管理办法》(银监发〔2012〕50号)第二条将农户贷款界定为,银行业金融机构向符合条件的农户发放的用于生产经营、生活消费等用途的本外币贷款,并且强调了"农

---

① 一是位于乡镇(不包括城关镇)行政管理区域内和在城关镇所辖行政村范围内的国有经济的机关、团体、学校、企事业单位的集体户;二是有本地户口,但举家外出谋生一年以上的住户,无论是否保留承包耕地均不属于农户。农户以户为统计单位,既可以从事农业生产经营,也可以从事非农业生产经营。

② 参见《关于金融企业涉农贷款和中小企业贷款损失准备金税前扣除政策的通知》(财税〔2009〕99号)。

户"的范围。①《农村金融税收政策通知》(财税〔2010〕4号)则强调了农户贷款的判定应以贷款发放时的承贷主体是否属于农户为准。

第二,关于涉农贷款。涉农贷款是指县域金融机构发放的,支持农业生产、农村建设和农民生产生活的贷款。②具体统计口径以《关于建立〈涉农贷款专项统计制度〉的通知》(银发〔2007〕246号)规定为准。

(4)关于农村金融服务的重点对象及其扩展。事实上,相关法律法规对农村金融服务的对象作了具体说明。

第一,《发展小额贷款业务指导意见》(银监发〔2007〕67号)强调进一步拓宽小额贷款投放的广度,扩大到农村多种经营户、个体工商户以及农村各类微小企业。③

第二,《关于全面做好农村金融服务工作的通知》(银监办发〔2011〕36号,以下简称《全面做好农村金融服务工作通知》)强调,在服务对象上,继续做好农户和农村小企业信贷支持,把农机大户、种粮大户、农民专业合作社以及农业产业化龙头企业,列入重点支持范围。

因此,本著作认为,农村消费信贷无论是从农户、农村区域,还是贷款的视角,都可以进行相应的界定,而界定的主要目的是为了与普通的消费信贷相区别。

3. 其他主体

(1)中国人民银行和中国银保监会。中国人民银行和银保监会是积极推进我国农村消费信贷的重要激励主体和约束主体。他们主要是

---

① 《农户贷款管理办法》(银监发〔2012〕50号)第二条规定,本办法所称农户贷款,是指银行业金融机构向符合条件的农户发放的用于生产经营、生活消费等用途的本外币贷款。本办法所称农户是指长期居住在乡镇和城关镇所辖行政村的住户、国有农场的职工和农村个体工商户。

② 《财政县域金融机构涉农贷款增量奖励资金管理暂行办法》(财金〔2009〕30号)规定,涉农贷款是指县域金融机构发放的,支持农业生产、农村建设和农民生产生活的贷款。

③ 具体包括种养大户、订单农业户、进城务工经商户、小型加工户、运输户、农产品流通户和其他与"三农"有关的城乡个体经营户等。

从政策方面进行激励和约束。

（2）财政部和国家税务总局。财政部和国家税务总局也是积极推进我国农村消费信贷的重要激励主体和约束主体。财政部主要是从财政支持方面进行激励，而国家税务总局主要是从税收优惠方面进行激励。

以上四个主体在农村消费信贷活动中起着重要的激励和约束作用。从2006年以来，它们分别通过发布条例、通知、意见等，为促进农村消费信贷提供制度支持。

（3）保证人。保证人在农村消费信贷活动中起着重要作用。我国《民法典》规定，保证人是指具有代为清偿债务能力的法人、其他组织或者公民。《商业银行法》规定，商业银行应当严格审查保证人的偿还能力，抵押物、质物的权属和价值以及实现抵押权、质权的可行性。在我国，对农村消费信贷客户来说，"保证人"并不好找。因此，可参考国外经验，设立相应的担保机构解决借款人难以找到担保人或是能够找到担保人但担保力较低的问题。在此过程中，担保机构可以收取较低的费用，以在减轻被担保人负担的同时保证机构的日常运作。

（4）地方党政部门（村委会和支委会）。我国农村消费信贷中信贷机构往往需要农户的相关信息，而村委会和支委会作为基层组织，其提供的征信信息有非常重要的作用。《发展小额贷款业务指导意见》（银监发〔2007〕67号）非常重视地方党政部门（村委会和支委会）在农村消费信贷方面的作用。其强调：一是要注重争取地方党政部门，包括村委会和支委会的支持；二是对参与贷款清收工作的地方党政人员、村委会和支委会干部，适当采取奖励措施。

（5）信贷机构员工。信贷机构员工是直接与信贷客户打交道的重要主体，他们的业务素质、服务态度等都会影响到农村消费信贷的质量。《关于小额贷款公司执行〈金融企业财务规则〉的通知》（财金〔2008〕185号）在这方面作出了特别的激励规定，即可以在工资计划中安排一定数额，对做出突出贡献的职工给予奖励。

可以通过图 1-2-1 展示农村消费信贷法律关系的各个主体。

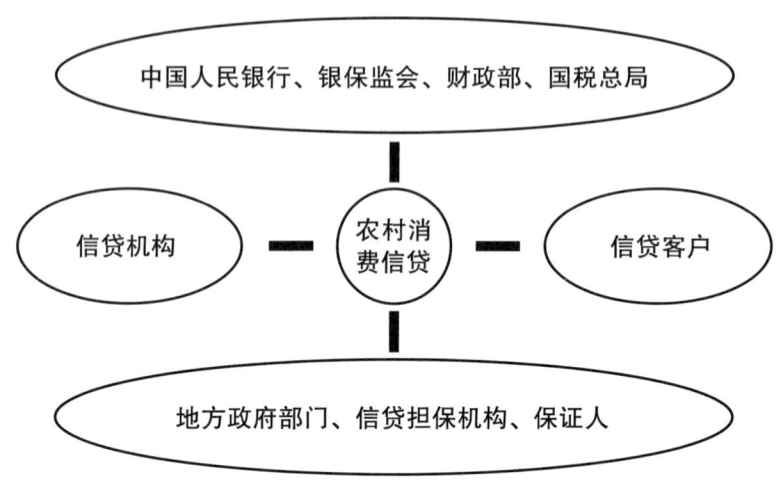

图 1-2-1　农村消费信贷法律关系的各个主体示意图

（二）农村消费信贷法律关系内容

农村消费信贷法律关系内容，是指农村消费信贷主体享有的权利和承担的义务。它是农村消费信贷法律关系的基础和核心，没有农村消费信贷法律关系内容，农村消费信贷法律关系就失去意义。

农村消费信贷法律关系内容中的权利是指农村消费信贷权利，即农村消费信贷主体依法能够为一定行为和不为一定行为或要求他人为一定行为和不为一定行为，以实现其意志或利益的可能性。农村消费信贷法律关系内容中的义务是指农村消费信贷义务，即农村消费信贷主体根据法律的规定，为满足权利主体的要求，在农村消费信贷的过程中履行某种行为或不为一定行为的必要性。

就二者的关系而言，信贷义务是实现信贷权利的条件，与信贷权利形成对立统一关系，权利以义务为条件，义务以权利为前提。信贷权利与信贷义务是相互对应的，即农村消费信贷主体双方既享有一定的权利，又承担一定的义务。信贷机构的权利和义务是指信贷机构在信贷法律规定和信贷合同约定的范围内所享有的权利和应当履行的义务。信贷客户的权利和义务指信贷客户在信贷法律规定和信贷合同约定的范围内所享有的权利和应当履行的义务。

(三) 农村消费信贷法律关系客体

农村消费信贷法律关系客体,是指农村消费信贷法律关系中主体的信贷权利和信贷义务所共同指向的对象,具体表现为一定的信贷行为和财物。其既是农村消费信贷法律关系主体之间得以形成权利义务关系的中介,又是权利和义务的承载体。

信贷行为,是指信贷机构和信贷客户在实现农村消费信贷过程中所实施的行为。在农村消费信贷法律关系中,信贷行为的方式、质量和数量都具有重要的意义。财物,是指农村消费信贷法律关系体现双方当事人物质利益的实物与货币,包括信贷款项、抵押物、贷款利息等。

第三节 农村消费信贷促进法律机制构建的经济学与经济法学基础

一、农村消费信贷促进法律机制构建的经济学基础

(一) 绝对收入消费理论与相对收入消费理论视域下的农村消费信贷

1. 绝对收入消费理论视域下的农村消费信贷

根据凯恩斯的绝对收入消费理论[①],人们的消费水平取决于绝对收入水平,即随着收入的增长消费支出也增长。例外的是:如果不把收

---

① J. M. Keynes, "General Theory of Employment, Interest and Money", *American Economics Review*, 26 (3), 1936:490-493.

入全部消费掉而是将其部分作为储蓄,就会导致收入越是增加,消费支出占比也就越小。因此,该理论的核心是:消费取决于绝对收入水平,以及边际消费的倾向递减。根据该理论,就我国而言,农民的收入在逐渐增高,其消费支出也必然会增加,消费水平势必逐渐提高,势必对消费信贷提出更多的需求。因此,通过完善农村消费信贷促进法律机制可以满足农村居民群体的消费需求。

2. 相对收入消费理论视域下的农村消费信贷

杜森贝里的相对收入消费理论[1]主张,与绝对消费水平相比,消费者更关心自己与他人相比的相对消费水平。对于收入水平低于平均消费水平的人,其消费在收入中所占比例较高。反之亦然。这样收入水平越高的人,平均消费倾向越低;收入水平越低的人,平均消费倾向越高。该理论的核心是:消费不仅与自己的收入有关,而且还与他人的收入和消费有关;消费不仅与自己目前的收入有关,而且还与自己以往收入和消费习惯有关,即存在消费的棘轮效应。[2]根据该理论,就我国而言,农民在消费上有明显的相互攀比的倾向,其消费水平势必节节攀升,势必对消费信贷提出更高需求。因此,通过完善农村消费信贷促进法律机制可以满足农村居民群体的消费需求。

总之,无论是基于绝对收入消费理论还是相对收入消费理论,我国都必须不断完善农村消费信贷促进法律机制,从而不断繁荣农村消费信贷市场,为农村消费信贷客户提供更好的信贷条件。

---

[1] S. Duesenberry, *Income, Saving and the Theory of Consumer Behavior*, Harvard University Press, 1949.

[2] S. Duesenberry, *Income, Saving and the Theory of Consumer Behavior*, Harvard University Press, 1949.

(二)生命周期消费理论与持久收入消费理论视域下的农村消费信贷

1. 生命周期消费理论视域下的农村消费信贷

莫迪利安尼的生命周期消费理论①强调了消费与个人生命周期阶段之间的关系,认为人们为了实现一生消费效用最大化,会在更长时间内计划生活消费开支以实现生命周期内消费的最佳配置。他把人的一生分为三个阶段:一是青年时期,人们往往会把收入中很大一部分用于消费,甚至贷款消费于购买房屋、汽车等耐用品。这时候储蓄很小甚至为零。二是中年时期,收入日益增加,收入逐渐大于消费。此时一方面要偿还年轻时的负债,另一方面要把一部分收入储蓄起来用于防老。三是老年时期,基本没有收入,消费会超过收入。此时消费主要靠过去积累的财产而不是收入。根据该理论,就我国而言,第一代农民虽然处于老年时期,但是新一代农民正好处于青年时期、中年时期,贷款消费的欲望比较强烈,势必对消费信贷提出需求。因此,通过完善农村消费信贷促进法律机制可以满足农村居民群体的消费需求。

2. 持久收入消费理论视域下的农村消费信贷

弗里德曼的持久收入理论②将居民收入分为持久收入和暂时收入③。弗里德曼认为,居民消费不取决于现期收入的绝对水平和现期收入与以前最高收入的关系,而是取决于居民的持久收入。根据该理论,就我国而言,随着统筹城乡发展战略、乡村振兴战略和精准扶贫政策的实施,农村经济发展加快,农民对于未来的预期看好,持久收入也会逐步增加。如果居民对未来收入增长充满信心,完全可以通过借贷来

---

① F. Modigliani, R. Brumberg, "Utility Analysis and the Consumption Function: An Interpretation of the Cross-Section Data", in K. K. Kurihara (ed.), *Post-Keynesian Economics*, Rutgers University Press, 1954.

② M. Friedman, *A Theory of the Consumption Function*, Princeton University Press, 1957.

③ 持久收入是指在相当长时间里可以得到的收入,是一种长期平均的预期内得到的收入。暂时收入是指在短期内得到的收入,是一种暂时性偶然的收入,可能是正值(如意外获得奖金),也可能是负值(如被盗等)。

缓解当期收入预算约束。① 因此，势必对消费信贷提出需求。那么，通过完善农村消费信贷促进法律机制可以满足农村居民群体的消费需求。

总之，无论是生命周期消费理论还是持久收入消费理论，我国都必须不断完善农村消费促进法律机制，从而不断繁荣农村消费信贷市场，为农村消费信贷客户提供更好的信贷条件。

（三）流动性约束理论与信贷约束理论视域下的农村消费信贷

1. 流动性约束理论视域下的农村消费信贷

流动性约束理论认为，因为现实生活中存在着流动性约束，持久收入——生命周期假说的假定与现实不符，具体表现在三个方面：一是流动性约束一旦发生，它都会使一个人的消费比他想要的消费少；二是假设流动性约束在将来发生的事实同样会降低现期消费；三是如果存在流动性约束，收入下降就会引起消费下降。因此，流动性约束的存在会导致个人消费减少和储蓄增加，从而作为"保险"以抵消未来收入下降对消费的影响。根据该理论，就我国而言，流动性约束主要体现为社会保障制度不完善。由于社会保障体系不完善，农民收入不稳定，不能把有限的资金完全用于消费。解决这一问题的最好方法是通过消费信贷来满足低收入群体的消费需求。同时，随着农村经济发展加快，社会保障制度的完善，流动性约束必将逐渐减少。因此，其势必增加对消费信贷的需求。但是我国农村消费信贷环境还是处于比较落后的状态，农村居民即便可以获得贷款，也需要面临许多苛刻的条件。有学者认为，我国的金融支持能缓解农民的流动性约束，因

---

① 陈健、陈杰、高波：《信贷约束、房价与居民消费率——基于面板门槛模型的研究》，《金融研究》2012年第4期，第55页。

而在扩大农民消费需求中具有重要作用,但目前支持力度严重不足。[1]因此,只有通过完善农村消费信贷促进法律机制才能满足农村居民群体的消费需求。

2. 信贷约束理论视域下的农村消费信贷

信贷约束理论认为,由于借款人在均衡利率水平上依然得不到金融机构的贷款,因而产生了信贷约束问题。信贷约束问题来自于客观上金融机构的信贷配给和主观上的信贷需求压抑。根据该理论,就我国而言,不仅有供给型信贷约束,也有需求型信贷约束。供给型信贷约束体现为信贷机构"惧贷"和"惜贷",需求型信贷约束体现为信贷客户"不贷"[2]和"难贷",而其中"不贷"的占比还比较大,由此导致他们反而去寻求非正规的信贷。这两种信贷约束都阻碍了我国农村消费信贷市场的繁荣。当然,在我国,供给型信贷约束体现得更为明显,其是农村消费信贷中供给与需求这对矛盾中的主要矛盾。不过,切实有效地解决信贷约束问题不仅需要放松信贷管制和增加金融供给,更要破除信贷需求压抑的制度性根源。[3]因此,只有通过完善农村消费信贷促进法律机制才能满足农村居民群体的消费需求。

总之,无论是流动性约束理论还是信贷约束理论,我国都必须不断完善农村消费信贷促进法律机制,从而不断繁荣农村消费信贷市场,为农村消费信贷客户提供更好的信贷条件。

---

[1] 参见文启湘、刘卫锋:《扩大农民消费需求的金融支持研究》,《湘潭大学学报(哲学社会科学版)》2005年第1期,第13—16页。

[2] 调查统计,在该县农村信用社发放的人行支农贷款中,农村居民消费贷款属于贷款投向的重点之一,但实际申请并发放贷款仅23万元,占该项贷款总额的0.71%。参见陈大章、张庆登、公为强:《经济欠发达地区农村消费信贷特点及制约因素》,《金融研究》2000年第11期,第134页。

[3] 参见程郁、韩俊、罗丹:《供给配给与需求压抑交互影响下的正规信贷约束——来自1874户农户金融需求行为考察》,《世界经济》2009年第5期,第73—82页。

二、农村消费信贷促进法律机制构建的经济法学基础

我国农村消费信贷中,信贷机构"惧贷"、"惜贷",信贷客户"难贷"、"不贷"现象普遍存在。出现这种现象的根本原因在于,我国农村消费信贷市场中存在市场失灵和政府失灵。正如有学者所说,我国金融资源配置失衡的原因既有"市场失灵"因素(金融市场天生的逐利本性使得金融资源更多的流向能带来更多剩余价值的城市和相对安全性更高的国有经济体),也有"政府失灵"原因(国家为实现特定目标进行的有悖于金融规律的制度性安排)。[①] 因此必须通过完善农村消费信贷法律机制,克服其中存在的市场失灵和政府失灵,从而促进农村消费信贷市场的繁荣。

(一)农村消费信贷中的市场失灵及其制度克服

市场在资源配置中起决定性作用,农村消费信贷市场当然离不开市场机制的作用。信贷市场的繁荣发展,能够充分调动信贷机构和信贷客户的积极性,有效配置市场资源并不断进行优化重组。因此,市场机制在农村消费信贷市场中的正常运转,不仅为信贷机构提供了良好的市场环境,同时也提高了信贷客户的消费水平。但是,当金融机构无法使其业务成本与收益内在化时,农村金融市场就无法有效配置资源,对农村金融市场进行一定程度的政府干预是有必要的。[②] 这与"在资源配置中更好发挥政府作用"的理念也是契合的。我国农村消费信贷市场中存在的市场失灵需要进行制度克服。主要包括但不限于以下几个方面:

[①] 田春雷:《金融资源公平配置与金融监管法律制度的完善》,《法学杂志》2012 年第 4 期,第 148 页。

[②] 焦瑾璞:《农村金融理论发展的脉络分析》,《金融纵横》2008 年第 1 期,第 5 页。

1. 农村消费信贷中的外部性及其制度克服

该理论是从农村消费信贷本身的视角分析促进法律机制构建的理论基础。农村消费信贷属于农村金融的内容。农村金融本身就具有外部性，包括正外部性和负外部性。从应然视角来看，农村金融的正外部性应当体现得非常充分，具体表现为农村金融市场繁荣，其中农村消费信贷市场繁荣，农民能够获得足够、充分的消费信贷机会，从而促进农村经济的繁荣。从实然来看，其恰恰是另一番景象：农村金融正外部性潜在收益的出现导致金融非均衡发展。这种不均衡发展反过来又影响农村金融正外部性的内部化，因此需要进行制度的创新。即农村金融正外部性源于金融机构私人收益的社会化，如果该外部性内部化的成本小于内部化带来的收益，则一种新的外部利润就会出现在新的制度安排中。① 这些新的制度安排可能就是以追求潜在利润为最终目的，而以牺牲农村消费信贷为代价。从而导致农村消费信贷市场长期持续的落后。在这种情况下，就体现为信贷机构的"惜贷"和"惧贷"、信贷客户的"难贷"和"不贷"问题，农村消费信贷中的负外部性由此产生。因此，完善农村消费信贷促进法律机制旨在矫正农村金融的负外部性，促使其产生正外部性，从而促进农村消费信贷市场的繁荣。正如有学者指出，用消费信贷法律对消费信贷予以调整，是现代法治国家的通行做法，也是充分发挥消费信贷正态社会效应、限制其负态效应的需要。② 这里的正态社会效应就是本著作所指的正外部性，负态效应就是本著作所指的负外部性。

2. 农村消费信贷中的信息失灵及其制度克服

该理论是从农村消费信贷供给对象的视角分析促进法律机制构建的理论基础。农村消费信贷的开展离不开信息的收集和传递。因为在

---

① 李新彬：《转型期金融制度区域化创新》，中国金融出版社 2008 年版，第 36 页。
② 周显志、夏少敏：《关于消费信贷问题的法学思考》，《消费经济》1999 年第 3 期，第 39 页。

消费信贷过程中，需要进行抵押担保，需要充分了解信贷客户的详细信息。因此，这里需要的信息主要是对信贷客户信息的收集。从应然角度来看，信贷客户如实提供自己的相关信息，信贷机构充分了解信贷客户的信息，然后进行消费信贷。到期后，信贷客户按时还款，还款结束，消费信贷也就结束。但是从实然角度看，我国当前农村金融市场信息化程度低，信贷机构没有积累到足够的农户信用信息。农村消费信贷市场上存在比较严重的信息不对称的问题，信贷机构收集信贷客户的信息时也存在诸多困难，包括收集信息成本高、时间长等，从而导致信息质量不准确，信息数量不充分。信贷机构办理农村消费信贷时往往有严格的贷款条件和程序，也增加了信贷客户的交易成本，由此阻滞了农民办理消费信贷的意愿。同时对信贷机构来说还存在消费信贷风险高、收益小的问题。在这种情况下，就出现了信贷机构"惜贷"和"惧贷"、信贷客户的"难贷"和"不贷"现象。要解决信息失灵的问题，需要多方努力，其中最重要的是要使信贷客户提供准确的信息。因此，完善农村消费信贷促进法律机制，就旨在通过确保信贷客户提供准确信息，充分提供信息，从而促进农村消费信贷市场的繁荣。

3. 农村消费信贷中的垄断[①]及其制度克服

该理论是从农村消费信贷供给主体的竞争不充分的视角分析促进法律机制构建的理论基础。农村消费信贷市场的繁荣离不开市场主体的充分竞争。从应然角度来看，农村消费信贷市场中的供给主体应该是多元化的并且充满竞争，信贷客户可以自由选择信贷机构，即可以选择那些服务好而且方便快捷的信贷机构。但是从实然角度看，我国信贷机构数量较少，信贷机构处于买方市场，信贷机构之间也缺少竞争的压力。由于垄断性金融市场的存在，农村消费信贷金融产品表现为突出的买方市场。这样，一端是数量众多的农村信贷客户的庞大信

---

① 需要说明的是，我国农村消费信贷市场中的垄断属于行政垄断而不是自然垄断。

贷需求，一端是"一支独大"的农村信用社等有限信贷机构的资源供给。因此农村金融市场供不应求而基本处于垄断经营状态，导致有效竞争严重不够，分布在乡镇的只有农村信用社或邮政储蓄机构。[①]业务竞争就是要求信贷机构之间破除垄断，积极参与竞争。而市场的健康发展必须以竞争为前提，在没有自由竞争的环境中，农村信用社形成的垄断地位，显然不利于农村消费信贷市场的繁荣。因此，完善农村消费信贷促进法律机制，旨在解决信贷机构主体过少、竞争不充分的市场失灵问题，引导更多的非正式农村消费信贷机构进入农村消费市场，打破农村信用社的垄断地位从而促进农村消费信贷市场的繁荣。

（二）农村消费信贷中的政府失灵及其制度克服

为了弥补农村消费信贷市场存在的市场失灵，政府必须对其进行适当干预。但政府的这些干预行为在克服市场失灵状况的同时，也会存在干预失灵的难题，即干预越位、干预缺位以及干预错位现象极易发生，因此也需要进行制度克服。目前，农村消费信贷中的政府失灵主要包括但不限于以下几个方面：

1. 农村消费信贷中公共产品供给不足及其制度克服

该理论是从农村消费信贷供给主体视角分析促进法律机制构建的理论基础。公共产品供给不足既是市场失灵的表现，也是政府失灵的表现。这里主要探讨的是作为政府失灵的公共产品供给不足。农村消费信贷制度属于金融制度，金融制度作为一种制度安排，其本身也属于公共产品。从应然角度来看，其应当具有普惠性的特点，即凡是一国公民，无论是市民还是农民，均享有平等分享该公共产品的权利。

[①] 令人欣慰的是，经济发达地区农村信贷市场竞争相对充分一些，并非完全由农村信用社垄断的市场，农村企业贷款市场竞争较为充分，而农户贷款市场正由典型的垄断市场发展到逐步引入竞争的市场。参见顾延善、郝龙敬、李素平、李海萍：《经济发达地区农村信贷市场利率定价研究》，载《金融发展理论与实践》论文集，2010年，第638页。

而且，国家亦有提供该公共产品的职责。但是从实然角度来看，我国农民却较难享受到该公共产品。在这种情况下，就体现为信贷机构的"惧贷"和"惜贷"、信贷客户的"难贷"和"不贷"现象，其主要原因在于，在市场主体不愿意提供的情况下，本来应该由国家提供的，国家却没有采取足够的应对措施来解决农民享受农村金融服务不足的问题，也没有处理好信贷机构普惠性和赢利性的协调问题。所以这里的公共产品所体现出的既属于市场失灵也属于政府失灵，而主要体现为政府失灵。因此，完善农村消费信贷促进法律机制，旨在矫正市场和政府对公共产品供给不足的问题，促使其充分供给农村消费信贷，从而促进农村消费信贷市场的繁荣。

2. 农村消费信贷中统一法治失效及其制度克服

该理论是从法治统一性和区域性的视角分析促进法律机制构建的理论基础。改革开放40余年来，我国一直实行梯度推进式的非均衡发展战略。其结果一方面是我国经济取得了举世瞩目的巨大成就，另一方面是我国东部、中部、西部产生了很难弥合的发展差距。金融制度的全国统一忽视了区域经济发展的差异，一方面造成东部、中部、西部地区不同经济发展水平，另一方面也造成东部、中部、西部地区不同的农村消费信贷待遇。研究表明，农业信贷支持水平是拉动农村消费支出增长的重要因素之一，并且其对于农村居民消费支出的影响存在一定程度的区域差异。[①]尤其是落后地区，如果没有倾斜性优惠措施，对信贷客户而言，消费信贷条件势必过高、过严。在这种情况下，就表现为信贷机构的"惜贷"、信贷客户的"不贷"现象。因此，要缩小东部、中部、西部地区农村消费信贷的差异，需要在坚持金融法治统一的前提下，重新进行金融权利的分配，即倾斜性地配置农村消费

---

① 陈力朋、陈锦然：《农业信贷支持对农村居民消费支出的影响——基于省级面板数据的实证分析》，《西部论坛》2015年第2期，第23页。

信贷权利，为中西部地区的农村消费信贷客户提供其应有机会。因此，完善农村消费信贷促进法律机制，旨在解决我国东部、中部、西部地区农村消费信贷机会不公的问题，从而促进农村消费信贷市场的共同繁荣。

3. 农村消费信贷中政府不当干预及其制度克服

该理论是从我国政府对农村消费信贷市场的不当干预导致失灵的视角分析促进法律机制构建的理论基础。我国农村金融体系主要由合作金融、商业金融、政策金融以及民间金融等构成。但是在20世纪90年代，国家实施了不当的干预政策，导致农村金融体系发生重大变化，对农村消费信贷客户造成严重的利益侵蚀。一方面，不当的干预政策导致各国有商业银行基本上放弃和退出了广大农村市场。留下来的农业发展银行难以直接和农民及农村中小企业发生关系，而农村信用合作社为"三农"提供金融服务的能力却有限。另一方面，不当的干预政策导致了农村邮政储蓄银行、小额贷款公司只存不贷，本该支持农业发展却反而变成了"抽水机"。总之，在农村消费信贷市场中，政府不当干预的结果是，政府决策没有达到预期的社会公共目标，给农村消费信贷客户带来利益的侵蚀，带来了严重的负外部性。因此，要纠正政府的不当干预，解决给农村消费信贷者带来的利益侵蚀问题，为农村消费信贷客户提供信贷机会以实现权利公平。同时，激励更多的农村消费信贷主体参与消费信贷，还要完善约束法律机制，让他们真正服务于"三农"而不发生"使命漂移"的现象。最后还要提高农村金融资源配置效率，使农村金融机构从国营金融机构逐步改造为企业法人，农村信贷资金从国家计划供给逐步转向按市场原则优化配置，以充分发挥市场"无形之手"的作用。因此，完善农村消费信贷促进法律机制，旨在解决政府不当干预带来的对信贷客户利益侵蚀问题，从而促进农村消费信贷市场的共同繁荣。

总之，无论农村消费信贷市场中的市场失灵还是政府失灵，都需要通过建立健全相关法律制度进行矫正和克服，从而促进农村消费信贷市场的繁荣发展。

第四节　外部性视野下农村消费信贷促进激励与约束法律机制构建的理论基础

前文已述，我国农村消费信贷市场既存在市场失灵也存在政府失灵，而在市场失灵中，外部性属于非常重要的内容。本著作的研究主要是基于外部性视角对我国农村消费信贷市场进行分析，因此对于我国农村消费信贷市场中的外部性的分析和解决贯穿了全书，这里从外部性视角分析农村消费信贷促进激励与约束法律机制构建的理论基础。本著作认为，农村消费信贷中信贷机构与信贷客户之间的双向正外部性和负外部性，需要法律制度对其进行激励与约束。

一、外部性及农村消费信贷外部性的界定

（一）外部性的界定

1. 经济学视角的外部性

外部性又称外部经济或者外部效应。英国学者马歇尔在《经济学原理》中第一次划分出了外部经济和内部经济，庇古在《福利经济学》中将外部性划分为正外部性和负外部性。[1]对于外部性的概念的界定有不同的视角，萨缪尔森与诺德豪斯从产生主体角度将其界定为，那些生产或消费对其他团体强征了不可补偿的成本或者给予了无需补偿的收益的

---

[1] 胡元聪、王俊霞：《科技创新正外部性的经济法激励探讨》，《科技与经济》2013年第5期，第26页。

情形①；兰德尔从接受主体角度将其界定为，当一个行动的某些效益或成本不在决策者的考虑范围内时所产生的一些低效率现象。也就是某些效益被给予，或者某些成本被强加给没有参加这一决策的人②。而从法学视角来看，个体参与社会经济活动的行为会带来他人权利和义务的增加或减少，因此很有必要将外部性概念引入法学研究之中。

2. 法学视角的外部性

外部性理论为法律规范的制定和适用提供了理论基础。但是法学界鲜有学者对外部性进行定义。笔者认为，外部性本质上是实施者与接受者双方之间权利和义务的失衡。因此，法学视角下的外部性就是一个主体的行为对其他主体的权利义务造成的影响，而且这种权利义务并未由行为人自己享有或者承担。外部性分为正外部性和负外部性。正外部性是一个经济主体在行使其权利时将其可由自己行使的权利让渡给他人且没有施加任何义务。③ 负外部性是一个经济主体在履行其义务时将本由自己履行的义务强加给他人且没有给予任何补偿。本著作主要探讨农村消费信贷过程中的正、负外部性。

（二）农村消费信贷正、负外部性的界定

Stigiliz 认为，金融市场没有实现完全竞争，金融信息呈现出公共产品和外部性特征。④ 周显志教授对消费信贷外部性进行了界定。他指出，所谓消费信贷的社会效应是指作为社会成员的消费者，运用不同

---

① 保罗·萨缪尔森、威廉·诺德豪斯：《经济学》（第 16 版），萧琛等译，华夏出版社 1999 年版，第 263 页。

② 阿兰·兰德尔：《资源经济学》，施以正译，商务印书馆 1989 年版，第 155 页。

③ 外部性不仅是一个过程而且是一种结果，是经济主体之间权利与义务的不对等，以至于利益的失衡。参见胡元聪：《外部性问题解决的经济法进路研究》，法律出版社 2010 年版，第 53 页；胡无聪：《正外部性的经济法激励机制研究》，人民出版社 2021 年版，第 40—41 页。

④ R. J. Arnott, J. E. Stigiliz, "Externalities in Economies with Imperfect Information and Incomplete Market", *Quarterly Journal of Economics*, May, 1986.

类型的消费信贷消费商品或劳务,给他本人、其他社会成员和整个社会带来的有利和不利影响。[①]

本著作则认为,从经济学视角看,农村消费信贷的正、负外部性是指,在农村消费信贷过程中,信贷机构或信贷客户的行为对除自己以外的信贷行为相对方的成本或收益带来的影响。如果带来收益则是正外部性,如果带来成本则是负外部性。从法学视角看,农村消费信贷正负外部性是指,信贷机构或信贷客户在农村消费信贷过程中的行为对除自己以外的其信贷行为相对方的权利义务造成的影响,而且这种权利义务并未由行为实施者自己享有或者承担。具体表现为信贷机构与信贷客户之间权利和义务的失衡。无论是经济学还是法学视角的外部性,主要表现为四种情况:一是信贷机构对信贷客户的正外部性;二是信贷机构对信贷客户的负外部性;三是信贷客户对信贷机构的正外部性;四是信贷客户对信贷机构的负外部性。信贷机构与信贷客户之间的正、负外部性关系,如图 1-4-1 所示。

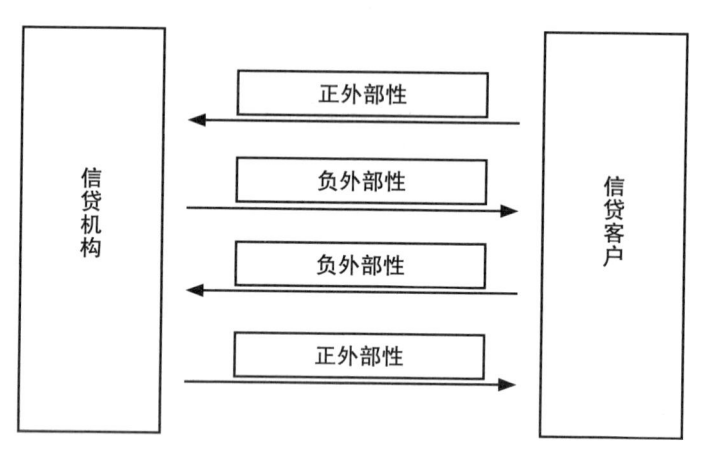

图 1-4-1 信贷机构与信贷客户之间的正、负外部性关系图

[①] 周显志:《我国消费信贷立法若干问题探讨》,《暨南学报(哲学社会科学)》2000 年第 2 期,第 110 页。

还需要说明的是，学界还有外部性与内部性之区分。如果按照这种区分，农村消费信贷中双方因为有交易行为，所以属于内部性。但是笔者认为区分外部性与内部性的标准是"是否经过市场交易"①。其实这样的区分在法律上意义不大，这方面的研究文献也不多。②因此本著作不再对农村消费信贷作内部性和外部性的区分。

二、农村消费信贷中信贷机构与信贷客户之间双向正负外部性的表现

（一）农村消费信贷中的正外部性

1. 农村消费信贷中信贷机构对于信贷客户的正外部性

农村消费信贷增强了信贷客户的购买能力。农村居民通过消费信贷增强了即期购买能力，提前享受到物质生活的便利和舒适。在自己存够钱之前就可以使用商品或享受服务。③如可以使用消费信贷提前购买房屋、汽车等耐用消费品而不必等到攒够现金之时。因为消费信贷提高了农村居民潜在的购买能力，把潜在的消费变成了当前的即期消费。这使得他们的生活水平提前达到了多年后的水平。

---

① 简单说，如果经过了市场交易就是学者认为的内部性，如果没有经过市场交易就是学者认为的外部性。

② 笔者通过 CNKI 搜索发现，篇名中含有"内部性"的论文仅有 50 余篇（截至 2016 年 6 月 11 日），主要有：任洁：《内部性与政府规制的交易成本分析》，《中国海洋大学学报（社会科学版）》2014 年第 6 期；王文刚等：《土地用途管制的外部性、内部性问题及制度改进探讨》，《软科学》2012 年第 11 期；李光德：《内部性管制中的替代关系研究》，《云南社会科学》2009 年第 6 期；李武江、吴贻玉：《内部性及其治理机制的产权分析》，《学术界》2009 年第 1 期；张东峰、杨志强：《政府行为内部性与外部性分析的理论范式》，《财经问题研究》2008 年第 3 期；何立胜、杨志强：《内部性·外部性·政府规制》，《经济评论》2006 年第 1 期；王冰、黄岱：《信息不对称与内部性：政府管制失败及对策研究》，《江海学刊》2005 年第 2 期；等等。著作方面，有丹尼尔·F. 史普博：《管制与市场》，余晖、何帆、钱家骏、周维富译，上海人民出版社、上海三联书店 1999 年版；程启智：《中国：市场失灵与政府规制研究》，中国财政经济出版社 2002 年版；等等。

③ 周显志、夏少敏：《关于消费信贷问题的法学思考》，《消费经济》1999 年第 3 期，第 38 页。

农村消费信贷提高了信贷客户的消费水平。根据持久收入假说和生命周期假说,当农村消费者预期收入上升便会借款以增加当前消费,反之则会增加储蓄以保证未来消费。农村消费信贷客户可以通过信贷平滑收入的峰值和谷值,对整个生命周期中的消费水平进行"中和"从而达到最优状态。因此,农村消费信贷事实上会提高信贷客户的消费水平。

农村消费信贷改善了信贷客户的消费结构。① 消费结构是消费水平和消费质量的真实写照。随着农村消费信贷制度和政策的逐步推广,我国农村居民的消费结构将发生巨大变化,尤其是有了农村消费信贷的助力,农村居民改善消费结构的步伐必然更快。具体表现为消费内容也主要由"衣""食"为主向"住""行""游"为主转变,其消费支出中用于住房、交通、教育、保险、旅游等现代服务消费的比例将不断提高。

农村消费信贷提高了信贷客户的社会福利。根据宏观经济周期的变化,农村消费信贷客户可以运用消费信贷机制合理理财。如经济萧条,消费品价格降低时,可以通过消费信贷购得性价比比平时高的同效用消费品;当信贷利率低于投资收益率时,就可以通过消费信贷购买大宗耐用消费品而将现金用于投资。另外,消费信贷客户还可以通过提前消费避免未来支付更高的成本。② 这些都可以提高信贷客户的社会福利。

农村消费信贷提高了信贷客户的方便程度。一是除了能满足即期消费支出之外,还可以带来如应付意外开支、提供周转资金等各种便利;二是可以提供消费支出便利。如信用卡消费可以方便消费者在世

---

① 消费结构是在一定的社会经济条件下,人们在消费过程中所消费的各种不同类型消费资料的比例关系。参见尹世杰、蔡德容:《消费经济学》(第2版),经济科学出版社2000年版,第210—219页。

② 陈晓静:《中国消费信贷研究》,复旦大学博士学位论文,2004年,第31页。

界各地旅游时，减少现金持有量，从而避免了抢劫、盗窃等危害财产及人身安全事件发生。

2. 农村消费信贷中信贷客户对于信贷机构的正外部性

农村消费信贷改善了信贷机构的资产结构。一是农村消费信贷由原来的政府财政行为变成信贷机构的金融行为，其一方面卸下了国家财政沉重的包袱，另一方面为金融业拓宽了信贷业务范围。① 二是随着农村消费信贷余额的提高，信贷比重逐渐扩大②，从而减少了信贷机构发放企业贷款带来的风险。三是可以不断丰富银行的贷款对象，实现资产结构的多元化，从而降低信贷资金的结构性风险。因此，发展农村消费信贷对于农村金融机构而言有利于优化银行信贷资产结构。③

农村消费信贷降低了消费信贷机构的信用风险。这里主要表现在三个方面：一是单笔农村消费信贷余额一般远远小于商业性贷款余额，即使农户违约损失也比商业性贷款小得多，从而在整体上降低了消费信贷的风险。二是即使在出现不良消费贷款以后，消费信贷者继续偿还贷款的可能性也高于企业贷款者。④ 三是我国农村居民由于受到舆论和法律的双重规范，一般来说比较讲信用，主观上不会赖账，这就有利于降低贷款的风险。

农村消费信贷提高了信贷机构的利润水平。一是消费信贷业务为银行业带来了新的利差收入。如美国花旗银行 2000 年的收入中，仅新

---

① 周显志：《消费信用立法初论》，《财经理论与实践》1997 年第 1 期，第 85 页。
② 截至 2013 年末，全国共有 987 家村镇银行开业，贷款余额 3632 亿元，同比增长 55.8%，其中 80% 以上投向"三农"领域。参见张莉莉、朱文奇：《提升我国农民消费能力分析——基于农村消费信贷的视角》，《中国商贸》2015 年第 8 期，第 191 页。
③ 呼应、陈宝军、刘钟钦：《关于发展农村消费信贷的思考》，《沈阳农业大学学报（社会科学版）》2001 年第 2 期，第 109—112 页。
④ 如美国 20 世纪 30 年代大危机结束经济复苏后，消费者又开始偿还原来所借贷款，而此时原来借款的企业却因破产而永远无法再偿还原来的贷款。参见马丁·迈耶：《大银行家》（第 1 版），何自云译，海南出版社 2000 年版，第 190 页。

车贷款产生的利息收入就高达 200 亿美元。二是也为银行业带来了许多非利差收入。美国曾经有 10 家最大银行的信用卡手续费占到了所有手续费收入的 40% 以上。因此，我国农村消费信贷的不断发展，也必将提高我国信贷机构的利润水平。

农村消费信贷促进了信贷机构的业务创新。随着农村消费者收入不断提高，消费信贷需求日益增强，这必然要求信贷机构提供更方便、快捷、安全的服务。信贷机构只能不断创新服务种类、扩大服务规模。此时，对农户重点开展消费信贷业务不断地促使信贷机构进行创新，而业务的不断创新也必将为银行带来更多的收益。

（二）农村消费信贷中的负外部性

1. 农村消费信贷中信贷机构对于信贷客户的负外部性

农村消费信贷客户整体遭受了信贷机构的负外部性。从宏观层面分析可见，我国农村消费信贷客户难以享受农村金融的"恩惠"。第一，农村金融机构种类少影响农村消费信贷的实现。仅有农村信用社或邮政储蓄机构分布在非县城所在地乡镇。[①] 第二，银行业网点过少直接影响到农村消费信贷的实现。数据显示，截至 2018 年末，农村地区银行网点数量 12.66 万个；每万人拥有的银行网点数量为 1.31 个，县均银行网点 56.41 个，乡均银行网点 3.95 个，村均银行网点 0.24 个。[②] 第三，金融机构对农村居民信用难以掌握影响到农村消费信贷的实现。由于信贷机构的信用考评缺乏直接参考依据，不利于贷前风险控制，影响了信贷机构开展消费信贷业务的积极性。结果是，只有约 1/5 的农户可以从正规金融机构获得贷款。这就使得农村消费信贷客户整体

---

① 李佳佳、谭理：《农村消费信贷供给与需求约束因素分析》，《时代金融》2011 年第 11 期，第 57 页。
② 来源：《央行公布 2018 年农村支付发展情况：每万人拥有银行网点数量 1.31 个》，参见：农商行银行发展联盟网，http://www.rcbda.cn/news/1331.html。

遭受了信贷机构"惧贷"和"惜贷"的负外部性。

贫困信贷客户和边远地区信贷客户遭受了信贷机构的负外部性。从微观层面分析可见，贫困信贷客户和边远地区信贷客户没能享受到农村金融的"恩惠"。因为农村金融网点设置不合理，边远乡镇的农民得不到有效的金融服务。数据显示，到 2014 年底，全国金融机构空白乡镇仍有 1570 个[①]（银保监会的目标是到 2020 年全部消除空白乡镇）。尤其是银行对于农村地区消费信贷存在"嫌贫爱富"现象，多数需要贷款支持的贫困农户难以获得贷款。《中国农村金融发展报告（2015）》提出农村金融要坚持支农方向，重点关注中下层农村客户需求。[②] 这也从一个侧面说明了这个问题。这样就造成了信贷机构对贫困信贷客户和边远地区信贷客户更加"惜贷"和"惧贷"现象（即负外部性）的出现。

农村消费信贷客户难以真正获得直接用于生活消费的贷款。由于我国一直倡导勤俭节约、艰苦奋斗的作风，因此并不主张在没有消费能力的时候通过贷款进行提前消费，农村居民在消费时更是坚持"量入为出"、"量体裁衣"的消费模式。所以，我国长期以来的制度惯性一直是支持生产性消费信贷，不支持生活性消费信贷，农村居民在遇到婚嫁、红白喜事等大笔消费时往往只能从民间借贷，导致农村生活性消费信贷模式还未真正建立。事实上，多年来，我们的金融体系一直侧重支持投资而轻视消费，侧重支持外贸而轻视内贸，侧重支持城市而轻视乡村，侧重支持工业而轻视农业，侧重支持国企而轻视民企。[③]

[①] 李海霞：《央行：截至 2014 年底全国金融机构空白乡镇有 1570 个》，人民网，2015 年 3 月 25 日。

[②] 王子谦：《报告称农村金融应重点关注中下层农村客户需求》，http://www.hn.chinanews.com/news/0523/cjxx/2016/269065.html，下载时间 2016 年 6 月 2 日。

[③] 参见张玲、付强、周兴维：《走向"中国道路"的"包容性增长"——兼谈提高居民收入促进消费需求扩大的几个相关问题》，《西南民族大学学报（人文社会科学版）》2011 年第 7 期，第 134 页。

农村消费信贷可能加重农村消费信贷客户的家庭债务负担。农村消费信贷在为农村消费信贷客户带来各种便利的同时，由于其复杂性和信息不对称问题使得消费者很难作出明智的决策，导致了过度负债消费[1]，而过多地承担债务会破坏他们的经济生活，对家庭幸福产生负面影响，很多无力偿还债务的家庭只能通过破产来清算债务。[2] 有学者还认为采用消费信贷的消费方式，会使农村消费者所在的家庭承担更多的负债，由于农村居民收入的稳定性比较差，如果该农村居民的家庭收入非常不稳定或者遇到重大变故时，债务就不会按时偿还。这样，过度发展的农村消费信贷将走向反面而带来负外部性。

农村消费信贷可能造成恶性循环。当债务负担增加到一定限度，可能导致消费信贷者难以承受，最终导致家庭的破产。[3] 尤其是低收入阶层的消费者，往往遭受工资下降、长期失业、疾病风险等状况导致减弱或丧失偿还债务能力，接着还可能遭受如信用等级降低、声誉惩罚等失信惩罚，致使个人信用恶化，甚至带来一系列社会问题。从近年来金融危机导致的社会动荡不安就可以看出消费信贷带来的负面社会效应。

2. 农村消费信贷中信贷客户对于信贷机构的负外部性

农村消费信贷中基于农民收入不稳定给信贷机构带来风险。农民收入不稳定会导致违约风险加大。农村居民的收入主要来自种地、打工收入。由于不确定因素存在，农业比较效益低。加上近年来全球经济放缓，农民工返工潮的出现，打工收入也变得很不稳定。数据表明，在目前6万亿元存款余额中，9亿农村居民市场仅拥有不到20%的储

---

[1] Michael Barr, Sendhil Mullainathan and Eldar Shafir, "Behaviorally Informed Financial Services Regulation", *New American Foundation Working Paper*, Oct. 17, 2008.

[2] K. S. Seefeldt, "Constant: Consumption Smoothing, the Role of Debt in the Financial Lives of Economically Vulnerable Families", *Social Service Review*, Vol. 89 (2), 2015: 263-300.

[3] 易宪容、黄瑜琴、李薇：《消费信贷、信用约束与经济增长》，《经济学动态》2004年第4期，第38—39页。

蓄余额。① 这些都直接加重了农村消费信贷的风险。

农村消费信贷中基于农民支出不稳定给信贷机构带来风险。与农民收入不稳定相对应的是农民的支出也很不稳定。在此种情况下，农村居民消费遵循的是"量入为出"、"量体裁衣"原则。如果在支出不稳定的情况下实施消费信贷，其风险可想而知。因此，由于农民预期支出的不确定性必将造成违约风险的加大。同时，我国由于相关的社会保障制度很不健全，农村富余劳动力转移中承受的就业压力增大，农村建房、教育、婚嫁、疾病等预期支出给农民带来现实负担和心理压力，这些都直接加重了农村消费信贷的风险。

农村消费信贷中基于信用制度不健全给信贷机构带来风险。农村消费信贷必须使用信贷杠杆，但如果运用不当，也可能给带来负面效应。② 农村消费信贷风险的降低离不开完善的信用制度的保障。而我国的信用制度尚存在诸多问题。我国信用制度的缺失和不健全必将制约金融机构对信贷风险的控制能力。同时由于当前基层农村金融机构的信用评定工作缺乏激励与约束机制，从而便加大了信贷机构的信贷风险。

农村消费信贷中基于抵押制度不健全给信贷机构带来风险。完善的抵押制度可以确保信贷风险的尽量降低。而我国当前抵押担保制度的不健全制约了信贷机构对农村消费信贷风险的控制能力。相关法律规定，大额贷款（高于5000元）一般需要抵押或者担保。但是法律的限制性规定又使得可供抵押或担保的财产并不多。③ 这样，担保人问题、抵押物价值评估及处置问题等都加大了农村消费信贷的风险。

---

① 李瑞英：《我国农村消费信贷持续健康发展研究》，《时代商贸工业》2011年第3期，第164页。
② 周显志：《消费信用立法初论》，《财经理论与实践》1997年第1期，第87页。
③ 胡元聪、莫小坤：《国家有效干预下我国农村金融消费市场的构建》，《南方金融》2011年第7期，第45页。

农村消费信贷中基于贷款制度不健全给信贷机构带来成本。信贷机构必然会将农村消费业务纳入到其成本与收益考量之中。农村消费信贷的健康发展也离不开完善的贷款制度的保障。我国由于贷款制度不完善，农村金融经营成本和交易成本都大大高于城市金融。① 因为农村消费信贷是零售性贷款，单笔金额较小且手续繁琐，每一笔业务的成本与风险都非常大，与所获得的收益很不匹配，这样就导致信贷机构缺乏办理积极性。

农村消费信贷中基于金融知识缺乏给信贷机构带来成本。我国当前农村消费信贷客户拥有的金融知识较少。本著作的调查数据显示，32.2%的农户认为所拥有的金融知识的主要来源是"农村信用社"，30.2%来源于"广播电视报刊"，22.0%来源于"村中消息灵通人士"，15.6%来源于"政府的宣传"，这表明政府的宣传还明显不足。金融知识的缺乏一方面使得信贷客户不愿意贷款，另一方面可能造成恶意贷款，从而给信贷机构带来不必要的成本。

总之，在农村消费信贷中，信贷机构与信贷客户之间具有双向的正负外部性。因此，需要健全针对信贷机构和信贷客户的激励与约束法律机制。基于信贷机构对信贷客户的正外部性，需要对其进行法律激励；基于信贷机构对信贷客户的负外部性，需要对其进行法律约束；基于信贷客户对信贷机构的正外部性，需要对其进行法律激励；基于信贷客户对信贷机构的负外部性，需要对其进行法律约束。总之，需要完善针对信贷机构与信贷客户的激励与约束协同法律规制，从而实现农村消费信贷市场的繁荣。

---

① 胡元聪、杨秀清：《农村金融正外部性的经济法激励——基于完善农村金融法律体系的视角》，《农业经济问题》2010 年第 10 期，第 29 页。

第五节 经济法视野下农村消费信贷促进法律机制构建的基本原则与价值目标

一、农村消费信贷促进法律机制构建的基本原则

（一）法律激励与法律约束相统一的原则

由于长期的"二元"经济结构导致我国农民与市民在诸多方面没有实现公平。因此，为了在农村消费信贷方面实现公平目标，必须实现对其正外部性的法律激励，对其负外部性的法律约束。而且利益公平分享原则应在农村消费信贷促进法律激励机制健全与实践当中得到巩固与强化，从而为农村创造一个富有公平精神的法律环境。[①] 农村消费信贷具有正外部性，应该对信贷双方进行法律激励；农村消费信贷也具有负外部性，又必须对信贷双方进行法律约束。如有学者指出，对信贷保险的规定，对"冷却期"或撤回权的规定等有利于发挥消费信贷的正态社会效应。[②] 对信贷机构进行激励与约束的协同规制，旨在实现其赢利性与普惠性的平衡；对信贷客户进行激励与约束的协同规制，旨在实现其信用性与受益性的平衡。只有实现这两个平衡，才能实现利益公平分享，约束与激励、处罚与奖励、责任与收益并重的全新机制。

在我国当前的农村消费信贷促进法律法规中，也直接体现了针对金融机构及其工作人员、针对信贷客户的激励与约束机制相统一原则。

针对金融机构的激励与约束机制。如《农户贷款管理办法》（银

[①] 胡元聪：《发展成果公平分享视野下"三农"正外部性经济法解决探析》，《理论与改革》2009年第5期，第116页。

[②] 周显志、吴晓萍、张永忠、夏少敏：《英国消费信贷法律制度探论》，《国外财经》2001年第3期，第18页。

监发〔2012〕50号）用专章，即第八章"激励与约束"部分，从第四十九至五十二条专门规定了针对农村金融机构的激励与约束机制。《发展小额贷款业务指导意见》（银监发〔2007〕67号）也强调要"完善小额贷款激励约束机制"。《关于加强村镇银行监管的意见》（银监发〔2007〕46号，以下简称《村镇银行监管意见》）强调，属地监管机构要构建正向激励与约束机制。《村镇银行管理暂行规定》第三十七条规定也作出了相似的规定。①

针对金融机构工作人员的激励与约束机制。如《商业银行小企业授信工作尽职指引（试行）》（银监发〔2006〕69号，以下简称《授信工作尽职指引》）第四条第（五）规定，"应建立激励约束机制，将小企业信贷人员的收入与业务量、贷款风险、贷款收益等指标挂钩"。《关于实施农村青年创业小额贷款的指导意见》（中青联发〔2008〕42号，以下简称《创业小额贷款指导意见》）强调，要"完善信用共同体内在激励约束机制，调动内部成员自我管理的积极性"。《农村商业银行管理暂行规定》第四十五条规定了农村商业银行建立薪酬与银行效益和个人业绩相联系的激励和约束机制。《农村合作银行管理暂行规定》第四十九条也作了相似的规定。

针对信贷客户的激励与约束机制。其主要表现为对信用客户、优质客户、诚信客户、信用记录良好客户以及按时归还贷款的客户进行正向激励。如《关于加快推进农村金融产品和服务方式创新的意见》（银发〔2008〕295号，以下简称《产品和服务创新意见》）强调，对守信用、按时归还贷款的借款人实施贷款利率优惠、扩大贷款额度等激励措施。《发展小额贷款业务指导意见》（银监发〔2007〕67号）强调，对信用户的贷款需求应在同等条件下实行正向激励。《农户贷款管理办法》（银监发〔2012〕50号）第四十八条强调要建立优质农户与

---

① 即村镇银行要建立适合自身业务特点和规模的正向激励约束机制。

诚信客户正向激励制度。《关于农村中小金融机构实施富民惠农金融创新工程的指导意见》(银监办发〔2012〕189号，以下简称《金融创新工程指导意见》)规定，对信用记录良好的客户可采取贷款利率优惠方式进行正向激励。当然，现有的农村消费信贷促进方面的激励与约束机制还未形成体系，尚需进一步完善。

(二) 市场适度自由与国家适度干预相统一的原则

应当充分发挥市场在资源配置中的决定性作用和更好发挥政府作用。政府对信贷市场监管以及对市场失灵的干预，旨在维护信贷市场稳定与保护消费者权益。[①] 我国目前的农村消费信贷问题中也有市场失灵问题存在。农村消费信贷不足不利于经济发展和社会公平，其导致了城乡"二元"经济结构的形成，以及城乡经济发展水平的较大差距。因此，为了克服市场失灵，除了要充分运用市场机制力量以外，还需要国家的适度干预。正如有学者所说，必须充分发挥"政府之手"的作用解决农村金融资源供给严重匮乏的问题从而引导社会资本回流到农村。[②] 即要坚持市场适度自由和国家适度干预相结合的原则，以市场的适度自由为导向，以国家适度干预为支撑。其中市场适度自由可以实现信贷机构的盈利性，从而保证其能够可持续发展，而国家适度干预可以实现信贷客户的受益性，从而保证其能享受到普惠性金融机会。国家对农村消费信贷正外部性进行法律激励和对其负外部性进行法律约束时，就必须健全对信贷机构的激励与约束法律协同规制机制，以及健全对信贷客户的激励与约束法律协同规制机制，从而促进农村消费信贷市场的繁荣，最终达到社会资源总体配置的高效率，增加社会整体利益。农村消费信贷中，信贷双方的积极参与带来的经济、社会、

---

① 鞠晔:《澳大利亚消费信贷法律制度及其启示》,《商业研究》2013年第4期,第209页。
② 参见王守贞:《金融支持农村消费信贷问题的研究》,《河南金融管理干部学院学报》2007年第2期,第128页。

环境效益等正外部性，享有者是全社会。因此，要使农村消费信贷持续长期发展，必须要靠市场的适度自由与国家的适度干预的协同努力。同时，农村消费信贷中，信贷双方的消极行为带来的一些负外部性，必须依靠市场的适度自由和国家的适度干预进行解决。在消费信贷领域，可以通过立法建立一个让消费者放心的信贷法律环境，同时贷款商可以大胆确立和发展多种信贷销售方式。①

在我国当前的农村消费信贷促进法律法规中，也直接体现了针对信贷机构的市场适度自由与国家适度干预相统一原则。尤其是关于"金融产品和服务方式创新"方面。国家的基本原则是坚持市场适度自由与国家适度干预相统一的原则，既鼓励市场化运作，又主张国家的适度干预。当然，需要提及的是，这里的国家适度干预的内容是多方面的，既有激励性质的政策扶持，也有约束性质的制度调整。具体包括：

推进农村金融产品和服务方式创新视角的市场适度自由与国家适度干预。如《产品和服务创新意见》（银发〔2008〕295号）强调要以市场化为导向，以政策扶持为支撑，健全和完善正向激励机制。这方面的规定并不少见，再如《关于全面推进农村金融产品和服务方式创新的指导意见》（银发〔2010〕198号，以下简称《产品和服务创新指导意见》）也作出了相似的规定。

农村中小金融机构视角的市场适度自由与国家适度干预。如《金融创新工程指导意见》（银监办发〔2012〕189号）强调，"实施富民惠农创新工程要坚持市场化原则，紧扣强农惠农富农政策有效开展。……保证业务开展的商业可持续性"。《关于农村中小金融机构实施金融服务进村入社区工程的指导意见》（银监办发〔2012〕190号，以下简称《金融服务进社区指导意见》）强调，要坚持市场化运作与政

---

① 薛春丽、埃勒克斯洛：《我国消费信贷立法应借鉴澳大利亚〈消费信贷法案〉》，《山西省政法管理干部学院学报》2006年第4期，第55页。

策扶持引导相结合,实现成本核算和承担社会责任的科学平衡。当然,现有的法律法规对市场适度自由与国家适度干预的规定还较为零散,迫切需要进行完善。

(三)促进信贷机构赢利性与普惠性相统一原则

在农村消费信贷关系中,最重要的主体是信贷机构与信贷客户。其中信贷机构又更为重要。作为信贷机构,必须实现盈利性与普惠性的统一。强调信贷机构盈利性的必要性在于:第一,可以保证信贷机构自身得到良性发展。农村消费信贷机构必须具备财务和机构的可持续发展能力,因此,农村消费信贷必须要有商业上的支撑作为保证,信贷机构必须采取市场化经营,形成良好的现代企业制度规范,以保证小额信贷可持续。① 第二,可以保证信贷机构服务于信贷客户的持续性。随着社会的发展,信贷客户必须拥有多样化的金融服务提供者。信贷机构也只有在商业可持续支撑的基础上,才能持续为信贷客户服务,才能进一步扩大小额信贷业务覆盖面。第三,可以保证金融服务能力,提高服务水平。农村消费信贷不仅要为信贷客户提供传统的信贷业务,信贷机构还应该在任何可行的情况下,为信贷客户提供具备效益可覆盖成本且种类多样的金融服务。强调信贷机构普惠性的必要性在于:第一,可以实现农村金融体系的逐步完善。农村消费信贷的普惠性强调金融体系可以有效覆盖所有的高、中、低收入人群,尤其对于广大农村贫困、低收入的弱势群体来说效用巨大。目前,贫困弱势群体仍然是金融机构难以覆盖的对象,因此强调农村消费信贷的普惠性就必须完善我国农村金融体系。第二,可以满足农村多样化的金融需求。农村消费信贷的普惠性强调,农村消费信贷可以使广大贫困

---

① 参见郭田勇:《小额信贷如何实现发展可持续》,《中国城乡金融报》2011 年 9 月 7 日,B02 版。

农户和弱势群体享受到多方面的金融服务，它给贫困和低收入人群提供了一种与其他客户平等享受现代金融服务的机会和权利。第三，可以为农户提供与贫困作斗争的有力工具。普惠性理念下的农村消费信贷不仅满足了各类贫困人群基础性生活需求，还提供了扩大再生产的资金，有利于脱贫致富。农村消费信贷的普惠性能够有力地促进贫困地区经济的发展，产生良好的经济社会影响。总之，盈利性是为了维持信贷机构自身的发展，这是由金融机构自身的逐利性决定的。普惠性是为了信贷客户消费的发展，从而使发展成果的公平合理分享诸多方面之一——金融发展的成果惠及各类人群。因为，盈利性是普惠性的前提，普惠性是盈利性的目标。因此，作为信贷机构，必须实现盈利性与普惠性统一，哪一方偏离都不利于农村消费信贷的发展。

在我国当前农村消费信贷促进法律法规中，也直接体现了针对信贷机构盈利性与普惠性相统一的原则。具体来看：

强调信贷机构盈利性与普惠性相统一，盈利性优先。如《关于村镇银行、贷款公司、农村资金互助社、小额贷款公司有关政策的通知》（银发〔2008〕137号，以下简称《关于村镇银行等有关政策的通知》）强调，引导和督促以上四类机构以面向农村，在不断完善内控机制的基础上，坚持商业可持续发展（即强调盈利性），努力为"三农"提供低成本、便捷实惠的金融服务（即强调普惠性）。

强调信贷机构盈利性与普惠性相统一，普惠性优先。如《发展小额贷款业务指导意见》（银监发〔2007〕67号）强调，应该坚持为农民、农业和农村服务与可持续发展相结合。这里强调了信贷机构盈利性与普惠性的结合与统一。《金融创新工程指导意见》（银监办发〔2012〕189号）强调，实施富民惠农创新工程要加强创新产品服务的成本核算，保证业务开展的商业可持续性。《关于农村中小金融机构实施阳光信贷工程的指导意见》（银监办发〔2012〕191号，以下简称《阳光信贷工程指导意见》）规定要坚持广覆盖、普惠性的市场定位，在承担社会责任的基础上追求经济效益。

以上不论哪种情况，都是强调实现信贷机构盈利性与普惠性的统一与平衡。当然，这些规定还比较笼统，迫切需要进一步细化和完善。

（四）促进信贷客户信用性与受益性相统一原则

在农村消费信贷关系中，信贷客户是直接的受益主体。作为信贷客户，必须实现信用性与受益性统一。强调信贷客户的受益性的必要性在于：第一，吸引农户参与农村消费信贷的需要。我国目前农村消费信贷存在的问题之一是，农户不愿意参与消费信贷。由于他们自己的亲身贷款经历或看到其他人的贷款经历，他们宁愿选择非正规金融而不愿意选择正规金融。因此，强调信贷客户的受益性首先要强调吸引农户的积极参与。第二，让农户真正从信贷中受益的需要。在吸引农户积极参与后，信贷机构必须增强服务理念，使每家农户都有机会参与经济发展并分享发展成果。第三，完善农村金融体系的需要。农村金融体系的完善需要健全激励与约束机制，这种机制是对信贷机构与信贷客户进行双重激励与约束的机制。完善农村金融体系离不开信贷机构的积极作用，尤其是必须重视自身的信贷行为使信贷客户受益，从而调动他们的积极性。强调信贷客户信用性的必要性在于：第一，实现信贷机构可持续性发展的需要。信贷机构不能实现可持续性发展的重要原因之一是信贷客户的还款率较低并且没有合适的抵押品。还款率低的原因很多，有客观原因也有主观原因。其中主观原因是信贷客户的信用较差。因此，提高信贷客户的信用可以实现信贷机构可持续性发展。第二，实现信贷客户持续性获得贷款的需要。如果信贷客户要想从信贷机构得到持续性的消费信贷，必须保证及时足额地进行还款。国外农村消费信贷发达国家一般都建立了还款激励机制，只有还款及时足额才能得到下次贷款。因此，信贷客户提高自己的信用性也是保证自己获取持续性贷款的需要。第三，构建信用社会的需要。

农村消费信贷的信用建设构成了整个信用社会建设的一部分。当信贷客户的信用性得到极大提高和改善，直接的益处是农村消费信贷的健康发展，间接的益处是整个社会信用水平的提高。总之，受益性是为了满足信贷客户自身发展的需要，信用性是为了信贷机构的可持续发展。因为，信用性是受益性的前提，受益性是信用性的目标。首先，信贷客户必须要遵守信用，因为遵守信用是信贷机构可持续发展的基本前提。否则，不能可持续发展也就不能实现信贷客户的受益性。受益性是信用性的目标，因为信贷客户如果只是追求自身的受益，必然会导致农村消费信贷中信贷机构的不可持续发展，也不利于农村社会经济的良性发展。因此，作为信贷客户，必须实现信用性与受益性统一，哪一方偏离都不利于农村消费信贷的发展。信贷机构则应通过规范信贷程序，完善激励约束机制，调动信贷客户自我管理的积极性，在有效控制和防范信贷风险的基础上扩大消费信贷，从而实现信贷客户信用性与受益性的统一与平衡。

在我国当前的农村消费信贷促进法律法规中，很少有直接体现针对信贷客户的信用性与受益性的问题。即使有也主要是从信贷机构的角度强调要加大内部管理机制，防范各种风险等。

从信贷机构的角度强调要加大内部管理机制。如《农户贷款管理办法》（银监发〔2012〕50号）第二十八条规定了贷中审查的内容、过程及其处理等内容。第四十条规定了农村金融机构应当建立风险预警制度。《发展小额贷款业务指导意见》（银监发〔2007〕67号）规定，根据信用贷款和联保贷款特点，按照"评级—授信—用信"程序建立农村小额贷款授信管理制度以及设置操作流程。

从信贷客户的角度强调信用的重要性。这里主要涉及一些关于对信贷客户信用要求的内容。如《农村资金互助社管理暂行规定》第十八条规定，农民向农村资金互助社入股应符合以下条件，包括"（四）诚实守信，声誉良好"；《农户贷款管理办法》（银监发〔2012

50号)第十三条规定的"农户申请贷款应当具备以下条件"包括"(六)借款人无重大信用不良记录"。当然,这些规定还比较笼统,迫切需要进一步细化和完善,尤其是针对信贷客户,还应该有更加具体和明确的法律规定。

(五)法律促进机制的一致性与差异化相统一原则

在农村消费信贷促进法律机制构建过程中,必须注重法律促进机制的一致性与差异化相统一的原则。我国幅员辽阔,经济发展水平参差不齐,如果完全按照全国"一刀切"的模式构建农村消费信贷促进法律机制必然存在诸多不适应的问题,而且也不符合其自身的运行发展规律。已有研究大多关注的是农村消费信贷法律促进机制的一致性,而忽略了地区层面的差异。① 因此必须采取因地制宜的原则,贯彻区域金融法治化的理念。中国银监会《发展小额贷款业务指导意见》(银监发〔2007〕67号)指出,部分机构对政策领会不到位、执行较僵化,一些机构还存在授信额度"一刀切"、贷款利率"一浮到顶"等现象。这都表明僵硬坚持一致性原则而忽略了差异性原则。因此必须坚持区域金融法治化的理念,根据经济发展水平以及由此带来的信用环境的差异、农村消费信贷需求的差异等,贯彻一致性与差异化相统一的原则。差异性主要体现在以下几个方面:

信贷客户的差异性。一方面体现为东部、中部、西部地区的差异,以及东部、中部、西部地区城市化农村、城乡结合部与偏远农村的差异。因此,信贷机构在贷款额度的确定上应做到因地制宜。落后地区的消费贷款额度可低一些,做到满足信贷客户消费需求与维护消费信

---

① 有学者指出,已有研究大多仅关注了信贷供给对农村消费支出的整体效应,而忽略了地区层面差异。实际上,在农村金融地区异质条件下,信贷供给对农村消费的间接效应可能呈现出地区差异。参见刘艳华:《农业信贷配给对农村居民消费的间接效应——基于面板门槛模型的阐释》,《农业经济问题》2016年第7期,第99页。

贷资金"三性"的统一。另一方面,还体现为不同收入水平、不同消费信贷需求的差异等等。如可以重点引导家庭收入高及预期消费倾向好的群体,通过出台配套措施着重启动他们的消费信贷。

信贷机构的差异性。针对信贷机构也应当贯彻差异化原则。一方面,如对处于设立初期的信贷机构的金融网点,政府可实行财政补贴、税收减免、不良贷款容忍度和风险拨备等优惠指导政策。另一方面,如可考虑对涉农贷款增量奖励实施差异化政策,保持农村消费信贷相对发展较好领域信贷机构的奖励机制,加大对农村消费信贷中薄弱环节的奖励力度,有效引导信贷资金投入到"三农"领域。

抵押物的差异性。在抵押物范围的确定方面也可以实行差异化策略。农民可用于抵押的财产本来就少,因此需要确立抵押物扩展策略。在条件成熟的地区,如城镇化和农业产业化程度高的地区,就可以完善两权抵押贷款机制,逐步允许以农村土地承包经营权和宅基地使用权进行抵押贷款,同时根据法律规定探索开展相应抵押贷款试点。①

利率的差异性。相关规定指出,在利率定价方式上,可以根据客户信用状况、所处区域、贷款用途等因素,实行灵活、有弹性、有差别的,既能照顾到金融普惠性,又能实现可持续发展性的利率定价方式,从而适应不同的情形以实现不同的目标。

在我国当前的农村消费信贷促进法律法规中,事实上也有关于试点型发展战略的具体规定,而且也取得了一些明显效果。如《关于规范向农村合作金融机构入股的若干意见》(银监发〔2004〕23号,以下简称《向农村合作金融机构入股的若干意见》)实施时第一批改革试点为8个省(市);《调整放宽准入政策若干意见》(银监发〔2006〕90号)和《关于扩大调整放宽农村地区银行业金融机构准入政策试点

---

① 即按照依法自愿有偿原则,在不改变土地性质、土地用途和不损害农民权益的前提下进行。参见王李、侯景波:《基于农户融资行为视角的村镇银行发展模式研究——以吉林农村地区调查情况为例》,《新疆社会科学》2010年第6期,第41—44页。

工作的通知》(银监发〔2007〕78号,以下简称《扩大准入政策试点工作的通知》)都强调按照先试点后推开、先中西部后内地、先解决服务空白问题后解决竞争不充分问题的原则和步骤稳步推开。《产品和服务创新意见》(银发〔2008〕295号)要求:一是中部6省和东北3省各选择2—3个县(市)开展试点方案设计和试点推进落实工作;二是每个省集中抓好2—3个金融产品创新和推广。《关于调整村镇银行组建核准有关事项的通知》(银监发〔2011〕81号)强调,村镇银行较好地坚持了支农支小、服务县域的市场定位,初步探索出金融资源供给"东补西"、金融服务改善"城带乡"的科学发展模式。当然,这些规定还比较笼统,迫切需要进一步细化和完善,尤其是如何根据我国国情,按照金融区域法治化的理念进行试点是我国今后要重点关注和解决的问题。

(六)促进扩大信贷规模与优化信贷结构相统一原则

农村消费信贷法律机制的目标之一是实现农村消费信贷规模的扩大,目标之二是实现农村消费信贷结构的优化,并最终实现农村消费信贷市场的繁荣。农村消费信贷结构涉及农村消费信贷的贷款类别(如生产性消费信贷、生活性消费信贷)、贷款时间①(如长期贷款、中期贷款、短期贷款)、贷款项目(如住房消费贷款、汽车消费贷款、教育消费贷款、大额耐用消费品贷款、旅游消费贷款等)、贷款抵押物(如房屋、山林、农作物、耕牛、有价证券、门面、农村土地承包经营权等)等。当前来讲,最重要的是贷款时间。农村消费信贷的规模涉及贷款比例、贷款金额、银行网点覆盖面、ATM(自动柜员机)数量、

---

① 《贷款通则》(中国人民银行令〔1996〕第2号)第八条的规定,贷款分为:短期贷款、中期贷款和长期贷款。其中,短期贷款,系指贷款期限在1年以内(含1年)的贷款。中期贷款,系指贷款期限在1年以上(不含1年)5年以下(含5年)的贷款。长期贷款,系指贷款期限在5年(不含5年)以上的贷款。本著作也按照此标准进行分类。

银行卡、信用卡办理数量等。

目前学者们关注更多的是农村消费信贷的规模,也多在此方面进行研究。① 从现有文献来看,大多数文献都是在研究信贷规模如何扩大,而研究信贷结构怎么优化的文献明显偏少。从立法现状来看,目前出台的法律法规,许多内容都涉及信贷规模如何扩大的问题,相反,涉及信贷结构怎么优化的内容相对较少。出现此问题的原因在于,立法者和研究者存在认识的误区,即认为通过扩大农村消费信贷的规模,可以一蹴而就地达成目的。事实上,对我国的农村消费信贷问题,不应该只是关注整体而忽视细节,因此必须寻求突破点。如贷款时间这个细节对于农户来说就显得非常重要。根据分步骤、有计划发展的战略,实际上,我们应该坚持扩大信贷规模与优化信贷结构的统一。至少不应该只是盲目重视农村消费信贷规模的扩大。就当前我国国情来讲,实现农村消费信贷结构的优化比实现规模的扩大更加重要。原因在于:

实现农村消费信贷的结构优化比实现信贷规模的扩大成本更低。贷款时间与贷款金额相比,贷款时间的风险在于时间过长可能收不回来,贷款金额过大的风险就更大。但是根据农户从事农业的现状权衡二者,对农户来说,贷款时间更加重要,这是由农业周期长、风险大的特点所决定,因此对农户来说,时间太短的贷款没有意义。因为,短期贷款只能满足农户基本再生产需要,不能满足扩大再生产需要。② 他们关注贷款时间胜过贷款金额,是因为他们需要通过贷款得到回报。

实现农村消费信贷的结构优化比实现信贷规模的扩大效果更佳。我们不否认信贷规模的扩大对于农村消费信贷市场繁荣的重大意义。但就我国目前情况来讲,在农村消费信贷规模扩大方面还存在诸多实

---

① 刘金东、冯经纶:《农村消费信贷供给的调整:规模还是结构》,《上海金融》2014 年第 3 期,第 14 页。
② 文启湘、李有生、梁莉:《农村金融支持农民消费问题研究》,《福建论坛(人文社会科学版)》2011 年第 2 期,第 132 页。

力问题、障碍问题的时候，我们就应该考虑到现实意义胜过象征意义。我国农村金融中，信贷目标、规模和利率受到政府干预。政府更加关注规模而忽视质量，因此，导致农村金融规模不断增长却不能有效促进经济增长。[①] 如针对农村消费信贷客户设计合适的信贷产品，对于信贷客户来讲，比单纯增加银行网点、增设 ATM（自动柜员机）更加重要。我国当前的相关法律、政策在这方面较为忽视，因此应该引起重视，实现扩大信贷规模与优化信贷结构的统一。

实现农村消费信贷的结构优化比实现信贷规模的扩大更能提高消费水平。研究表明，农村居民的消费性信贷需求高于生产性信贷需求，其对农村居民消费的提升效果更佳，但是生产性信贷仍然占绝对比例[②]，并且低收入农民的资金使用更加偏离最优生产决定，挤占资金用于消费支出[③]。因此，农村居民消费更多依赖增收的间接效应而非直接效应，从而不利于提升农民消费。

总之，无论是研究学者还是立法部门都应该重视农村消费信贷中结构的优化，从而实现扩大信贷规模与优化信贷结构的统一，促进我国农村消费信贷市场的繁荣。

（七）促进消费信贷的优先性与普及性相统一原则

农村消费信贷涉及面广、种类多样。但是如果不分层次、有步骤的实施，难免效果不佳。因此，可以在适当时候考虑分层次、分步骤的实施，可以根据马斯洛的需要层次理论进行分层。马斯洛理论把需求依次由较低层次到较高层次排列，分成生理、安全、社交、尊重和

[①] 张建波、杨国颂：《我国农村信贷结构与农村经济发展关系的实证研究》，《经济经纬》2010 年第 5 期，第 104 页。

[②] 陈东、刘金东：《农村信贷对农村居民消费的影响——基于状态空间模型和中介效应检验的长期动态分析》，《金融研究》2013 年第 6 期，第 169 页。

[③] F. Dong, J. Lu, A. M. Featherstone, "Effects of Credit Constraints on Household Productivity in Rural China", *Agricultural Finance Review*, Vol. 72 (3), 2012: 402-415.

自我实现需求五类。其实农村消费信贷也可以分为不同的层次。

贷款优先权是信贷机构支农服务实现的重要基础,也是信贷客户获得消费信贷的重要保证。消费信贷的优先性包括两个大的方面:

对特定类型的农村消费信贷项目给予优先考虑。具体包括:其一,一些具有公共性质的生存性的农村消费信贷品种,就应该首先得到满足。这类信贷品种接近于满足基本生活需要,如健康、养老、医疗等。目前我国在这方面还存在很多不足。其二,确保"三农"需要以保证信贷客户的贷款优先权。生活性消费信贷和生产性消费信贷相比较,生产性的信贷应该更多给予重视。因为生产性信贷具有造血性,对于提升生活质量更具有保障,如《村镇银行管理暂行规定》第三十九条就是这方面的相关规定。①

对特定类型的农村消费信贷客户优先贷款。包括:其一,体现在信用不同的信贷客户方面,可采用信用评级方式对优质信用客户进行鼓励,对于优质客户可以赋予更多的优先权利,如提高额度、延长还款期限、补贴更多利息等,使之能够得到信贷的满足。其二,对团组织推荐的农村青年创业者保证贷款优先权。如《创业小额贷款指导意见》(中青联发〔2008〕42号)有关优先调查、优先评级、优先授信、优先发放贷款方面的相关规定。其三,重点支持新型农业生产经营组织等以保证信贷客户的贷款优先权。如《关于做好2013年农村金融服务工作的通知》(银监办发〔2013〕51号,以下简称《2013年农村金融服务工作通知》)的相关规定。其四,对助学贷款保证优先贷款。在读大学生是风险低、潜力大的客户群体。他们一般具备较高文化素质,具有较高开发价值,银行可以尽早与之建立经济联系,因为他们很可能成为银行的终身客户。②

在优先性的操作方面,还需要注意:一是在消费群体选择方面,

---

① 即村镇银行发放贷款应首先充分满足县域内农户、农业和农村经济发展的需要。
② 杨光荣:《对庆阳市农村消费信贷发展状况的调查》,《西安金融》2005年第7期,第89页。

当前消费信贷政策应重点考虑针对东部发达地区先富起来的农民进行消费信贷。基于他们的经济实力和生活水平，可以出台一些激励措施率先启动。二是在消费产品选择方面，可以根据实际，考虑重点消费群体的消费倾向，积极发展教育、医疗、耐用消费品，甚至旅游等领域的消费信贷，让他们根据自己的意愿和能力有选择地扩大消费支出。①

一般类普及性具体是指，一是除公益类消费信贷外的其他类型的普通类贷款。如农业生产所需消费贷款，为了实现农业的现代化和产业化，可以鼓励农民购买先进的农业生产工具和交通运输工具，以及"人工智能+农业"需要的设备，还有日常需要的耐用消费品，如冰箱、彩电、洗衣机、电脑、录像机、照相机、平板电脑、高档手机、空调、热水器、饮水器、电暖气等中高档耐用消费品，从而提高生活水平；可以发放农村建（购）房贷款，支持农民改善居住条件。二是信用等级一般或还略显不足的信贷客户，则作为普及性的信贷客户。三是非优先的信贷客户主体，如非团组织推荐的农村青年创业者、非新型农业生产经营组织等。四是较高层次的享受型消费信贷，如度假、旅游、摄影、摄像、美容、健身、求知等审美需求的消费信贷。

消费信贷的公益类优先性与一般类普及性统一原则的目的在于：一是起到示范作用。包括信贷主体示范（如团组织推荐的农村青年创业者）、信用级别示范、信贷用途示范等；二是起到激励作用。可以激励信贷客户争取成为特殊的信贷主体（如新型农业生产经营组织）以逐步提高自身信用，贷款后及时还款等。

（八）促进生产性消费信贷与生活性消费信贷相统一原则

本著作所指的农村消费信贷包括生产性消费信贷和生活性消费信

---

① 李瑞英：《我国农村消费信贷持续健康发展研究》，《现代商贸工业》2011年第3期，第165页。

贷。从历史的角度来看，直到今天，部分地区生产性消费信贷仍然占据主流。以湖南省为例，2014年末，在借款主体为农户的1974亿元农村信贷中，用于生产经营的贷款为1827亿元，占农户贷款的92.5%，而农户生活贷款为201亿元，占全部农户贷款的10.1%。① 但是，也有数据表明，无论生活水平的高低，农户的信贷用途均以消费为主。② 还有学者发现农户对正规金融的需求较大，借贷多用在消费上。③

信贷机构早些时候甚至反感农户的生活性消费信贷。如国外早期的观点认为，政府干预农村消费信贷的重要前提是农户的借款是满足生产需要而不是生活需要，言外之意是生活消费信贷不应该得到政府的支持。他们认为，农村居民借款的目的就应该是为农业生产而非生活消费，因此政府需要从外部注入低息的政策性资金以满足农民的需要。④ 在今天看来，这种观点有失偏颇。不过随着"消费"重要性意识的增强，国外也不再严格区分信贷的目的。就我国实际而言，生活性消费信贷明显晚于生产性消费信贷。中国人民银行青岛市中心支行调查组指出，其支行的生活性消费贷款从1999年才开始发展。今天，笔者认为这两者都不能偏废，不应该只进行纯粹的生活性消费信贷，也不能只进行纯粹的生产性消费信贷，而是应该很好地将两者统一起来。

从生产性消费信贷与生活性消费信贷二者的关系来看：一是生产性消费信贷可以为生活性消费信贷提供基础。从信贷客户的视角看，生产性消费信贷可以提高农户的生产能力，增加农户的经济收入，增

---

① 吴苏林、王玥：《农村信贷消费结构和走势分析——基于对湖南省的调查》，《中国农村金融》2015年第14期，第89页。
② 黄祖辉、刘西川、程恩江：《中国农户的信贷需求：生产性抑或消费性——方法比较与实证分析》，《管理世界》2007年第3期，第73—80页。
③ 李长生、张文棋：《农户正规信贷需求和信贷约束——基于江西省的调查》，《农林经济管理学报》2014年第4期，第406—413页。
④ 胡元聪：《国外农村消费信贷促进机制研究述评——基于法律激励与约束的视角》，《经济法论丛》，法律出版社2013年版，第281页。

加即期和预期消费能力，从而为生活性消费信贷打下基础。从信贷机构的视角看，生产性消费信贷更受到关注，因为生活性消费贷款期限长、利率低、周转慢，既费时又费力，不如发放生产性贷款既省事又见效快。因此生产性消费信贷也可以提高信贷机构的积极性。二是生活性消费信贷可以为生产性消费信贷提供引导和提升。从信贷客户的视角看，当农户通过生活性消费信贷提高生活质量以后，就有了通过发展生产赚钱的欲望，因此就对生产性消费信贷产生了强烈的需求。正如通过消费信贷，不仅能加速商品流通，而且能产生新的需要，新的需要又成为推动生产发展的动力。[①] 从信贷机构的视角看，通过生活性消费信贷，信贷客户积累了信用，信贷机构也就对信贷客户产生了信任，其对这些信贷客户的生产性消费信贷也更为青睐。

从我国的立法实践来看，《发展小额贷款业务指导意见》（银监发〔2007〕67号）强调同等满足农业生产费用融资需求和农产品生产、加工、运输、流通等各个环节融资需求；同等满足农民简单日常消费需求和农民购置高档耐用消费品、建房或购房、治病、子女上学等各种合理消费需求。《农户贷款管理办法》（银监发〔2012〕50号）指出，农户贷款按用途分为农户生产经营贷款和农户消费贷款。[②] 这样规定的原因可能在于，当农户的生产性消费无法满足时，一般会减少生活性消费；当农户的生活性消费无法满足，一般会减少生产性消费。当农村消费信贷机构只单纯发放生活性消费信贷，该资金完全可能被用于生产性消费；当农村消费信贷机构只单纯发放生产性消费信贷，该项资金完全可能被用于生活性消费。因此，没必要再严格区分信贷的用途，并且为了扩大内需，也还需要加快农村生活消费信贷的发展。

---

① 尹世杰：《关于农村消费信贷问题的探讨》，《广西农村金融研究》1983年第2期，第47页。
② 农户生产经营贷款是指农村金融机构发放给农户用于生产经营活动的贷款，包括农户农、林、牧、渔业生产经营贷款和农户其他生产经营贷款。农户消费贷款是指农村金融机构发放给农户用于自身及家庭生活消费，以及医疗、学习等需要的贷款。

二、农村消费信贷促进法律机制构建的价值目标

要实现对农民金融权利的保护就需要在法律上确认一系列的价值，如实质平等、社会正义等。享受农村消费信贷是农民的权利，因此，作为实现农民金融权利的消费信贷促进法律制度更是应该具有法律制度的应有价值。根据正、负外部性内部化的基本原理，对于正外部性应该从法律上进行激励与补偿；对于负外部性，应该从法律上进行约束和抑制。因此可以通过经济、行政、法律和道德手段对农村消费信贷的正外部性予以激励和补偿[1]，也可以通过这些手段对其负外部性予以约束和抑制。市场经济是法治经济，因此法律激励和约束随时存在。对于农村消费信贷的正外部性，探讨其法律激励的意义日益凸显。同时，对于农村消费信贷的负外部性，探讨其法律约束的意义同等重要。法律激励与约束农村消费信贷正、负外部性的价值目标包括但不限于公平价值、效益价值、人权价值和可持续发展价值。

（一）公平价值

公平与效率是现代经济学追求的两大目标，也是法律重要的价值目标。对于法律而言，其中的公平价值又是重中之重。在消费信贷领域，信贷客户较之于信贷机构，在信息、技术、经济实力等各方面皆处于弱势地位，二者的地位明显不平等。并且，消费信贷专业性较强，普通消费者往往难以真正完全了解。因此法律必须对消费信贷的消费者予以特别保护。[2]在农村消费信贷中，事实上存在正外部性和负外

---

[1] 胡元聪、杨秀清：《农村金融正外部性的经济法激励——基于完善农村金融法律体系的视角》，《农业经济问题》2010年第10期，第30页。

[2] 周显志、吴晓萍、张永忠、夏少敏：《英国消费信贷法律制度探论》，《国外财经》2001年第3期，第16页。

部性。无论是正外部性还是负外部性，都会导致农村消费信贷中的不公平：要么是信贷机构遭遇不公平，要么是信贷客户遭遇不公平。因此，就必须用法律进行矫正。消费信贷机会均等是指消费者在同等消费信贷条件下享有同等的获得贷款的机会。①对于农村消费信贷市场中的正外部性，应该给予法律上的激励与补偿；对于其中的负外部性，应该给予法律上的约束与抑制。无论是激励还是约束，目标都是为了实现实质公平。农村消费信贷正负外部性的实质是农村消费信贷中权利义务配置失衡，是对实质公平的背离。长此以往，势必影响农村消费信贷市场的繁荣。所以政府不仅要从维护金融安全，降低金融风险角度制定金融监管规则，更应从维护处于弱势地位的农民利益角度考虑。法律制度对农村消费信贷正负外部性的激励与约束应当以实质公平为价值目标，要对农村消费信贷中存在的利益失衡予以纠偏，通过施加倾斜性的权利和义务配置，针对信贷机构与信贷客户构建促进农村消费信贷的激励与约束法律机制，才能最终实现农村消费信贷的实质公平。否则，就可能出现这样的状况，即"对于基本权利的承认，有可能只是提供了行使这些权利的一种形式机会，而非实际机会"②。正如《关于进一步推进空白乡镇基础金融服务工作的通知》(银监办发〔2011〕74号，以下简称《空白乡镇基础金融服务的通知》)强调，各地要采取切实有效措施深入推进金融服务均等化，切实增强广大农民群众享受金融服务的公平性。这里的"深入推进金融服务均等化"和"切实增强广大农民群众享受金融服务的公平性"都强调了要实现农村消费信贷方面的实质公平。

总之，健康发展的农村消费信贷具有正外部性，并且这种正外部

---

① 周显志、郑佳：《论消费信用卡透支风险的法律监管制度建设》，《法学论坛》2005年第2期，第251页。

② 博登海默：《法理学法律哲学与法律方法》，邓正来译，中国政法大学出版社2004年版，第39页。

性是双向的。既有信贷机构对于信贷客户的正外部性,也有信贷客户对信贷机构的正外部性。正外部性是权利和义务的失衡,这里的双向正外部性,是信贷机构与信贷客户之间权利和义务的失衡。因此,必须构建法律激励机制,实现农村消费信贷双方的实质公平。同时,不健康发展的农村消费信贷具有负外部性,并且这种负外部性也是双向的。既有信贷机构对于信贷客户的负外部性,也有信贷客户对信贷机构的负外部性。负外部性也是权利和义务的失衡。这里的双向负外部性一样是信贷机构与信贷客户之间权利和义务的失衡。因此,必须构建法律约束机制以实现消费信贷双方的实质公平。

(二)效益价值

一个良好的社会必须是有秩序的社会、自由的社会、正义的社会,也必须是高效益的社会。[①] 追求经济效益是农村消费信贷可持续发展的价值目标所在。农村消费信贷的正外部性和负外部性如果分别得不到激励和约束,都不利于实现社会经济效益的提高。如同"诺斯悖论"显示了有效率组织提供"激励相容"有效制度对提高经济效益的重要性。[②] 农村消费信贷所提供的正外部性促进了经济效益,提高了福利水平。但是如果不进行激励,其效益不会得到持续提高。《贷款通则》(中国人民银行令〔1996年〕2号)第一条就开宗明义地规定其立法宗旨之一就是为了"提高贷款使用的整体效益"。经济全球化背景下,也必须提供有效率的激励制度以促进农村消费信贷的可持续发展,进而提高经济效益。同时,农村消费信贷的负外部性的存在也必须要求法律制度的约束,从而实现社会效益的目标。就效率而言,法律只有通

---

① 张文显:《法理学》,法律出版社1997年版,第311页。
② 刘云龙、刘放鸣:《"诺斯外部性"理论的扩展及运用》,《中南财经政法大学学报》1995年第4期,第33—38页。

过权利的安排传导对它的作用。①因此，激励农村消费信贷正外部性，约束农村消费信贷负外部性以增进经济效益，主要体现为完善促进农村消费信贷的激励与约束协同规制机制。

总之，农村消费信贷的正外部性是双向的。正如有学者指出，小额信贷的可持续不仅是基于农户"理性人"的制度安排，农户"非理性"行为以及小额信贷机构与农户之间的"互惠性"也是其可持续发展的重要因素之一。②这里的互惠性表明了这种双向的正外部性。也就是说，既有信贷机构对于信贷客户的正外部性，也有信贷客户对信贷机构的正外部性。这种双向的正外部性实质上是信贷机构对于信贷客户带来的效益增加以及信贷客户对于信贷机构带来的效益增加。这种效益增加表面上看是双方给信贷对方带来个人效益的增加，而实质上却是对社会经济发展的社会效益的增加，因此，构建农村消费信贷法律激励机制的目标是社会整体效益的实现。不健康发展的农村消费信贷的负外部性是双向的。既有信贷机构对于信贷客户的负外部性，也有信贷客户对信贷机构的负外部性。这种双向的负外部性实质上是信贷机构对于信贷客户带来的效益的减少以及信贷客户对于信贷机构带来的效益的减少。这种效益减少表面上看是信贷双方给对方带来个人效益的减少，而实质上却是对社会经济发展的社会效益的减少，因此，构建农村消费信贷法律约束机制的目标是社会整体效益的实现。在正负外部性的激励、补偿和约束、抑制过程中，经济法的社会效益价值体现得非常明显。因为在对正外部性的激励过程中，需要激励和补偿的往往是具有巨大社会效益的行为；在对负外部性的惩罚过程中，需要约束和抑制的往往是造成巨大社会效益损失的行为。

---

① 岳彩申：《论经济法的形式理性》，法律出版社 2004 年版，第 129 页。
② 王睿、蒲勇健、明悦：《互惠性金融创新：我国农村小额信贷可持续发展研究》，《商业研究》2009 年第 3 期，第 140 页。

（三）人权价值

法律人权就是在法律上作为人应当享有的权利，包括了人身权、政治权、经济权。① 保障公民消费信贷权就是保障人权，因为消费信用权也是人的发展权的有机组成部分。② 农村消费信贷行为中，信贷双方的权利属于经济权。普惠金融理念注重弱势群体享受金融服务的权利。③ 这里尤其要说明的是，农村消费信贷中的人权价值主要表现为，通过对信贷双方的激励与约束机制实现人权价值，尤其是指信贷客户的人权价值。信贷客户的金融消费权离不开经济法的健全。孟加拉国 GB（Grameen Bank）的创始人穆罕默德·尤努斯的小额信贷实践就一直建立在宗教情怀之上，建立于人的尊严、权利之上。④ 他曾说，信贷是每个人所应该享有的权利，信贷是人权，就像获得粮食的权利一样。⑤ 所以，人权理念更应该作为社会弱势群体保护的价值基础。⑥ 经济权利是法律主体通过参与社会经济活动尤其市场经济活动获得经济利益的资格，其主要表现为五个方面⑦。这里，获得农村消费信贷的权利就属于经济权利，即获得资源与机会及公平竞争的权利。正如尤努斯所言，抵押和借贷都是人权，并且是消除贫困、公平发展最有力的武器。⑧

---

① 李步云：《论人权的三种存在形态》，载《当代人权》，中国社会科学出版社 1992 年版，第 1 页。
② 周显志：《消费信用立法初论》，《财经理论与实践》1997 年第 1 期，第 87 页。
③ 阚景阳：《普惠金融视角下中国现代农村金融制度建设分析》，《桂海论丛》2010 年第 4 期，第 83 页。
④ 方昕：《小额信贷激励机制与微观信贷政策创新研究》，西南财经大学博士学位论文，2010 年，第 59 页。
⑤ 参见：《2006 年诺贝尔和平奖得主尤努斯：贫困是人为设计的陷阱》，来源：http://wangkeqin.blog.sohu.com/17852420.html，2016 年 6 月 10 下载。
⑥ 李永成：《经济法人本主义论》，法律出版社 2006 年版，第 79 页。
⑦ 具体指：（1）市场准入权；（2）参与市场活动的权利；（3）获得资源与机会及公平竞争的权利；（4）自由经营的权利；（5）公平获得市场利益的权利。参见岳彩申：《论经济法的形式理性》，法律出版社 2004 年版，第 106 页。
⑧ 李阳：《西部地区农村金融深化中的政府行为研究》，兰州大学博士学位论文，2009 年，第 76 页。

总之，健康发展的农村消费信贷的正外部性是双向的。这里重点强调信贷机构对于信贷客户具有正外部性，这种正外部性有利于实现信贷客户的人权价值。正如有学者指出，信贷客户与信贷机构之间的互惠性在小额信贷过程中是一种有效激励方式，不仅能够克服农户的"逆向选择"和"道德风险"，而且还可以使农户发挥主观能动性。① 此时，构建农村消费信贷法律激励机制的目标就是实现消费信贷客户的人权价值。不健康发展的农村消费信贷的负外部性是双向的。这里重点强调信贷机构对于信贷客户具有负外部性。负外部性是接受主体权利的缺失或被剥夺，使其应有的利益得不到当然的实现，从而成为权利上的弱势群体。如农村消费信贷中，信贷客户与信贷机构相比成为弱势群体。因为，发展不健康的农村消费信贷，从人权价值角度看，信贷机构对于信贷客户的负外部性表现为信贷客户的人权（主要是指经济权）被剥夺。具体来看，是信贷客户农村金融消费权被剥夺。金融消费权是指，依据法律享有获得金融消费服务的权利。因为农村消费信贷属于公共产品，作为社会的一员，都有权利消费。

（四）可持续发展价值

农村消费信贷的可持续发展是确保我国农户持续获得金融权利的重要保障，也是实现农村消费结构升级以及促进经济发展方式转变的根本出路，还是贯彻包容性增长理念②、实现城乡统筹发展的现实要求。基于农村消费信贷的正外部性，迫切需要法律制度的激励；基于其负外部性，迫切需要法律制度的约束，从而实现农村消费信贷可持续发展。在现行经济体制下，激励农村消费信贷正外部性，约束其负外部

---

① 王睿、蒲勇健、明悦：《互惠性金融创新：我国农村小额信贷可持续发展研究》，《商业研究》2009年第3期，第141页。

② 需要制定《农村消费信贷促进法》，实现促进消费和增加投资法律的统一，以促进经济的健康发展，实现包容性增长理念的目标。参见胡元聪：《包容性增长理念下经济法治的反思与回应》，《法治论坛》2015年第3期，第70页。

性，旨在实现农村消费信贷可持续发展的价值目标。经济法律制度激励农村消费正外部性以实现可持续发展目标，主要从两方面进行：一是构建针对信贷机构的激励与约束法律机制，二是构建针对信贷客户的激励与约束法律机制。最终实现农村消费信贷的可持续发展。《村镇银行监管意见》（银监发〔2007〕46号）强调，坚持多种监管方式相结合的原则①，对村镇银行实施以资本为基础的风险监管，将其真正办成具有可持续发展能力的农村社区性银行。

农村消费信贷激励与约束法律机制健全的目标，一是体现为对于信贷客户的可持续发展价值，二是体现为对于信贷机构的可持续发展价值。德萨米指出，两个人之间可以在能力上存在不平等，但是却并不能由此得出结论说，他们可以在权利上不平等。②根据此观点，农村消费信贷客户应该拥有平等的农村消费信贷权利，从而体现社会公平。彼德·斯坦等人认为，社会公平是每个社会成员，仅仅因为他是社会成员，就有权享受其他成员提供的个人生活需要。③这里恰恰强调了农村消费信贷客户获得信贷机会以获得平等的发展权。

总之，健康发展的农村消费信贷的正外部性是双向的。这里重点强调信贷机构对于信贷客户具有正外部性，这种正外部性有利于实现信贷客户的可持续发展价值。部分信贷机构在贷款的同时，还在提升信贷客户的效益并不断满足信贷客户的需要。④这里学者重点强调了农村消费信贷对于信贷客户的可持续发展价值。此时，构建农村消费信贷法律激励机制的目标就是实现消费信贷客户的可持续发展价值。不

---

① 如属地监管和联动监管、合规监管和风险监管、法人监管和并表监管、持续监管和分类监管相结合的原则。

② 泰·德萨米：《公有法典》，黄建华、姜亚洲译，商务印书馆1996年版，第27页。

③ 彼德·斯坦：《西方社会的法律价值》，王献平译，中国法制出版社2004年版，第98页。

④ 即在贷款的同时，一是向农户提供相关的技术支持和技能指导；二是根据农户的不同特点设计出简单的贷款流程、灵活的还款期限、无需抵押担保的信用贷款；三是积极培育农户自我发展、自主管理、参与公共事务的能力。参见王睿、蒲勇健、明悦：《互惠性金融创新：我国农村小额信贷可持续发展研究》，《商业研究》2009年第3期，第141页。

健康发展的农村消费信贷的负外部性是双向的。这里重点强调信贷机构对于信贷客户具有负外部性。这种负外部性实质上是信贷机构对信贷客户可持续发展权利的剥夺。因此，构建农村消费信贷法律约束机制的目标是信贷客户可持续发展价值的实现。

第二章 我国农村消费信贷促进法律机制的实证研究——基于对信贷双方的调查与分析

本章选取我国东部、中部、西部 20 个省市的农村消费信贷机构和 18 个省市的农村消费信贷客户进行了问卷调查,并利用 SPSS 分析工具对其中的问题进行了分析,从而为我国农村消费信贷及其法律机制问题的研究提供了第一手资料,也为本书第五章完善对策的提出提供了现实依据。

第一节 我国农村消费信贷促进法律机制的实证研究——基于信贷机构的视角

一、统计实证研究说明

本部分运用描述统计学(Descriptive Statistics)的有关原理和方法,在借鉴其他学者研究成果的基础上,就我国农村消费信贷促进法律机制问题,针对其中的信贷机构,结合被调研对象的特点和本著作的调研目标进行问卷设计,获取了本部分研究的第一手数据资料。本部分通过 SPSS(Statistical Product and Service Solution)统计软件对原始统计数据分别进行了频率分析(Frequencies)、描述性分析（Descriptives）、探索分析（Explore）、列联表（交叉表）分析（Crosstabs）、TURF（Total Unduplicated Reach and Frequency，累积不重复到达率和频次分析）分析、比率分析（Ratio Statistics）、P-P图（P-P Plots，Proportion-Proportion Plot）等分析手段对所收集数据进行加工处理和图表显示，较为准确地反映了在信贷机构视角下，我国农村消费信贷促进法律机制问题的客观性数量特征。

（一）问卷设计及相关变量描述

本著作基于课题研究需要及调查的目的和要求，依据样本（sample）特征分析结果，确定了问卷设计的主题和资料范围，拟定并编排了封闭式问题。答案类型为多项选择法，同时对备选答案严格排序，有效避免了备选答案的重复和遗漏、交叉和矛盾，以及诱导性和倾向性，并增强了统计数据的客观性，极大地降低了统计误差。本著作数据搜集采用的是报告法和访谈法，所得数据均为第一手直接数据。本著作选择部分本校毕业就职于金融机构的在职人员或在读同学参与针对信贷机构的问卷调查。本次调查涉及的分类变量有两类：开展"三农"金融服务的金融机构和东部、中部、西部三大类型地区中共20个省、市、自治区。

1. 问卷调查针对的信贷机构要求

本次问卷调查的对象要求是已经开展"三农"金融服务的金融机构，主要有：中国农业银行、农村商业银行、农村合作银行、农村信用合作社、村镇银行、资金互助社、资产管理公司、小额贷款公司、中国邮政储蓄银行，其他类别银行等金融机构不在此次调查范围之内。

2. 调查问卷设计内容描述

本次调查问卷分为四部分[①]，主要内容如下：一是关于对农村消费

---

① 本著作省略了调查问卷的具体内容。

信贷的认识（共 5 小题），主要调查信贷机构对于农村消费信贷的认识；二是关于农村消费信贷的现况（共 8 小题），主要调查信贷机构视角下我国农村消费信贷的现况；三是关于农村消费信贷的法律激励机制（共 12 小题），主要调查我国当前农村消费信贷的法律激励机制及运行情况；四是关于农村消费信贷的法律约束机制（共 8 小题），主要调查我国当前农村消费信贷的法律约束机制及运行情况。

（二）调查问卷针对的对象要求

根据本著作研究的需要，问卷调查中确定的被调查对象年龄主要集中在 21—50 岁。

（三）调查问卷针对的地区要求

本次问卷调查选择东部、中部和西部部分省、市、自治区，针对其农村消费信贷机构进行调查。这些省、市、自治区包括：东部 6 个、中部 6 个、西部 8 个，共计 20 个省、市、自治区。东部地区选择的是河北、辽宁、江苏、浙江、福建、山东；中部地区的是选择黑龙江、山西、江西、河南、湖北、湖南；西部地区选择的是四川、重庆、贵州、云南、陕西、甘肃、宁夏、广西。

本次问卷调查共发放问卷 1500 份，其中收回 1398 份，剔除无效问卷后，有效问卷共计 1365 份。

（四）统计分类变量描述

通过对原始统计资料的归类整理，运用 SPSS 统计软件对样本数据进行统计分析，并且人工过滤掉"文化程度"这一明显弱相关变量，本著作得到最终的实验数据。从实验数据可知，问卷总体可靠性的克隆巴赫（信度）系数（Cronbach's alpha）为 0.72，说明调查问卷的可信程度较高且问卷设计与调查和研究任务的相关性较高。与此同时，信贷机构对农村消费信贷的认识、农村消费信贷的现况、农村消费信贷的法律激励机制以及约束机制的信度系数值均在 0.7 以上，表明整个问卷设计与调查的内部一致性的系数值尚佳，量表的统计结果可以接受，并且其较为真实地显示了调查结果和调查对象的真正特征。

二、信贷机构对农村消费信贷的认识

《改进和加强农民工金融服务工作指导意见》（银发〔2006〕287号）明确指出，要"积极发展农村消费信贷，活跃农村消费市场"。2009 年，央行有关方面负责人强调，"金融机构应把开展农村消费信贷业务当作整个信贷业务新的增长点"。那么，对于信贷机构而言，他们是如何看待我国农村消费信贷的呢？

本部分设置了 5 个统计变量通过对样本数据的整理，并运用 SPSS 软件进行统计和计算，输出频率表和直方图，以此推断总体特征。下面针对各个问题具体进行说明（以下各表仅统计有效数据）。

一、关于您认为金融在促进农村消费方面的作用大小的问题，统计频率表如表 2-1-1 所示。

表 2-1-1 问题一的统计频率表

作用大小评价	频率（次）	百分比（%）	累积百分比（%）
非常大	39	23.9	23.9
较大	88	54.0	77.9
很小	35	21.5	99.4
说不清楚	1	0.6	100.0
总计	163	100.0	

根据表格可知，认为金融在促进农村消费方面的作用"较大"和"非常大"的累积百分比为 77.9%。可见，半数以上的信贷机构还是认

识到了金融在促进农村消费方面的重要作用。但此比例明显偏低,部分信贷机构还没有认识到其在促进农村消费市场繁荣方面的义务和责任,表现为信贷机构"惧贷"和"惜贷"的现象比较普遍,这也构成了我国农村消费信贷市场难以繁荣的一个重要原因。

二、关于您认为您所在的金融机构在农村消费信贷业务上的积极性如何的问题,统计频率表如表 2-1-2 所示。

表 2-1-2 问题二的统计频率表

积极性评价	频率(次)	百分比(%)	累积百分比(%)
非常积极	19	11.7	11.7
积极	92	56.4	68.1
不积极	41	25.2	93.3
说不清楚	11	6.7	100.0
总计	163	100.0	

上表的数据表明,认为所在的金融机构在农村消费信贷业务上"不积极"的占 25.2%。可见,我国信贷机构对农村消费信贷的态度并未表现出较强的积极性,其中"不积极"的比例占到了四分之一以上。因此,为了繁荣农村消费信贷市场,迫切需要建立健全针对信贷机构的激励与约束法律机制,以激励和约束信贷机构积极从事农村消费信贷业务。

三、关于您认为金融机构在农村的覆盖率是高还是低的问题,统计频率表如表 2-1-3 所示。

表 2-1-3 问题三的统计频率表

覆盖率高低评价	频率(次)	百分比(%)	累积百分比(%)
高	40	24.5	24.5
低	89	54.6	79.1

续表

覆盖率高低评价	频率（次）	百分比（%）	累积百分比（%）
很低	29	17.8	96.9
说不清楚	5	3.1	100.0
总计	163	100.0	

上表的数据表明，认为金融机构在农村的覆盖率上"低""很低"的百分比高达 72.4%。可见，半数以上的信贷机构认为金融机构在农村的覆盖率较低。这表明，从他们自身的视角来看，信贷机构的供给与信贷客户的需求并不匹配。事实表明，他们的看法是正确的，这也为迫切需要增加农村消费信贷的供给提供了现实依据。

四，针对您对当前促进农村消费信贷方面的法律法规完善程度的看法问题，统计频率表如表 2-1-4 示。

表 2-1-4　问题四的统计频率表

完善程度评价	频率（次）	百分比（%）	累积百分比（%）
非常完善	1	0.6	0.6
完善	32	19.6	20.2
很不完善	102	62.6	82.8
说不清楚	28	17.2	100.0
总计	163	100.0	

上表的数据表明，认为当前促进农村消费信贷方面的法律法规"很不完善"的百分比达到 62.6%。可见，大部分信贷机构认识到我国当前促进农村消费信贷方面的法律法规很不完善。这从信贷机构的视角表明，他们也需要一些激励他们从事农村消费信贷的制度。因此，完善农村消费信贷的相关法律机制具有迫切性。

五，针对您认为银行目前推出的农村消费贷款是否满足农户需求的问题，统计频率表如表 2-1-5 所示。

表 2-1-5　问题五的统计频率表

是否满足需求评价	频率（次）	百分比（%）	累积百分比（%）
完全满足	1	0.6	0.6
基本满足	78	47.9	48.5
不能满足	78	47.9	96.3
其他	6	3.7	100.0
总计	163	100.0	

上表的数据表明，认为银行目前推出的农村消费贷款在满足农户的需求方面"不能满足"的百分比为47.9%。可见，近半数的信贷机构自身也觉得目前的消费贷款还不能满足农村消费信贷客户的需求。这也说明信贷机构还是认识到了这一点，这就为完善农村消费信贷机构的激励与约束机制奠定了现实基础。

从信贷机构的视角来看农村消费信贷，尚存诸多问题。主要表现为：信贷机构对农村消费信贷的认识不到位，或者说有一部分认识，但是积极性还不高。导致的结果是消费信贷的覆盖率低下，不能满足农户的消费信贷需求。从供给与需求的角度看，这明显属于供给的问题，在当前加大供给侧结构性改革的大背景下，农村消费信贷需要在激励与约束法律机制方面进行完善，从而促进农村消费信贷机构供给方面的增加。

三、信贷机构视角下农村消费信贷的现况

本部分设置了8个统计变量。[①] 通过对样本数据的整理，并运用SPSS软件进行统计和计算，输出频率表和直方图，以此推断总体特征。

[①] 为了与调查问卷（本著作略）保持一致，正文中问题的编号与问卷相同，连续编号。

六，关于您所在的金融机构每年大约有多少贷款投向"三农"的问题，统计频率表如表2-1-6所示。

表2-1-6 问题六的统计频率表

投向"三农"百分比评价	频率（次）	百分比（%）	累积百分比（%）
60%以上	30	18.4	18.4
40%—59%	26	16.0	34.4
10%—39%	88	54.0	88.3
1%—9%	19	11.7	100.0
总计	163	100.0	

从该表可以看出，所在的金融机构每年贷款投向"三农"的比例为39%以下的为65.7%。可见，信贷机构投向"三农"的贷款比例明显偏低。因此，要想真正实现农村消费信贷市场的繁荣，就必须不断构建和完善我国农村消费信贷的激励与约束机制，从而激励农村消费信贷机构从事农村消费信贷的积极性，避免出现信贷机构"惧贷"和"惜贷"的问题。

七，关于农民申请消费贷款，金融机构的批准额度状况，统计频率表如表2-1-7所示。

表2-1-7 问题七的统计频率表

批准额度	频率（次）	百分比（%）	累积百分比（%）
0—2万	33	20.2	20.2
2万—5万	89	54.6	74.8
5万—10万	35	21.5	96.3
10万以上	6	3.7	100.0
总计	163	100.0	

从该表可以看出，农民申请消费贷款批准的数额为 5 万以下的累积百分比为 74.8%。可见，对农村消费信贷的批准额度还是比较低的。因此，我国应该构建和完善农村消费信贷的激励与约束机制，既激励和约束信贷机构，也激励和约束信贷客户，以增加贷款金额，充分满足农户的生产和生活消费需要。

八，关于金融机构现有的农村消费信贷产品中，信贷产品的比例由高到低的分布状况，统计频率表如表 2-1-8 所示。

表 2-1-8 问题八的统计频率表

农村消费信贷产品类型	响应		个案数的百分比（%）
	频率（次）	百分比（%）	
住房方面	132	29.6	81.5
汽车、摩托车方面	90	20.2	55.6
孩子教育方面	80	17.9	49.4
嫁娶方面	23	5.2	14.2
医疗方面	76	17.0	46.9
旅游方面	5	1.1	3.1
家电方面	37	8.3	22.8
没有	3	0.7	1.9
总计	446	100.0	

从该表可以看出，所在金融机构的信贷产品为住房的百分比最高（29.6%），个案数的百分比达到 81.5%。可见，住房仍然是农村消费信贷客户绝对主要的消费信贷产品；汽车、摩托车占到 20% 以上，孩子教育、医疗接近 20%。不过，其中旅游方面的消费信贷过低。随着农村居民生活水平的提高，信贷产品供给还存在较大的结构性优化空间。

九，关于金融机构近年来在农村消费信贷产品品种方面有无创新和增加的问题，统计频率表如表 2-1-9 所示。

表 2-1-9 问题九的统计频率表

关于创新和增加的评价	频率（次）	百分比（%）	累积百分比（%）
增加 4 种以上	12	7.4	7.4
增加 2—4 种	53	32.5	39.9
增加 1—2 种	79	48.5	88.3
没有增加	19	11.7	100.0
总计	163	100.0	

从上表可以看出，所在的金融机构近年来在农村消费信贷产品品种方面增加 1 种以上的累积百分比达到 88.3%。可见，信贷机构还是在不断创新并增加农村消费信贷产品，但是意愿并不强烈，增速也比较缓慢，原因在于农村消费信贷项目方面的制度激励和制度约束不够，因此迫切需要完善相关的激励与约束制度。

十，关于受访信贷机构比较倾向于考虑和提及的信贷产品的比例由高到低的顺序问题，统计频率表如表 2-1-10 所示。

表 2-1-10 问题十的统计频率表

农村消费信贷产品类型	响应		个案数的百分比（%）
	频率（次）	百分比（%）	
住房方面	112	34.6	68.7
汽车、摩托车方面	49	15.1	30.1
孩子教育方面	64	19.8	39.3
嫁娶方面	6	1.9	3.7
医疗方面	46	14.2	28.2
旅游方面	9	2.8	5.5
家电方面	31	9.6	19.0
其他	7	2.2	4.3
总计	324	100.0	

从上表可以看出，信贷机构比较倾向于考虑和提及的信贷产品为

"住房"的个案数百分比为 68.7%。可见,住房仍然是信贷机构主要的消费信贷产品,信贷机构贷款倾向变化表现为,孩子教育由以前的第三位升至第二位,旅游由以前的第七位升至第六位。这表明信贷机构存在与时俱进地开展为"三农"服务的意愿和行动,不过还需要进一步的制度激励。

十一、关于金融机构在一般的乡镇设有的 ATM(自动柜员机)数量的问题,统计频率表如表 2-1-11 所示。

表 2-1-11 问题十一的统计频率表

ATM 数量	频率(次)	百分比(%)	累积百分比(%)
4 个以上	24	14.7	14.7
2—3 个	68	41.7	56.4
只有 1 个	54	33.1	89.6
没有	17	10.4	100.0
总计	163	100.0	

从上表可以看出,所在的金融机构在一般的乡镇设有的 ATM 数为 2 台以上的累积百分比为 56.4%。可见,信贷机构在一般的乡镇设有的 ATM 数量严重偏少,有约 30% 的乡镇仅有一台,甚至还有空白乡镇,其比例达到了 10%。这明显不利于农村消费信贷客户金融消费权的实现。这种状况也迫切需要改变。

十二、关于金融机构平均每年针对农村用户办理的银行卡数量大约占整个银行卡数量的比例,统计频率表如表 2-1-12 所示。

表 2-1-12 问题十二的统计频率表

比例评价	频率(次)	百分比(%)	累积百分比(%)
40% 以上	48	29.4	30.0
20%—39%	62	38.0	68.8

续表

比例评价	频率（次）	百分比（%）	累积百分比（%）
1%—19%	42	25.8	95.0
从不办理	8	4.9	100.0
有效总计	160	98.2	
缺失	3	1.8	
总计	163	100.0	

上表中的数据表明，金融机构平均每年针对农村用户办理的银行卡数量大约占整个银行卡数量的40%以上的仅占30%。可见，虽然金融机构平均每年针对农村用户办理的银行卡已经达到一定的覆盖面，但是比例还不高，甚至还存在着5%的不予办理的情况。因此，农村用户银行卡办理规模还存在较大的增长空间。

十三，关于金融机构平均每年针对农村用户办理的信用卡数量大约占整个信用卡数量的比例的问题，统计频率表如表2-1-13所示。

表2-1-13 问题十三的统计频率表

比例评价	频率（次）	百分比（%）	累积百分比（%）
40%以上	15	9.3	9.3
20%—39%	42	25.9	35.2
1%—19%	75	46.3	81.5
从不办理	30	18.5	100.0
总计	162	100.0	

上表中的数据表明，金融机构平均每年针对农村用户办理的信用卡数量大约占整个信用卡数量的39%以上的累积百分比仅占35.2%。可见，金融机构平均每年针对农村用户办理的信用卡已经有一定的覆盖面，但是比银行卡要少很多，因此农村信用卡的普及率还较低，对

农村消费信贷的开展造成了一定的约束。

从信贷机构的视角来看农村消费信贷的现状，有以下几个特点：一是投入"三农"的资金比例仍然偏低，还不能满足农村消费信贷客户的整体要求；二是农户的消费贷款批准金额较少，还不能满足农村消费信贷客户的贷款数量需求；三是现有农村消费信贷产品比较传统，创新少而且信贷机构的创新意识不强，导致农村消费信贷市场死气沉沉，缺乏活力；四是ATM（自动柜员机）数量少，一般乡镇的覆盖率较低，一定程度上剥夺了农村居民的金融消费权；五是针对农户办理的银行卡少，信用卡就更少，不利于农村消费信贷的进一步发展。因此，农村消费信贷不仅存在总量不足，同时存在结构性失衡的问题，需要完善相关的激励与约束法律机制进行解决。

四、信贷机构视角下农村消费信贷的法律激励机制

本部分设置了12个统计变量。在问卷调查中，著作依据调查目的需要，设置了第17、18、19、24题为多项选择题，因此首先运用SPSS软件对数据进行了多重响应分析（multiple response），然后再进行了频数分析和交叉表生成，以此推断总体特征。

十四，关于国家鼓励信贷机构从事农村消费信贷业务的激励措施问题，统计频率表如表2-1-14所示。

表 2-1-14　问题十四的统计频率表

激励措施如何的评价	频率（次）	百分比（%）	累积百分比（%）
非常好	12	7.4	7.4
较好	53	32.5	39.9
一般	66	40.5	80.4

续表

激励措施如何的评价	频率（次）	百分比（%）	累积百分比（%）
远远不够	32	19.6	100.0
总计	163	100.0	

上表中的数据表明，认为国家鼓励信贷机构从事农村消费信贷业务的激励措施"较好""非常好"的累积百分比只有39.9%。可见，我国鼓励信贷机构从事农村消费信贷业务的激励措施还存在缺位和不足的问题，其直接导致了信贷机构"惜贷"现象的普遍存在。同时，即使从事了消费信贷，也未能激励信贷机构积极地从事信贷项目的创新。

十五，关于国家鼓励信贷机构从事农村消费信贷业务的激励措施能否兑现的问题，统计频率表如表2-1-15所示。

表2-1-15 问题十五的统计频率表

能否兑现的评价	频率（次）	百分比（%）	累积百分比（%）
全部能够兑现	7	4.3	4.3
兑现大部分	79	48.8	53.1
大多数不能兑现	71	43.8	96.9
从来都没兑现	5	3.1	100.0
总计	162	100.0	

上表中的数据表明，认为国家鼓励信贷机构从事农村消费信贷业务的激励措施"全部能够兑现""兑现大部分"的累积百分比仅为53.1%。可见，国家鼓励信贷机构从事农村消费信贷业务的激励措施在实施环节中存在承诺兑现不到位的现象。因此，我国还需要加强农村消费信贷业务激励措施的实施力度。

十六，关于农村消费信贷存在的最大的问题，统计频率表如表2-1-16所示。

表 2-1-16　问题十六的统计频率表

存在的最大问题	频率（次）	百分比（%）	累积百分比（%）
对信贷机构的激励不足	48	30.0	30.0
信贷机构自身盈利考虑	40	25.0	55.0
农户信用问题	30	18.8	73.8
对信贷机构约束不够	9	5.6	79.4
抵押物问题	29	18.1	97.5
其他	4	2.5	100.0
总计	160	100.0	

上表中的数据表明，认为农村消费信贷存在的最大的问题为"对信贷机构的激励不足""信贷机构自身盈利考虑"和"农户信用问题"的累积百分比为 73.8%。可见，从信贷机构的角度来看，农村消费信贷业务的问题集中体现在激励机制不足、信贷机构对自身利益考虑、农户信用等。可见，激励制度的构建是非常迫切的，同时还必须解决信贷机构的赢利性与持续性问题。但是农户的信用问题和抵押物问题却是其中最核心的问题，也需要制度的构建、完善和突破。

十七，关于金融机构实施过针对农民的信贷产品的激励措施之种类的问题，统计频率表如表 2-1-17 所示。

表 2-1-17　问题十七的统计频率表

激励措施	响应		个案数的百分比（%）
	频率（次）	百分比（%）	
贷款声誉激励	64	13.9	39.5
信用村户（乡）镇评定激励	52	11.3	32.1
贷款额度增加	78	16.9	48.1
贷款还款周期延长	73	15.8	45.1
利率优惠激励	97	21.0	59.9
担保创新激励	48	10.4	29.6

续表

激励措施	响应		个案数的百分比（%）
	频率（次）	百分比（%）	
信贷产品创新激励	32	6.9	19.8
动态还款激励	14	3.0	8.6
其他	3	0.7	1.9
总计	461	100.0	

上表中的数据表明，从多重响应分析结果可以看出，"利率优惠"和"增加贷款额度"仍然为主要的激励措施，其个案数百分比分别为59.9%和48.1%。而新型的激励措施如信贷产品创新激励、动态还款激励等还比较少，其个案数百分比分别为19.8%和8.6%。因此，我国还需要借鉴国外相关经验逐步推进新型的激励措施的实践与运用。

十八，关于金融机构可以接受作为贷款的抵押物的问题，统计频率表如表2-1-18所示。

表2-1-18 问题十八的统计频率表

可接受的抵押物	响应		个案数的百分比（%）
	频率（次）	百分比（%）	
房屋	147	28.1	91.3
山林	62	11.8	38.5
农作物	18	3.4	11.2
耕牛	11	2.1	6.8
有价证券	89	17.0	55.3
门面	93	17.7	57.8
农业机械	43	8.2	26.7
农村土地承包经营权	61	11.6	37.9
总计	524	100.0	

上表中的数据表明，金融机构可以接受的抵押物的比例由高到低

依次是房屋、门面和有价证券，这些仍然是信贷机构最"钟情"的抵押物，其个案数百分比分别为 91.3%、57.8% 和 55.3%。这也表明信贷机构仍倾向于更有效的风险规避，而耕牛、农作物等抵押物的流转变现等问题仍然突出，故很不受信贷机构欢迎，其个案数百分比分别仅为 6.8% 和 11.2%。

十九，关于您所在的金融机构能够接受的担保类型的问题，统计频率表如表 2-1-19 所示。

表 2-1-19　问题十九的统计频率表

担保类型	响应		个案数的百分比（%）
	频率（次）	百分比（%）	
抵押担保	142	40.5	87.1
农户联保	83	23.6	50.9
社区担保	47	13.4	28.8
政府担保	79	22.5	48.5
总计	351	100.0	

上表中的数据表明，抵押担保的个案占 87.1%。可见，受访信贷机构可以接受的贷款抵押物中，物的担保价值易评估性和低风险性使抵押担保成为主要类型，而社区担保等创新型担保方式采用则较少，仅占 28.8%。

二十，关于您所在地区农户的信用状况问题，统计频率表如表 2-1-20 所示。

表 2-1-20　问题二十的统计频率表

信用状况评价	频率（次）	百分比（%）	累积百分比（%）
很好	38	23.5	23.5
一般	107	66.0	89.5

续表

信用状况评价	频率（次）	百分比（%）	累积百分比（%）
很不好	11	6.8	96.3
说不清楚	6	3.7	100.0
总计	162	100.0	

上表中的数据表明，认为所在地区农户的信用状况"很好"和"一般"的累积百分比为 89.5%，可见。从信贷机构的视角来看，虽然整体来讲，农户的信用还不错，但是不可否认的是，农户的抗风险能力仍然较弱，信用状况还需要改善，这也是导致信贷机构"惧贷"的最主要原因。

二十一，关于建立健全农村信用制度的必要性如何的问题，统计频率表如表 2-1-21 所示。

表 2-1-21 问题二十一的统计频率表

必要性评价	频率（次）	百分比（%）	累积百分比（%）
非常有必要	111	68.1	68.1
有必要	49	30.1	98.2
没有必要	3	1.8	100.0
总计	163	100.0	

上表中的数据表明，大多数的受访信贷机构认为建立健全农村信用制度"非常有必要"，累积百分比为 68.1%。可见，他们对农村信用制度供给侧结构性改革的需求愿望极为强烈，并且其也具有极为重要的现实意义。

二十二，关于建立健全农村信用制度的最大障碍的问题，统计频率表如表 2-1-22 所示。

表 2-1-22　问题二十二的统计频率表

最大障碍	响应		个案数的百分比（%）
	频率（次）	百分比（%）	
法律法规不完善，失信惩戒力度不够	53	28.5	32.5
全社会信用体系尚未建立，诚信机制缺位	88	47.3	54.0
农民素质低下，主观上容易失信	16	8.6	9.8
农民收入较低，客观上容易失信	29	15.6	17.8
总计	186	100.0	

上表中的数据表明，认为建立健全农村信用制度的最大障碍是"全社会信用体系尚未建立，诚信机制缺位"的个案数百分比为54%。可见，从信贷机构看来，推进农村消费信贷重在建立健全社会信用体系，完善诚信机制，同时需要加强失信惩戒的力度。而农民素质和农民收入并不是主要障碍。

二十三，关于农村消费信贷的风险最主要来源的问题，统计频率表如表2-1-23所示。

表 2-1-23　问题二十三的统计频率表

风险最主要来源	响应		个案数的百分比（%）
	频率（次）	百分比（%）	
农民信用低下	22	12.2	13.5
农民信用状况不明	67	37.0	41.1
抵押物受限	46	25.4	28.2
抵押物变现难	46	25.4	28.2
总计	181	100.0	

上表中的数据表明，"农民信用状况不明"的个案数百分比为41.1%。可见，信贷机构认为，农民信用状况不明是农村消费信贷风险的最主要来源，也是信贷机构"惧贷"的最主要原因。因此，我国

需要完善相关制度，让信贷机构有明确、便捷的途径去了解农民的信用状况。

二十四，关于国家针对金融机构在农村消费信贷的制度激励问题，统计频率表如表 2-1-24 所示。

表 2-1-24　问题二十四的统计频率表

激励机制类型	响应		个案数的百分比（％）
	频率（次）	百分比（％）	
财政税收激励	115	19.6	70.6
资金筹集多元化激励	98	16.7	60.1
利率市场化激励	68	11.6	41.7
风险控制激励	82	14.0	50.3
担保创新激励	102	17.4	62.6
业务竞争激励	37	6.3	22.7
风险容忍激励	43	7.3	26.4
业务考评激励	39	6.6	23.9
其他	3	0.5	1.8
总计	587	100.0	

上表中的数据表明，金融机构在农村消费信贷促进方面应该建立的激励机制主要还是财政税收激励、担保创新激励和资金筹集多元化激励，其个案数百分比为 70.6%、62.6% 和 60.1%。可见，信贷机构对于传统的激励机制比较关心，而这些新型的激励机制还没有很好地得到发挥和利用，其效果也未能充分显示。

二十五，关于上述农村消费信贷制度激励方面的措施在促进农村消费信贷方面的作用的问题，统计频率表如表 2-1-25 所示。

表 2-1-25　问题二十五的统计频率表

作用大小评价	频率（次）	有效百分比（%）	累积百分比（%）
非常大	39	24.2	24.2
较大	102	63.4	87.6
不大	16	9.9	97.5
说不清楚	4	2.5	100.0
总计	161	100.0	

上表中的数据表明，认为上述农村消费信贷制度激励方面的措施在促进农村消费信贷方面的作用"非常大""较大"的累积百分比为87.6%。可见，从信贷机构看来，农村消费信贷制度激励方面的措施在促进农村消费信贷方面的作用较大。因此，总的来看，农村消费信贷促进方面还存在较强的制度需求。

从信贷机构的视角来看农村消费信贷法律激励机制，有以下几个问题：一是认为现有的针对信贷机构的激励措施很好，他们比较青睐财政税收激励措施、担保创新激励措施等，但对这些措施的效果的总的评价还不是很高，尤其是一些激励措施还不能有效兑现。如有信贷机构反映，金融机构的税负本来远远低于公司税负，但现在不少从事农村消费信贷的村镇银行和互助社适用的是公司标准的赋税，这就导致激励不足。二是部分信贷机构认识到农村消费信贷最大的问题不是对信贷机构激励不足而是对信贷机构约束不够，表明部分信贷机构主观上渴求法律机制的有效约束。三是信贷机构认为抵押物比较传统，担保方式也比较落后。因此，农村资产盘活，转化为货币资产，促进农村消费信贷，需要国家进行制度创新。四是信贷机构认识到了农户信用问题不仅仅是农户自身的问题，更是整个社会信用体系的问题，因此，构建和完善我国社会信用体系迫在眉睫。

五、信贷机构视角下农村消费信贷的法律约束机制

本部分设置了 8 个统计变量。在问卷调查中，依据调查目的需要，设置了第 28、29、30、31、32、33 题为多项选择题，因此首先运用 SPSS 软件对数据进行了多重响应分析 (multiple response)，然后才进行了频数分析和交叉表生成，以此推断总体特征。

二十六，关于学生助学贷款业务中最大的问题，统计频率表如表 2-1-26 所示。

表 2-1-26　问题二十六的统计频率表

最大问题	频率（次）	百分比（%）	累积百分比（%）
还款难以保证	79	48.8	48.8
金额太大	12	7.4	56.2
业务盈利低	63	38.9	95.1
其他	8	4.9	100.0
总计	162	100.0	

上表中的数据表明，大多数的受访信贷机构认为，学生助学贷款业务中，比较大的问题主要集中在"还款难以保证"和"业务盈利低"，其个案数百分比分别为 48.8% 和 38.9%。学生助学贷款方面仍然表现为"经济人"的理性选择。如何完善、创新学生助学贷款的还款机制和提高财政补贴意义尤其重大。

二十七，关于未来五年，金融机构在一般的乡镇设有的 ATM（自动柜员机）数量的变化趋势问题，统计频率表如表 2-1-27 所示。

表 2-1-27　问题二十七的统计频率表

数量变化趋势评价	频率（次）	百分比（%）	累积百分比（%）
增加	114	69.9	69.9

续表

数量变化趋势评价	频率（次）	百分比（%）	累积百分比（%）
保持不变	25	15.3	85.3
减少	2	1.2	86.5
说不清楚	22	13.5	100.0
总计	163	100.0	

上表中的数据表明，从信贷机构来看，认为所在金融机构在一般的乡镇设有的ATM（自动柜员机）数量会增加的百分比为69.9%。可见，增加一般的乡镇设有的ATM（自动柜员机）数量是大势所趋，这是从硬件配备上逐渐扩大农村消费信贷的覆盖面。虽然目前更为先进的支付方式逐渐在向农村普及，但是毕竟还需要时间，而ATM（自动柜员机）能够起到过渡作用。而且，大部分老年人不习惯于在网上进行消费支出。

二十八，关于未来五年，金融机构准备推出新的消费信贷产品类型的问题，统计频率表如表2-1-28所示。

表2-1-28　问题二十八的统计频率表

新增消费信贷产品类型	响应		个案数的百分比（%）
	频率（次）	百分比（%）	
住房及装修消费信贷	116	22.1	71.6
教育消费信贷	91	17.3	56.2
大型农机具	78	14.9	48.1
汽车及耐用消费品	75	14.3	46.3
医疗消费信贷	65	12.4	40.1
旅游消费信贷	35	6.7	21.6
家电消费信贷	56	10.7	34.6
其他	9	1.7	5.6
总计	525	100.0	

未来五年，信贷机构准备加推的信贷产品集中在住房及装修消费、教育消费、大型农机具和汽车及耐用消费品，其个案数百分比分别为71.6%、56.2%、48.1%和46.3%，但旅游消费明显偏低，其个案数百分比为21.6%。这表明新型的信贷消费项目还需要制度予以激励。

二十九，关于为了扩大农村消费，发展农村消费信贷，金融机构将来采取的最主要的措施的问题，统计频率表如表2-1-29所示。

表 2-1-29 问题二十九的统计频率表

主要措施	响应		个案数的百分比（%）
	频率（次）	百分比（%）	
放宽条件，简化手续	91	37.8	56.2
加强创新，推出更多品种	79	32.8	48.8
增设银行网点	25	10.4	15.4
提高服务质量	46	19.1	28.4
总计	241	100.0	

上表中的数据表明，为了扩大农村消费，发展农村消费信贷，信贷机构将来最主要做的工作包括放宽条件、简化手续和加强创新、推出更多品种，其个案数百分比分别为56.2%和48.8%，显然，这比较符合信贷客户的需求。

三十，关于农村消费信贷中，应该建立健全针对农村消费信贷客户的约束机制的问题，统计频率表如表2-1-30所示。

表 2-1-30 问题三十的统计频率表

约束机制类型	响应		个案数的百分比（%）
	频率（次）	百分比（%）	
征信标准化约束	104	26.2	64.2
信用等级评价约束	104	26.2	64.2

续表

约束机制类型	响应		个案数的百分比（%）
	频率（次）	百分比（%）	
声誉惩罚约束	68	17.1	42.0
还款监测和预警约束	121	30.5	74.7
总计	397	100.0	

上表中的数据表明，受访信贷机构认为，在需要建立健全针对农村消费信贷客户的约束机制中，还款监测和预警约束机制、信用等级评价约束机制、征信标准化约束机制比例较高，其个案数百分比依次为 74.7%、64.2%、64.2%。但声誉惩罚约束机制的比例明显偏低，其个案数百分比为 42.0%。

三十一，关于金融机构当前在农村消费信贷方面面临约束机制的问题，统计频率表如表 2-1-31 所示。

表 2-1-31 问题三十一的统计频率表

约束机制类型	响应		个案数的百分比（%）
	频率（次）	百分比（%）	
准入、退出制度约束	89	21.9	54.6
分类监管约束	69	17.0	42.3
内部治理优化约束	85	20.9	52.1
支农责任约束	82	20.2	50.3
业务考评约束	72	17.7	44.2
其他	9	2.2	5.5
总计	406	100.0	

上表中的数据表明，受访信贷机构认为，他们面临的约束机制依次为准入和退出制度约束机制、内部治理优化约束机制、分类监管约束机制、支农责任约束机制、业务考评约束机制等，其个案数百分比分别为 54.6%、52.1%、42.3%、50.3% 和 44.2%。这也表明目前的约

束机制还是有一定基础和效果的。

三十二,关于金融机构"惜贷"原因的问题,统计频率表如表2-1-32所示。

表2-1-32 问题三十二的统计频率表

"惜贷"原因	响应		个案数的百分比(%)
	频率(次)	百分比(%)	
对金融机构法律约束太少	48	14.0	29.4
金融机构过分追求盈利	80	23.3	49.1
贷款抵押物受限	94	27.3	57.7
控制风险需要	122	35.5	74.8
总计	344	100.0	

上表中的数据表明,受访信贷机构认为"惜贷"的主要原因依次是控制风险需要、贷款抵押物受限和金融机构过分追求盈利等,个案数百分比分别为74.8%、57.7%和49.1%。因此,信贷机构也并没有将盈利作为唯一追求的目标。同时也表明,控制风险需要、贷款抵押物受限这两个方面还必须进行法律机制的创新。

三十三,关于金融机构"惧贷"的主要原因的问题,统计频率表如表2-1-33所示。

表2-1-33 问题三十三的统计频率表

"惧贷"原因	响应		个案数的百分比(%)
	频率(次)	百分比(%)	
对金融机构法律激励不足	63	17.8	38.7
农户信用低下	72	20.4	44.2
贷款抵押物受限	101	28.6	62.0
对农户不信任而担心风险	117	33.1	71.8
总计	353	100.0	

上表中的数据表明，信贷机构"惧贷"的原因依次是对农户不信任而担心风险、贷款抵押物受限和农户信用低下，其个案数百分比分别为 71.8%、62.0% 和 44.2%。可见，信贷机构对于农户的信用评价较低。因此，国家需要构建相应法律激励机制，在农户信用、贷款抵押物方面做出制度创新，从而解决信贷机构的"惧贷"问题。

从信贷机构的视角来看农村消费信贷法律约束机制，有以下几个问题：一是信贷机构"惜贷"和"惧贷"的根本原因还是在于控制风险，从而保证持续性。因此他们希望建立对信贷客户的制度约束机制。二是信贷机构在农村消费信贷方面也表现出积极的一面，他们也在尝试不断扩大覆盖面、增加信贷产品、增加 ATM（自动柜员机）数量等。三是未来信贷机构还应该尽力简化贷款手续，从而调动消费信贷客户贷款的积极性。

第二节 我国农村消费信贷促进法律机制的实证研究
——基于信贷客户的视角

一、统计实证研究说明

本部分运用描述统计学（Descriptive Statistics）的有关原理和方法，在借鉴其他学者的研究成果的基础上，就我国农村消费信贷促进法律机制问题，针对我国农村消费信贷客户，结合被调研对象的特点和本著作的调研目标进行问卷设计，获取了本部分研究的第一手数据资料。本著作通过 SPSS（Statistical Product and Service Solution）统计软件对原始统计数据分别进行了频率分析（Frequencies）、描述性分析（Descriptives）、探索分析（Explore）、列联表（交叉表）分析

（Crosstabs）、TURF（Total Unduplicated Reach and Frequency，累积不重复到达率和频次分析）分析、比率分析（Ratio Statistics）、P-P 图（P-P Plots，proportion-proportion plot）等分析手段对所收集数据进行加工处理和图表显示，较为准确地反映了在信贷客户视角下，我国农村消费信贷促进法律机制问题的客观性数量特征。

（一）问卷设计及相关变量描述

本著作基于课题研究需要及调查的目的和要求，依据样本（sample）特征分析结果，确定了问卷设计的主题和资料范围，拟定并编排了封闭式的问题。答案类型为多项选择，同时对备选答案严格排序，有效避免了备选答案的重复和遗漏、交叉和矛盾，以及诱导性和倾向性，并增强了统计数据的客观性，极大地降低了统计误差。本著作数据搜集采用的是报告法和访谈法，所得数据均为第一手直接数据。本著作选择部分本校在读同学参与针对信贷客户的问卷调查。遴选的参与调查的同学均来自农村，因为他们对农村生活相对熟悉，从而保证了问卷调查的有效性。

（二）调查问卷的分布情况

1. 调查问卷的调查地区分布情况

本次调查区域包括东部、中部、西部 18 个省、市、自治区。其中涵盖了 38 个地、市、县、区。

2. 调查问卷的人员分布情况

调查对象来自东部、中部和西部地区，具体包括城市郊区、边远地区的在家留守农民、农民工、农村基层干部、农村商业服务人员、农民企业家等。

本次调查共发放问卷 1500 份，收回 1476 份，剔除无效问卷，有效问卷共计 1438 份。

(三) 统计分类变量描述

通过对原始统计资料的归类整理，运用 SPSS 统计软件对样本数据进行统计分析，并且人工过滤掉"文化程度""性别"等明显弱相关变量，本著作得到最终的实验数据。从实验数据可知，问卷总体可靠性的克隆巴赫（信度）系数（Cronbach's alpha）为 0.86，说明调查问卷的可信程度较高且问卷设计与调查和研究任务的相关性较高。与此同时，信贷客户对农村消费信贷的认识、农村消费信贷的现况、农村消费信贷的法律激励机制以及约束机制的信度系数值均在 0.7 以上，表明整个问卷设计与调查的内部一致性的系数值尚佳，量表的统计结果可以接受，并且其较为真实地显示了调查结果和调查对象的真正特征。

二、信贷客户对农村消费信贷的认识

一，关于家庭的年人均收入的调查中，其收入构成如统计饼形图 2-2-1 所示。

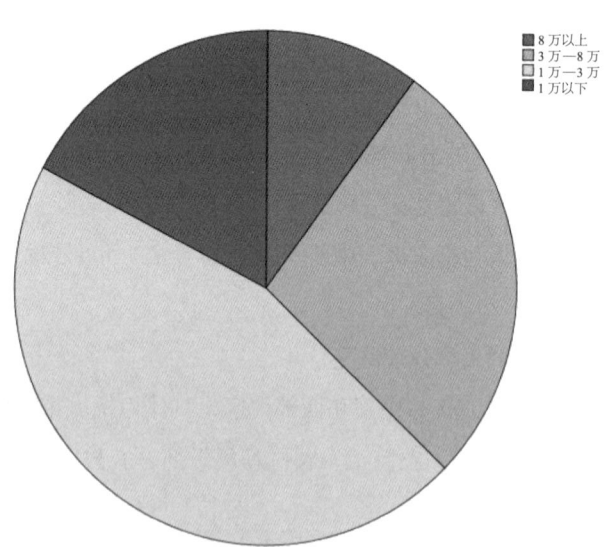

图 2-2-1 问题一的统计饼形图

上图中的数据表明,农户的收入在1万—3万元的比例最高,因此直接进行消费的资金有限,由此可以推断,他们进行消费信贷的可能性较大。因此,农村还存在信贷消费增长的较大空间。

本部分从此处开始,设置了9个统计变量。通过对样本数据的整理,并运用 SPSS 软件进行统计和计算,输出频率表和直方图,以此推断总体特征。

二、关于金融在促进农村消费方面的作用的问题,统计频率表如表 2-2-1 所示。

表 2-2-1 问题二的统计频率表

作用大小评价	频率（次）	百分比（%）	累积百分比（%）
非常大	161	22.4	22.4
较大	329	45.7	68.1
不大	224	31.1	99.2
其他	6	0.8	100.0
总计	720	100.0	

上表中的数据表明,认为金融在促进农村消费方面的作用"非常大""较大"的累积百分比为 68.1%。可见,大部分信贷客户认为金融在促进农村消费方面的作用是显著的,这也从一个侧面体现了他们对于农村消费信贷有较高的期望值。

三、关于在大额消费时,如果资金不足,客户的筹资方式的问题,如统计频率表 2-2-2 所示。

表 2-2-2 问题三的统计频率表

筹资方式	频率（次）	百分比（%）	累积百分比（%）
向银行借款	297	41.4	41.4
向亲戚、朋友借款	342	47.6	89.0

续表

筹资方式	频率（次）	百分比（%）	累积百分比（%）
借高利贷	30	4.2	93.2
其他	49	6.8	100.0
总计	718	100.0	

上表中的数据表明，农户在大额消费时，如果资金不足的筹资方式主要是向亲戚、朋友借款，百分比为47.6%，以及向银行借款，百分比为41.4%。可见，农户大额消费资金不足时，"向亲戚、朋友借款"和"向银行借款"成为主要筹资方式。因此，农村消费信贷还是非常必要的，这就需要完善促进农村消费信贷的激励与约束法律机制。

四，关于对金融机构消费贷款的需求情况的问题，如统计频率表2-2-3所示。

表2-2-3 问题四的统计频率表

需求评价	频率（次）	百分比（%）	累积百分比（%）
非常需要	126	17.5	17.5
需要	393	54.6	72.1
可有可无	179	24.9	96.9
不需要	22	3.1	100.0
总计	720	100.0	

上表中的数据表明，54.6%的农户对农村消费信贷有"需要"，加上"非常需要"的农户，累积百分比为72.1%以上的农户对消费贷款有需求。因此，农村消费信贷市场还有很大的空间，也需要国家进行激励性和约束性的制度设计予以满足。

五，关于对金融知识需要程度的问题，如统计频率表2-2-4所示。

表 2-2-4　问题五的统计频率表

需要程度评价	频率（次）	百分比（%）	累积百分比（%）
非常需要	198	27.5	27.5
需要	371	51.5	79.0
可有可无	130	18.1	97.1
不需要	21	2.9	100.0
总计	720	100.0	

上表中的数据表明，农户对金融知识的需要程度为"非常需要""需要"的累积百分比为79%。可见绝大多数的农户都表达了对金融知识的需求。这个比例也表明，大量农户有学习的愿望，这让我们感到欣慰。这也必将为农村消费信贷市场的繁荣提供重要的需求基础。

六，关于对金融机构最强烈的需求的问题，如统计频率表2-2-5所示。

表 2-2-5　问题六的统计频率表

需求类型	频率（次）	百分比（%）	累积百分比（%）
提供更多贷款服务	326	45.3	45.3
提供金融咨询	136	18.9	64.2
提供理财宣传	162	22.5	86.7
提供消费贷款宣传	96	13.3	100.0
总计	720	100.0	

上表中的数据表明，农户对信贷机构最强烈的需求主要是提供更多贷款服务，百分比为45.3%，以及提供理财宣传，百分比为22.5%。可见，农户对以上四项内容都需要，但是"提供更多贷款服务"是目前最需要的，占比最高，这也从侧面说明我国目前的消费信贷服务数量上和质量上均还有不足之处。

七，关于对现有金融机构消费贷款业务和服务质量的满意度的问题，如统计频率表 2-2-6 所示。

表 2-2-6　问题七的统计频率表

满意度评价	频率（次）	百分比（%）	累积百分比（%）
非常满意	54	7.5	7.5
基本满意	402	55.8	63.3
不满意	222	30.8	94.2
其他	42	5.8	100.0
总计	720	100.0	

上表中的数据表明，对现有金融机构消费贷款业务和服务质量的满意度方面"非常满意""基本满意"的累积百分比为 63.3%。可见，农户对现有金融机构消费贷款业务和服务质量的满意度还是持肯定态度，不过还是有约 30% 的客户很有意见。因此，金融机构应当进一步提高农户对服务的满意度。

八，关于金融机构目前推出的消费贷款产品是否满足需要的问题，如统计频率表 2-2-7 所示。

表 2-2-7　问题八的统计频率表

满意度评价	频率（次）	百分比（%）	累积百分比（%）
完全满足	109	15.2	15.2
部分满足	358	49.8	65.0
不能满足	215	29.9	94.9
其他	37	5.1	100.0
总计	719	100.0	

上表中的数据表明，认为金融机构目前推出的消费贷款产品"完全满足"和"部分满足"的分别为 15.2% 和 49.8%，两者的累积百分

比为 65%。可见，农户对金融机构目前推出的消费贷款产品满足程度还并不高。金融机构应当在开发新型消费信贷产品方面进行创新和改革，从而不断满足消费信贷客户的需求。

九、关于对当前促进农村消费贷款方面的法律法规的看法问题，如统计频率表 2-2-8 所示。

表 2-2-8 问题九的统计频率表

完善程度评价	频率（次）	百分比（%）	累积百分比（%）
非常完善	52	7.2	7.2
完善	332	46.2	53.5
很不完善	234	32.6	86.1
其他	100	13.9	100.0
总计	718	100.0	

上表中的数据表明，认为当前促进农村消费贷款方面的法律法规"非常完善"和"完善"累积百分比为 53.5%。可见，农户对当前促进农村消费贷款方面的法律法规还是持肯定态度的，但是满意度只有五成多一点。有 30% 以上的信贷客户认为相关法律法规很不完善，建立健全促进农村消费贷款方面的法律法规势在必行。

十、关于部分农民贷款者不愿意进行消费贷款最主要的原因的问题，如统计频率表 2-2-9 所示。

表 2-2-9 问题十的统计频率表

原因类型	频率（次）	百分比（%）	累积百分比（%）
贷款手续繁琐	217	30.2	30.2
贷款门槛太高	201	28.0	58.2
贷款抵押物受限	128	17.8	76.0

续表

原因类型	频率（次）	百分比（%）	累积百分比（%）
贷款额度太低	65	9.1	85.1
贷款成本太高	107	14.9	100.0
总计	718	100.0	

上表中的数据表明，部分农民贷款者不愿意进行消费贷款主要的原因在于贷款手续繁琐和贷款门槛太高，累积百分比为58.2%。可见，贷款手续繁琐和贷款门槛太高的问题必须进行解决，国家必须完善相关制度，简化贷款手续、降低贷款门槛。

十一，关于农民消费贷款者难以获得贷款的最主要的原因的问题，如统计频率表2-2-10所示。

表2-2-10 问题十一的统计频率表

原因类型	频率（次）	有效百分比（%）	累积百分比（%）
金融机构追求盈利，不愿贷款	166	23.1	23.1
金融机构受到法律约束太少，不贷也无责任	108	15.0	38.1
金融机构接受的贷款抵押物受限	220	30.6	68.7
金融机构对农户不信任，担心风险	225	31.3	100.0
总计	719	100.0	

上表中的数据表明，农民消费贷款者难以获得贷款的主要原因为"金融机构对农户不信任，担心风险"和"金融机构接受的贷款抵押物受限"，其百分比分别为31.3%和30.6%。不过"金融机构追求盈利，不愿贷款"和"金融机构受到法律约束太少，不贷也无责任"也被认为是较为重要原因，其百分比分别为23.1%和15.0%，并且这些原因的占比几乎相当，没有太大的差异。

从信贷客户的视角来看农村消费信贷，有以下几个问题：一是信贷客户大多肯定了金融在促进农村消费方面的作用，半数以上的信贷客户金融知识欠缺，有对他们普及"金融知识"的愿望。二是"贷款手续繁琐"成为阻碍农村消费信贷的主要障碍之一。三是大部分农户具有消费贷款的意向，但是他们对现有消费贷款产品和服务并不满意，因此他们对金融机构最强烈的需求是"提供更多贷款服务"和"创新金融产品"。四是信贷客户在大额消费时，筹资方式依然主要是面向亲戚、朋友借款，原因在于"金融机构对农户不信任，担心风险"。

三、信贷客户视角下农村消费信贷的现况

本部分设置了 10 个统计变量，通过对样本数据的整理，并运用 SPSS 软件进行统计和计算，输出频率表和直方图，以此推断总体特征。

十二，关于平时接触最多的金融机构是哪家银行的问题，如统计直方图 2-2-2 所示。

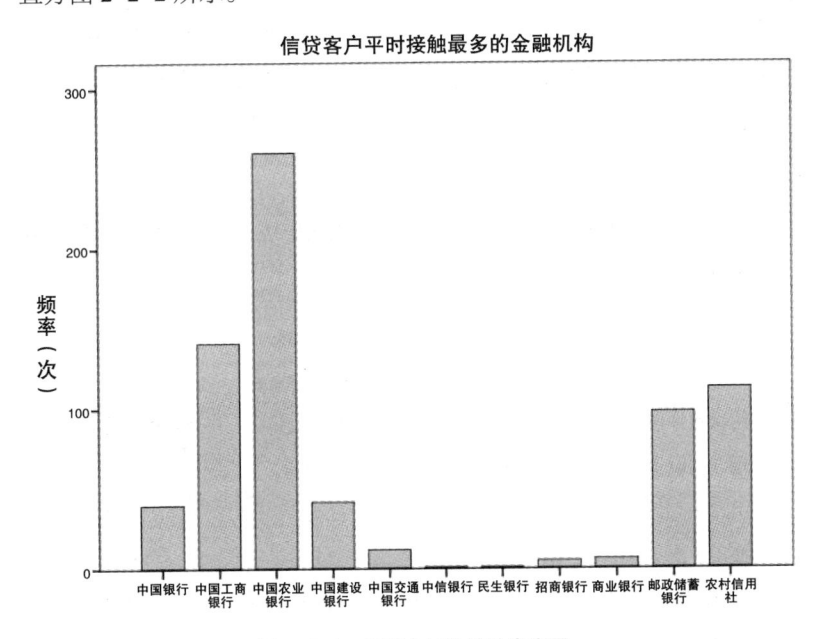

图 2-2-2 问题十二的统计直方图

上图中的数据表明,农行、农信社、村镇银行、工行、邮政银行比较"亲农",服务"三农"的业务较多且频率较高,他们在农村地区承担了农村消费信贷的主要任务。

十三,关于农户所拥有的金融知识的主要来源的问题,如统计频率表 2-2-11 所示。

表 2-2-11 问题十三的统计频率表

金融知识来源	频率(次)	百分比(%)	累积百分比(%)
农村信用社	231	32.2	32.2
政府的宣传	112	15.6	47.8
村中消息灵通人士	158	22.0	69.8
广播电视和报刊	217	30.2	100.0
总计	718	100.0	

上表中的数据表明,农户拥有的金融知识的主要来源是"农村信用社"和"广播电视和报刊",其百分比分别为 32.2% 和 30.2%。这表明,农户的金融知识仍然主要来源于农村信用社和媒体,即农户主要还是与农村信用社打交道,而政府宣传仍然是普及农村金融知识的薄弱环节。

十四,关于农户近五年来是否使用过消费贷款的问题,如统计频率表 2-2-12 所示。

表 2-2-12 问题十四的统计频率表

使用次数评价	频率(次)	百分比(%)	累积百分比(%)
使用 5 次以上	35	4.9	4.9
使用 2—4 次	174	24.2	29.0
使用 1 次	190	26.4	55.4
没有使用过	321	44.6	100.0
总计	720	100.0	

统计表明，近五年使用过 1 次及以上消费贷款的农户的累积百分比为 55.4%。可见，近乎半数的农户还没有使用过消费贷款，这个比例较高。因此，农村消费信贷的发展空间巨大，有待宣传普及和积极推进。

十五，关于对助学贷款的政策了解多少的问题，如统计频率表 2-2-13 所示。

表 2-2-13　问题十五的统计频率表

了解程度评价	频率（次）	百分比（%）	累积百分比（%）
完全了解	52	7.2	7.2
了解一些	428	59.4	66.7
完全不了解	213	29.6	96.3
其他	27	3.8	100.0
总计	720	100.0	

上表中的数据表明，对助学贷款政策"完全了解"和"了解一些"的累积百分比为 66.7%。可见，还有近 30% 的农户对助学贷款完全不了解，半数以上的仅仅"了解一些"，而"完全了解"的比例过低。因此，对助学贷款还需加大宣传力度。

十六，关于农户办理学生助学贷款业务中面临的最大问题，如统计频率表 2-2-14 所示。

表 2-2-14　问题十六的统计频率表

最大问题	频率（次）	百分比（%）	累积百分比（%）
手续复杂	264	36.8	36.8
金额太小	212	29.5	66.3
还款期太短	129	18.0	84.3

续表

最大问题	频率（次）	百分比（%）	累积百分比（%）
其他	113	15.7	100.0
总计	718	100.0	

统计表明，学生助学贷款业务面临的最大问题中，"手续复杂"和"金额太小"的累积百分比为66.3%。可见，针对学生助学贷款业务，还需要进一步简化手续并提高贷款金额。

十七，关于乡镇现有的农村消费贷款产品有哪些的问题，由于本题为多项选择题，进行了多重响应的统计分析，如统计频率表2-2-15所示。

表2-2-15 问题十七的统计频率表

消费信贷类型	响应		个案数的百分比（%）
	频率（次）	百分比（%）	
住房方面	470	29.6	65.3
汽车、摩托车方面	367	23.1	51.0
孩子教育方面	312	19.6	43.3
嫁娶方面	87	5.5	12.1
医疗方面	203	12.8	28.2
旅游方面	17	1.1	2.4
大宗家电	87	5.5	12.1
其他	45	2.8	6.3
总计	1588	100.0	

上表中的数据表明，农村消费信贷产品仍然停留在住房和汽车等传统消费品方面，其个案百分比分别为65.3%和51.0%。可见，目前主要还是在满足最基本的生活、生产的需要。而新兴消费信贷产品如旅游消

费信贷占比还较低，对这些消费信贷产品的需求满足还需要时日。

十八，关于乡镇金融机构设立的ATM（自动柜员机）数量的问题，如统计直方图2-2-3所示。

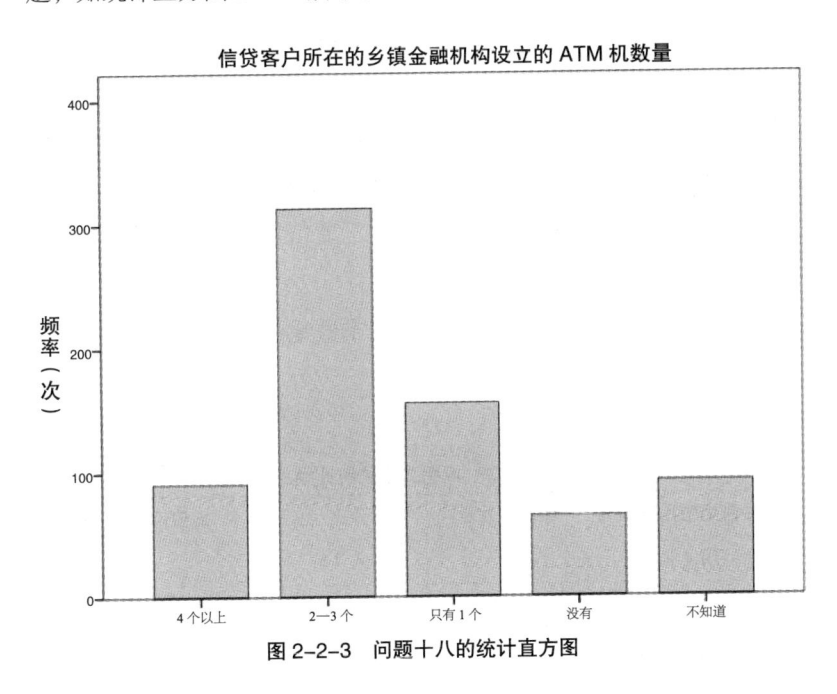

信贷客户所在的乡镇金融机构设立的ATM机数量

图2-2-3 问题十八的统计直方图

上图中的数据表明，农户所在的乡镇金融机构设立的ATM（自动柜员机）数量集中在1—3个。乡镇金融机构设立的ATM（自动柜员机）数量较少。可见，在硬件设施方面还未能满足农村消费信贷的需求。

十九，关于农户办理并使用银行卡数量的问题，如统计频率表2-2-16所示。

表2-2-16 问题十九的统计频率表

办理并使用银行卡数量	频率（次）	百分比（%）	累积百分比（%）
办理使用4张以上	72	10.0	10.0
办理使用2—3张	336	46.7	56.7

续表

办理并使用银行卡数量	频率（次）	百分比（%）	累积百分比（%）
办理使用1张	260	36.1	92.8
从没有办理使用	52	7.2	100.0
总计	720	100.0	

统计表明，办理并使用1张银行卡的农户的累积百分比为92.8%，办理并使用2—3张银行卡的农户的累积百分比为56.7%。可见，农户办理并使用银行卡的比例较高，为农村消费信贷的进一步推进奠定了硬件基础并提供了充分的准备。

二十，关于农户办理并使用的信用卡数量的问题，如统计频率表2-2-17所示。

表2-2-17 问题二十的统计频率表

办理并使用信用卡数量	频率（次）	百分比（%）	累积百分比（%）
办理使用4张以上	53	7.4	7.4
办理使用2—3张	144	20.0	27.4
办理使用1张	176	24.4	51.8
从没有办理使用	347	48.2	100.0
总计	720	100.0	

从统计数据可见，办理并使用1张信用卡的农户的累积百分比为51.8%，办理并使用2—3张银行卡的农户的累积百分比为27.4%。可见，信用卡在农户中的普及率较低，近50%的农户还没有办理。这一现象也可以在相关研究文献中得到印证。[①]

二十一，关于银行卡最主要用途的问题，如统计频率表2-2-18所示。

---

① 郝建明、刘敬、张红：《对农村消费信贷情况的调查与思考——以邯郸辖区为例》，《河北金融》2013年第7期，第63页。

第二章 我国农村消费信贷促进法律机制的实证研究——基于对信贷双方的调查与分析   155

表 2-2-18 问题二十一的统计频率表

银行卡用途	频率（次）	百分比（%）	累积百分比（%）
存款用	453	63.2	63.2
务工者往家里汇钱用	135	18.8	82.0
有但很少使用	82	11.4	93.4
没有办理银行卡	47	6.6	100.0
总计	717	100.0	

统计表明，在银行卡的主要用途上，"存款用"和"务工者往家里汇钱用"的累积百分比为82.0%。可见，农户使用银行卡最主要是满足其储蓄需求，仅局限于"借记"功能，其"信用"功能基本未能体现。

从信贷客户的视角来看农村消费信贷的现状，有以下几个问题：一是农户认为金融知识普及率低，政府宣传较少。二是有消费贷款经历的人数比例偏低。三是助学贷款政策宣传不够，贷款手续复杂。四是现有消费贷款品种比较传统，创新不足。五是乡镇金融机构设立的ATM（自动柜员机）数量偏少。六是银行卡办理和使用比例低，信用卡比例则更低，只有二分之一。

四、信贷客户视角下农村消费信贷的法律激励机制

本部分设置了14个统计变量，通过对样本数据的整理，并运用SPSS软件进行统计和计算，输出频率表和直方图，以此推断总体特征。

二十二，关于选择贷款时最关注以下哪一方面的问题，如统计频率表2-2-19所示。

表 2-2-19 问题二十二的统计频率表

贷款最关注方面	频率（次）	百分比（%）	累积百分比（%）
贷款额度大小	131	18.2	18.2
审批速度快慢	111	15.5	33.7
贷款利率高低	257	35.8	69.5
抵押条件是否宽松	84	11.7	81.2
审批条件是否宽松	106	14.8	96.0
其他	29	4.0	100.0
总计	718	100.0	

上表中的数据表明，选择贷款时关注较多的是"贷款利率高低"，其百分比为35.8%。可见，三分之一以上的农户选择贷款时还是最关注贷款利率问题，也就是说，降低融资成本是他们的"理性选择"。

二十三，关于申请贷款最大的障碍的问题，如统计直方图 2-2-4 所示。

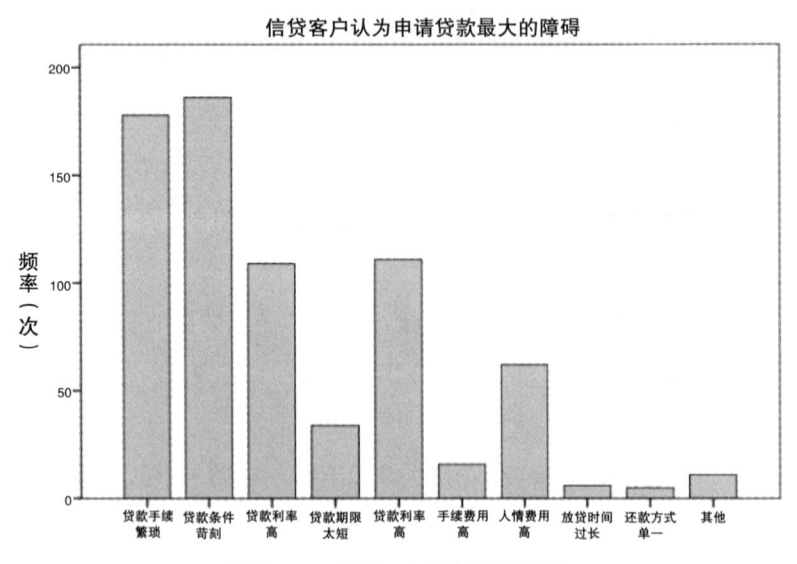

图 2-2-4 问题二十三的统计直方图

上图中的数据表明，贷款手续繁琐、贷款条件苛刻是农户参与信贷消费的主要障碍。其中贷款利率高、周期短、人情费用高等制约因素也不容忽视。促进农村消费贷款需要完善相关制度，减少消费障碍。

二十四，关于乡镇金融机构提供的农村消费贷款产品近年来有无增加的问题，如统计频率表2-2-20所示。

表2-2-20 问题二十四的统计频率表

有无增加评价	频率（次）	百分比（%）	累积百分比（%）
增加4种以上	27	3.8	3.8
增加2—4种	134	18.7	22.4
没有增加	152	21.2	43.6
不清楚	405	56.4	100.0
总计	718	100.0	

从统计数据可以看出，近五年乡镇金融机构提供的农村消费贷款产品"增加2—4种"的累积百分比为22.4%。可见，虽然乡镇金融机构提供的农村消费贷款产品近年来有增加，但半数以上（56.4%）的受访者却表示"不清楚"，说明金融机构与农户之间存在较为严重的信息不对称问题。

二十五，关于选择消费贷款农户最倾向于哪类贷款的问题，如统计频率表2-2-21所示。

表2-2-21 问题二十五的统计频率表

贷款类型	频率（次）	百分比（%）	累积百分比（%）
长期贷款	151	21.0	21.0
中长期贷款	321	44.7	65.7
短期贷款	177	24.7	90.4

续表

贷款类型	频率（次）	百分比（%）	累积百分比（%）
无所谓	69	9.6	100.0
总计	718	100.0	

上表中的数据表明，农户选择消费贷款时倾向的贷款类型中，"中长期贷款"比例最高，其百分比为 44.7%。可见，农户最倾向于"中长期贷款"，这与农业的自然特性和生长周期密切相关。正如学者研究指出，中长期消费信贷能够促进农户消费水平的持久提升，而短期消费信贷则对农户消费水平无显著影响。[①]

二十六，关于选择消费贷款农户比较倾向于考虑哪些贷款类型的问题。由于该问题为多项选择题，进行了数据的多重响应分析，如统计频率表 2-2-22 所示。

表 2-2-22 问题二十六的统计频率表

贷款类型	响应		个案数的百分比（%）
	频率（次）	百分比（%）	
住房贷款	457	30.1	63.5
汽车贷款	262	17.3	36.4
教育贷款	296	19.5	41.1
房屋装修	103	6.8	14.3
大额耐用消费品贷款	96	6.3	13.3
医疗贷款	138	9.1	19.2
旅游贷款	11	0.7	1.5
农业机械	136	9.0	18.9
其他	18	1.2	2.5
总计	1517	100.0	

---

① 刘金东、冯经纬：《农村消费信贷供给的调整：规模还是结构》，《上海金融》2014 年第 3 期，第 16 页。

上表中的数据表明，农户选择消费贷款时依次考虑的是住房贷款、教育贷款、汽车贷款等，其个案数百分比分别为 63.5%、41.1%、36.4%。可见，受访农户仍然倾向于耐用消费品和大宗商品的消费贷款，这符合当前我国农户的消费需求。而教育贷款比较靠前反映出农户已经很重视孩子的教育。

二十七，关于如果申请消费贷款，申请的数额大约是多少的问题，如统计频率表 2-2-23 所示。

表 2-2-23　问题二十七的统计频率表

申请数额	频率（次）	百分比（%）	累积百分比（%）
1 万以下	65	9.0	9.0
1 万—5 万	217	30.1	39.2
5 万—15 万	267	37.1	76.3
15 万—30 万	95	13.2	89.4
30 万以上	67	9.3	98.8
其他	9	1.3	100.0
总计	720	100.0	

上表中的数据表明，申请消费贷款数额在 15 万之内的累积百分比为 76.3%。可见，农户想申请的消费贷款数额集中在 1 万—15 万这个区间，额度过大或过小都不能有效且低风险地满足农户消费信贷需求。从实际情况来看，湖北恩施州大多数农村居民承贷额平均在 3 万元，承贷额在 5 万元以上的仅占受访农村居民的 33.56%。①

二十八，关于对农村消费贷款方面银行卡的需要程度的问题，如统计频率表 2-2-24 所示。

---

① 秦爱萍：《恩施促进农村消费信贷研究》，《金融科技时代》2013 年第 4 期，第 102 页。

表 2-2-24　问题二十八的统计频率表

需要程度评价	频率（次）	有效百分比（%）	累积百分比（%）
非常需要	99	13.9	13.9
需要	487	68.2	82.1
不需要	106	14.8	96.9
其他	22	3.1	100.0
总计	714	100.0	

上表中的数据表明，对农村消费贷款方面银行卡的需要程度为"非常需要"和"需要"的累积百分比为 82.1%。可见，超过 80% 的农户表达了对农村消费贷款方面银行卡的需要。事实上，银行卡的普及是排除农村消费信贷约束条件的重要前提。

二十九，关于乡镇金融机构有哪些针对消费贷款激励措施的问题，多重响应分析如统计频率表 2-2-25 所示。

表 2-2-25　问题二十九的统计频率表

激励措施类型	响应		个案数的百分比（%）
	频率（次）	百分比（%）	
贷款声誉激励	266	18.2	36.9
信用村户评定激励	225	15.4	31.3
贷款额度增加	302	20.6	41.9
贷款还款周期延长	224	15.3	31.1
贷款补贴激励	160	10.9	22.2
担保创新激励	78	5.3	10.8
信贷产品创新激励	93	6.4	12.9
还款动态激励	53	3.6	7.4
其他	63	4.3	8.8
总计	1464	100.0	

统计表明，农村金融机构针对农村消费信贷的激励措施主要集中在贷款额度增加激励、贷款声誉激励、信用村户评定激励、贷款还款周期延长激励、贷款补贴激励等，其个案数百分比分别为41.9%、36.9%、31.3%、31.1%、22.2%。而担保创新激励和信贷产品创新激励以及还款动态激励等占比较低，需要相关法律制度予以促进和激励。

三十，关于消费贷款哪种激励措施最好的问题，如统计频率表2-2-26所示。

表2-2-26　问题三十的统计频率表

激励措施类型	频率（次）	百分比（%）	累积百分比（%）
贷款声誉激励	107	15.1	15.1
信用村户评定激励	73	10.3	25.4
贷款额度增加激励	165	23.3	48.7
贷款还款周期延长激励	143	20.2	68.9
贷款补贴激励	170	24.0	92.9
担保创新激励	14	2.0	94.9
信贷产品创新激励	5	0.7	95.6
还款动态激励	25	3.5	99.2
其他	6	0.8	100.0
总计	708	100.0	

上表中的数据表明，农户对于消费贷款中的贷款补贴激励、贷款额度增加激励、贷款还款周期延长激励等认可度稍高，其百分比分别为24.0%、23.3%、20.2%。可见，受访农户对于所有针对他们的激励措施并没有特别的偏好，认可度相差无几。因此，应当同时推进多种激励方式以激励农村消费信贷。

三十一，关于农村消费贷款时可以作为抵押物有哪些的问题，如多重响应分析频率表2-2-27所示。

表 2-2-27 问题三十一的统计频率表

抵押物类型	响应		个案数的百分比（%）
	频率（次）	百分比（%）	
房屋	549	36.6	76.3
山林	198	13.2	27.5
农作物	101	6.7	14.0
耕牛	107	7.1	14.9
有价证券	128	8.5	17.8
门面	214	14.2	29.7
农村土地承包经营权	146	9.7	20.3
其他	59	3.9	8.2
总计	1502	100.0	

上表中的数据表明，受访农户认为可以作为抵押物比例最高的是房屋，其个案数百分比为 76.3%，然后是门面和山林，其个案数百分比分别为 29.7%、27.5%。可见，农户对于农作物、耕牛的可抵押性的确知之甚少，甚至对有价证券的可抵押性都不太了解，这说明在农村消费信贷方面，信息不对称现象较为严重。

三十二，关于您了解到金融机构能够接受以下哪些担保的问题，如多重响应分析频率表 2-2-28 所示。

表 2-2-28 问题三十二的统计频率表

担保类型	响应		个案数的百分比（%）
	频率（次）	百分比（%）	
抵押担保	526	44.5	74.8
农户联保	251	21.2	35.7
社区担保	180	15.2	25.6

续表

担保类型	响应		个案数的百分比（%）
	频率（次）	百分比（%）	
政府担保	225	19.0	32.0
总计	1182	100.0	

统计数据表明，农户对消费信贷最熟悉的担保类型为抵押担保，其个案数百分比为74.8%，而对于农户联保、社区担保、政府担保方式不甚了解，其个案数百分比明显偏低，因此还需要加强宣传力度。

三十三，关于金融机构在贷款过程中最不能让您接受的是什么的问题，如统计频率表2-2-29所示。

表2-2-29 问题三十三的统计频率表

最不能接受问题	频率（次）	百分比（%）	累积百分比（%）
贷款需要托熟人	259	36.3	36.3
贷款需要明码回扣	165	23.1	59.4
贷款需要送礼	177	24.8	84.2
贷款需要提前还息	113	15.8	100.0
总计	714	100.0	

上表中的数据表明，农户对金融机构在贷款行为中最不能接受的是"贷款需要托熟人"，百分比为36.3%。可见，在我国农村消费信贷过程中，信贷机构方面还是存在一些问题。非制度的人情关系是农户最不愿接受的，其也是农村消费信贷发展的重要阻碍因素，需要法律制度对其规范和制约。

三十四，关于为了发展农村消费贷款，金融机构最应该采取的措施的问题，如统计频率表2-2-30所示。

表 2-2-30　问题三十四的统计频率表

措施	频率	百分比（%）	累积百分比（%）
简化贷款手续	207	29.0	29.0
创新贷款品种	110	15.4	44.4
拓展服务网点	61	8.5	52.9
提高服务质量	120	16.8	69.7
贷款额度提高	50	7.0	76.7
贷款利率优惠	160	22.4	99.1
其他	6	0.9	100.0
总计	714	100.0	

统计数据表明，农户认为发展农村消费贷款金融机构最应该采取的措施排在前面的是"简化贷款手续"和进行"贷款利率优惠"，二者的百分比分别为29.0%和22.4%。可见，前两者是农村消费信贷的梗阻因素，也是信贷客户最希望信贷机构改进的方面。

三十五，关于对民间借贷怎么看的问题，如多重响应分析频率表2-2-31所示。

表 2-2-31　问题三十五的统计频率表

对民间借贷的评价	响应		个案数的百分比（%）
	频率（次）	百分比（%）	
借款手续简单	464	29.7	65.4
没有借款门槛	294	18.8	41.4
抵押物或保证简单	237	15.2	33.4
贷款额度灵活	272	17.4	38.3
借款利率高	293	18.8	41.3
总计	1560	100.0	

上表中的数据表明，民间借贷占据着农村消费信贷的一部分市场份额，其原因可以从统计数据中看出：一是受访农户看中的是借款手续简单，其个案数百分比为 65.4%；二是没有借款门槛，其个案数百分比为 41.4%；三是贷款额度灵活，其个案数百分比为 38.3%；四是抵押物或保证简单，其个案数百分比为 33.4%。同时，借款利率较高也是屡遭诟病的主要因素之一，其个案数百分比为 41.3%。

从信贷客户的视角来看农村消费信贷法律激励机制，有以下几个问题：一是农户最关注消费信贷的利率。二是他们认为最大的障碍是手续繁琐，条件苛刻。三是农户最倾向于中长期贷款。四是贷款金额占比最高的是 5 万—15 万。五是最喜欢的激励措施是贷款额度增加。六是最讨厌的是贷款需要托熟人、找关系等制度之外的因素。七是对民间借贷的看法最多的是"手续简单、无门槛"。促进农村消费信贷，金融机构最应该做的是简化贷款手续，增加农村消费信贷政策宣传力度，消除信息不对称的现象。

五、信贷客户视角下农村消费信贷的法律约束机制

本部分设置了 7 个统计变量，通过对样本数据的整理，并运用 SPSS 软件进行统计和计算，输出频率表、直方图和饼形图，以此推断总体特征。

三十六，关于您周围农户的信用状况如何的问题，如统计频率表 2-2-32 所示。

表 2-2-32 问题三十六的统计频率表

信用状况评价	频率（次）	百分比（%）	累积百分比（%）
很好	162	22.6	22.6

续表

信用状况评价	频率（次）	百分比（%）	累积百分比（%）
一般	453	63.3	85.9
很不好	78	10.9	96.8
其他	23	3.2	100.0
总计	716	100.0	

上表中的数据表明，农户对周围农户的信用状况评价为"很好"和"一般"的累积百分比为85.9%，其中"很好"的为22.6%。可见，对于周围农户的信用状况，农户认为还比较不错，信用评价也较好。这在一定程度上体现了农村消费信贷的"市民社会"特征，同时也表明，对农户信用状况的提升还任重道远。

三十七，关于建立健全农村信用制度的必要性的问题，如统计饼形图2-2-5所示。

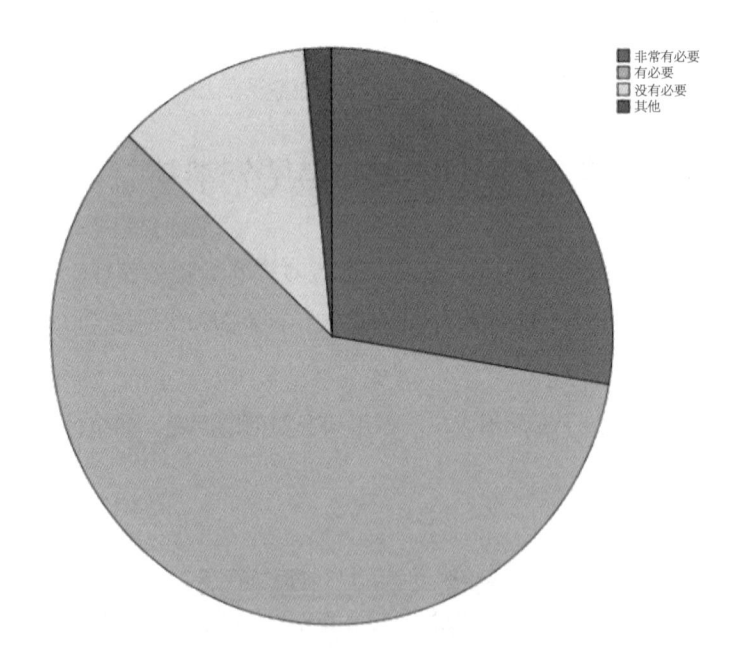

图2-2-5 问题三十七的统计饼形图

上图中的数据表明,关于建立健全农村信用制度的问题,农户普遍认为"有必要"。这表明农户渴望改变消费信贷过程中的请客送礼、找关系等现状,希望能有制度规范农村消费信贷。因此建立健全农村信用制度势在必行。

三十八,关于建立健全农村信用制度的最大障碍的问题,如统计频率表 2-2-33 所示。

表 2-2-33　问题三十八的统计频率表

最大障碍	频率（次）	百分比（%）	累计百分比（%）
法律法规不完善,失信惩戒力度不够	240	33.6	33.6
全社会信用体系尚未建立,诚信机制缺位	172	24.1	57.7
农民素质低下,主观上容易失信	87	12.2	59.9
农民收入较低,客观上容易失信	215	30.1	100.0
总计	714	100.0	

上表中的数据表明,在建立农村信用制度的各种障碍中,农户认为现有法律法规不完善是最为主要的,其百分比为 33.6%。其次就是农民收入低下的制约,其百分比为 30.1%。因此,笔者认为,建立健全信用制度的前提应该是提高农民收入,而不是提高农民素质。

三十九,关于如果要进行消费贷款,打算用什么做抵押物的问题,如多重响应分析频率表 2-2-34 所示。

表 2-2-34　问题三十九的统计频率表

抵押物类型	响应		个案数的百分比（%）
	频率（次）	百分比（%）	
房屋	543	38.6	75.4
山林	148	10.5	20.6

续表

抵押物类型	响应		个案数的百分比（%）
	频率（次）	百分比（%）	
农作物	103	7.3	14.3
耕牛	88	6.3	12.2
有价证券	110	7.8	15.3
门面	153	10.9	21.3
农业机械	135	9.6	18.8
农村土地承包经营权	105	7.5	14.6
其他	20	1.4	2.8
总计	1405	100.0	

数据显示，农户在消费贷款时的抵押物最主要的还是房屋，其个案数百分比为 75.4%，其他如门面、山林、农业机械等都比较次要。这与农户的认知程度有关，同时也体现了金融机构对消费信贷政策的宣传力度不够。

四十，关于当前农村消费贷款的抵押物能否满足消费贷款需要的问题，如统计频率表 2-2-35 所示。

表 2-2-35 问题四十的统计频率表

满足程度评价	频率（次）	百分比（%）	累积百分比（%）
能够满足	135	18.9	18.9
不能满足	340	47.6	66.4
基本能够满足	220	30.8	97.2
其他	20	2.8	100.0
总计	715	100.0	

统计表明，在农村消费贷款的抵押物能否满足消费贷款的问题中，近半数的农户认为当前农村消费贷款的抵押物"不能满足"消费贷款的需要，其百分比为 47.6%。这也反映出农户对信贷抵押物的认识程

度受限，同时，金融机构还需要对信贷抵押物种类进一步创新。

四十一，关于您所在的乡镇金融机构有哪些消费贷款约束措施的问题，如统计频率表 2-2-36 所示。

表 2-2-36　问题四十一的统计频率表

约束措施	响应		个案数的百分比（%）
	频率（次）	百分比（%）	
征信标准化约束	237	19.3	32.9
信用等级评价约束	366	29.8	50.8
声誉惩罚约束	303	24.6	42.1
还款监测和预警约束	251	20.4	34.9
其他	73	5.9	10.1
总计	1230	100.0	

统计数据表明，农户对所在乡镇金融机构的消费贷款约束措施存在一定认知，主要包括：一是信用等级评价约束，其个案数百分比为 50.8%；二是声誉惩罚约束，其个案数百分比为 42.1%；等等。但普遍认识不充分，对信用等级评价和声誉多为感性上的认识。

四十二，关于您认为消费贷款中哪种约束措施最好的问题，如统计频率表 2-2-37 所示。

表 2-2-37　问题四十二的统计频率表

约束措施	频率（次）	百分比（%）	累积百分比（%）
征信标准化约束	125	17.4	17.4
信用等级评价约束	234	32.6	50.0
声誉惩罚约束	138	19.2	69.2
还款监测和预警约束	202	28.1	97.4
其他	19	2.6	100.0
总计	718	100.0	

上表中的数据表明,农户认为消费贷款中约束措施最好的是"信用等级评价约束",其百分比为 32.6%;其次是"还款监测和预警约束",其百分比为 28.1%,而对于信用标准化约束、还款监测和声誉惩罚约束等,农户的认知度还不够。

从信贷客户的视角来看,农村消费信贷法律约束机制,有以下几个问题:一是农户对自身的信用状况有正确的认识,并且有较高程度的肯定,反映出"市民社会"的特征。二是农户希望建立健全农村信用制度,并以此加强失信惩戒规范农村消费信贷。三是农户认为贷款的抵押物比较受限,其主要体现为房屋、车辆等易变现的有形资产,但是仍不能满足消费贷款的需要。四是农户对于约束措施中的"信用等级评价"给予了很高的期望。

第三节 信贷机构与信贷客户关于农村消费信贷促进法律机制观点的比较分析

前文分别针对农村消费信贷的供给和需求双方,即信贷机构与信贷客户(农户)进行了问卷调查,设计了部分相同的问题,旨在找出信贷双方不同的立场和观点,找出双方的共识和分歧,为在以后发展农村消费信贷中能够求同存异、合作共赢打下基础。具体来看,本著作针对农村消费信贷促进法律机制这一现实问题,结合被调研对象的特点和本著作的调研目标进行问卷设计,获取了著作研究的第一手数据资料。通过对调查数据的整理筛选,以及运用 SPSS 软件的统计分析,较为真实、准确地反映了农村消费信贷中,信贷需求方和供给方各自存在的问题和诉求,为完善我国农村消费信贷促进法律机制提供了现实依据。

一、信贷机构与信贷客户对农村消费信贷认识的比较分析

一，关于"金融在促进农村消费方面的作用大小"的问题，统计结果显示，信贷客户与信贷机构比较而言，前者认为作用"较大"的比例更高一些，这说明农村消费信贷的供给方与需求方的认识存在一定的差异。需求方认为金融在促进农村消费方面的作用更大，也表明他们对农村消费信贷的需求愿望更为强烈，同时也反映了我国加强农村消费信贷法律促进机制建设的必要性。

二，关于"您认为金融机构在农村的覆盖率高低"的问题，过半数的信贷机构认为金融机构在农村的覆盖率"低"，这表明信贷机构已经认识到自身在促进农村消费信贷中存在的问题。在针对信贷客户关于"对现有金融机构消费贷款业务和服务质量的满意度"的调查中，约70%的农户对现有金融机构消费贷款业务和服务质量的满意度达到了"满意"，可见大多数信贷客户对我国农村消费信贷的服务质量较为满意，但也还存在较大的改进和提升空间。

三，关于"对当前促进农村消费信贷方面的法律法规的完善程度"问题，62.6%的信贷机构认为当前促进农村消费信贷方面的法律法规"很不完善"。对于信贷客户而言，却只有32.6%认为当前促进农村消费贷款方面的法律法规"很不完善"。这表明，一方面，对于现行农村金融的法律法规，信贷机构比信贷客户有更为全面、深刻的认识和理解；另一方面，信贷机构应进一步加强农村金融知识和相关法律法规知识的宣传。

四，关于"您认为银行目前推出的农村消费贷款是否满足农户的需求"的问题，47.9%的信贷机构认为目前推出的农村消费贷款"基本满足"，还有46.5%的信贷机构认为目前推出的农村消费贷款"不能满足"。针对信贷客户而言，49.7%的农户认为"部分满足"，

29.8%的认为"不能满足"。可见,在"基本满足"方面,信贷机构与信贷客户具有一致性的认识。在否定性评价方面,信贷机构比信贷客户认识更为深刻,信贷客户还没有完全意识到自身对于消费信贷的需求状况。

关于以上问题的调查数据表明,信贷机构与信贷客户对于农村消费信贷的认识,既存在共识也有一些差异。共识表现为:一是信贷机构与信贷客户均意识到了农村金融对于促进农村消费信贷的重要性和建立健全相关法律制度的必要性;二是在农村消费信贷服务的满足程度方面,二者的观点具有较大趋同性。其差异在于:一是对于农村消费信贷及其相关法律法规等的认识程度,信贷机构明显高于信贷客户,这是由信贷机构具有更多的金融知识决定的;二是信贷客户还没有对农村消费信贷"完全觉醒",因此对农村消费信贷的认识还比较浅略,表现出的"满意度"还较高。也许随着需求的增加,他们的"满意度"会下降。因此,国家应该尽快完善促进农村消费信贷的法律机制,促进农村消费信贷市场的繁荣。

二、信贷机构与信贷客户关于农村消费信贷现况的比较分析

一,关于"如果农民申请消费贷款批准的数额大约是多少"的问题,54.6%的信贷机构觉得批准的数额是2万—5万元;仅有3.7%的信贷机构认为批准的数额会超过10万元,这表明信贷机构倾向于发放小额贷款。对于信贷客户,调查发现:近40%的农户希望能申请到的贷款数额是5万—15万元,甚至还有13.1%的农户希望申请的消费贷款额度为15万—30万元,不过大多数的农户还是比较青睐于5万—15万元的贷款额度。由此看出:在农村消费信贷的额度方面,信贷机构与农户存在供需的结构性失衡问题,且农村消费信贷没有得到较好的满足。

二，关于"金融机构现有的农村消费信贷产品有哪些"的问题，受访信贷机构提及的信贷产品的比例由高到低依次是：住房、汽车摩托车、孩子教育、医疗、家电、嫁娶、旅游，可见住房、车辆等财产性物品仍然是主要的消费信贷产品。其中旅游、教育则显现出过低的比例。关于这个问题，受访的信贷客户与信贷机构具有基本一致的看法。调查结果蕴含了两个问题：一是农村消费信贷的供给方对新型消费信贷产品的推广意愿不强，还是比较固守传统消费信贷产品业务。二是农户在消费信贷方面还存在信息不充分、对新型信贷产品认知不足的问题。

三，关于"所在的金融机构近年来在农村消费信贷产品品种方面有无创新和增加"的问题，48.5%的信贷机构认为增加了1—2种，32.5%的信贷机构认为增加了2—4种。对信贷客户而言，半数以上农户认为"不清楚"，仅有3.8%的农户认为"增加了4种以上"。这表明，信贷机构对于信贷产品创新力度不够，与信贷客户之间还存在信息不对称的问题。对于农村消费信贷产品的创新与推广，国家还需要在法律制度方面予以激励。

四，关于"如果开展农村消费贷款，金融机构比较倾向于考虑的信贷产品"的问题，其比例由高到低依次是：住房、孩子教育、汽车摩托车、医疗、家电、旅游、嫁娶，分别占68.7%、39.3%、30.1%、28.2%、19%、5.5%、3.7%。关于"如果选择消费贷款，受访农户比较倾向于考虑的消费信贷"的比例由高到低依次是：住房贷款、教育贷款、汽车贷款、医疗贷款、农业机械、房屋装修、大额耐用消费品贷款、旅游贷款等，可见信贷机构与信贷客户在信贷产品的类别上没有太大的出入，他们的预期供给与预期需求基本能够达成一致。这也表明农村消费信贷的进一步提升需要同时对供需双方进行激励性制度安排。

五，关于"您所在的金融机构在一般的乡镇设有的ATM（自动柜员机）数量"的问题，受访者比例比较集中的 ATM（自动柜员机）数量为"1—3个"。对信贷客户而言，调查结果较为相似。这表明，乡镇金融机构设立的 ATM（自动柜员机）数量成为农村消费信贷的硬件投入约束，在较大程度上影响着农村消费信贷业务的发展，影响消费信贷在乡村的覆盖范围和消费信贷进农家的"兴民、富民"国策。

六，关于"您所在的金融机构平均每年针对农村用户办理的银行卡数量大约占整个银行卡数量的比例"的问题，信贷机构方面回答的数量占比为"20%—39%"的最多，比例达到38%。信贷机构方面回答的数量占比为"40%以上"的只有30.1%。关于"您办理并使用的银行卡数量"的问题，近半数以上的农户办理并使用的银行卡数量为"2—3张"，还有7.2%的农户"从未办理"。统计表明：对于提供"三农"金融服务的信贷机构而言，为农户办理的银行卡比例尚偏小。农户对银行卡具有较高的接受度，银行卡在农村乡镇的基本普及，为农村消费信贷提供了前提，但还存在一定的提升空间，尚需加大普及力度。

七，关于"您所在的金融机构平均每年针对农村用户办理的信用卡数量大约占整个信用卡数量的比例"的问题，信贷机构平均的数量大约占整个信用卡数量占比为"1%—19%"的最多，比例达到46.3%，有18.2%的信贷机构的数量大约占整个信用卡数量为"0"。与此同时，农户办理并使用的信用卡数量不容乐观，因为高达48.2%的农户"从未办理"。这说明，农户的消费理财观念仍然固守着"量入为出，攒钱消费"，致使大部分农户还难以接受"贷款—消费—储蓄—还贷"这一新型消费模式，他们普遍认为消费信贷是"寅吃卯粮"的冲动消费，有悖于"勤俭节约"的传统美德。因此，农村消费信贷需要对农户进行消费信贷激励的制度设计和宣传。

关于以上问题的调查数据表明，信贷机构与信贷客户之间的关系就是农村消费信贷的供给方与需求方的关系。在当前的信贷产品是否满足信贷客户需要和信贷产品种类供需方面，二者在总体上存在比较一致的认识。但不容忽略的是，目前的农村消费信贷的供给与需求的基本平衡是基于农户较低的信贷需求，易言之，其消费信贷需求未被较好地激发和挖掘，所以不能据此表明农村消费信贷处于"均衡状态"。此外，供需二者在结构方面还存在一些偏差和不足：一是贷款额度方面，信贷客户更倾向于额度较大的贷款，但信贷机构基于"经济人"的理性选择，则更愿意审批额度较低的贷款；二是在信贷产品是否有增加方面，信贷客户的关心度还不够，可能与其贷款经历和贷款期望相关；三是在银行卡和信用卡方面，部分农户由于传统消费观念的制约和影响，还没有申请银行卡，尤其是信用卡。因此，农村消费信贷的进一步发展需要加强法律激励和约束机制的制度设计，以满足信贷客户不断增长的消费信贷需求。

三、信贷机构与信贷客户关于农村消费信贷法律激励机制的比较分析

一，关于"金融机构针对农民实施过哪种消费信贷激励措施"的问题，排在前三位的激励措施为：利率优惠激励、贷款额度增加激励、贷款还款周期延长激励，而贷款声誉激励、信用村户（乡）镇评定激励、担保创新激励、信贷产品创新激励、动态还款激励则占比较低一些。对于受访农户而言，消费贷款中最好的激励措施的排名中，比例由高到低依次是：贷款额度增加激励、贷款补贴激励、贷款还款周期延长激励、贷款声誉激励、信用村户评定激励、动态还款激励、担保创新激励、信贷产品创新激励等。可见，信贷机构与信贷客户之间对于消费信贷激励措施的共识比较多，主要集中于贷款额度增加激励、利率优惠激励、贷款补贴激励、贷款还款周期延长激励等，但是对于贷款声誉、信用评定和动态还款等新型激励措施，不仅信贷机构实施较少，农户对此也了解较少，当然评价也不高。

二，关于"金融机构可以接受以下哪些作为贷款的抵押物"的问题，受访信贷机构可以接受的贷款抵押物的比例由高到低依次是：房屋、门面、有价证券、山林、农村土地承包经营权、农业机械、农作物、耕牛等。受访农户认为可以作为抵押物的比例由高到低依次是：房屋、门面、山林、农村土地承包经营权、有价证券、耕牛、农作物等。可见，虽然双方的认识有一定的差异，但是主要集中在固定资产和容易变现（如有价证券）的物品方面，这也是金融机构规避风险和价值评估手续简单等原因所致。关于农村土地承包经营权、农作物等新型抵押物，由于相关法律制度的不健全，权利流转的不顺畅导致这些抵押物的变现相对困难。

三，关于"金融机构能够接受什么担保"的问题，受访信贷机构认为可以接受的担保类型由高到低依次是：抵押担保、农户联保、政府担保、社区担保等。对信贷客户而言，其比例则依次是抵押担保、政府担保、农户联保和社区担保。可见，对于抵押担保信贷供给双方大致相同，抵押担保是二者共同高度认可的担保方式，但是信贷机构倾向于农户联保，而农户倾向于政府担保，这表明农户对政府担保的作用是较为认同且具有期望的。

四，关于"所在地区农户的信用状况如何"的问题，大多数的受访信贷机构认为所在地区的农户的信用状况"一般"，其比例达到66%，有12.2%的认为"很不好"。关于"您周围农户的信用状况如何"的问题，22.5%的农户认为周围农户的信用状况"很好"，63.0%的农户认为周围农户的信用状况"一般"，14.4%的农户认为周围农户的信用状况"很不好"。由此可见，无论是信贷机构还是农户，对于农户的信用状况这个问题具有高度一致的看法。

五，关于"您认为建立健全农村信用制度的必要性"的问题，大多数的受访信贷机构认为建立健全农村信用制度"非常有必要"，其比例高达68.1%。认为"有必要"的占到30.1%，只有1.8%的认为"没有必要"。关于农户对这一问题的看法，27.5%的农户认为"非常有必要"，61.0%的农户认为"有必要"，11.4%的农户认为"没有必要"。总体来讲，信贷机构和农户均认识到建立健全农村信用制度的必要性，都认为应以规范的制度对农村消费信贷予以规制、监管和激励，表明建立健全农村信用制度具有强大的社会基础共识。同时也反映出这样一种现状：信贷机构比信贷客户更需要完善的农村信用制度，也从侧面表明他们出现"惧贷"与"惜贷"的重要原因之一就是信用制度不健全。

六，关于"建立健全农村信用制度的最大障碍"的问题，47.3%的受访信贷机构认为建立健全农村信用制度的最大障碍是"全社会信用体系尚未建立，诚信机制缺位"；28.5%的认为最大障碍是"法律法规不完善，失信惩戒力度不够"；15.6%的认为最大障碍是"农民收入较低，客观上容易失信"；而认为"农民素质低下，主观上容易失信"是最大障碍的只占8.6%。就此相同问题，33.6%的农户认为是"法律法规不完善，失信惩戒力度不够"；30.1%的农户认为是"农民收入较低，客观上容易失信"；24.1%的农户认为是"全社会信用体系尚未建立，诚信机制缺位"；12.2%的农户认为是"农民素质低下，主观上容易失信"。从数据来看，信贷机构比信贷客户站得更高，他们大多数更认为是"全社会信用体系尚未建立，诚信机制缺位"，农户的看法比较直接，大多数更认为"法律法规不完善，失信惩戒力度不够"才是建立农村消费信贷制度的最大障碍。

关于农村消费信贷法律激励机制的问题，调查数据表明，信贷机构与信贷客户对于该问题的认识有相同之处也有差异之处。这些相同之处说明农村消费信贷整体水平还不高，信贷机构创新力还不足，信贷产品品种较为单一，信贷用途结构性失衡。农户由于传统"以收定支"观念的影响，对消费信贷认识不深，且超前消费动力不足，因此出现了暂时的供需均衡。其分歧之处在于担保方式问题，农户对政府担保方式较为看好，而信贷机构则不然，因此提高政府的公信力势在必行。不容忽视的是，农村消费信贷出现了目前的供需大致均衡，但只是一种低水平和小规模的均衡，还需要法律制度的进一步激励，改善农村消费信贷的薄弱环节，疏通消费信贷的担保制约"瓶颈"，创新消费信贷的担保方式，以此提升农村消费信贷的总体水平和规模，从而繁荣农村金融。

四、信贷机构与信贷客户关于农村消费信贷法律约束机制的比较分析

一，关于"未来五年，金融机构准备加推如下哪些消费信贷项目"的问题，受访信贷机构认为准备加推的消费信贷项目依次是：住房及装修消费、教育消费、大型农机具消费、汽车及耐用消费品消费、医疗消费、家电消费、旅游消费。而受访农户比较倾向于考虑的消费信贷的比例由高到低依次是：住房贷款、教育贷款、汽车贷款、医疗贷款、农业机械贷款、房屋装修贷款、大额耐用消费品贷款、旅游贷款等。不难看出，农村消费信贷机构推出的信贷产品主要还是以大宗耐用消费品为主，教育消费虽然略显特殊，但由于该类信贷产品的风险有政府兜底，信贷机构愿意加推也在情理之中。反观农户，住房、教育、医疗支出仍然是他们生活中的"三座大山"，并且具有较为强烈的信贷需求，像旅游消费这样的新型消费信贷，农户的需求尚未被充分激发和显现。

二，关于"为了扩大农村消费，发展农村消费信贷，将来最主要应该做到的是什么"的问题，受访信贷机构认为主要应该做到的是："放宽条件，简化手续"和"加强创新，推出更多品种"，比例分别是37.8%和32.8%。农户则认为金融机构主要应该做的是"简化贷款手续"和"贷款利率优惠"。这表明，"简化贷款手续"成为信贷双方一致的期望，也表明我国目前的贷款手续过于复杂，因此急需完善相关

法律制度安排，降低农村消费信贷的交易费用。另外，信贷客户倾向于"贷款利率优惠"，其目的就是希望能降低融资成本，更大程度上满足消费信贷需求。信贷机构倾向于"加强创新，推出更多品种"，因为通过该种方式可以盘活农户资产，增加农户生产和消费的现金流，这就需要相应的制度供给改变农村消费信贷约束。

三，关于"农村消费信贷中，应该建立健全针对农村消费信贷客户哪些法律机制"的问题，受访金融机构认为依次是：还款监测和预警约束机制、信用等级评价约束机制、征信标准化约束机制、声誉惩罚约束机制。其中还款监测和预警约束机制、信用等级评价约束机制、征信标准化约束机制比例较高。而受访农户提及的约束机制的比例由高到低依次是：信用等级评价约束机制、还款监测和预警约束机制、声誉惩罚约束机制、征信标准化约束机制等。这表明，信贷机构将信贷风险的防范和把控还是放在首位的，同时也希望通过建立标准化的信用评价机制来降低信贷业务的交易成本，解决与农户之间信息不对称的问题。农户基本上知晓信贷机构的约束措施，并对信用等级评价机制、还款监测和预警约束机制等较为熟悉。

关于建立健全农村消费信贷法律约束机制，"放宽条件，简化手续"，以及"加强创新，推出更多信贷产品"，是信贷机构与信贷客户的共识，反映出农村消费信贷供需双方都希望通过精准的法律制度建设，消除制约瓶颈，降低交易成本。对于信贷机构面临的分类监管、支农责任以及业务考评等约束机制，应当予以激励和实施。另外，信贷机构与信贷客户普遍存在的"惜贷"和"不贷"问题，很大程度上制约了农村消费信贷市场的繁荣发展，究其原因，一方面是信贷机构基于自身利益的理性选择，他们无可厚非地要控制经营风险和追求自身利益最大化，从而导致抵押物受限、手续繁杂和额度较低的问题。另一方面是信贷客户与信贷机构之间存在信息不对称、融资成本高以及消费信心不足的问题。

第三章　我国农村消费信贷促进法律机制的规范研究

本章是关于我国农村消费信贷促进法律机制的规范研究，主要分为两个部分：一是微观视角的分析，二是宏观视角的分析。微观视角的分析对象主要是中国人民银行、银监会（2018年4月8日之后改为银保监会）、国家税务总局、财政部等出台的直接促进我国农村消费信贷的一些规范性文件。因为这些规范性文件内容比较细致，而且针对性非常强，因此将对其的规范研究定性为微观分析。相反，其他一些金融法律法规，由于主要是针对农村金融，并不完全直接针对农村消费信贷，因此比较宏观，将对其进行的规范研究定性为宏观分析。

第一节　我国农村消费信贷促进中对信贷机构激励与约束法律机制的类型化分析——基于微观视角

本著作选取了2005年以来，中国人民银行、银监会（2018年4月8日之后改为银保监会）、国家税务总局、财政部等通过的300多件规范性文件，对其中针对信贷机构关于农村消费信贷促进的激励与约束法律规范进行类型化分析。

一、我国农村消费信贷促进中对信贷机构激励法律机制的类型化分析

在农村消费信贷中，信贷机构因为主、客观原因对农村消费信贷客户"惧贷"和"惜贷"，成为名副其实的"惧贷机构"和"惜贷机构"，并最终导致信贷客户的"难贷"和"不贷"，成为"难贷客户"和"不贷客户"。因此，要发展农村消费信贷，首先必须从供给方即信贷机构入手建立激励与约束法律机制。虽然我国农村消费信贷中还没有完全建立起针对信贷机构的完善的法律激励机制，但是一些制度及其具体措施事实上起到了对信贷机构进行消费信贷的正外部性激励的作用。法律是以权利、义务和责任为内容的社会规范，其中的权利、义务和责任的不同分配，既可以起到激励作用，也可以起到约束作用。本著作按照本人对我国法律激励的类型化分析模式，通过考察，宏观来看，针对信贷机构激励的相关规定主要体现在三个方面[①]：一是从权利、义务、责任方面对信贷机构的激励；二是从成本、收益方面对信贷机构进行激励；三是从特殊资格、荣誉和待遇方面对信贷机构进行激励。具体来看：

（一）从权利、义务、责任方面激励信贷机构

法律可以通过权利、义务和责任的恰当分配，规范和引导农村消费信贷中信贷机构的行为方向，以此来实现对农村消费信贷机构正外部性的激励。在激励农村消费信贷中信贷机构的正外部性方面，可以通过赋予权利、减免义务和减免责任来实现。

---

① 本著作关于激励模式的分类，参见胡元聪：《正外部性的经济法激励机制研究》，人民出版社 2021 年版，第 204—218 页。

1. 通过赋予权利激励信贷机构

通过给信贷机构赋予相关权利可以激励农村消费信贷中信贷机构针对"三农"进行贷款的积极性和主动性。具体来看，主要包括：

（1）赋予改造（制）权进行激励。这里主要是指赋予一些特殊主体改造为村镇银行等农村新型金融机构的权利，从而促进农村消费信贷的发展。具体为：一是将信用代办站改造为银行业金融机构。如《调整放宽准入政策若干意见》（银监发〔2006〕90号）的相关规定。① 二是将小额贷款组织改制为新型农村金融机构。如《扩大准入政策试点工作的通知》（银监发〔2007〕78号）的相关规定。② 三是将小额贷款公司改造（制）为村镇银行，如《关于鼓励和引导民间资本进入银行业的实施意见》（银监发〔2012〕27号）的相关规定③ 和《关于小额贷款公司试点的指导意见》（银监发〔2008〕23号，以下简称《小贷公司试点指导意见》）的相关规定④。

（2）赋予机构设立、兼并重组权利进行激励。这里主要是指赋予一些特殊主体机构设立、兼并重组的权利，从而促进农村消费信贷的发展。具体包括：一是规模化的机构组建。如《关于加快发展新型农村金融机构有关事宜的通知》（银监发〔2010〕27号）的相关规定。⑤ 二是跨区域兼并重组、出资设立新型农村金融机构。如《产品和服务创新意见》（银发〔2008〕295号）的相关规定⑥，《产品和服务创新指

---

① 可将管理相对规范、业务量较大的信用代办站改造为银行业金融机构。
② 积极支持符合条件的"只贷不存"的小额贷款组织，改制为村镇银行、贷款公司等新型农村金融机构。
③ 允许小额贷款公司按规定改制设立为村镇银行。
④ 小额贷款公司依法合规经营，没有不良信用记录的，可在股东自愿的基础上，按照《村镇银行组建审批指引》和《村镇银行管理暂行规定》规范改造为村镇银行。
⑤ 为提高主发起人发起设立新型农村金融机构积极性，鼓励支持主发起人通过新的管理模式规模化地推进机构组建。
⑥ 对于推动农村金融产品和服务方式有特色的涉农金融机构，支持其跨区域兼并重组、出资设立新型农村金融机构或分支机构。

导意见》(银发〔2010〕198号)的相关规定①。三是增设机构、开办业务。如《发展小额贷款业务指导意见》(银监发〔2007〕67号)的相关规定②、《创业小额贷款指导意见》(中青联发〔2008〕42号)的相关规定③、《阳光信贷工程指导意见》(银监办发〔2012〕191号)的相关规定④。四是设立分支机构、开办新业务。如《关于进一步做好中小企业金融服务工作的若干意见》(银发〔2010〕193号,以下简称《做好中小企业金融服务工作若干意见》)的相关规定⑤、《鼓励县域法人金融机构将新增存款一定比例用于当地贷款的考核办法(试行)》(银发〔2010〕262号,以下简称《考核办法》)第十四条的规定⑥。

(3)赋予利率市场化权利进行激励。推进利率市场化是建立农村金融市场机制的重要条件。这里主要是指赋予一些信贷机构利率市场化权利,从而促进农村消费信贷的发展。具体包括:一是赋予农村信用社利率市场化权利,以提高对"三农"贷款的积极性。如《关于改善农村金融服务支持春耕备耕增加"三农"信贷投入的通知》(银发〔2008〕1号,以下简称《支持春耕备耕增加"三农"信贷的通知》)的相关规定⑦。二是赋予小额贷款公司利率市场化权利,即按照市场化原则进行经营。如《小贷公司试点指导意见》(银监发〔2008〕23号)的相关规定⑧。

---

① 对农村金融产品和服务方式创新取得明显成效的银行业金融机构,支持其优先设立村镇银行等新型农村金融机构、跨区域兼并重组。
② 对农村小额贷款业务开展得好、效益持续提高的银行业金融机构,监管部门可对其在农村地区增设机构、开办新业务等方面给予积极支持。
③ 对农村小额贷款业务开展好、效益质量好的银行业金融机构,银行业监管部门应在其增设机构、开办新业务等方面给予适当优惠。
④ 监管部门对于阳光信贷支农效果明显的机构,要在增设机构、开办新业务和监管评级等方面予以倾斜。
⑤ 鼓励优先到西部和东北等金融机构较少、金融服务相对薄弱的地区设立分支机构。
⑥ 对于达标县域法人金融机构,监管部门优先批准其新设分支机构和开办新业务的申请。
⑦ 人民银行各分支行要引导农村信用社灵活运用贷款利率浮动政策、按照市场化定价原则合理确定利率水平。
⑧ 贷款利率上限放开,但不得超过司法部门规定的上限,下限为人民银行公布的贷款基准利率的0.9倍,具体浮动幅度按照市场原则自主确定。

（4）赋予再贷款权利进行激励。这里主要是指基于一些特殊情形赋予再贷款权利，从而促进农村消费信贷的发展。具体包括：一是对用于农业生产周期、春耕备耕目的项目赋予再贷款权利。如《支持春耕备耕增加"三农"信贷的通知》（银发〔2008〕1号）规定，要根据当地农业生产周期，合理确定支农再贷款的期限、额度和发放时机。《全面做好农村金融服务工作通知》（银监办发〔2011〕36号）规定，信贷投放要首先满足春耕备耕的有效需求，资金不足的要及时向人民银行申请支农再贷款。二是为拓宽其支农信贷资金来源赋予再贷款权利。如《产品和服务创新意见》（银发〔2008〕295号）规定，对符合条件的农村信用社，可优先办理支农再贷款。三是针对粮食主产区和地震灾区赋予再贷款权利。如《关于进一步做好农田水利基本建设金融服务工作的意见》（银发〔2008〕361号，以下简称《农田水利基本建设金融服务意见》）的相关规定。① 四是针对林区中小金融机构赋予再贷款权利。如《关于做好集体林权制度改革与林业发展金融服务工作的指导意见》（银发〔2009〕170号，以下简称《林业发展金融服务指导意见》）的相关规定。② 五是对开展农村金融产品和服务方式创新业务赋予再贷款权利。如《产品和服务创新指导意见》（银发〔2010〕198号）的相关规定。③ 六是对达标县域法人金融机构赋予再贷款权利。如《考核办法》第十三条规定，达标且财务健康的县域法人金融机构，可按其新增贷款的一定比例申请再贷款。

（5）赋予支取特种存款权利进行激励。这里主要是指基于一些特殊情形赋予支取特种存款权利，从而促进农村消费信贷的发展。具体包括：一是针对涉农贷款比例较高、支持春耕资金不足的农村信用社。

---

① 进一步发挥好支农再贷款的作用，加大向粮食主产区和地震灾区的支农再贷款增量安排和调剂力度。

② 加大人民银行对林区中小金融机构再贷款、再贴现的支持力度。

③ 鼓励有条件的地方安排一定的再贷款额度，专门用于支持银行业金融机构开展农村金融产品和服务方式创新业务。

如《支持春耕备耕增加"三农"信贷的通知》(银发〔2008〕1号)的相关规定。① 二是针对支农贷款发放比例高的农村信用社。如《产品和服务创新意见》(银发〔2008〕295号)的相关规定。②

(6)赋予系列优先权利进行激励。这里主要是指基于一些特殊情形赋予系列优先权利,从而促进农村消费信贷的发展。具体包括:一是赋予优先受偿或提存权。如《关于林权抵押贷款的实施意见》(银监发〔2013〕32号,以下简称《林权贷款实施意见》)的相关规定。③ 二是赋予优先办证权。如《林权贷款实施意见》(银监发〔2013〕32号)的相关规定。④ 三是赋予优先贴现权。如《支持春耕备耕增加"三农"信贷的通知》(银发〔2008〕1号)的相关规定。⑤

(7)赋予贷款利率定价授权进行激励。如《发展小额贷款业务指导意见》(银监发〔2007〕67号)强调要科学确定小额贷款利率:一是实行贷款利率定价分级授权制度,法人机构应对分支机构贷款权限和利率浮动范围一并授权。二是分支机构可以在浮动区间内进行转授权或自主确定贷款利率。

(8)赋予授信及使用权进行激励。如《村镇银行管理暂行规定》第四十条规定,村镇银行可以在授信额度以内,采取一次授信、分次使用、循环放贷的方式发放贷款。

(9)赋予发放贷款选择权进行激励。如《村镇银行管理暂行规定》

---

① 对已办理特种存款,同时涉农贷款比例较高、支持春耕资金不足的农村信用社,可根据其增加支农信贷投放的合理资金需求,提前支取特种存款,并按其实际持有期限对应的特种存款利率标准计付利息。

② 对支农贷款发放比例较高的农村信用社,可根据其增加支农信贷投放的合理需求,通过允许其灵活支取特种存款等手段,拓宽其支农信贷资金来源。

③ 抵押期间,抵押财产发生毁损、灭失或者被征收等情形时,银行业金融机构可以根据合同约定就获得的保险金、赔偿金或者补偿金等优先受偿或提存。

④ 银行业金融机构因处置抵押财产需要采伐林木的,采伐审批机关要按国家相关规定优先予以办理林木采伐许可证,满足借款人还贷需要。

⑤ 对农业生产资料生产经营企业签发、持有的票据和农副产品收购、储运、加工、销售环节的票据,各金融机构应优先给予贴现。

第三十九条规定,确已满足当地农村资金需求的,其富余资金可投放当地其他产业、购买涉农债券或向其他金融机构融资。

2.通过减免义务激励信贷机构

通过给信贷机构减免义务可以激励农村消费信贷中信贷机构针对"三农"进行贷款的积极性和主动性。具体来看,主要包括:

(1)减免机构设置义务进行激励。主要体现在免除设置专门委员会、理事会、董事会和监事会的义务。具体包括:一是可不设或少设专门委员会。如《调整放宽准入政策若干意见》(银监发〔2006〕90号)的相关规定①、《村镇银行管理暂行规定》第三十六条的规定②。二是可不设董事会。如《村镇银行管理暂行规定》第三十一条的规定。③三是可不设理事会。如《调整放宽准入政策若干意见》(银监发〔2006〕90号)的相关规定。④四是可不设立董事会、监事会。如《贷款公司管理暂行规定》第十六条的规定。⑤

(2)减免拨付营运资金额度及比例限制义务进行激励。具体包括:一是取消拨付营运资金的限额及相关比例的限制。如《调整放宽准入政策若干意见》(银监发〔2006〕90号)的相关规定。⑥二是拨付营运资金的限额及相关比例不受限制。如《村镇银行管理暂行规定》第十六条的规定。⑦

(3)减免监管指标考核义务进行激励。如《产品和服务创新指导

---

① 新设立或重组的村镇银行,董事会可不设或少设专门委员会。
② 规模较小的村镇银行,可不设专业委员会。
③ 村镇银行可只设立董事会,行使决策和监督职能;也可不设董事会,由执行董事行使董事会相关职责。
④ 信用合作组织可不设理事会,由其社员大会直接选举产生经营管理层,但应设立由利益相关者组成的监事会。
⑤ 贷款公司可不设立董事会、监事会,但必须建立健全经营管理机制和监督机制。
⑥ 取消境内银行业金融机构对在县(市)、乡(镇)、行政村设立分支机构拨付营运资金的限额及相关比例的限制。
⑦ 村镇银行在县域范围内设立分支机构不受拨付营运资金额度及比例的限制。

意见》(银发〔2010〕198号)规定,对于达到要求①的农村信用社,不将支农再贷款纳入存贷比监管指标考核。

(4)减免交存存款准备金义务进行激励。《关于村镇银行等有关政策的通知》(银发〔2008〕137号)规定,农村资金互助社暂不向中国人民银行交存存款准备金。

(5)减免行政许可事项义务进行激励。《调整放宽准入政策若干意见》(银监发〔2006〕90号)规定,取消在农村地区新设银行业金融机构分支机构高级管理人员任职资格审查的行政许可事项,改为参加从业资格考试合格后即可上岗。

3. 通过减免责任激励信贷机构

通过给信贷机构减免责任可以激励农村消费信贷中信贷机构针对"三农"进行贷款的积极性和主动性。具体来看,主要包括:

(1)减免授信部门、授信工作人员合规责任进行激励。《授信工作尽职指引(试行)》(银监发〔2006〕69号)第四十四条规定,有充分证据表明授信部门和授信工作人员勤勉尽职地履行了职责,在出现风险时应免除授信部门和相关授信工作人员的合规责任。

(2)减免小额贷款责任进行激励。《发展小额贷款业务指导意见》(银监发〔2007〕67号)规定,加强对农村小额贷款发放和管理各环节的尽职评价,对尽职无错或非人为过错的,应减轻或免除相关责任。

(3)减免小企业信贷人员责任进行激励。《做好中小企业金融服务工作若干意见》(银发〔2010〕193号)规定,要制定小企业信贷人员尽职免责机制,切实做到尽职者免责和失职者问责。

(4)实施农户贷款尽职免责制度进行激励。《农户贷款管理办法》(银监发〔2012〕50号)第五十二条规定,农村金融机构应当建立包含农户贷款业务在内的尽职免责制度。对于尽职无过错且风险在容忍

---

① 即支农成效显著、风险控制能力强、推动农村金融产品和服务方式有特色。

度范围内的应当免除责任。

（5）实施富民惠农金融创新免责机制进行激励。《金融创新工程指导意见》（银监办发〔2012〕189号）规定，创新激励机制，建立富民惠农金融创新专项奖励制度和免责机制以充分激发员工创新潜能。

（二）从成本、收益方面激励信贷机构

从经济学角度讲，惩罚实际上就是增加相关主体成本或减少收益。相反，激励实际上是增加相关主体收益或减少成本。法律为了实现对农村消费信贷中信贷机构激励的目标，就可以采用减少成本、增加收益的模式来实现。

1. 通过增加收益激励信贷机构

增加收益方面，可以是给予中央财政补贴，也可以是给予涉农贷款风险补偿等，从而对信贷机构产生激励。具体包括但不限于：

（1）给予中央财政补贴进行激励。中央财政补贴激励可以看作是信贷机构收益的增加。如《定向费用补贴资金管理暂行办法》（财金〔2009〕31号）第六条规定，补贴资金作为农村金融机构当年收入核算。《定向费用补贴资金管理暂行办法》（财金〔2010〕42号）第七条规定，补贴资金于下一年度拨付，纳入金融机构收入核算。具体包括：一是针对新型农村金融机构的中央财政补贴。如《关于实行新型农村金融机构定向费用补贴的通知》（财金〔2009〕15号）的相关规定[1]，《定向费用补贴资金管理暂行办法》（财金〔2009〕31号）的相关规定[2]，《定向费用补贴资金管理暂行办法》（财金〔2010〕42号）第五条的规定[3]，以及《关于鼓励和引导民间投资健康发展的若干意

---

[1] 符合条件的3类新型农村金融机构，自2009年至2011年，由中央财政按照上年末贷款余额的2%给予补贴。

[2] 符合规定条件的新型农村金融机构，按其上年贷款平均余额的2%给予补贴。

[3] 符合规定条件的贷款公司和农村资金互助社，当年贷款平均余额同比增长、年末存贷比高于50%且达到银监会监管指标要求的村镇银行，按其当年贷款平均余额的2%给予补贴。

见》(国发〔2010〕13号)的相关规定①。二是针对基础金融服务薄弱地区银行业金融机构网点的中央财政补贴。如《关于扩大农村金融机构定向费用补贴政策范围的通知》(财金〔2010〕41号)的相关规定②、《定向费用补贴资金管理暂行办法》(财金〔2010〕42号)第六条的规定③和《金融服务进社区指导意见》(银监办发〔2012〕190号)的相关规定④。

(2)给予涉农贷款风险补偿进行激励。具体包括：一是从中央贴息资金预算中安排拨付一部分作为风险补偿资金。如《小额担保贷款财政贴息资金管理办法》(财金〔2008〕100号，以下简称《小贷贴息资金管理办法》)第十四条的规定⑤。二是鼓励地方政府建立涉农贷款风险补偿制度。如《产品和服务创新意见》(银发〔2008〕295号)的相关规定⑥，《产品和服务创新指导意见》(银发〔2010〕198号)的相关规定⑦。

2. 通过减少成本激励信贷机构

减少成本方面，可以是给予税收减免，也可以是给予再贷款利率优惠，从而对信贷机构产生激励。具体包括但不限于：

(1)给予税收减免进行激励。税收减免是减少信贷机构成本的最

---

① 对小额贷款公司的涉农业务实行与村镇银行同等的财政补贴政策。
② 从2010年至2012年，将费用补贴范围扩大到基础金融服务薄弱地区。中央财政对基础金融服务薄弱地区银行业金融机构网点，按照该网点当年贷款平均余额的2%给予费用补贴。
③ 中央财政对基础金融服务薄弱地区的银行业金融机构(网点)，按其当年贷款平均余额的2%给予补贴。
④ 在积极落实已有扶持政策的基础上，争取在营业用房、营运费用、电子机具购置、网络设施建设等方面给予适当的补贴和支持。
⑤ 符合规定的地方，中央财政将按年度新增担保基金总额的一定比例，从中央贴息资金预算中安排拨付一部分作为风险补偿资金。
⑥ 在有条件的试点地区，鼓励地方政府建立涉农贷款风险补偿制度，用于补偿涉农金融机构由于自然风险和市场风险等原因形成的信贷损失。
⑦ 在有条件的试点地区，鼓励地方政府通过增加财政贴息资金、增加担保公司和再担保公司资本金注资或设立风险补偿基金等多种方式，建立涉农贷款风险补偿制度。

主要也是最常见的方式。具体包括：一是企业所得税减计收入激励。如《农村金融税收政策通知》（财税〔2010〕4号）的相关规定。①二是企业所得税税前扣除激励。如《关于金融企业贷款损失准备金企业所得税税前扣除有关问题的通知》（财税〔2009〕64号）的相关规定②和《关于金融企业涉农贷款和中小企业贷款损失准备金税前扣除政策的通知》（财税〔2009〕99号）的相关规定③。三是减免营业税激励。如《农村金融税收政策通知》（财税〔2010〕4号）的相关规定④。四是免征营业税进行激励。如《关于中国扶贫基金会小额信贷试点项目税收政策的通知》（财税〔2010〕35号）的相关规定。⑤五是企业所得税税前扣除激励。如《关于延长金融企业涉农贷款和中小企业贷款损失准备金税前扣除政策执行期限的通知》（财税〔2011〕104号）的相关规定。⑥

（2）给予存款准备金率优惠进行激励。存款准备金率优惠可以保证信贷机构自由资金的充足。具体包括：一是涉农贷款比例较高的农村信用社、农村合作银行，继续执行比一般商业银行低的存款准备金率。如《支持春耕备耕增加"三农"信贷的通知》（银发〔2008〕1

---

① 自2009年1月1日至2013年12月31日，对金融机构农户小额贷款的利息收入和保险公司为种植业、养殖业提供保险业务取得的保费收入在计算应纳税所得额时，按90%计入收入总额。

② 政策性银行、商业银行、财务公司和城乡信用社等国家允许从事贷款业务的金融企业提取的贷款损失准备税前扣除（2008.1.1—2010.12.31）。

③ 金融企业发生的符合条件的涉农贷款和中小企业贷款损失，应先冲减已在税前扣除的贷款损失准备金，不足冲减部分可据实在计算应纳税所得额时扣除。

④ 自2009年1月1日至2013年12月31日，对农村信用社、村镇银行、农村资金互助社、由银行业机构全资发起设立的贷款公司、法人机构所在地在县（含县级市、区、旗）及以下地区的农村合作银行和农村商业银行的金融保险业收入减按3%的税率征收营业税。"营改增"之后则改为增值税优惠。

⑤ 自2009年1月1日至2013年12月31日，对金融机构农户小额贷款的利息收入，免征营业税。"营改增"之后改为免征增值税。

⑥ 《关于金融企业涉农贷款和中小企业贷款损失准备金税前扣除政策的通知》（财税〔2009〕99号）规定的金融企业涉农贷款和中小企业贷款损失准备金税前扣除的政策，继续执行至2013年12月31日。

号)的相关规定。① 二是村镇银行的存款准备金率比照当地农村信用社执行。如《关于村镇银行等有关政策的通知》(银发〔2008〕137号)的相关规定。② 三是对于达标县域法人金融机构,存款准备金率按低于同类金融机构标准1个百分点执行。如《考核办法》(银发〔2010〕262号)第十三条的规定。

(3)给予再贷款利率优惠进行激励。如《考核办法》(银发〔2010〕262号)第十三条规定,达标且财务健康的县域法人金融机构,可按其新增贷款的一定比例申请再贷款,并享受优惠利率。

(4)允许设立新型农村金融机构管理总部进行激励。如《关于加快发展新型农村金融机构有关事宜的通知》(银监发〔2010〕27号)规定,为提高主发起人的积极性,允许设立10家(含10家)以上新型农村金融机构的主发起人设立管理总部。

(三)从特殊资格、荣誉方面激励信贷机构

法律可以通过赋予特殊资格、给予特殊荣誉的激励方式,规范和引导信贷机构的行为方向,以此来实现对农村消费信贷机构的激励目标。

1. 通过赋予特殊资格激励信贷机构

赋予特殊资格进行激励与前面提及的赋予权利进行激励有区别。区别在于:赋予特殊资格进行激励主要是考虑到相关法律主体的弱势地位而进行的特殊处理。

(1)降低准入资格进行激励。具体包括:一是降低设立注册资本;二是降低金融产品创新和基层机构网点布局调整设立标准。降低设立注册资本,如《调整放宽准入政策若干意见》(银监发〔2006〕90号)

---

① 继续对农村信用社执行相对较低的存款准备金率。对涉农贷款比例较高的农村合作银行、农村信用社,继续执行比一般商业银行低的存款准备金率。

② 村镇银行应按照中国人民银行存款准备金的管理规定,及时向中国人民银行当地分支机构交存存款准备金,村镇银行的存款准备金率比照当地农村信用社执行。

的相关规定①、《村镇银行管理暂行规定》第八条②、《农村资金互助社管理暂行规定》第九条的规定③。降低金融产品创新和基层机构网点布局调整的设立标准，如《产品和服务创新意见》（银发〔2008〕295号）的相关规定。④

（2）赋予优先设立、改制资格进行激励。具体包括：一是赋予优先审批、设立资格。如《调整放宽准入政策若干意见》（银监发〔2006〕90号）的相关规定。⑤二是赋予小额贷款公司优先改制资格。如《小额贷款公司改制设立村镇银行暂行规定》的相关规定。⑥三是赋予农村信用社优先改制资格。如《产品和服务创新指导意见》（银发〔2010〕198号）的相关规定。⑦

（3）放宽比例（数量）限制进行激励。具体包括：一是取消符合条件的中小商业银行分支机构准入数量限制。如《做好中小企业金融服务工作若干意见》（银发〔2010〕193号）的相关规定。⑧二是放宽对金融机构的持股比例限制。如《关于鼓励和引导民间投资健康发展

---

① 根据农村地区金融服务规模及业务复杂程度，合理确定新设银行业金融机构注册资本。一是在乡（镇）设立的村镇银行，不低于100万元。二是在乡（镇）新设立的信用合作组织，不低于30万元；在行政村新设立的信用合作组织，不低于10万元。三是商业银行和农村合作银行设立的专营贷款业务的全资子公司，不低于50万元。四是农村合作银行，不低于1000万元，以县（市）为单位实施统一法人的机构，不低于300万元。

② 在县（市）设立的村镇银行，不低于300万元，在乡（镇）设立的村镇银行，不低于100万元。

③ 设立农村资金互助社的条件：在乡（镇）设立的注册资本不低于30万元，在行政村设立的，不低于10万元。

④ 对于支农成效显著、风险控制能力强、推动农村金融产品和服务方式有特色的涉农金融机构，在金融产品创新和基层机构网点布局调整方面实施市场准入绿色通道，风险可控的新业务可实行备案制。

⑤ 对在农村地区设立机构的申请，监管机构可同等条件下优先审批。

⑥ 未设村镇银行的县（市）及县（市）以下地区的小额贷款公司原则上优先改制。

⑦ 对于支农成效显著、风险控制能力强、推动农村金融产品和服务方式有特色的农村信用社，优先将其改制为农村银行类机构。

⑧ 鼓励优先到西部和东北地区等金融机构较少、金融服务相对薄弱地区设立分支机构。

的若干意见》(国发〔2010〕13号)的相关规定。①

(4)给予边远地区综合优惠进行激励。《空白乡镇基础金融服务的通知》(银监办发〔2011〕74号)规定,充分发挥政策的正向激励作用,探索合力解决"三农"金融服务难题的有效途径和在贫困边远地区开展金融服务的长效机制。这也是通过减轻边远地区开展金融服务义务并减少其成本激励农村消费信贷的正外部性的条款。

2. 通过给予特殊荣誉激励信贷机构

虽然最终与增加收益一样都有相应资金流入信贷机构,但是,这里主要是从奖励这个角度来看的,如通过给予奖励性补助资金、现金奖励、富民惠农金融创新专项奖励等进行激励。

(1)给予奖励性补助资金进行激励。《小贷贴息资金管理办法》(财金〔2008〕100号)第十五条规定了三个方面的内容:一是按照年度新发放小额担保贷款的一定比例给予奖励性补助资金;二是由中央和省级财政各承担一半,其中中央财政承担部分从中央贴息资金预算中安排拨付;三是奖补资金用于对小额担保贷款工作突出的经办银行、担保机构和信用社区等单位的工作经费补助。

(2)给予现金奖励进行激励。具体包括:一是对少部分分支机构的奖励。如《关于开展县域金融机构涉农贷款增量奖励试点工作的通知》(财金〔2009〕16号)的相关规定。②二是对县域金融机构的奖励。如《财政县域金融机构涉农贷款增量奖励资金管理暂行办法》(财金〔2009〕30号)第四条的规定。③

---

① 鼓励民间资本发起或参与设立村镇银行、贷款公司、农村资金互助社等金融机构,放宽村镇银行或社区银行中法人银行最低出资比例的限制。适当放宽小额贷款公司单一投资者持股比例限制。

② 对黑龙江等6省区所辖县域内设立的各类法人金融机构和其他金融机构(不包括中国农业发展银行)的分支机构,自2009年起,上年末涉农贷款余额同比增幅超过15%的,财政部门对机构上年末涉农贷款余额增量超过15%的部分,按2%给予奖励。

③ 财政部门对县域金融机构上年涉农贷款平均余额同比增长超过15%的部分,按2%的比例给予奖励。对上年末不良贷款率同比上升的县域金融机构,不予奖励。

（3）给予富民惠农金融创新专项奖励进行激励。《金融创新工程指导意见》（银监办发〔2012〕189号）规定，创新激励机制，建立富民惠农金融创新专项奖励制度和免责机制以充分激发员工的创新潜能。

二、我国农村消费信贷促进中对信贷机构约束法律机制的类型化分析

在农村消费信贷中，信贷机构作为消费信贷的供给方，理所应当的应该满足信贷客户的信贷需求。但是因为主观原因，如为了盈利考虑、限定抵押物范围等，加上也有客观原因，如信贷客户信用不明确，或者信用低下导致违约增多，直接影响到信贷机构的信贷热情，常常"惧贷"和"惜贷"，由"信贷机构"转变为"惧贷机构"和"惜贷机构"。因此，建立农村消费信贷中针对信贷机构的法律约束机制也就势在必行。虽然我国目前还没有建立起农村消费信贷中针对信贷机构的完善法律约束机制，但是事实上一些制度及其具体措施对信贷机构起到了约束的作用。如前文所述，法律是以权利、义务和责任为内容的社会规范，其中的权利、义务和责任的不同分配，既可以起到激励作用，也可以起到约束作用。宏观来看，我国当前针对信贷机构的约束机制，也主要是从三个方面进行：一是从权利、义务、责任方面对信贷机构进行约束，二是从成本、收益方面对信贷机构进行约束，三是从特殊资格、荣誉方面对信贷机构进行约束。

（一）从权利、义务、责任方面约束信贷机构

法律可以通过对权利、义务和责任的恰当分配，规范和引导农村消费信贷中信贷机构的行为方向，以此来实现对农村消费信贷中负外部性的约束。在约束农村消费信贷中信贷机构的负外部性方面，具体可以通过剥夺权利、增加义务和施加责任等途径来实现。

1. 通过剥夺权利约束信贷机构

既可以通过赋予信贷机构一定的权利进行激励,也可以通过剥夺信贷机构一定的权利进行约束。具体来看:

(1)暂时剥夺开展业务权利进行约束。主要是对限期达不到整改要求的采取调整高级管理人员、停办所有业务、限期重组等措施,暂时剥夺开展业务的权利。具体包括:一是调整高级管理人员、停办所有业务、限期重组。如《调整放宽准入政策若干意见》(银监发〔2006〕90号)的相关规定①,《村镇银行管理暂行规定》第五十一条的规定②,《贷款公司管理暂行规定》第三十三条的规定③。二是禁止其向其他银行业金融机构融入资金,限制其发放贷款并加大检查力度。如《农村资金互助社管理暂行规定》第五十四条的规定。④

(2)永久剥夺开展业务的权利进行约束。主要是对限期不能有效实现减负重组的,采取适时接管、撤销、解散或破产,永久剥夺开展业务的权利。具体包括:一是宏观上的规定。如《调整放宽准入政策若干意见》(银监发〔2006〕90号)的相关规定。⑤二是具体性规定。如《村镇银行管理暂行规定》第五十一条⑥、《贷款公司管理暂行规定》第三十三条⑦、《农村资金互助社管理暂行规定》第五十四条的规定⑧。

---

① 对限期达不到整改要求、资本充足率下降至4%、不良资产率高于15%的,可适时采取责令其调整高级管理人员、停办所有业务、限期重组等措施。
② 对限期内资本充足率降至4%、不良资产率高于15%的,可适时采取责令调整董事或高级管理人员、停办部分或所有业务、限期重组等措施进行纠正。
③ 对资本充足率降至4%以下,或不良贷款率高于15%的,适时采取责令其调整高级管理人员、停办所有业务、限期重组等措施。
④ 资本充足率低于8%大于2%的,银行业监督管理机构应禁止其向其他银行业金融机构融入资金,限制其发放贷款,并加大非现场监管及现场检查的力度。
⑤ 在限期内仍不能有效实现减负重组、资本充足率降至2%以下的,应适时接管、撤销或破产。
⑥ 在规定期限内仍不能实现有效重组、资本充足率降至2%及2%以下的,应适时接管、撤销或破产。
⑦ 对限期内不能实现有效重组、资本充足率降至2%以下的,应责令投资人适时接管或由银行业监督管理机构予以撤销。
⑧ 资本充足率低于2%的,银行业监督管理机构应责令其限期增扩股金、清收不良贷款、降低资产规模,限期内未达到规定的,要求其自行解散或予以撤销。

2. 通过增加义务约束信贷机构

法律法规通过增加义务性条款约束农村消费信贷中的信贷机构，旨在实现农村金融机构真正服务于"三农"的目标。

（1）施加服务"三农"定位义务进行约束。具体包括：一是传统农村银行的服务"三农"定位。如《农村商业银行管理暂行规定》第二条①、《农村合作银行管理暂行规定》第二条的规定②。二是新型农村金融机构的服务"三农"定位。如《村镇银行管理暂行规定》第二条③、《贷款公司管理暂行规定》第二条④、第二十二条⑤和《农村资金互助社管理暂行规定》第二条的规定⑥。三是银监会层面的服务"三农"定位。如《村镇银行监管意见》（银监发〔2007〕46号）的相关规定⑦和《关于进一步加强村镇银行监管的通知》（银监办发〔2011〕13号）的相关规定⑧。

（2）施加扩大客户数量和服务覆盖面义务进行约束。具体包括：一是机构网点覆盖面的义务约束。如《空白乡镇基础金融服务的通知》（银

---

① 农村商业银行是由辖内农民、农村工商户、企业法人和其他经济组织共同发起成立的股份制地方性金融机构。主要任务是为当地农民、农业和农村经济发展提供金融服务，促进城乡经济协调发展。

② 农村合作银行是由辖内农民、农村工商户、企业法人和其他经济组织入股组成的股份合作制社区性地方金融机构。主要任务是为农民、农业和农村经济发展提供金融服务。

③ 村镇银行是指经中国银行业监督管理委员会依据有关法律、法规批准，由境内外金融机构、境内非金融机构企业法人、境内自然人出资，在农村地区设立的主要为当地农民、农业和农村经济发展提供金融服务的银行业金融机构。

④ 贷款公司是指经中国银行业监督管理委员会依据有关法律、法规批准，由境内商业银行或农村合作银行在农村地区设立的专门为县域农民、农业和农村经济发展提供贷款服务的非银行业金融机构。

⑤ 贷款公司开展业务，必须坚持为农民、农业和农村经济发展服务的经营宗旨，贷款的投向主要用于支持农民、农业和农村经济发展。

⑥ 农村资金互助社是指经银行业监督管理机构批准，由乡（镇）、行政村农民和农村小企业自愿入股组成，为社员提供存款、贷款、结算等业务的社区互助性银行业金融机构。

⑦ 规定支农服务监管，强调属地监管机构要积极引导村镇银行立足县域，服务"三农"、服务社区，探索建立灵活、便利的信贷管理与服务模式。

⑧ 规定要把贷款投向，积极支持县域经济发展。各银监局要督促村镇银行坚持服务"三农"宗旨，牢牢把握支农方向，确保吸收的存款用于支持当地的农民、农业和农村经济发展需求。

监办发〔2011〕74号）的相关规定。① 二是贷款覆盖面的义务约束。如《村镇银行管理暂行规定》第四十一条②、《贷款公司管理暂行规定》第二十三条③、《小贷公司试点指导意见》（银监发〔2008〕23号）的相关规定④以及《村镇银行监管意见》（银监发〔2007〕46号）的相关规定⑤。三是小额信用贷款和联保贷款覆盖面的义务约束。如《产品和服务创新意见》（银发〔2008〕295号）的相关规定⑥，《创业小额贷款指导意见》（中青联发〔2008〕42号）的相关规定⑦，《产品和服务创新指导意见》（银发〔2010〕198号）的相关规定⑧，《金融创新工程指导意见》（银监办发〔2012〕189号）的相关规定⑨。四是农户贷款覆盖面的义务约束。如《农户贷款管理办法》（银监发〔2012〕50号）第五条的规定⑩，《金融服务进社区指导意见》（银监办发〔2012〕190号）的相关规定⑪，《2013年

---

① 各地要着力巩固原有网点，逐步完善网点功能，不断提高服务水平和机构覆盖度，推动工作重点由解决金融服务空白问题向扩大固定网点覆盖面、适度提高辖内乡镇网点规模转变……。要严格控制现有农村网点撤并行为，提高网点覆盖面……严格执行新型农村金融机构东西挂钩、城乡挂钩、发达地区和欠发达地区挂钩的政策要求，鼓励延伸服务网络。

② 村镇银行发放贷款应坚持小额、分散的原则，提高贷款覆盖面，防止贷款过度集中。村镇银行对同一借款人的贷款余额不得超过资本净额的5%；对单一集团企业客户的授信余额不得超过资本净额的10%。

③ 贷款公司发放贷款应当坚持小额、分散的原则，提高贷款覆盖面，防止贷款过度集中。贷款公司对同一借款人的贷款余额不得超过资本净额的10%；对单一集团企业客户的授信余额不得超过资本净额的15%。

④ 小额贷款公司发放贷款，应坚持"小额、分散"的原则，鼓励小额贷款公司面向农户和微型企业提供信贷服务，着力扩大客户数量和服务覆盖面。

⑤ 一是市场定位方面。属地监管机构努力扩大服务覆盖面，提高服务满意度，促进当地经济发展。二是支农服务评价方面。属地监管机构要构建正向激励与约束机制，定期对村镇银行的客户贷款覆盖面、客户贷款满意度、涉农贷款比例等指标进行考核。

⑥ 积极发放不需要抵押担保的小额信用贷款和农户联保贷款，扩大农户贷款覆盖面，提高贷款满足率。

⑦ 积极发放不需要抵押担保的小额信用贷款，扩大贷款覆盖面，提高贷款满足率。

⑧ 积极扩大农户小额信用贷款和农户联保贷款的覆盖面，努力满足农村商业、服务业、流通业、小手工业和建筑业等专业化、市场化的资金需求。

⑨ 积极扩大小额信用贷款和联保贷款覆盖面，探索与银行卡授信相结合的小额信贷产品。

⑩ 农村金融机构应当建立专门的风险管理与考核激励机制，加大营销力度，不断扩大授信覆盖面，提高农户贷款的可获性、便利性和安全性。

⑪ 着力提高广大农村地区金融服务的覆盖面和可得性，充分满足广大农民的基础金融服务需求。

农村金融服务工作的通知》（银监办发〔2013〕51号）的相关规定①。五是优惠政策覆盖面义务约束。如《林业发展金融服务指导意见》（银发〔2009〕170号）的相关规定②，《阳光信贷工程指导意见》（银监办发〔2012〕191号）的相关规定③。

（3）施加服务"三农"比例义务进行约束。具体包括：一是宏观层面的比例要求。如《农村商业银行管理暂行规定》第四十六、四十八条的规定④，《农村资金互助社管理暂行规定》第四十二条的规定⑤，《村镇银行监管意见》（银监发〔2007〕46号）的相关规定⑥。二是微观层面的比例要求。包括两个方面：一是具体比例要求。如《考核办法》（银发〔2010〕262号）第五条的规定。⑦二是增幅要求。如《农田水利基本建设金融服务意见》（银发〔2008〕361号）的相关规定⑧，《支持春耕备耕增加"三农"信贷的通知》（银发〔2008〕1号）的相关规定⑨。

---

① 在社区范围特别是农村社区探索建立村级金融服务点等多种形式的便民服务网络，强化社区金融服务，扩展服务覆盖面。对服务薄弱、竞争不充分地区，要着力提高服务可得性，持续提升服务覆盖面。

② 充分利用财政贴息政策，切实增加林业贴息贷款、扶贫贴息贷款、小额担保贷款等政策覆盖面。稳步推行农户信用评价和林权抵押相结合的免评估、可循环小额信用贷款，扩大林农贷款覆盖面。

③ 坚持广覆盖、普惠性的市场定位，提高贷款覆盖面，在承担社会责任基础上追求经济效益。

④ 第四十六条规定，农村商业银行要将一定比例的贷款用于支持农民、农业和农村经济发展，具体比例由股东大会根据当地农村产业结构状况确定，并报当地省级银行监管机构备案。第四十八条规定，农村合作银行在辖区内开展存款及其他金融业务，要重点面向入股农民，为当地农业和农村经济发展提供金融服务，农村合作银行要将一定比例的贷款用于支持农民、农业和农村经济发展，具体比例由当地银行监管机构根据当地农村产业结构状况确定。

⑤ 农村资金互助社的资金应主要用于发放社员贷款，满足社员贷款需求后确有富余的可存放其他银行业金融机构，也可购买国债和金融债券。

⑥ 村镇银行要防止信贷集中风险，坚决杜绝对单一借款人和单一集团企业的超比例授信和贷款，严格控制除农业以外的单一产业信贷投放比例。

⑦ 县域法人金融机构中可贷资金与当地贷款同时增加且年度新增当地贷款占年度新增可贷资金比例大于70%（含）的，或可贷资金减少而当地贷款增加的，考核为达标县域法人金融机构。

⑧ 农业银行和农村信用社法人机构要保证涉农贷款有一定的增幅，提高农业基础设施贷款占涉农贷款的比重。

⑨ 各金融机构要在控制贷款总量的前提下，通过调整信贷结构，控制非农贷款，确保使农业和农户贷款明显增加，涉农信贷投放比例明显提高，农村金融服务力度明显加大。

(4)施加服务"三农"评价义务进行约束。具体包括:一是定期对发放支农贷款情况进行评价约束。如《农村商业银行管理暂行规定》第四十六条①,《农村合作银行管理暂行规定》第四十八条的规定②。二是金融创新活动评价约束。如《商业银行金融创新指引》(银监发〔2006〕87号)第二十五条的规定③,《金融创新工程指导意见》(银监办发〔2012〕189号)的相关规定④。三是支农服务质量评价约束。如《调整放宽准入政策若干意见》(银监发〔2006〕90号)的相关规定⑤,《村镇银行管理暂行规定》第五十二条的规定⑥,《村镇银行监管意见》(银监发〔2007〕46号)的相关规定⑦,《发展小额贷款业务指导意见》(银监发〔2007〕67号)的相关规定⑧,《阳光信贷工程指导意见》(银监办发〔2012〕191号)的相关规定⑨。四是支农服务网点评价约束。如《全面做好农村金融服务工作通知》(银监办发〔2011〕36号)的相关规定⑩,

---

① 银行监管机构应定期对农村商业银行发放支农贷款情况进行评价,并可将评价结果作为审批农村商业银行网点增设、新业务开办等申请的参考。
② 银行监管机构应定期对农村合作银行发放支农贷款情况进行评价,并可将评价结果作为审批农村合作银行网点增设、新业务开办等申请的参考。
③ 商业银行应逐步建立适应金融创新活动的绩效考核评价机制,形成促进金融创新的有效激励机制和企业文化氛围。
④ 监管部门要从实际效果出发,建立农村金融创新科学评价机制,并将考核结果作为支农服务评价和监管评级的重要内容。
⑤ 监管机构应建立对农村地区银行业金融机构的支农服务质量考核体系,并将考核结果作为对该机构综合评价、行政许可以及高级管理人员履职评价的重要内容,促进农村地区银行业金融机构安全稳健经营,满足农村地区的有效金融需求。
⑥ 银行业监督管理机构应建立对村镇银行支农服务质量的考核体系和考核办法,定期对村镇银行发放支农贷款情况进行考核评价,并可将考核评价结果作为对村镇银行综合评价、行政许可以及高级管理人员履职评价的重要内容。
⑦ 规定支农服务监管,强调支农服务评价。属地监管机构要建立支农服务质量评价考核体系,构建正向激励与约束机制。
⑧ 银监会将综合考虑农户和农村企业贷款面、农业贷款的存量与增量、贷款质量、当地农村信用水平、产品创新能力等因素,制定发布银行业金融机构支农服务评价指标体系和监管办法。
⑨ 监管部门要开展监督评价,督促农村中小金融机构改造信贷流程,转变经营理念,对于阳光信贷支农效果明显的机构,要在增设机构、开办新业务和监管评级等方面予以倾斜。对于不公开、不透明,侵害金融消费者权益的机构,要严格依法依规问责。
⑩ 建立科学的监管考核与评价体系,推动和激励农村金融机构完善支农服务网点功能,提高贷款服务效率和质量。

《金融服务进社区指导意见》（银监办发〔2012〕190号）的相关规定①。五是存款使用方向评价约束。如《产品和服务创新指导意见》（银发〔2010〕198号）的相关规定。②

（5）施加经办贷款业务限制义务进行约束。具体包括：一是村镇银行不得为股东及其关联方提供贷款。如《调整放宽准入政策若干意见》（银监发〔2006〕90号）的相关规定。③二是村镇银行不得发放异地贷款。如《村镇银行管理暂行规定》第五条的规定。④三是严禁向借款人预收利息、收取账户管理费用等不规范经营行为。如《农户贷款管理办法》（银监发〔2012〕50号）第十一条的规定。⑤四是广泛建立农户基本信息档案。如《农户贷款管理办法》（银监发〔2012〕50号）第二十条的规定。⑥

（6）施加金融创新义务进行约束。具体包括：一是宏观层面的金融创新义务约束。如《商业银行金融创新指引》（银监发〔2006〕87号）第四条的规定。⑦二是担保方式方面的创新约束。如《产品和服务创新意见》（银发〔2008〕295号）的相关规定。⑧三是信贷服务方式创新约束。如《产品和服务创新指导意见》（银发〔2010〕198号）的相

---

① 加强评价考核。各银监局和省联社要加强跟踪指导，组织加大经验推广交流力度，根据工作推进情况，定期对行政村网点覆盖率、简易便民服务网点数量、自助机具布设以及金融知识普及等方面情况进行考评通报，确保金融服务进村入社区工程取得实效。

② 建立和完善考核制度及奖励机制，鼓励县域内各金融机构法人和各金融机构的分支机构将新增存款主要留在当地使用。

③ 农村地区新设银行业法人机构必须执行审慎、规范的资产分类制度，在任何时点，其资本充足率不得低于8%，资产损失准备充足率不得低于100%，内部控制、贷款集中、资产流动性等应严格满足审慎监管要求。村镇银行不得为股东及其关联方提供贷款。

④ 村镇银行不得发放异地贷款。

⑤ 农村金融机构开展农户贷款业务应当维护借款人权益，严禁向借款人预收利息、收取账户管理费用、搭售金融产品等不规范经营行为。

⑥ 农村金融机构应当广泛建立农户基本信息档案，主动走访辖内农户，了解农户信贷需求。

⑦ 金融创新是商业银行以客户为中心，以市场为导向，不断提高自主创新能力和风险管理能力，有效提升核心竞争力，更好地满足金融消费者和投资者日益增长的需求，实现可持续发展战略的重要组成部分。

⑧ 创新贷款担保方式，扩大有效担保品范围。

关规定。① 四是产品项目创新约束。如《农户贷款管理办法》（银监发〔2012〕50号）第五条的规定。②

（7）施加制定适合需要的信贷政策义务进行约束。《调整放宽准入政策若干意见》（银监发〔2006〕90号）规定，农村地区银行业金融机构应该制定满足区域内农民、农村经济对金融服务需求的信贷政策，制定明确的服务目标，保证其贷款业务辐射一定的地域和人群。这里的"应该""保证"就是对农村消费信贷机构的相关法律约束，这些约束是通过加重义务、增加成本来实现的。

（8）施加营业网点设置义务进行约束。《调整放宽准入政策若干意见》（银监发〔2006〕90号）规定，对于新设银行业，其具备贷款服务功能的营业网点只能设在县（市）或县（市）以下乡（镇）和行政村。这里出现的"只能"和"必须"就是对新设银行的相关法律约束，这些约束是通过削减银行自由新设的权利，减少其收益来实现的。这一点类似于印度《地区农村银行法案》关于地区农村银行营业机构要设立在农村地区的规定。印度储备银行还规定商业银行在城市开设1家分支机构，必须同时在边远地区开设2—3家分支机构。③

（9）施加持股比例申报批准义务进行约束。如《调整放宽准入政策若干意见》（银监发〔2006〕90号）规定，单一境内银行业金融机构持股比例不得低于20%，单一自然人持股比例、单一其他非银行企业法人及其关联方合计持股比例不得超过10%。任何单位或个人持有村镇银行、农村合作金融机构股份总额5%以上的，应当事先经监管

---

① 涉农银行业金融机构要改进金融服务流程，完善贷款营销模式，推动农村金融服务方式多样化、多元化。积极开展农户贷款流程再造，促进农户贷款业务流程标准化、规范化，切实提高审批效率，有效控制信贷风险。鼓励银行业金融机构采取信贷员包村服务、金融辅导员制度、"贷款+技术"等方式，大力推动信贷服务方式创新。

② 农村金融机构应当积极发展农户贷款业务，制定农户贷款发展战略，积极创新产品，建立专门的风险管理与考核激励机制。

③ 莫易娴、区德成：《农村金融体系的国际经验借鉴》，《华北金融》2011年第9期，第22—24页。

机构批准。

（10）施加信贷管理模式建设义务进行约束。如《发展小额贷款业务指导意见》（银监发〔2007〕67号）规定，通过建立信贷管理模式，把信用村镇创建活动引向深入。

3. 通过施加责任约束信贷机构

通过给信贷机构减免责任可以激励信贷机构，那么通过施加责任就可以约束信贷机构，具体包括：

（1）施加一般责任进行约束。具体包括：一是未经中国银监会（2018年4月8日之后改为银保监会）批准，擅自设立、合并、撤销分支机构的，给予警告并处罚款；对直接负责的高管给予撤职直至开除的纪律处分。如《农村商业银行管理暂行规定》第五十七条[①]和《农村合作银行管理暂行规定》第五十九条[②]的规定。二是银行业监管机构有权采取风险提示、约见其董事或高级管理人员谈话等措施督促其及时进行整改以防范风险。如《村镇银行管理暂行规定》第五十三条[③]和《贷款公司管理暂行规定》第三十六条[④]的规定。三是责令其改正并进行处罚；给予取消一定期限直至终身任职资格的处分；构成犯罪的移交司法机关。如《农村资金互助社管理暂行规定》第五十六条的规定。[⑤]

[①] 农村商业银行未经中国银行业监督管理委员会批准，擅自设立、合并、撤销分支机构的，给予警告，并处5万元以上30万元以下的罚款；对直接负责的高级管理人员，给予撤职直至开除的纪律处分。

[②] 农村合作银行未经中国银行业监督管理委员会批准，擅自设立、合并、撤销分支机构的，给予警告，并处5万元以上30万元以下的罚款；对直接负责的高级管理人员，给予撤职直至开除的纪律处分。

[③] 村镇银行违反本规定的，银行业监督管理机构有权采取风险提示、约见其董事或高级管理人员谈话、监管质询、责令停办业务等措施，督促其及时进行整改，防范风险。

[④] 贷款公司违反本规定的，银行业监督管理机构有权采取风险提示、约见谈话、监管质询、责令停办业务等措施，督促其及时进行整改，防范资产风险。

[⑤] 农村资金互助社违反有关法律、法规，存在超业务范围经营、账外经营、设立分支机构、擅自变更法定变更事项等行为的，银行业监督管理机构应责令其改正，并按《中华人民共和国银行业监督管理法》和《金融违法行为处罚办法》等法律法规进行处罚；对理事、经理、工作人员的违法违规行为，可责令农村资金互助社给予处分，并视不同情形，对理事、经理给予取消一定期限直至终身任职资格的处分；构成犯罪的，移交司法机关，依法追究刑事责任。

（2）施加违反业务经营责任进行约束。具体包括：一是针对农村商业银行和农村合作银行及其相关人员的具体责任约束。[①] 另外，其他一些法规也有相似的规定，如《农村商业银行管理暂行规定》第五十九条的规定[②]和《农村合作银行管理暂行规定》第六十一条[③]的规定。二是针对村镇银行的责任规定。如《村镇银行监管意见》（银监发〔2007〕46号）的规定[④]和《关于进一步加强村镇银行监管的通知》（银监办发〔2011〕13号）的规定[⑤]。

（3）施加骗取财政贴息、补贴资金责任进行约束。具体包括：一是经办银行虚报材料，骗取财政贴息资金的责任约束。如《小贷贴息资金管理办法》（财金〔2008〕100号）第二十三条的规定。[⑥] 二是虚报材料，骗取财政补贴资金的责任约束。如《定向费用补贴资金管理暂行办法》（财金〔2009〕31号）第十七条的规定[⑦]和《定向费用补贴

[①] 一是给予警告，没收违法所得，并处违法所得1倍以上5倍以下的罚款，无违法所得的，处10万元以上50万元以下的罚款；二是对直接负责的高级管理人员给予撤职直至开除的纪律处分，对其他直接负责的主管人员和直接责任人员给予记过直至开除的纪律处分；三是情节严重的，责令停业整顿或者吊销金融许可证；四是构成非法经营罪或者其他罪的，依法追究刑事责任。

[②] 农村商业银行超出中国银行业监督管理委员会批准的业务范围开展业务活动的，给予警告，没收违法所得，并处违法所得1倍以上5倍以下的罚款，没有违法所得的，处10万元以上50万元以下的罚款；对直接负责的高级管理人员给予撤职直至开除的纪律处分，对其他直接负责的主管人员和直接责任人员给予记过直至开除的纪律处分；情节严重的，责令停业整顿或者吊销金融许可证；构成非法经营罪或者其他罪的，依法追究刑事责任。

[③] 农村合作银行超出中国银行业监督管理委员会批准的业务范围开展业务活动的，给予警告，没收违法所得，并处违法所得1倍以上5倍以下的罚款，没有违法所得的，处10万元以上50万元以下的罚款；对直接负责的高级管理人员给予撤职直至开除的纪律处分，对其他直接负责的主管人员和直接责任人员给予记过直至开除的纪律处分；情节严重的，责令停业整顿或者吊销金融许可证；构成非法经营罪或者其他罪的，依法追究刑事责任。

[④] 属地监管机构要加强对村镇银行的业务监管，督促村镇银行在核准的业务范围和经营区域内依法合规进行经营。设在县（市）的村镇银行不得跨县（市）发放贷款和吸收存款。对违法违规经营、超业务范围和经营区域经营的村镇银行，要严格按照有关金融法律法规进行处理。

[⑤] 严禁以各种形式承接主发起行和其他银行贷款，对已承接贷款或票据的，必须限期退回，逾期仍不退回的，暂停相关业务，并对主要管理人员问责。

[⑥] 对经办银行虚报材料，骗取财政贴息资金的，财政部门应追回贴息资金，同时按国家有关规定进行处罚，并通过媒体予以曝光。

[⑦] 农村金融机构虚报材料，骗取财政补贴资金的，财政部门应当追回补贴资金，取消农村金融机构获得补贴的资格，并根据《财政违法行为处罚处分条例》进行处罚。

资金管理暂行办法》(财金〔2010〕42号)第十八条的规定①。

(4)施加无法收回贷款责任进行约束。如《农户贷款管理办法》(银监发〔2012〕50号)第四十六条规定了对确实无法收回的农户贷款,农村金融机构的处置方式以及对有关人员责任承担问题。

(5)施加信息披露责任进行约束。如《村镇银行监管意见》(银监发〔2007〕46号)规定,村镇银行董事会或行使监督检查职能的机构对信息披露的真实性、及时性、全面性承担责任。

(6)施加侵权责任进行约束。如《阳光信贷工程指导意见》(银监办发〔2012〕191号)规定,监管部门对于不公开不透明、侵害金融消费者权益的机构要严格问责。

(7)施加支农服务责任进行约束。如《关于进一步加强村镇银行监管的通知》(银监办发〔2011〕13号)规定,要严格问责,加大对违规经营机构的处罚力度。一是对偏离支农服务方向等问题的机构,通过约见谈话、督促整改,限期纠正,并依据相关法规,按照"谁调查、谁审批、谁放款、谁负责"的原则严格问责。二是对限期内整改不到位的,要依法采取停办部分业务、调整高级管理人员等监管措施。②

(二)从成本、收益方面约束信贷机构

从经济学角度看,激励可以增加信贷机构的收益,减少其成本。相反,惩罚可以增加信贷机构的成本,减少其收益。法律为了实现对

---

① 金融机构虚报材料,骗取财政补贴资金的,财政部门应当追回补贴资金,取消金融机构获得补贴的资格,并根据《财政违法行为处罚处分条例》进行处罚。

② 一是对偏离支农服务方向、违规购买理财产品、违规受让他行贷款、违规发放政府融资平台贷款和开办贷款转让业务以及存在贷款"垒大户"、逆程序发放贷款、抵质押担保无效、贷款风险分类不准确等问题的机构,通过约见谈话、督促整改,限期纠正,并依据相关法规,按照"谁调查、谁审批、谁放款、谁负责"的原则严格问责。二是对限期内整改不到位的,要依法采取停办部分业务、调整高级管理人员等监管措施。

农村消费信贷中信贷机构负外部性约束的目标，就可以采用增加成本、减少收益的途径来实现。

1. 通过减少收益约束信贷机构

通过增加收益可以激励信贷机构，通过减少收益也可以起到约束信贷机构的作用。具体包括但不限于：

（1）通过限制公共积累分红进行约束。如《关于进一步加强村镇银行监管的通知》（银监办发〔2011〕13号）规定，村镇银行要将国家各项扶持政策（包括国家为支持村镇银行发展而减免的所得税、营业税①以及涉农贷款增量补贴等）形成的公共积累用于补充资本、弥补亏损、提取拨备，不得用于分红。

（2）通过实施追回补贴资金方式进行约束。如《定向费用补贴资金管理暂行办法》（财金〔2009〕31号）第十七条规定，农村金融机构骗取财政补贴资金的，应当追回补贴资金，取消补贴资格，并根据《财政违法行为处罚处分条例》进行处罚。

2. 通过增加成本约束信贷机构

通过减少成本可以激励信贷机构，通过增加成本也可以起到约束信贷机构的作用。这里的成本不仅仅指经济方面的成本。包括但不限于：

（1）实施警告、没收违法所得、罚款、取缔、行政处罚、撤职直至开除、记过直至开除、责令停业整顿或者吊销金融许可证直至追究刑事责任等进行约束。具体包括：一是对超越批准的业务范围从事经营活动的责任约束。如《农村信用合作社管理规定》（银发〔1997〕390号）第三十四条②、第四十一条③的规定，以及《农村商业银行管理

---

① "营改增"之后为减免增值税。
② 县联社超越服务范围从事经营活动的责任有：责令停止超越部分的经营活动，没收其超越部分的非法所得并处以一万元至三万元的罚款，则责令其停业直至吊销其营业许可证。
③ 农村信用社超越批准的业务范围从事经营活动的责任有：责令停止超越部分的经营活动，没收其超越部分的非法所得并处以一万元至三万元的罚款。

暂行规定》第五十九条①、《农村合作银行管理暂行规定》第六十一条②的规定。二是对擅自设立主机构或擅自设立、合并、撤销分支机构的责任约束。如《农村商业银行管理暂行规定》第五十七条③和《农村合作银行管理暂行规定》第五十九条④的规定。三是对擅自变更可变更事项的责任约束。如《农村商业银行管理暂行规定》第五十八条⑤和《农村合作银行管理暂行规定》第六十条⑥的规定。四是违反相关业务管理的责任约束。如《农村信用合作社管理规定》（银发〔1997〕390号）第四十二条的规定。⑦

（2）通过推动信贷服务方式创新进行约束。如《产品和服务创新

---

① 农村商业银行超出中国银行业监督管理委员会批准的业务范围开展业务活动的责任有：警告、没收违法所得并处违法所得1倍以上5倍以下的罚款，没有违法所得的则处10万元以上50万元以下的罚款，对直接负责的高级管理人员给予撤职直至开除的纪律处分，对其他直接负责的主管人员和直接责任人员给予记过直至开除的纪律处分，情节严重的责令停业整顿或者吊销金融许可证，构成非法经营罪或者其他罪的依法追究刑事责任。

② 农村合作银行超出中国银行业监督管理委员会批准的业务范围开展业务活动的责任有：给予警告、没收违法所得并处违法所得1倍以上5倍以下的罚款，没有违法所得的处10万元以上50万元以下的罚款，对直接负责的高级管理人员给予撤职直至开除的纪律处分，对其他直接负责的主管人员和直接责任人员给予记过直至开除的纪律处分，情节严重的责令停业整顿或者吊销金融许可证，构成非法经营罪或者其他罪的依法追究刑事责任。

③ 未经中国银行业监督管理委员会批准擅自设立农村商业银行的责任有：由中国银监会予以取缔，没收其非法所得并给予行政处罚，构成犯罪的移交司法机关并依法追究刑事责任。农村商业银行未经中国银行业监督管理委员会批准擅自设立、合并、撤销分支机构的责任有：警告并处5万元以上30万元以下的罚款，对直接负责的高级管理人员给予撤职直至开除的纪律处分。

④ 未经中国银行业监督管理委员会批准擅自设立农村合作银行的责任有：由中国银监会予以取缔，没收其非法所得并给予行政处罚，构成犯罪的移交司法机关并依法追究刑事责任。农村合作银行未经中国银行业监督管理委员会批准擅自设立、合并、撤销分支机构的责任有：警告并处5万元以上30万元以下的罚款，对直接负责的高级管理人员给予撤职直至开除的纪律处分。

⑤ 农村商业银行未经中国银行业监督管理委员会批准擅自变更第五十四条所列变更事项的责任有：警告并处1万元以上10万元以下的罚款，擅自更换高级管理人员的对直接负责的高级管理人员给予撤职直至开除的纪律处分。

⑥ 农村合作银行未经中国银行业监督管理委员会批准擅自变更第五十六条所列变更事项的责任有：警告并处1万元以上10万元以下的罚款，擅自更换高级管理人员的对直接负责的高级管理人员给予撤职直至开除的纪律处分。

⑦ 农村信用社违反本规定第二十六条、第二十八条、第二十九条规定的，中国人民银行有权责令其纠正，并可处以五千至二万元的罚款。

指导意见》(银发〔2010〕198号)规定要加快推进农村金融服务方式创新：一是服务方式的创新。① 二是贷款流程的创新。② 三是信贷方式的创新。③ 这里的成本包括了创新成本、提高效率的成本等。

（三）从特殊资格、荣誉方面约束信贷机构

法律可以通过赋予特殊资格进行激励，也可以通过对行为的限制、资格的剥夺来规范和引导经济主体的行为方向，以此来实现对信贷机构的约束目标。

1. 通过剥夺特殊资格约束信贷机构

赋予特殊资格可以激励信贷机构，反之，剥夺特殊资格就可以约束信贷机构。具体包括但不限于：

（1）取消获得补贴资格进行约束。如《定向费用补贴资金管理暂行办法》(财金〔2009〕31号)第十七条的规定④，《向费用补贴资金管理暂行办法》(财金〔2010〕42号)第十八条的规定⑤，《考核办法》(银发〔2010〕262号)的相关规定⑥。

（2）限制分配红利资格进行约束。具体包括：一是不得分配红利的约束。如《向农村合作金融机构入股的若干意见》(银监发

---

① 即涉农银行业金融机构要改进金融服务流程，完善贷款营销模式，推动农村金融服务方式多样化、多元化。

② 即积极开展农户贷款流程再造，促进农户贷款业务流程标准化、规范化，有效控制信贷风险。

③ 即鼓励银行业金融机构采取信贷员包村服务、金融辅导员制度、"贷款+技术"等方式，大力推动信贷服务方式创新。

④ 农村金融机构虚报材料，骗取财政补贴资金的，财政部门应当追回补贴资金，取消农村金融机构获得补贴的资格，并根据《财政违法行为处罚处分条例》进行处罚。

⑤ 金融机构虚报材料，骗取财政补贴资金的，财政部门应当追回补贴资金，取消金融机构获得补贴的资格，并根据《财政违法行为处罚处分条例》进行处罚。

⑥ 人民银行和银监会公布并实施达标机构在货币、监管方面享受的优惠政策；对上年达标而本年未达标的机构，取消上年享受的优惠政策。

〔2004〕23号）的相关规定①，《关于进一步加强村镇银行监管的通知》（银监办发〔2011〕13号）的相关规定②。二是不得分配现金红利的约束。如《向农村合作金融机构入股的若干意见》（银监发〔2004〕23号）规定。③三是严格限制分红比例的约束。如《向农村合作金融机构入股的若干意见》（银监发〔2004〕23号）的相关规定④，《农村合作金融机构信贷资产风险分类指引》（银监发〔2006〕23号）的相关规定⑤。

（3）通过发展市场竞争进行约束。具体包括：一是大力发展和培育富有竞争性的多层次农村金融市场。如《产品和服务创新指导意见》（银发〔2010〕198号）的相关规定。⑥二是严格执行新型农村金融机构准入标准。如《关于加快发展新型农村金融机构有关事宜的通知》（银监发〔2010〕27号）的相关规定。⑦

（4）通过剥夺资金补贴权利进行约束。如《定向费用补贴资金管理暂行办法》（财金〔2010〕42号）第十九条规定，如果金融机构不执行国家金融企业财务制度和不按时报送相关数据，地方财政部门可拒绝出具补贴资金审核意见。

---

① 当年亏损的农村合作金融机构不得对社员（股东）分配红利。
② 村镇银行要将国家各项扶持政策（包括国家为支持村镇银行发展而减免的所得税、营业税以及涉农贷款增量补贴等）形成的公共积累用于补充资本、弥补亏损、提取拨备，不得用于分红。
③ 当年盈利的农村合作金融机构，在未全部弥补历年亏损挂账或资本充足率未达到规定要求前，应严格限制分红比例，其红利分配原则上应采用转增股金方式，不得分配现金红利。
④ 当年盈利的农村合作金融机构，在未全部弥补历年亏损挂账或资本充足率未达到规定要求前，应严格限制分红比例，其红利分配原则上应采用转增股金方式，不得分配现金红利。
⑤ 2006年12月31日起，未按照规定提足呆账准备的农村合作金融机构，要在五年内严格限制分红比例。每个会计年度的利润分配方案，要上报省级联社审核同意，并向当地银监局备案后实施。
⑥ 一是加快做实中国农业银行"三农金融事业部"；二是继续推进农村信用社深化改革；三是鼓励和引导商业银行和社会资金投资设立村镇银行、贷款公司和农村资金互助社等新型农村金融机构以及小额贷款公司；四是鼓励国家控股的大型银行和其他金融机构采取有效措施开办农村金融业务；五是鼓励研发设计水平高、抗风险能力强的金融机构设立农村金融产品创新的专门机构。
⑦ 要严格执行新型农村金融机构准入标准，不得抬高或变相抬高准入门槛。

2.通过取消特殊荣誉约束信贷机构

荣誉属于精神激励,给予荣誉可以起到激励作用,与给予荣誉激励相反的是取消特殊荣誉,既包括给予负面的曝光,也包括取消获奖资格。具体包括但不限于:

(1)媒体曝光约束。如《小贷贴息资金管理办法》(财金〔2008〕100号)第二十三条规定,对经办银行虚报材料,骗取财政贴息资金的,通过媒体予以曝光。

(2)取消获奖资格约束。如《财政县域金融机构涉农贷款增量奖励资金管理暂行办法》(财金〔2009〕30号)第十八条规定,县域金融机构虚报材料,骗取奖励资金的,取消县域金融机构获得奖励的资格。

三、类型化分析后的简要评价

(一)对信贷机构激励的法律机制方面

1.权利、义务、责任激励方面

从赋予权利进行激励方面来看,我国对信贷机构的赋权还是比较多,这将大大激励信贷机构进行农村消费信贷。笔者认为,在这些赋予的权利中,最为重要的是赋予改造(制)权、机构设立、兼并重组权利、利率市场化权利。因为前二者是从信贷机构的增量方面进行改革与创新,这必将有利于促进我国农村消费信贷市场的繁荣。从减免义务进行激励方面来看,还需要增加减免一些限制信贷机构更为灵活从事信贷业务的义务。从减免责任进行激励方面来看,在农村金融创新产品免责方面还需要进一步加大力度,从而激发创新潜能。

2.成本、收益激励方面

从减少成本进行激励方面来看,笔者认为在税收减免方面还需要加大力度,毕竟现有的给予存款准备金率优惠和再贷款利率优惠等措施力度都很小,并没有达到预期效果。从增加收益进行激励方面来看,许多中央补贴都有时间限制而且比较短,因此还需要构建常态化补贴机制。

3.特殊资格、荣誉激励方面

在通过赋予特殊资格进行激励方面,还需要在注册资本方面根据具体地方进行灵活处理,而不是统一规定几个固定标准,同时对边远地区应该给予特殊的照顾。毕竟我国农村经济发展水平千差万别,必须增强针对性,贯彻因地制宜的原则。从特殊荣誉进行激励方面,还需要加强奖励性补助资金支持力度和现金奖励力度。

(二)对信贷机构约束的法律机制方面

1.权利、义务、责任约束方面

从通过剥夺权利进行约束方面来看,暂时剥夺与永久剥夺开展业务资格规定的效果还是比较好,可以起到约束作用,其实质上也是一种从暂时到永久的强制退出机制。不足之处是还需要加大执行力度才能使其立法意图真正实现。从增加义务进行约束方面来看,相关规定多而且比较具体,笔者认为是较为完善的。需要提及的是,农村消费信贷的核心问题之一是根据信贷客户的需要不断创新信贷产品的种类和形式,从而起到激励信贷客户参与消费信贷的目的。但是很明显目前信贷机构做得还很不够。信贷的各项业务组合,与县域不同层次信贷客户的贷款需求、产业或消费结构的调整、生产与经营的周期还明显欠缺协同性。从施加责任进行约束方面来看,相对来说也是比较完善的,其中施加无法收回贷款责任需要与前面提及的责任减免进行协调,从而使之既起到激励的作用又起到约束的作用。

2.成本、收益约束方面

从增加成本进行约束方面来看,主要是没收违法所得方面规定得比较简单,因此还需要增加一些增加成本进行约束的内容。从减少收益进行约束方面来看,规定中只有限制公共积累分红和追回补贴资金两种形式，因此较为单一，尚需要考虑增加其他形式。

3.特殊资格、荣誉约束方面

从特殊资格进行约束方面来看，规定得较为全面，但是从特殊荣誉进行约束方面来看，就显得较为单一。

需要强调的是，对于信贷机构，对其进行约束比进行激励要重要一些。因此，总的来看，还需要加强对其约束相关法律法规的完善。

第二节 我国农村消费信贷促进中对信贷客户激励与约束法律机制的类型化分析——基于微观视角

前文已述，本著作选取了2005年以来，中国人民银行、银监会（2018年4月8日之后改为银保监会）、国家税务总局、财政部等部委通过的300多件规范性文件，对其中针对信贷客户在农村消费信贷促进中进行激励与约束法律规范进行类型化分析。

一、我国农村消费信贷促进中对信贷客户激励法律机制的类型化分析

在农村消费信贷中，信贷机构因为主、客观原因对农村消费信贷客户"惧贷"和"惜贷"并最终导致信贷客户的"难贷"和"不贷"。因此，要发展农村消费信贷，仅仅从供给方即信贷机构入手建立激励与约束法律机制是不够的，也还迫切需要建立针对信贷客户的激励与约束法律机制。虽然我国农村消费信贷中还没有完全建立起针对信贷客户的完善的法律激励机制，但是一些制度及其具体措施事实上对信贷客户正外部性起到了激励的作用。法律是以权利、义务和责任为内容的社会规范，其中的权利、义务和责任的不同配置，既可以起到激

励作用，也可以起到约束作用。通过考察相关法律法规，具体来看，针对信贷客户的激励相关规定主要体现在三个方面[①]：一是从权利、义务、责任方面对信贷客户进行激励；二是从成本、收益方面对信贷客户进行激励；三是从特殊资格、荣誉方面对信贷客户进行激励。具体来看：

（一）从权利、义务、责任方面激励信贷客户

法律可以通过对权利、义务和责任的恰当配置，规范和引导农村消费信贷中信贷客户的行为方向，以此来实现对农村消费信贷正外部性的激励。在激励农村消费信贷中信贷客户的正外部性方面，具体可以通过赋予权利、减免义务和减免责任来实现。

1. 通过赋予权利激励信贷客户

要激励信贷客户积极参与农村消费信贷，可以赋予他们一定的特殊权利从而产生激励效应。具体包括但不限于：

（1）赋予贷款优先权进行激励。贷款优先权是信贷机构支农服务实现的重要基础，也是信贷客户获得消费信贷的重要保证。具体来看，相关的规定主要有：一是通过对贷款比例的限制以保证信贷客户的贷款优先权，如《农村信用合作社管理规定》（银发〔1997〕390号）第二十七条的规定。[②] 二是明确规定贷款必须满足"三农"需要以保证信贷客户的贷款优先权。如《村镇银行管理暂行规定》第三十九条的规定。[③] 三是明确规定使用再贴现工具以保证信贷客户的贷款优先权。如《支持春耕备耕增加"三农"信贷的通知》（银发〔2008〕1号）的规

[①] 本著作关于激励方式的分类，参见胡元聪：《正外部性的经济法激励机制研究》，人民出版社2021年版，第204—218页。

[②] 农村信用社对本社社员的贷款不得低于贷款总额的50%。其贷款应优先满足种养业和农户生产资金需要，资金有余，再支持非社员和农村其他产业。

[③] 村镇银行在缴足存款准备金后，其可用资金应全部用于当地农村经济建设。村镇银行发放贷款应首先充分满足县域内农户、农业和农村经济发展的需要。

定。① 四是对团组织推荐的农村青年创业者保证贷款优先权。如《创业小额贷款指导意见》(中青联发〔2008〕42号)的规定。② 五是对农村金融需求旺盛的行政村、自然村和中心社区优先增设机构网点,以保证信贷客户的贷款优先权。如《金融服务进社区指导意见》(银监办发〔2012〕190号)的规定。③ 六是重点支持新型农业生产经营组织等以保证信贷客户的贷款优先权。如《2013年农村金融服务工作的通知》(银监办发〔2013〕51号)的规定。④

(2)赋予抵押担保范围拓宽权利进行激励。在农村消费信贷中,抵押担保问题一直是困扰信贷机构和信贷客户的核心问题之一,因此,进行相关改革和制度创新,适当拓宽抵押担保范围对于解决信贷的瓶颈问题,以及激励信贷客户的积极性具有至关重要的意义。具体来看,相关的规定主要有:一是规定以项目未来的收益或收费等经营收益作为担保发放贷款。如《农田水利基本建设金融服务意见》(银发〔2008〕361号)的规定。⑤ 二是规定以农村土地承包经营权和农房用地作为担保发放贷款。如《产品和服务创新指导意见》(银发〔2010〕198号)的规定。⑥

---

① 对涉农的商业汇票优先办理贴现和再贴现,引导信贷资金支持"三农"发展。充分发挥再贴现工具的结构调整作用,对农业生产资料生产经营企业签发、持有的票据和农副产品收购、储运、加工、销售环节的票据,各金融机构应优先给予贴现。
② 各地涉农银行业金融机构,在法律要素齐全、风险可控的前提下,不断简化流程和手续,缩短审批时限,对团组织推荐的农村青年创业者,通过"农村青年创业信贷绿色通道"、"农村青年创业信贷服务直通车"、"一站式服务"等方式,实施优先调查、优先评级、优先授信、优先发放贷款。
③ 按照"布局合理,功能全面,疏密有度,竞争有序"的要求,统筹网点增设,持续加大乡镇及以下网点布设力度,对农村金融需求旺盛的行政村、自然村和中心社区优先增设机构网点。
④ 对稳定发展农业生产、强化现代农业物质技术装备、提高农产品流通效率以及支持新型农业生产经营组织等方面的信贷需求要优先安排信贷资金,确保涉农贷款增速不低于各项贷款平均增速,实现涉农信贷总量持续增加。
⑤ 对具有未来收益的经营性农田水利项目,鼓励金融机构以项目未来的收益或收费等经营收益为担保,发放项目收益权或收费权抵押贷款。
⑥ 推动农村土地承包经营权流转和农房用地制度改革,按照依法自愿有偿原则,在不改变土地集体所有性质、不改变土地用途和不损害农民土地承包权益的前提下,探索开展相应的抵押贷款试点,丰富"三农"贷款增信的有效方式和手段。

（3）赋予优质、信用客户特殊资格进行激励。优质、信用客户不但可以保证信贷的按时足额归还，而且有助于建设农村信用体系，颇受信贷机构欢迎，因此相关激励性规定较为多见。具体来看，主要有：一是建立对信用客户的贷款优先、利率、额度、手续等方面优惠的激励制度。如《发展小额贷款业务指导意见》（银监发〔2007〕67号）的规定①、《阳光信贷工程指导意见》（银监办发〔2012〕191号）的规定②以及《产品和服务创新意见》（银发〔2008〕295号）的规定③。二是建立对优质农户与诚信客户的利率优惠、利息返还、信用累积奖励等方面的激励制度。如《农户贷款管理办法》（银监发〔2012〕50号）第四十八条的规定。④

（4）赋予享受普惠性金融服务权利进行激励。普惠金融体系的基本含义是有效并全方位地为所有阶层和群体提供服务的金融体系。推进普惠金融是我国实现农村金融现代化的重大战略之一，对信贷客户可以起到激励作用。具体来看，相关的规定主要有：赋予权利激励农村消费信贷中的信贷客户，如《发展小额贷款业务指导意见》（银监发〔2007〕67号）规定赋予享受小额贷款权利进行激励：一是提高小额贷款额度。⑤二是合理确定小额贷款期限。⑥三是拓展小额贷款用

---

① 对信用户的贷款需求，应在同等条件下实行贷款优先、利率优惠、额度放宽、手续简化的正向激励机制。

② 公开优惠政策，根据信用程度、贷款用途、经济实力、行业、偿债能力等方面综合评分，对优秀客户实行差别扶持，享受利率优惠、额度放宽、手续简化等各种优惠政策。

③ 鼓励和支持涉农金融机构对守信用、按时归还贷款的借款人实施贷款利率优惠、扩大贷款额度等激励措施，促进农民和涉农企业提高信用意识。

④ 农村金融机构要建立优质农户与诚信客户正向激励制度，对按期还款、信用良好的借款人采取优惠利率、利息返还、信用累积奖励等方式，促进信用环境不断改善。

⑤ 原则上，对农村小额信用贷款额度，发达地区可提高到10万—30万元，欠发达地区可提高到1万—5万元，其他地区在此范围内视情况而定；联保贷款额度视借款人实际风险状况，可在信用贷款额度基础上适度提高。

⑥ 根据当地农业生产的季节特点、贷款项目生产周期和综合还款能力等，灵活确定小额贷款期限。

途。① 另外，还规定扩大金融覆盖面进行激励。如《产品和服务创新意见》（银发〔2008〕295号）的规定。②

（5）赋予农村支付服务体系权利进行激励。支付结算服务是金融机构提供的一项基础性服务，目前我国的支付结算服务体系仍无法摆脱农村金融需求和制度供给的双重约束，因此需要构建创新型激励机制。具体来看，相关的规定有：一是构建先进高效的农村支付服务体系。如《关于做好农村地区支付结算工作的指导意见》（银发〔2006〕272号，以下简称《农村地区支付结算指导意见》）的规定。③ 二是开发和完善省内农村信用社通汇系统。如《改进和加强农民工金融服务工作指导意见》（银发〔2006〕287号）的规定。④

（6）赋予自主支付权利进行激励。自主支付是指贷款资金可以由借款人自行使用，无需经过银行审批。⑤ 赋予信贷客户自主支付权利有助于激励其对贷款资金的"自由"使用，并且可以免去审核带来的一系列复杂程序等麻烦。如《农户贷款管理办法》（银监发〔2012〕50号）第三十四条关于自主支付的详细规定。⑥

---

① 既要满足农业生产费用融资需求，也要满足农产品生产、加工、运输、流通等各个环节融资需求；既要满足农民简单日常消费需求，也要满足农民购置高档耐用消费品、建房或购房、治病、子女上学等各种合理消费需求；既要满足农民在本土的生产贷款需求，也要满足农民外出务工、自主创业、职业技术培训等创业贷款需求。

② 鼓励涉农金融机构进一步加大农村金融产品营销力度，扩大对农村贫困地区的金融服务覆盖面。……推广金融超市"一站式"服务和农贷信贷员包村服务。……积极推进农村金融服务手段电子化、信息化和规范化，逐步普及农村金融产品的网络化交易，发展基于现代信息科技的低成本的商业可持续模式。

③ 努力构建与当地经济金融发展相适应、立足"三农"、服务"三农"、支付工具丰富多样、支付系统先进高效的农村支付服务体系。

④ 推进农村信用社支付清算系统加快发展，积极协调指导各地农村信用联社加快开发和完善省内农村信用社通汇系统，畅通农村支付清算渠道，提高农村地区支付清算效率。

⑤ 但如果借款人违反借款合同约定使用贷款资金，银行有权随时提前收回。

⑥ 有下列情形之一的农户贷款，经农村金融机构同意可以采取借款人自主支付：一是农户生产经营贷款且金额不超过50万元，或用于农副产品收购等无法确定交易对象；二是农户消费贷款且金额不超过30万元；三是借款人交易对象不具备有效使用非现金结算条件时；四是法律法规规定的其他情形。鼓励采用贷款人受托支付方式向借款人交易对象进行支付。

（7）通过对信贷机构施加相关义务对信贷客户进行激励。信贷客户的部分权利是通过对信贷机构施加义务来实现的，这样同样可以起到激励的作用。具体来看，主要的规定有：一是赋予相关培训权利进行激励，如《小贷公司试点指导意见》（银监发〔2008〕23号）的规定。① 二是通过规定信贷机构的信息提供义务进行激励，如《阳光信贷工程指导意见》（银监办发〔2012〕191号）的规定。②

2. 通过减少义务激励信贷客户

农村消费信贷中有关减少的义务主要体现在给予合理展期、减免按时归还的义务，从而实现激励目标。具体来看：

（1）在出现自然灾害和疫病等客观原因时给予协商机会并给予合理展期。如《发展小额贷款业务指导意见》（银监发〔2007〕67号）的规定。③

（2）在出现自然灾害、农产品价格波动等客观原因时考虑借款人的其他条件情况给予合理展期。如《农户贷款管理办法》（银监发〔2012〕50号）第四十三条的规定。④

3. 通过减免责任激励信贷客户

这里所指的减免责任，是在农村消费信贷中信贷机构根据相关情势，减少或者免除信贷客户的责任。具体来看：

（1）免除信用等级降级责任进行激励。如《全面做好农村金融服务工作通知》（银监办发〔2011〕36号）的相关规定。⑤

---

① 积极开展小额贷款培训工作，有针对性的对小额贷款公司及其客户进行相关培训。
② 根据客户意愿和商业保密需要，将客户信用等级、授信额度等以手机短信、寄送信函等适当的形式告知农户，确保每个客户公开透明地接受信贷服务。
③ 消费贷款的期限可根据消费种类、借款人综合还款能力、贷款风险等因素由借贷双方协商确定。对确因自然灾害和疫病等不可抗力导致贷款到期无法偿还的，在风险可控的前提下可予以合理展期。
④ 对于因自然灾害、农产品价格波动等客观原因造成借款人无法按原定期限正常还款的，由借款人申请，经农村金融机构同意，可以对还款意愿良好、预期现金流量充分、具备还款能力的农户贷款进行合理展期。展期时间结合生产恢复时间确定。已展期贷款不得再次展期。
⑤ 继续落实对灾区信贷政策，对信用良好的受灾户，要允许贷款合理展期，不降低信用评级。

(2) 免除加罚息责任进行激励。如《全面做好农村金融服务工作通知》(银监办发〔2011〕36号) 的相关规定。①

(3) 增加容忍度进行激励。这里的容忍度实际上是信贷机构对信贷客户一定程度上的责任减免。如《农户贷款管理办法》(银监发〔2012〕50号) 第四十九条的规定。②

(二) 从成本、收益方面激励信贷客户

从经济学角度看，惩罚实际上就是增加信贷客户的成本，减少其收益。相反，激励实际上是增加信贷客户的收益，减少其成本。法律为了实现对农村消费信贷中信贷客户的激励目标，就可以采用减少成本、增加收益型的模式来实现。

1. 通过增加收益激励信贷客户

根据激励相关原理，激励分为物质激励和精神激励，增加收益属于物质激励，它可以起到激励作用。具体来看，相关的规定主要有：

(1) 实行优惠利率、利息返还政策进行激励。如《农户贷款管理办法》(银监发〔2012〕50号) 第四十八条的规定。③

(2) 实行补贴利息政策进行激励。具体体现在两个方面：一是宏观层面的补贴利息制度。如《贷款通则》(中国人民银行令〔1996〕2号) 第十五条的规定。④ 二是微观层面的补贴利息制度。如《林业发展金融服务指导意见》(银发〔2009〕170号) 的规定。⑤

---

① 继续落实好灾区信贷政策，对信用良好的受灾户，要允许贷款合理展期，不降低信用评级，不给予加罚息。

② 农村金融机构应当以支持农户贷款发展为基础，建立科学合理的农户贷款定期考核制度，对农户贷款的服务、管理、质量等情况进行考核，并给予一定的容忍度。

③ 农村金融机构要建立优质农户与诚信客户正向激励制度，对按期还款、信用良好的借款人采取优惠利率、利息返还、信用累积奖励等方式，促进信用环境不断改善。

④ 贷款的贴息：根据国家政策，为了促进某些产业和地区经济的发展，有关部门可以对贷款补贴利息。

⑤ 鼓励和支持各级地方财政安排专项资金，增加林业贷款贴息。

（3）建立保险补贴金制度进行激励。具体体现在两个方面：一是建立涉农保险补贴金制度。如《产品和服务创新意见》（银发〔2008〕295号）的规定。① 二是建立森林保险补贴制度。如《林业发展金融服务指导意见》（银发〔2009〕170号）的规定。②

（4）建立涉农贷款风险补偿制度进行激励。如《产品和服务创新意见》（银发〔2008〕295号）的规定。③

（5）设立青年创业贷款基金进行激励。如《创业小额贷款指导意见》（中青联发〔2008〕42号）的规定。④

2. 通过减少成本激励信贷客户

农村消费信贷要顺利进行并达到预定目标，还需要农村消费信贷客户的积极配合。通过减少各类成本可以起到激励农村消费信贷中信贷客户的作用。⑤ 具体来看：

（1）通过减少信贷客户信贷时间成本进行激励。主要体现为采取便民利民原则，尽量简化贷款手续，缩短贷款审查时间，部分推行"一站式"服务、流动服务等方式激励信贷客户积极参与。如《发展小额贷款业务指导意见》（银监发〔2007〕67号）的规定。⑥《产品和服务创新意见》（银发〔2008〕295号）的规定。⑦《阳光信贷工程指导意

---

① 可对涉农企业与农户的贷款实行贴息，或者建立保险补贴金制度，为提供涉农业务的保险公司和参保企业与农户提供保费、经营费用和超赔补贴。

② 鼓励和支持各级地方财政安排专项资金，增加林业贷款贴息和森林保险补贴资金，建立林业贷款风险补偿基金或注资设立或参股担保公司，由担保公司按照市场运作原则，参与林业贷款的抵押、发放和还贷工作。

③ 发挥财政性资金的杠杆作用，增加金融资源向农村投放的吸引力。在有条件的试点地区，鼓励地方政府建立涉农贷款风险补偿制度，……可对涉农企业与农户的贷款实行贴息。

④ 鼓励地方各级财政部门出资成立农村青年创业贷款基金，对农村青年创业小额贷款进行担保、贴息或作为奖励基金。

⑤ 董志勇、黄迈主张降低正规金融机构的放贷成本。参见董志勇、黄迈：《信贷约束与农户消费结构》，《经济科学》2010年第5期，第79页。

⑥ 在简化小额贷款手续方面，在确保法律要素齐全的前提下，坚持便民利民原则，尽量简化贷款手续，缩短贷款审查时间。

⑦ 加快农村支付体系建设步伐，提高农村地区支付结算业务的便利程度。支持涉农金融机构建设和完善支付清算系统和业务处理系统。有重点地鼓励和引导涉农金融机构开发和推广适合农村实际的支付结算服务品种。

（2）通过降低结算费用减少成本进行激励。这是从降低结算成本费用的角度来激励农村消费信贷中信贷客户的积极性。[2]如《农村地区支付结算指导意见》(银发〔2006〕272号)的规定。[3]

（3）通过确保新覆盖乡镇具备基础金融服务功能带来成本减少进行激励。这是从确保供给的角度来激励农村消费信贷中信贷客户的积极性。[4]如《空白乡镇基础金融服务的通知》(银监办发〔2011〕74号)的规定。[5]

（4）通过积极发展现代支付工具带来成本减少进行激励。这是从供给充分满足的角度来激励农村消费信贷中信贷客户的积极性。如《空白乡镇基础金融服务的通知》(银监办发〔2011〕74号)的规定。[6]央行发布的中国普惠金融指标分析报告（2019年）显示，农村地区使用电子支付的成年人比例为76.21%，比2018年高4.06个百分点。

---

[1] 可采取逐村连片受理申请方式，畅通贷款咨询、申请渠道，或在网点设立阳光信贷办贷大厅、信贷服务专门窗口等，指定专人负责解疑答惑，积极推行"首问负责制"、"一次性告知制"、"一站式服务"等服务方式，切实改变客户往返多次"跑"贷款的状况。

[2] 有学者认为，信贷合约的缔约成本与履约成本下降，导致农户借贷成本下降，农户借贷更方便、更快捷。参见刘祚祥、黄权国：《信息生产能力、农业保险与农村金融市场的信贷配给——基于修正的S-W模型的实证分析》，《中国农村经济》2012年第5期，第64页。

[3] 人民银行分支机构要组织和协调当地金融机构，加大非现金支付工具在农村的推广力度，培养农民非现金支付习惯，拓展农村地区的支付结算服务功能，加强产品创新，降低结算费用。

[4] 韩俊等认为，农户居住地与金融机构的距离虽然不能影响农户的借款获得，但它对农户借款需要的影响是显著的，这可能是因为临近的金融机构会影响农户对金融产品的认识，从而影响借贷的主观意愿。参见韩俊、罗丹、程郁：《信贷约束下农户借贷需求行为的实证研究》，《农业经济问题》2007年第2期，第48—49页。

[5] 要确保新覆盖乡镇具备基础金融服务功能，满足当地老百姓的基础金融需求，特别是对目前主要采取流动服务方式的省份，要重点解决好农户"存、贷、汇"等基础金融服务问题，做好多种形式的简易便民服务。

[6] 要引导银行业金融机构总结推广和不断创新金融服务方式，充分挖掘和发挥好已有机构网点功能，研发推广适合当地农户服务需求的金融业务产品，积极发展现代支付工具，依托乡镇政府和公安部门，在具备安全条件的场所广泛布设ATM机和POS机，协调有关部门探索开展通过POS机向借记卡持卡人提供小额取款和查询业务，积极发展电话银行、手机银行等现代金融服务方式，提高空白乡镇金融服务的充分性与多样性。对少数收入不能覆盖成本的机构网点，要积极探索一组人马服务多个乡镇的方式，努力降低服务成本。

(5)通过最大程度提高机构网点服务效率带来成本减少进行激励。这是从提高供给效率的角度来激励农村消费信贷中信贷客户的积极性。因为机构网点的服务效率提高会带来信贷客户成本的降低。如《空白乡镇基础金融服务的通知》(银监办发〔2011〕74号)的规定。①

(三)从特殊资格、荣誉方面激励信贷客户

法律可以通过赋予特殊资格、给予特殊荣誉的激励方式,规范和引导信贷客户的行为方向,以此来实现对农村消费信贷客户的激励目标。

1. 通过赋予特殊资格激励信贷客户

赋予特殊的资格,可以为信贷客户带来相关机会和利益,因此可以起到激励的作用。具体包括:

(1)赋予信贷客户合理展期资格进行激励。如《农户贷款管理办法》(银监发〔2012〕50号)第四十三条的规定。②

(2)赋予信贷客户协议重组资格进行激励。如《农户贷款管理办法》(银监发〔2012〕50号)第四十四条的规定。③

(3)赋予遭受灾害的信贷客户有条件追加信贷投放资格进行激励。如《全面做好农村金融服务工作通知》(银监办发〔2011〕36号)的规定。④

(4)赋予特殊弱势群体的特殊资格进行激励。如《阳光信贷工程

---

① 各级监管部门要指导银行业金融机构加强业务合作,整合服务资源,最大程度地发挥机构网点的服务效率。积极协商地方政府探索改进各种补助款项的发放方式,争取由在乡镇设置网点的机构代理发放,方便当地群众,尽可能提高现有机构网点的利用效率。

② 对于因自然灾害、农产品价格波动等客观原因造成借款人无法按原定期限正常还款的,由借款人申请,经农村金融机构同意,可以对还款意愿良好、预期现金流量充分、具备还款能力的农户贷款进行合理展期,展期时间结合生产恢复时间确定。已展期贷款不得再次展期。

③ 对于未按照借款合同约定收回的贷款,应当采取措施进行清收,也可以在利息还清、本金部分偿还、原有担保措施不弱化等情况下协议重组。

④ 对因灾造成到期贷款无法归还,但仍有合理有效贷款需求继续投入粮食生产的农户,在注重防范风险的前提下,可以适度追加信贷投放,确保农产品生产信贷资金供应。

指导意见》(银监办发〔2012〕191号)的规定。①

2.通过给予特殊荣誉激励信贷客户

根据激励相关原理,荣誉激励属于精神激励,在农村消费信贷中也可以起到明显的激励作用。

(1)建立信用村、信用户评定制度进行激励。如《农村地区支付结算指导意见》(银发〔2006〕272号)的规定。②《发展小额贷款业务指导意见》(银监发〔2007〕67号)的规定。③《创业小额贷款指导意见》(中青联发〔2008〕42号)的规定。④

(2)建立信用累积奖励制度进行激励。如《农户贷款管理办法》(银监发〔2012〕50号)第四十八条规定,农村金融机构要建立正向激励制度,可以采取信用累积奖励方式对按期还款、信用良好的借款人进行激励。

二、我国农村消费信贷促进中对信贷客户约束法律机制的类型化分析

在农村消费信贷中,因为主观原因,如信贷客户自身的信用存在问题,以及客观原因,如信贷客户普遍收入较低,抵押物范围狭窄

---

① 公开对特定对象减费让利的原则,明确界定小微企业、"三农"、弱势群体、社会公益等领域相关金融服务的优惠对象范围,公布优惠政策、优惠方式和具体优惠额度,切实体现扶小助弱的社会责任。

② 要发挥信用支付工具在推动农村信用评级和信用村、信用户等信用建设中的作用,使支付工具的推广运用与信用文化的建设相互促进、相得益彰。

③ 进一步推广信用户、信用村、信用乡(镇)制度,发挥好银行业金融机构的主导作用。对信用户的贷款需求,应在同等条件下实行贷款优先、利率优惠、额度放宽、手续简化的正向激励机制。

④ 积极推进农村青年创业小额信用贷款。引导和鼓励涉农银行业金融机构利用信用户、信用村、信用乡(镇)制度等多种方式,建立和完善农村青年资信评价体系。

等，都可能导致其在申请到贷款后被动违约和主动违约的行为[①]，而且可能性往往偏高。这就直接影响到信贷机构的信贷热情，他们也就常常"惧贷"和"惜贷"。因此，建立农村消费信贷中针对信贷客户的约束法律机制也就势在必行。虽然目前还没有建立针对信贷客户完善的法律约束机制，但是一些制度及其具体措施事实上起到了约束的作用。如前文所述，法律是以权利、义务和责任为内容的社会规范，其中的权利、义务和责任的不同分配，既可以起到激励作用，也可以起到约束作用。宏观来看，我国当前针对信贷客户的约束机制，也主要是从三个方面进行的。一是从权利、义务、责任方面对信贷客户进行约束；二是从成本、收益方面对信贷客户进行约束；三是从特殊资格、荣誉方面对信贷客户进行约束。具体来看：

（一）从权利、义务、责任方面约束信贷客户

法律可以通过对权利、义务和责任的恰当分配，规范和引导农村消费信贷中信贷客户的行为方向，以此来实现对农村消费信贷负外部性的约束。在约束农村消费信贷中信贷客户的负外部性方面，可以通过剥夺权利、增加义务和施加责任的方式来实现。

1. 通过剥夺权利约束信贷客户

通过赋予权利可以起到激励作用，而通过剥夺权利则可以起到约束作用。具体来看，主要的规定有：

（1）通过限定部分行为资格进行约束。如《农村资金互助社管理暂行规定》关于农村资金互助社社员的相关规定就起到了约束作用：一是农村资金互助社社员不得以所持本社股金为自己或他人担保（第二十五条规定）；二是农村资金互助社社员的股金和积累可以转让、继

[①] 朱信凯、刘刚：《二元金融体制与农户消费信贷选择——对合会的解释与分析》，《经济研究》2009年第2期，第44页。

承和赠与，但理事、监事和经理在任职期限内不得转让（第二十六条规定）；三是社员资格终止的当年不享受盈余分配（第二十九条规定）。

（2）通过停止支付贷款并提前收回部分或全部贷款进行约束。如《贷款通则》（中国人民银行令〔1996〕2号）第七十二条规定，借款人有下列情形之一①，当情节特别严重或逾期不改正，由贷款人停止支付尚未使用的贷款并提前收回部分或全部贷款。

2.通过增加义务约束信贷客户

义务的减少可以起到激励作用，相反，义务的增加可以起到约束作用。通过相关义务的规定进行约束是比较常见的方式。主要包括施加一般义务和特殊义务两种方式，具体来看：

（1）施加一般义务进行约束。具体包括：一是对借款人施加一般义务，如《贷款通则》（中国人民银行令〔1996〕2号）第十九条规定了"借款人的义务"，包括应当如实提供贷款人要求的资料等六个方面的具体义务。二是施加接受检查义务进行约束。如《贷款通则》（中国人民银行令〔1996〕2号）第三十七条的规定。②

（2）对特殊主体施加特殊义务进行约束。如《农村资金互助社管理暂行规定》第二十四条规定了关于农村资金互助社社员承担的详细义务。③

3.通过增加责任约束信贷客户

在某些特殊情况下，信贷客户会受到相关惩罚而承担一定的责任。

---

① 一是向贷款人提供虚假或者隐瞒重要事实的资产负债表、损益表等资料的；二是不如实向贷款人提供所有开户行、账号及存贷款余额等资料的；三是拒绝接受贷款人对其使用信贷资金情况和有关生产经营、财务活动监督的。

② 农村金融机构应当建立贷后定期或不定期检查制度，明确首贷检查期限，采取实地检查、电话访谈、检查结算账户交易记录等多种方式，对贷款资金使用、借款人信用及担保情况变化等进行跟踪检查和监控分析，确保贷款资金安全。

③ 农村资金互助社社员承担的六项义务：执行社员大会（社员代表大会）的决议；向该社入股；按期足额偿还贷款本息；按照章程规定承担亏损；积极向本社反映情况，提供信息；章程规定的其他义务。

这主要体现在取消授信、停止放贷、限期收回和资产保全等措施。如《发展小额贷款业务指导意见》（银监发〔2007〕67号）的规定。①

（二）从成本、收益方面约束信贷客户

从经济学角度看，激励可以增加信贷客户的收益，减少其成本。相反，惩罚可以增加信贷客户的成本，减少其收益。因此，为了实现对信贷客户负外部性约束的目标，就可以采用增加成本、减少收益的模式来实现。

1. 通过减少收益约束信贷客户

通过减少收益约束信贷客户的相关规定比较少见，但是还是存在这样的规定，主要是规定在特殊情况下不予贴息从而减少收益进行约束。如《小贷贴息资金管理办法》（财金〔2008〕100号）第八条关于"展期和逾期不贴息"的规定。②

2. 通过增加成本约束信贷客户

严格来说，要增加消费信贷客户成本，常见的方式是采取罚息的方式以及将借款转入逾期贷款账户两种方式。具体来看：

（1）通过罚息增加成本进行约束。如《贷款通则》（中国人民银行令〔1996〕2号）第十四条规定，逾期贷款按规定计收罚息。③

（2）通过转入逾期贷款账户进行约束。如《贷款通则》（中国人民银行令〔1996〕2号）第十二条关于转入逾期贷款账户的规定。④

---

① 要把农村小额贷款主体的真实性作为内部审计的重要内容，对挪用贷款、顶冒名贷款或不符合贷款条件的，要及时采取取消授信、停止放贷、限期收回和资产保全等措施，并严肃追究有关责任人的责任。

② 小额担保贷款展期和逾期不贴息。小额担保贷款贴息，在规定的借款额度和贴息期限内，按实际借款额度和计息期限计算。

③ 贷款利息的计收：贷款人和借款人应当按借款合同和中国人民银行计息规定按期计收或交付利息。贷款的展期期限加上原期限达到新的利率期限档次时，从展期之日起，贷款利息按新的期限档次利率计收。逾期贷款按规定计收罚息。

④ 借款人未申请展期或申请展期未得到批准，其贷款从到期日次日起，转入逾期贷款账户。

(三）从特殊资格、荣誉方面约束信贷客户

法律可以通过特殊资格型激励方式进行激励，也可以通过限制行为、剥夺资格来规范和引导信贷客户的行为方向，以此来实现对信贷客户的约束目标。

1. 通过剥夺特殊资格约束信贷客户

通过对信贷客户相关资格的剥夺或者限制可以起到约束信贷客户的作用。具体来看，相关的规定有：

（1）运用贷中审查制度进行约束。如《农户贷款管理办法》（银监发〔2012〕50号）第二十八条关于贷中审查的规定。[①]

（2）限定展期资格进行约束。如《农户贷款管理办法》（银监发〔2012〕50号）第四十三条规定，"已展期贷款不得再次展期"。

（3）运用风险预警制度进行约束。如《农户贷款管理办法》（银监发〔2012〕50号）第四十条规定，应当建立风险预警制度，定期跟踪分析评估借款人履行借款合同约定内容以及抵质押担保情况。

2. 通过取消特殊荣誉约束信贷客户

荣誉属于精神激励，给予荣誉可以起到激励作用；反之，取消、剥夺荣誉则可以起到约束作用。具体的规定有：

（1）在消费信贷信用评级方面进行约束。一是建立与信用等级挂钩的农村小额贷款授信管理制度。如《发展小额贷款业务指导意见》（银监发〔2007〕67号）的规定。[②]二是推进与农户信用评价挂钩的农户电子信用档案建设。如《产品和服务创新指导意见》（银发〔2010〕

[①] 贷中审查应当对贷款调查内容的合规性和完备性进行全面审查，重点关注贷前调查尽职情况、申请材料完备性和借款人的偿还能力、诚信状况、担保情况、抵（质）押及经营风险等。依据贷款审查结果，确定授信额度，作出审批决定。

[②] 根据信用贷款和联保贷款的特点，按照"先评级—后授信—再用信"的程序，建立农村小额贷款授信管理制度以及操作流程。

198号)的规定。① 三是完善基于农户信用信息共享机制的区域信用评价制度。如《金融创新工程指导意见》(银监办发〔2012〕189号)的规定。② 四是建立完善信用等级及授信额度动态评定制度。如《农户贷款管理办法》(银监发〔2012〕50号)第二十五条的规定。③

(2)在消费信贷准入方面用荣誉机制进行约束。如《农村资金互助社管理暂行规定》第十八条规定,农民向农村资金互助社入股应符合的条件包括:"(四)诚实守信,声誉良好"。《农户贷款管理办法》(银监发〔2012〕50号)第十三条也规定了"农户申请贷款应当具备的条件",要求"借款人无重大信用不良记录"。

三、类型化分析后的简要评价

(一)对信贷客户激励的法律机制方面

1. 权利、义务、责任激励方面

从赋予权利进行激励方面来看,我国对信贷客户的赋权还是比较多的,不过笔者认为,在这些赋予的权利中,最为重要的应该是关于赋予担保范围扩宽的权利。实际上这个问题是农村消费信贷客户进行消费信贷的重要障碍,而信贷客户贷款的抵押、质押、联保与担保等方面的激励恰恰是能够增强激励效果的。因此,在这方面还需要不断进行制度改革与创新。从减免义务进行激励方面来看,主要体现在合理展期方面。还需要增加减免一些阻碍信贷客户积极参与信贷业务的其他义务。从减免责任进行激励方面来看,还需要增加根据各地区经

---

① (十三)加强农村信用体系建设,改善农村金融生态环境。推进农户电子信用档案建设,积极开展农户信用评价工作。加快农村中小企业信用体系建设,探索建立农民专业合作社等农村经济组织的信息采集与信用评价机制。

② 完善区域信用评价体系,创新农户信息采集方式,建立农户信用信息共享机制。

③ 农村金融机构应当建立完善信用等级及授信额度动态评定制度,根据借款人实际情况对借款人进行信用等级评定,并结合贷款项目风险情况初步确定授信限额、授信期限及贷款利率等。

济发展水平的不同而确定不同的容忍度进行激励的规定，就是说需要对容忍度进一步细化。同时，迫切需要出台降低容忍度方面的法律法规，实现多激励少约束的目标，从而真正推动农村消费信贷市场的繁荣。

2. 成本、收益激励方面

从减少成本进行激励方面来看，笔者认为还需要增强农村消费信贷的便利性，如发展现代支付工具，包括微信支付、支付宝支付、数字人民币支付等。同时，还需要加大力度，可以先让农村消费信贷以最低成本参与信贷尝试，从而不断推进消费信贷的升级发展。在增加收益方面，很多法规具有应急性和临时性的特点，因此主要体现在针对某些行为问题进行临时性激励，显然不利于形成长效的激励机制。如许多税收减免制度没有固定时间，一般规定减免只有 2—3 年，造成对信贷客户的激励措施不连续。这些都迫切需要改进，以形成长效激励机制。

3. 特殊资格、荣誉激励方面

在赋予特殊资格进行激励方面规定得较为全面，但是还需要进一步细化，以对一些特殊弱势群体给予更多的关照，使其具有特殊的信贷资格以保障他们的信贷权利。从赋予特殊荣誉进行激励方面来看，还需要进一步加强和落实对信用村、信用户的评定，这是实现农村消费信贷现代化的必由之路。同时，针对许多激励规定了严格的限制条件。如很多激励仅仅针对"诚信、优质客户"。这样对于那些还没有贷款经历，或者有一次不良记录的信贷客户就不能起到真正的激励作用，尤其是在我国农村当前大的信用环境中，激励的作用和效果还相当有限。

（二）对信贷客户约束的法律机制方面

1. 权利、义务、责任约束方面

从剥夺权利进行约束方面来看，现有规定能够起到约束作用。从增加义务进行约束方面来看，相关规定较为具体。从施加责任进行约束方面来看，也还比较具体。毕竟与信贷机构相比，对于信贷客户应以激励为主，而约束是必要的但不是最重要的。

2. 成本、收益约束方面

从增加成本和减少收益进行约束方面来看，目前的相关规定还比较具体。能够对不遵守相关法规的信贷客户起到约束作用。

3. 特殊资格、荣誉约束方面

从特殊资格进行约束方面来看，规定得也较为全面，但是还应当重视运用风险预警制度进行约束，在这方面还需要加强。从特殊荣誉进行约束方面来看，与前面述及的一样，需要加强信用评级约束机制的完善。

需要强调的是，对于信贷客户，对其进行激励比进行约束要重要一些。因此，总的来看，需要加强对其激励相关规定的完善。

最后，这一点与对信贷机构的激励与约束机制一样，相关的规定法律位阶太低。从法的效力上看，一切法律渊源都具有法的形式效力，该效力本身并不存在差异；但是，不同渊源的法律规范却存在等级和位阶。下位阶的法律必须服从上位阶的法律，所有低位阶的法律必须服从最高位阶的法。换句话说，法律的位阶也决定了法律的效力，也就决定了法律的实施效果。我国当前促进农村消费信贷的法律法规的数量尚属可观，近几年来出台了大量的法律法规，据统计已经达到 100 件以上。但是很显然，正如前文所列举的诸多法规，绝大部分的法律位阶较低，属于法律①的仅有几部，从比例来看，仅占 3.8%。甚至有的内容还在政策的法律化过程中，其政策性还相对比较明显。具体来看，这些法律法规中，绝大部分颁布主体是中央政府机构，如国务院、中国人民银行、银监会（2018 年 4 月 8 日之后改为

---

① 主要包括《民法典》《商业银行法》《银行业监督管理法》《保险法》等。

银保监会)、财政部、国家税务总局、发改委、商务部等,他们颁布的法规数量较大,占到总数的 96.1%。同时,这些法规往往是针对特殊事项而出台的①,虽然出台得比较及时,其回应性和针对性也比较明显。但是这也决定了它们同时也具有临时性和应急性的特征。为了完善农村消费信贷中针对信贷机构和信贷客户的激励与约束法律机制,我们亟需提高法律位阶,及时将这些规章、意见、通知等上升到法律层面,从而建立起农村消费信贷中对信贷机构和信贷客户的长效促进法律机制。同时,应该与农业法、财政税收法、金融法相衔接,构建完善的法律体系,从而形成对信贷机构和信贷客户的综合激励与约束法律机制。

第三节 我国农村消费信贷促进中对信贷机构激励与约束法律机制的不足 —— 基于宏观视角

除了国家部委出台的直接促进农村消费信贷的规范性文件以外,多年来,国家一直在加强农村金融法治建设,出台了系列发展农村金融的法律法规,这些法律法规比较宏观,许多也并不完全是直接为了促进农村消费信贷而制定,但是事实上起到了促进农村消费信贷发展的作用。从另一个角度来说,促进农村消费信贷的法律规范条文分散在众多的法律法规中,需要进行梳理分析。当然,这里重点是分析其存在的不足,而且主要是分析对信贷机构激励与约束法律机制方面的不足,以为后文相关法律法规的完善和创新打下基础。

---

① 如十七大报告要求必须坚持扩大国内需求特别是消费需求的方针,促进经济增长由主要依靠投资、出口拉动向依靠消费、投资、出口协调拉动转变。因此,针对扩大农村消费需求就有系列法规出台。

一、我国农村消费信贷促进中对信贷机构激励法律机制的不足

（一）农村消费信贷促进的信贷主体准入激励制度的不足

由于历史的原因，我国农村消费信贷供给主体不但数量不足，而且确认其法律地位的相关法律也存在不足，无法有效激励信贷机构积极开展农村消费信贷业务。具体来看：

1. 消费信贷供给主体激励制度不完善

（1）宏观方面的问题。目前我国规范农村消费信贷组织的法律不多，基本法律层面的主要包括《中国人民银行法》《商业银行法》《银行业监督管理法》等，更多的是行政法规与司法解释，甚至一些行政规章、条例、通知、意见等。① 然而，关于农村消费信贷主体的行政法规与司法解释，立法杂乱，层次较低，尤其是一些条例、通知、意见等，直接影响了农村信贷市场的发展与繁荣。

（2）微观方面的问题。在具体制度的设计中，虽然《调整放宽准入政策若干意见》（银监发〔2006〕90号）降低了农村消费信贷市场准入门槛，但在实践中仍存在一些制度障碍。以村镇银行为例，第一，开立贷款公司后可以改造为村镇银行，因此外来资本愿意开立贷款公司，但在转变为村镇银行后却又面临生存的法律障碍。第二，在村镇银行金融机构地位得到法律肯定前，其会对商业银行过分依赖，审批程序也相当复杂。这些都制约了村镇银行功能的发挥。

2. 传统农村消费信贷机构② 的激励制度不完善

（1）农村消费信贷机构的准入激励法律制度不足。一是我国当前农村消费信贷市场信贷机构的准入过严、标准较高。这就导致市场上

---

① 近年来，中央的各个部委、职能部门单独或联合出台了行政规章、条例、通知、意见等约300多件。本著作已经在前面进行了分析。

② 这是相对于新型金融机构而言的。

现存的农村消费信贷机构主要为政策性金融机构及一些商业银行。他们既要追求经济效益,又要降低信贷风险。因此,他们大量撤并网点或者只存不贷,从而导致信贷资金供给不足。二是目前对已有的农村消费信贷机构准入监管过于严格,也使潜在的欲进入的金融机构望而却步,难以充分进入农村消费信贷市场。

(2)农村消费信贷业务的激励法律制度不足。随着各国有商业银行的撤出,开展农村消费信贷业务的信贷机构越来越少:一是村镇银行、小额贷款公司、信用合作组织等机构,目前仍然主要是提供小额生产性贷款,没有更多地考虑农村居民的生活性消费信贷需求;二是邮政储蓄银行开办的业务仅有存单质押贷款;三是农业银行缺乏开展新的业务领域的主动性;四是对于农业发展银行而言,农村消费信贷不是其主要的任务。最后只有农村信用社一家可能满足农民的消费信贷需求,因此农村消费信贷供给主体缺失严重。① 这些均是因为正式农村信贷机构从事农村消费信贷业务的激励制度缺乏造成的。

3.新型农村消费信贷机构设立的激励制度不完善

(1)机构改造改制兼并重组激励法律制度不足。村镇银行、小额贷款公司和资金互助合作社等新型农村金融机构是农村消费信贷的主力军。目前相关法规规定了以下几种增加新型农村消费信贷机构的激励方式:一是完善对改造、改制制度的激励。如将信用代办站改造为村镇银行,将小额贷款组织改制为村镇银行等;二是对兼并重组权利进行激励。如进行规模化的组建、跨区域兼并重组等。虽然相关的规范性文件已经作出了相关规定,但是这些规范性文件层次很低,强制力还不够,激励作用还不强。

(2)差异化的机构注册资本激励制度不足。我国目前正在逐渐细

---

① 韩志远、高永泉、夏冰:《农村消费信贷产品缺失制约农村消费市场发展》,《金融时报》2009年10月26日,第7版。

化农村消费信贷机构注册资本准入标准。包括：一是宏观方面，可以分地区，如按照东部、中部、西部不同的经济发展水平确定不同的注册资本标准；二是微观方面，可以分层次，如按照所处位置是城市化农村、城乡结合部，还是偏远农村的不同情况确定不同的注册资本标准。但是，共同的问题是这些规范性文件层次很低，强制力还不够，激励作用还不强，实施效果还较差。

4. 非正式农村消费信贷机构的激励制度不完善

充分的自由竞争是农村金融市场健康发展的前提。而农村信用社的垄断地位并非自由竞争而形成。因此，积极引导非正式农村消费信贷机构进入信贷市场以打破垄断是大势所趋。但是，我国当前法规还没有给予此类信贷机构合法地位以及相对应的监管条件，导致贷款灵活的优势没有得到充分发挥。因此激励其积极参与的制度还需要进一步完善。

（二）农村消费信贷促进的财政税收激励制度的不足

通过财政税收制度进行激励是比较传统的激励方式，其运用也特别普遍并在诸多领域取得了较好的效果。但是，我国当前与农村消费信贷有关的财政税收激励制度仍然存在一些问题。具体来看：

1. 财政补贴激励制度不完善

针对农村消费信贷机构实行财政贴息等优惠政策，从而激励其大力开展农村消费信贷业务是必由之路。但是这方面的财政补贴制度还不是很完善，主要表现在：

（1）补贴时间较短。这些层次较低的法规很多具有应急性和临时性的特点，因为其主要是针对暂时性问题提出，其中一些内容具有激励的属性。但是因为涉及的时间比较短，显然不利于形成持续长效的激励机制。如许多税收减免制度都有固定时期，一般规定的减免期只有2—3年，这导致对信贷机构的激励措施不具有连续性。

（2）补贴范围较窄。一是在金融机构补贴方面，目前许多补贴主要是针对 3 类新型农村金融机构，以及基础金融服务薄弱地区银行业金融机构网点，对于分支金融机构及其网点则没有相应的补贴。而对发放涉农贷款的非正式农村消费信贷机构，是否也应当给予一定比例的贷款补贴值得考虑。二是在保险补贴方面，中央财政补贴的农业保险主要包括特定险种补贴、特定保险责任补贴及特定保险金额补贴等[1]，并不补贴瓜果、蔬菜、养殖、林业等产品。

（3）补贴金额较低。就目前来看，针对 3 类新型农村金融机构，以及基础金融服务薄弱地区银行业金融机构网点，大部分补贴标准是根据中央财政按照上年末贷款（平均）余额的 2% 给予补贴。按照这样的标准计算，实际得到的补贴金额还是偏低。而这些补贴由于金额太低，仅仅具有象征性意味。因此要加大对新型农村金融机构的激励力度，就有必要提高补贴标准。

（4）补贴条件较严。许多补贴激励措施规定了严格的条件，例如要求凡达到监管要求并实现上年末贷款余额同比增长的，其中对于村镇银行存贷比还需大于 50% 才能给予补贴。另外，对于上年贷款平均余额同比增长且达到银保监会监管指标要求的贷款公司和农村资金互助社，上年贷款平均余额同比增长、上年末存贷比高于 50% 且达到银保监会监管指标要求的村镇银行才能给予补贴。

2. 税收优惠激励制度不完善

我国目前针对信贷机构的税收优惠制度很不完善，还没有充分发挥税收优惠制度对农村消费信贷机构发展的激励作用。

（1）税收优惠制度不系统。我国目前尚未出台系统完善的促进农村消费信贷的相关税收优惠制度，如减免开办农村消费信贷业务的正式农村金融机构一定的增值税、利息税、所得税等。虽然有一些诸如

---

[1] 朱俊生等：《"三农"保险创新与发展研究》，中国金融出版社 2009 年版，第 54 页。

差别存款准备金率、差别利率等激励性的制度规定，但是还未能充分发挥税收优惠政策与货币政策的协调推进作用。

（2）税收优惠制度不全面。我国目前没有制定将非正式农村消费信贷机构上缴的营业税（"营改增"之后为增值税）及附加税由省财政以"先征后返"方式返还给非正式农村消费信贷机构作为风险防范基金的制度。因此还需要构建更加全面的、不具有歧视性的税收优惠制度。

3. 财政引导激励制度不完善

财政的支持、扶持作用是多方面的，财政直接投入与财政间接引导金融，其经济回报和资金风险是有差异的。

（1）从历史角度和现实角度来看，我国一直都比较重视财政对农村农业发展的直接投入，以确保农业的基础地位不动摇，同时也有一系列一直在实施的相关制度。但是在财政间接引导金融，财政推动金融助力农业农村发展方面还有很多不足，相关制度很不完善甚至缺失。

（2）从现有法律规范来看，我国支农财政法律制度中引导金融的法律规定比较少，相关制度也不完善。因此还没有充分实现财政间接引导农村消费信贷的功能。基于此，支农财政法律应从制度上对适用范围给予示范和引导性提示。① 2018年9月四川省人民政府印发的《关于继续实施财政金融互动政策的通知》值得全国推广。

4. 财政奖励激励制度不完善

财政奖励是最直接的激励方式，我国目前针对信贷机构的财政奖励制度不完善主要表现在以下两个方面：

（1）开办农村消费信贷业务方面的奖励制度不完善。目前的规定是，对开办农村消费信贷业务的农村金融机构按照放贷量的一定比例给予奖励，从而激励信贷机构发放农村消费信贷积极性。但是这方面的相关制度还不完善，如对少部分分支机构没有进行奖励，对县域金

---

① 陈治：《财政激励、金融支农与法制化：基于财政与农村金融互动的视角》，《当代财经》2010年第10期，第29页。

融机构也没有进行奖励。

（2）富民惠农金融创新方面的奖励制度不完善。金融创新激励机制的目的是建立金融创新专项奖励制度和免责制度，从而充分激励员工的创新潜能。目前虽然有一些对富民惠农金融创新专项相关奖励的制度规定，但是还很不完善。如虽然规定还相对明确，但是层次较低，发挥的作用尚不明显，因此需要进一步完善。

（三）农村消费信贷促进的担保激励制度的不足

从现实情况来看，我国农村消费信贷担保抵押品种单一、范围狭窄，抑制了信贷机构展开信贷业务的积极性。因此，逐步突破法律限制，创新开发更多的担保抵押物是激励信贷机构积极展开农村消费信贷业务的重要手段之一。从理论上来看，我国农村消费信贷抵押担保缺乏足够法律支持，由此导致实践中可操作性差。因为我国并无专门的"三农"方面的抵押担保法，信贷相关的抵押担保规定散见于《民法典》《商业银行法》《保险法》《农业法》中。目前，调整我国农村消费信贷的法律过于零散，对农村消费信贷中出现的担保问题规范也较少。当前农村消费信贷抵押品的确定标准、具体范围、登记制度、转让市场、监管机制等均严重缺位。

1. 抵押担保激励制度不完善

农村消费信贷抵押担保激励制度的缺失导致交易成本较高，信贷客户无法获得有效的风险控制保障。[①] 信贷机构"惧贷"和"惜贷"现象普遍存在。因此，必须探索新型的抵押担保法律制度。

（1）基本法视角的困境。一是《民法典》视角的制度困境。从《民法典》角度来看，根据其相关规定，抵押物只有少数几种，而对

---

① 郭宝贵、刘兆征：《建立扩大农村消费需求的长效机制》，《宏观经济管理》2011 年第 11 期，第 55 页。

于农户来说，我国目前的抵押物范围更是有限。如信贷客户的抵押担保品仅限于房屋、山林等少数几类。二是《土地管理法》视角的制度困境。根据现有规定，信贷客户对于土地无所有权，集体土地严禁用于抵押。① 对此问题，有地区试图突破法律限制，探索土地经营权流转②，但是信贷机构甚为谨慎。三是《农村土地承包法》视角的制度困境。如以普通家庭承包方式取得的土地承包经营权可以流转但不可以抵押。③

（2）法律制度冲突视角的困境。由于目前规范农村消费信贷担保的法律均有较强的历史时期性和适用特定性，因此适用时也常出现不协调之处。如《民法典》《农村土地承包法》关于抵押物范围存在冲突，再如《人民银行助学贷款管理办法》《商业银行法》关于贷款担保的观点存在矛盾。在制定了专门的农村消费信贷担保法后，则可以将互相冲突的地方进行修订以实现法规的统一性，从而提高信贷机构的贷款积极性。

（3）抵押登记变现等配套制度视角的困境。一是我国当前贷款抵押登记程序复杂，评估机制落后，手续费用标准较高。二是配套制度的缺失和不完善导致抵押物不能顺利、足额、合法变现，不能使银行业金融机构充分化解资产风险。三是在中长期贷款中，抵押物可能出现毁损和灭失，其价值可能逐渐减少，或者银行难以将抵押物变现，从而影响了银行消费贷款业务的健康发展。

（4）抵押物价值视角的困境。一般而言，农村消费信贷抵押资产价值都比较小，导致信贷风险较大。因为农村消费信贷客户可用于抵

---

① 熊彤、陈东：《积极拓展农业企业贷款抵押担保渠道》，《中国发展观察》2011年第7期，第15页。
② 陶广峰、谭正航：《我国农村金融组织法律制度：反思与创新》，载岳彩申主编：《中国农村金融法制创新研究》，群众出版社2011年版，第31页。
③ 王越子、杨雪：《抵押物残缺，担保机制与金融支持土地流转：成都案例》，《西南金融》2010年第2期，第31页。

押的财产主要是一些农用工具和农产品等。此时信贷机构不愿承担过多的信贷风险，由此出现了信贷机构"惜贷"或"不贷"的现象。这不仅加大了信贷的难度，同时使信贷客户容易产生信贷违约行为。

2. 质押担保激励制度不完善

（1）质押产品的法定担保范围方面的激励制度不足。随着社会的发展，能够作为质押物的也越来越多，完全可以满足农村消费信贷发展的需要。因此，应该承认农村消费信贷客户的质押担保。但是由于相关法律制度的缺位，一般的动产质押物，以及信贷客户的银行存单、林权、仓单、订单、商标、专用权等各种权利质押目前均不完全在农村消费信贷的质押范围之内。因此应该完善质押担保制度，在立法上扩大农村消费信贷客户可进行质押担保的产品范围。

（2）质押贷款的法定操作程序方面的激励制度不足。农户质押贷款是农村消费信贷机构发放贷款的重要担保方式，但是法定操作程序却存在问题。当农民希望可以用农机具作为质押品时，一是由于农机具价值难以估算，二是由于其需要地方存放，三是缺乏变现市场，导致其对信贷机构没有吸引力，从而构成了农户质押贷款的障碍。

3. 担保机构激励制度不完善

（1）专门性信贷担保机构激励制度缺失。我国尚没有专门性的信贷担保机构及其相关的激励制度。如果由一个具有法律地位的专门信贷担保机构对农村消费信贷客户进行统筹管理，同时确立统一系统的信贷担保监督和管理制度，对信贷担保机构的准入标准、担保范围、担保程序等进行明确规定，必将大力促进我国农村消费信贷市场的繁荣。

（2）第三方信贷担保机构激励制度缺失。由于激励制度的缺失，我国目前还没有建立互助性农村消费信贷抵押担保、政策性农村消费信贷抵押担保、商业性农村消费信贷抵押担保等多种担保模式共同发展的抵押担保法律制度体系。第三方信贷担保机构在我国城市已出现不少,但在我国农村却少有,难以吸引民间资本进入农村消费信贷市场,难以满足农村消费信贷客户的消费信贷需求。

4. 政府担保激励制度不完善

除了一般的担保激励制度不完善以外,我国政府担保激励制度也不完善。我国政府多采用财政投入、税收优惠或政策规范等方式支持农业、农村和农民的发展,很少作为担保主体介入农村消费信贷。因此,目前还缺乏通过支农财政资金建立的政府信贷担保中心,也缺乏相关的法律制度。可以考虑进行制度创新,由政府出面组建消费信贷担保公司,为长期消费信贷提供担保,尤其是为特定类型的具有公共产品性质的如医疗、养老、助学等农村消费信贷品种给予财政援助,解决信贷产品抵押难问题,以降低信贷机构面临的风险。

5. 保证担保激励制度不完善

我国《民法典》规定,具有代为清偿债务能力的法人及其他组织或公民(自然人)可以作为保证人。在尤努斯的实践中,"穷人不用任何抵押也能借到钱,但贷款偿还率却达到99.02%"[1],这是由于其一定程度上适用了保证担保。我国对农村消费信贷中的保证担保没有具体规定。事实上,可以进行制度创新,与农村信用体系建设相结合,充分运用对乡、村、农户信用水平评价结果开展保证担保。因此,需要进行保证担保制度的创新,如实行惠农卡及公务员担保信用村和信用户等方式开展农村消费信贷。

6. 社区担保激励制度不完善

国外的农村消费信贷在抵押担保、保证担保、质押担保之外,还创造出了一些替代性的经验,如不需要抵押品、质押物以及担保人就可以实现消费信贷。借鉴国外寻求信贷抵押担保方式替代策略的经验,

---

[1] 高亮:《当前农村消费信贷市场的现状及发展对策》,《西南金融》2007年第11期,第42页。

我国农村消费信贷客户可以充分利用社区资源向农村消费信贷机构申请贷款，这也是非常重要的借贷方式。但是，我国缺乏这方面的相关激励性的制度支持，由于没有法律依据，实行起来比较困难，因此需要进行制度完善。

7. 农户联保制度不完善

从实际效果来看，国外的自助小组担保、小组联保等替代性的抵押担保方式实行效果较好，而在我国的实践效果并不明显，无法有效激励信贷机构持续进行消费信贷。原因在于我国没有相关的制度支撑。总结我国经验，首先应当考虑在立法中建立农户联保制度，以形成激励效果并不断完善，从而对信贷机构的农村消费信贷业务发展产生持续性的激励。

（四）农村消费信贷促进的风险转移激励制度的不足

除了信贷客户的信用风险，信贷机构还面临着政策风险、经营风险、市场风险等。我国农村消费信贷风险转移法律制度不健全，存在许多问题，具体表现在：

1. 风险转移主体激励制度不完善

当前农村消费信贷风险主要由参与信贷的最直接主体——信贷机构和信贷客户——分担。这导致了两方面的难题：一是由于信贷机构总数本来就不足，而积极参与的信贷机构更少，造成信贷机构信贷资金回收率低、不良资产率高的现象较为普遍而不利于分散其中的信贷风险。二是由于抵押物少等原因，信贷客户还款压力大，导致信贷违约行为频发，致使整个信贷市场风险集中，因此需要完善相关制度。

2. 风险转移监控激励制度不完善

要分散农村消费信贷机构的风险，实现风险的分散转移，还应当完善农村消费信贷风险监控激励制度。我国当前尚无系统的信贷风险监控，因此对农村消费信贷客户申请消费信贷后没有进行必要的检查和监督，由此容易出现以下问题：一是不能做到对流动性信贷风险提早发现和采取补救措施；二是不能降低信贷机构自身信贷风险而且也不能约束信贷客户的贷后行为。

3. 风险转移补偿激励制度不完善

我国由于缺乏农业保险风险补偿机制等后续保障机制，容易出现以下问题：一是信贷风险发生后，信贷客户还款能力降低，如果没有补偿制度，就难以及时归还从而降低了信贷款项归还率。二是信贷风险发生后，农村消费信贷机构不能及时有效做出回应，加上没有补偿制度，信贷客户容易产生不良心态，产生非故意违约或故意违约行为。①

（五）农村消费信贷促进的成本降低激励制度的不足

目前我国农村消费信贷机构在发放消费信贷的过程中管理成本较高。据测算，2012年福建省宁化县国有商业银行与农村信用社每吸收1万元存款，筹资成本分别为210元和400元。② 农村消费信贷机构的成本降低激励制度不完善主要表现在：

1. 信息获取成本降低激励制度不完善

农村消费信贷机构的信息获取成本包括调查、登记、核实等花费的成本。在农村金融市场上，借款之前银行需要对农户的资产水平、信用状况、还款能力等进行调查和审核。当前，信贷机构仍然完全依靠自身的力量进行针对信贷客户的信息获取。这样，一方面，由于农户群体过于分散和庞大，大多数农户的基本状况是由村组干部提供，需要信贷机构派人到户进行登记核实。另一方面，由于来自其他方面的收入多种多样，使得信贷机构对信贷产品适应性相关信息的获取更趋复杂，由此造成贷前信息搜集的成本都很高。

---

① 王新玉：《如何防范消费信贷的风险》，《现代商业银行》2006年第2期，第37页。
② 雷贵优：《欠发达地区农村消费信贷与农民收入的实证分析——以福建省宁化县为例》，《时代金融》2013年第30期，第210页。

2. 信用评估成本降低激励制度不完善

农村消费信贷机构的评估成本包括核实、审查、鉴别等花费的成本。除了收集信贷客户的信息，还需要对信贷客户的信用进行评估，但是由于信贷信用评估制度不完善，由此造成信用评估成本过高。因为信贷机构如果在放贷前主要是查看档案，没有逐户深入细查，可能遭遇风险。因此，信贷机构在获得既有信息的基础上，需要对客户进行有效的甄别，对各类信贷客户提出的贷款需求进行判别并产生费用。这要求信贷机构不得不付出必要的人力、物力和财力。[①]

3. 风险控制成本降低激励制度不完善

农村消费信贷机构的风险控制成本包括跟踪检查、定期检查以及贷后监督等花费的成本。具体来看：一是信贷机构为了监督信贷客户是否按契约来使用贷款等需要付出成本，比如进行跟踪检查和定期检查。二是为了防范道德风险的发生，信贷机构要花费大量的财力和人力进行贷中监督管理。三是贷后监督成本，具体包括适当地缩短贷款期限，减少期限长带来的风险。这些风险控制成本之所以居高不下主要是缘于相关制度不完善。

4. 网点设置成本降低激励制度不完善

农村消费信贷机构的网点设置成本包括硬件设施、机器设备、场地租赁以及后期维护等花费的成本。印度尼西亚的非银行正式机构根据农村地区的区域差别以及信贷业务种类的不同建立了大量的分支机构。我国当前由于银行配置硬件设施、代理服务机构及人员等投入巨大，成本很高。与之不匹配的是，对于农村居民来说，金融交易活动却具有额度小、次数频繁等特点，因此性价比很低，导致很多金融机构不愿意设置金融服务网点。因此，目前为了增加网点，有必要进一

[①] 桑瑜：《基于组织创新的农村金融发展研究》，中共中央党校博士学位论文，2012年，第34页。

步完善网点设置成本降低激励制度。

5. 信贷违约成本降低激励制度不完善

农村消费信贷机构承担的违约成本包括抵押品变现、清偿债务、纠纷的诉讼处理等花费的成本。当贷款风险发生，信贷机构处理抵押品、要求贷款者还款、寻求法律诉讼途径等需要发生费用。而农村消费信贷违约后的清偿过程中，由于法院执结率低、执行周期长、笔数多等，又进一步加大了清算成本，有数据表明相关费用并不低。[①] 以上成本本来可以通过提高农村区域金融执法的力度和效率来改善。但是，我国当前没有相关法律制度，对农户也不会产生威慑作用，导致道德风险时有发生。

（六）农村消费信贷促进的业务开展激励制度的不足

农村消费信贷机构在开展信贷业务时，仍然可以对其进行业务开展相关的激励，具体包括信贷利率优惠、信贷权力配置、相关责任减免等。但是就目前的相关规定来看，还有不足，主要表现在：

1. 利率优惠激励制度不完善

提升农村金融资源的配置效率，必须积极推进农村存、贷款利率的市场化改革。目前我国《支持春耕备耕增加"三农"信贷的通知》（银发〔2008〕1号）赋予了农村信用社的利率市场化权利；《小贷公司试点指导意见》（银监发〔2008〕23号）赋予了小额贷款公司的利率市场化权利。但是取消贷款利率上限，可能会产生不好的后果即反而不利于满足农村信贷客户的贷款需求。还有，由于小额贷款公司在资金来源方面的政策限制，其在竞争中可能处于更加不利的地位。[②] 因

---

① 即案件受理费1.5%、案件执行费4%、财产保全费6%、其他约13%，各项费用占到诉讼标的的1/4左右。参见焦琳：《农村信用社如何降低金融交易成本》，《知识经济》2010年第5期，第47页。

② 王朝阳：《贷款利率完全放开后三点问题要警惕》，《经济参考报》2013年8月30日，第8版。

此需要对该制度进行改革与完善。

2. 权力配置激励制度不完善

我国目前贷款审批权主要集中于上一级金融机构。①而基层商业银行贷款审批权限受到了制约，因此缺乏贷款自主权。至于农村中小企业流动资金贷款、银行承兑汇票签发、贴现等业务方面的权限就更少，由此导致信贷机构没有从事农村消费信贷的积极性。这似乎也成为其不积极开展农村消费信贷业务的一个正当理由。

3. 员工责任减免激励制度不完善

（1）考核机制和激励机制不完善。商业银行一般都将资产质量列为考核重点内容，在激励机制上，责、权、利并不对称，缺少相应的奖励制度，容易形成"上热下凉"的现象。对于能够正常收回的"好"贷款，信贷员工却得不到相应的奖励，因此他们普遍存在"慎贷"心理。②

（2）风险控制的责任追究机制不完善。在贷款风险管理中，信贷机构对信贷员工实行严格的"终身责任追究制"。在这种制度之下，信贷员工及相关责任人面临较大压力，因为一旦发生违约风险，就可能被罚款、处分甚至下岗。因此，风险控制的责任追究机制过严。总之，我国信贷管理表现为约束与激励、处罚与奖励、责任与收益不匹配、不对称的状态，直接影响信贷机构从事农村消费信贷业务的积极性。③

---

① 据调查，辖内各国有商业银行没有贷款审批权，而基层农村信用社小额信用贷款权限只有1万元。参见曾之明、岳意定：《拓展中部地区农村消费信贷的实证分析——以湖南省为例》，《河南金融管理干部学院学报》2009年第2期，第78页。

② 范建春、张海朝：《鹿泉市农村消费信贷现状及制约因素调查分析》，《河北金融》2007年第1期，第65页。

③ 中国人民银行吉安市中心支行，中国人民银行遂川县支行联合课题组：《农村消费信贷缘何启而不动？——以遂川县为例》，《武汉金融》2005年第12期，第39页。

二、我国农村消费信贷促进中对信贷机构约束法律机制的不足

(一)农村消费信贷促进的支农责任约束制度的不足

支农责任①约束制度是直接通过对信贷机构施加相应责任从而使其从事农村消费信贷业务的规范,其在国外已经较为成熟。比较来看,我国的支农责任约束制度不完善主要表现在:

1. 支农定位约束制度不完善

我国带"农"字的金融机构包括中国农业银行、农业发展银行、农村合作银行以及农村信用社和例外的村镇银行。但是他们出于盈利的考虑,支农定位比较模糊。当然,这也可以说是因为支农定位约束制度不完善或者说执行不力导致的。事实上,支农定位还需要加强。数据显示,一直以来,农村金融机构都在不同程度地从农村吸走资金,却没有以同等比例向农村客户贷款。②

2. 支农比例约束制度不完善

支农比例约束制度在国外比较普遍与完善。如印度按照政府优先产业目标规定,正规金融机构40%的信贷必须投放到指定的农村地区。我国现在虽然有信贷支农比例的相关规定,但是这些具体规定却比较分散和凌乱,而且法律位阶较低,不利于约束作用的充分发挥。

3. 支农评价约束制度不完善

对于支农目标应该有非常完善系统的评价约束制度,包括但不限于支农服务网点评价、存款使用方向评价、发放支农贷款情况评价、支农服务质量评价、金融创新活动评价制度等等。虽然我国近几年已经有一些相关的规定出台,但是由于这些规定主要是倡导性的,缺乏

---

① 支农责任属于农村金融机构应当承担的社会责任,而且属于法律意义上的社会责任。
② 王守贞:《金融支持农村消费信贷问题的研究》,《河南金融管理干部学院学报》2007年第2期,第128页。

实际操作层面的规定尤其是责任约束机制,故而在现实中执行效果并不好。因此需要进行相关制度的改革与完善。

(二)农村消费信贷促进的内部治理约束制度的不足

良好的内部治理制度能够很好地约束信贷机构,从而能够在保证"三性"的基础上实现农村消费信贷市场的繁荣。我国目前的信贷机构内部治理约束制度不足主要表现在:

1. 员工管理约束制度不完善

(1)员工考评机制不完善。从实际情况来看,信贷经办人员的业务素质普遍还不是很高,还不能满足扩大农村消费需求的信贷制度建设的需要。各级金融机构缺乏系统的考试、考核等制度措施,对员工的相关约束机制还不完善,信贷人员的动力、压力和责任感还普遍不足。

(2)员工更新机制不完善。以信贷机构中的农村信用社为例,一是因为人员少且县域商业银行信贷人员老化;二是因为电子化水平明显不高;三是因制度、机制等缺陷导致约束不够,一些信贷员工难以适应新形势下的发展需要,因此,迫切需要完善信贷员工的更新轮岗制度。

2. 内部控制约束制度不完善

从国外信贷机构的实践来看,不能没有内部控制机构和机制。但是我国信贷机构却缺乏明确的内部监督机构和一套适宜的内部控制机制。主要表现为:一是信贷管理程序不规范,权责不统一,缺乏有效的协调和相互制约的监督机制;二是未确立独立的稽核地位,无法对信贷风险形成监督权威。[①] 对于新型农村信贷机构,其不具有完善的治理结构,因此在信贷的风险防范上,信贷机构缺乏健全的贷款责任制,

---

① 蔡芳艳:《农村信用社信贷风险成因及对策》,《金融与经济》2000 年第 7 期,第 48 页。

不能通过实施授信管理,规范信贷业务程序、优化贷款结构。这些都需要完善消费信贷业务操作内控制度,强化监督机制。

3. 内部责任约束制度不完善

农村消费信贷机构不能没有信贷内部责任制度进行约束。信贷机构应该设有不同的专业部门分别行使调查、审查、检查等职能,这些职能之间可以是相互限制的,也可以是相互协调的。但从我国当前来看,信贷员工的贷前审查义务不够,法律责任不明,风险防范没有纳入信贷员工考核范围。《个人贷款管理暂行办法》(银监会令〔2010〕2号)对个贷操作规程、风险管理以及贷款各操作环节的考核和问责机制的规定不够具体,个人贷款问责机制难以落实到位。

4. 内部审查约束制度不完善

(1)传统的农村消费信贷机构内部审查约束制度不完善。一是在内部没有设立专门部门,负责评价内控制度的有效性和合理性。二是没有核查部门将评价结果反馈给信息披露部门,因此在信贷过程中,增加了本来可以避免的风险,这些都需要进行制度完善。

(2)新型农村消费信贷机构内部审查约束制度不完善。其一般都缺乏自律机制,如村镇银行的经营状况、财务状况缺乏审查评估机制。鉴于贷款公司和农村资金互助社的资金规模较小,如果设立则外部核查成本会较高,因此也就没有设置内部核查机制。

(3)处于发展阶段的非正式农村消费信贷机构内部审查约束制度不完善。这些机构为了降低成本,内部往往并没有设立审计部门,也没有外部审计机构监督其财务情况。

总之,农村消费信贷机构没有一套独立于营业部门的核查体系,导致贷前审查机制流于形式。贷款过程中调查、审查、检查权利互不制约,也流于形式。

5. 信息披露约束制度不完善

目前我国无论是信息披露专门部门,还是信息披露方式都没有详

尽的法律规定。农村消费信贷机构的信息披露约束制度不完善,可能会导致:

(1)信贷机构内部管理人员及信贷员工行为失范。一是当制度不完善,尤其是制度缺乏责任机制且透明度不高时,董事会等高层管理人员难以对自己的行为和业绩负责。① 二是制度不完善导致信贷机构内部信贷员工的行为失去约束,出现信贷员工放贷不负责的现象。

(2)信贷客户的利益受损。一是因为信贷客户不能了解信贷机构的经营状况,处于信息不对称的不利方,容易受到信贷机构的"欺负"而利益受损。二是在信贷市场出现不稳定时,容易造成信贷客户的不安,可能会出现挤兑等难以控制的局面。

6. 电子管理约束制度不完善

(1)提高工作效率的信贷电子管理约束制度不完善。农村消费贷款具有金额小、范围广、期限长、还款次数多等特点,亟需完善电子管理约束制度。迫切需要通过完善信息科技、信贷管理和会计、资金组织等部门协同配合机制,尽快扭转贷款管理手段落后、工作效率低下的局面。

(2)实现信息共享的信贷电子管理约束制度不完善。银行各部门之间缺乏整体的联网机制,同一借款人的信用信息未完全实现上机管理,导致各银行各部门各自为政、自成体系地办理各自的消费信贷业务,在各个银行或同银行的不同业务部门之间无法共享资源,从而增加了成本。

(三)农村消费信贷促进的项目创新约束制度的不足

不断进行项目创新是吸引农村消费信贷客户、繁荣农村消费信贷市场的重要途径之一。因此对于信贷机构来说,约束比激励更加重要。

---

① 谢渡杨:《加强银行机构的公司治理》,《经济导刊》2002年第1期,第10页。

我国目前项目创新约束制度的不足主要表现在：

1. 信贷项目创新规范制度不完善

我国目前金融产品创新法规不完善表现在：一是缺乏鼓励信贷项目创新及对其保护的法律体系。由于相关金融机构对农村消费信贷本身就不积极，更谈不上对信贷项目创新的激励，包括对信贷项目创新进行保护的法律体系也长期缺失。二是缺乏信贷项目创新失败的退出机制。与前面一样，不鼓励金融创新，当然也谈不上创新失败的退出机制了。三是我国当前的消费信贷项目创新也缺少法律支撑。如法律对产品品种、操作程序等都无适当规范，不利于信贷机构对产品的创新。[1] 这些与鼓励金融产品创新相悖的制度，都需要重新检视并结合金融产品创新实践进行有针对性的修改，从而形成鼓励金融产品创新的系统法律制度。

2. 信贷项目创新种类约束制度不完善

由于缺少法律的约束，农村消费信贷项目一般为住房、汽车、耐用生活消费品等，而农村对于消费信贷的种类需求非常多，仅仅这几个项目，并不能满足农民生活质量提高之要求。目前，我国农村地区已开发的农村消费信贷产品主要集中于生产领域，包括农业机械、农用交通工具等，消费领域信贷少，如子女婚嫁、大宗耐用物品、汽车、住房、医疗等信贷仍不足。[2] 因此，构建协调统一的信贷产品种类创新制度，能为规范约束信贷机构积极从事消费信贷提供法制保障。

3. 信贷运作方式创新机制不完善

信贷运作方式创新机制不完善具体表现为：一是信贷基础设施缺乏，农民使用借记卡、信用卡、ATM（自动柜员机）的机会较少，使

---

[1] 唐菁菁、孙灵刚：《中美商业银行中间业务的创新机制研究》，《南方金融》2012年第1期，第73页。

[2] 韩志远、高永泉、夏冰：《农村消费信贷产品缺失制约农村消费市场发展》，《金融时报》2009年10月26日，第7版。

得农民不能像城市居民一样使用快捷的金融消费方式。央行发布的中国普惠金融指标分析报告（2019年）显示，截至2019年末，农村地区POS机具692.62万台，ATM机具37.53万台，同比分别减少3.21%和1.36%。二是农村消费结构升级项目缺乏，如主要提供小额信贷而大额信贷缺乏；三是信贷对象范围狭隘，未能通过消费信贷使用人的可信任家属放贷；四是忽视创新消费信贷运作方式和宣传技巧，即使创新出新的信贷项目，也无法保证农民接受其信贷产品，不利于新的信贷产品在农村的普及。五是在信贷的运行机制方面仍然比较机械，缺少创新动力，不利于农村消费信贷市场的繁荣。

（四）农村消费信贷促进的业务开展约束制度的不足

农村消费信贷机构在开展业务时，对其部分业务环节进行限制可以起到约束作用。我国目前业务开展约束制度的不足主要表现在：

1. 业务开展限制约束制度不完善

业务开展限制约束制度是指在对限期达不到整改要求的，采取调整高级管理人员、停办所有业务、限期重组等暂时剥夺开展业务资格的相关制度的总和。目前我国在一些法规中已有相应的规定：第一，暂时剥夺开展业务的资格进行约束。具体包括：一是调整高级管理人员、停办所有业务、限期重组。二是禁止向其他银行业金融机构融资，限制发放贷款并加大现场检查及非现场监管力度。第二，永久剥夺开展业务的资格进行约束。具体包括：一是宏观性的规定。二是具体性规定。但是这些法规位阶较低，责任规定缺乏，并不能有效约束信贷机构的不当行为。

2. 补贴奖励限制约束制度不完善

补贴奖励限制约束制度是指通过取消补贴、追回补贴、取消优惠补贴政策等一系列措施对信贷机构的不当行为采取限制的制度总和。如通过取消获得补贴资格进行约束，《定向费用补贴资金管理暂行办法》(财金〔2009〕31号)第十七条就是这方面的规定。但是这些法规位阶较低,缺乏责任规定,不利于约束信贷机构的不当行为。

3. 红利分配限制约束制度不完善

红利分配限制约束制度是指采取禁止分配红利、禁止分配现金红利、严格限制分红比例等系列措施的制度总和。我国目前的红利分配限制约束制度内容包括:一是当年亏损的农村合作金融机构不得对社员(股东)分配红利的规定。二是不得分配现金红利的规定。三是严格限制分红比例的规定。但是这些规定比较零散,而且涉及的信贷机构也比较少,不利于真正限制信贷机构的不当行为。

4. 业务竞争约束制度不完善

业务竞争约束制度是关于确保信贷机构之间破除垄断、积极竞争的一系列相关制度的总和。美国1968年颁布的《统一消费信贷法典》取消了对信贷客户贷款数额和还款期限的限制,旨在鼓励信贷机构之间相互竞争。由于我国信贷机构数量较少,业务竞争约束制度不完善,信贷机构处于买方市场,使得信贷机构之间缺少竞争压力。供不应求成为农村消费信贷市场的突出特征,导致托关系、吃回扣、请客送礼成为农村消费信贷客户获取信贷资源必不可缺的路径。这些都不利于农村消费信贷市场的繁荣。

(五)农村消费信贷促进的信贷监管约束制度的不足

有关农村消费信贷监管的规定分散在《中国人民银行法》《银行业监督管理法》中,但是,这些规定非常分散,不成体系。因此,为了实现良好的监管,完善农村消费信贷监管约束制度势在必行。

1. 监管主体约束制度不完善

(1)监管主体角色定位冲突。例如银保监会在负责信贷领域政策制定的同时,也负责对农村消费信贷机构的监管。对于农村消费信贷制度的实施,其通常采取动用监管资源和规则的手段,以达到服务于政策的目标。即银保监会在监管活动中，监管规则是必须遵守的硬性要求，而政策则可以随时调整，其实质是"监管规则的政策化"[①]。同时银保监会监管者角色冲突导致监管者与最后贷款人的双重角色并存。

（2）监管主体责任分配不清。银保监会主要对银行业金融机构实施监管，随着金融工具不断创新，涉及保险业、证券业的保证保险、信贷资产证券化等业务愈来愈多，这就需要银保监会、证监会加强合作，共同对金融体系进行监管。

2. 监管方式约束制度不完善

与对城市金融机构监管模式一样，我国目前针对农村消费信贷机构的监管也分为审慎监管与非审慎监管。后者主要针对新型农村消费信贷机构。但是随着村镇银行放贷规模的扩大，仅仅对其采取非审慎监管规则很可能会带来风险。因此，这种单一的一元化监管规则对于新型农村消费信贷机构来讲并不适合，这就有必要完善监管方式方面的制度，如可以考虑实行差异化的监管方式进行监管。

3. 监管约束专门制度不完善

农村消费信贷具有其自身的特殊性，因此对其监管也应该具有特殊性。换句话说，农村的消费信贷组织与城市的消费信贷组织特点不同，相应的监管法律也应该不尽相同。但是我国当前对于农村消费信贷的监管大多是依照城市消费信贷监管法律完成。对农村消费信贷机构的监管，不能完全照搬城市消费信贷监管法律[②]，而应该制定针对性较强的监管约束专门制度。

4. 监管框架约束制度不完善

监管是对金融活动最具约束性的保障。农村金融监管制度建设是

[①] 方昕:《小额信贷激励机制与微观信贷政策创新研究》，西南财经大学博士学位论文，2010 年，第 93 页。
[②] 陶广峰、谭正航:《我国农村金融组织法律制度：反思与创新》，载岳彩申主编:《中国农村金融法制创新研究》，群众出版社 2011 年版，第 32 页。

一个系统工程，需要从整体思考完善对策。我国当前的农村金融监管框架约束制度还需要进行完善，否则，个人征信法律制度、业务竞争法律制度、准入法律制度以及农村消费者权益保护法律制度就会成为空中楼阁无法落到实处，因为它们都需要监管的保障。

第四节　我国农村消费信贷促进中对信贷客户激励与约束法律机制的不足 —— 基于宏观视角

我国目前农村消费信贷方面的规范性文件主要以文件、办法、通知、意见等形式存在，其效力较低，权威性弱，并且还存在着下位法与上位法相抵触的现象。本著作前面分析了对信贷机构激励与约束法律机制的不足，这里主要是分析对信贷客户激励与约束法律机制的不足。

一、我国农村消费信贷促进中对信贷客户激励法律机制的不足

（一）农村消费信贷促进的财政激励制度的不足

有学者指出，在农村金融市场不发达、存在信贷约束及人力资本投资收益递增的假定下，大多数农民将陷入"低收入水平—低教育水平—低收入水平"的恶性循环之中。[①] 而信贷客户的收入水平又与其获得的消费信贷有明显的联系。一方面，由于客观的原因，收入低的信贷客户能够获得消费信贷的机会要少得多。另一方面，由于主观的原因，低收入信贷客户不愿意参与消费信贷。因此，必须不断完善财政激励制度以增加潜在或现实信贷客户的收入，从而能激励他们积极

---

① L. Ljungqvist, "Economic Underdevelopment: The Case of a Missing Market for Human Capital", *Journal of Development Economics*, 40, 1993: 219-239.

参与消费信贷。增加农民的收入有直接的方式，也有间接的方式。这里谈及的是间接的财政激励方式，其相关制度目前还存在许多问题，具体表现在：

1. 农业产业财政激励制度不完善

政府的财政支出与农村居民消费需求以及消费信贷关系密切。一方面，政府加大财政支出有利于扩大农村消费需求。① 而消费需求的扩大有利于提高信贷需求。另一方面，信贷客户的消费信贷能力取决于其收入水平，这也直接影响消费信贷。我国农业仍然处于产业结构的调整时期，农村、农民、农业仍处于最弱势的地位。我国财政投入尚未大幅度支持农民的消费需求，相关制度很不完善。同时，我国农村居民的收入现状迫切需要政府扩大财政支出。一是由于粮食作物价格不稳定，粮食生产成本一涨再涨；二是农村消费信贷客户收入结构仍然比较单一、收入不稳定、整体收入水平偏低；三是农业受市场因素和自然因素等影响比较大，甚至出现较多农业增产不增收现象。许多农民对未来收入预期不好，从而约束了信贷客户的消费信贷行为。

2. 农村基础设施财政激励制度不完善

财政投资是农村基础设施建设的主要资金来源，而农村基础设施对农村消费具有正向促进作用。② 但是目前我国农村消费基础设施财政激励制度不完善，导致消费基础设施不足，主要表现为：一是农村供水、供电、供气、供热、供暖等网管设施，有线通讯、5G、无线 WIFI 等网络设施，道路、桥梁等交通设施，医疗、卫生等健康设施，休闲、调理、康复、保健、健身等康养设施建设严重不足；二是商业网点、

---

① 每增加 1 亿元支农资金可以带动 0.385 亿元农民消费。参见陈亮、朱琛：《我国政府支出对扩大农村消费的动态效应分析》，《长沙铁道学院学报（社会科学版）》2009 年第 4 期，第 28 页。

② 其中农村生活型基础设施投入增加 1 个单位，会带动农村消费增长 0.49 个单位。参见孙虹乔：《农村基础设施建设与消费需求的增长——基于 1978—2009 年经验数据的实证》，《消费经济》2011 年第 5 期，第 35 页。

售后服务网点、金融服务网点少导致信贷缺乏基础消费环境[①],信贷客户消费欲望受挫。这些均缘于农村基础设施财政激励制度仍然不完善。

3. 农村教育事业财政激励制度不完善

研究数据表明,一是公共教育支出比例增加1%,食品边际份额增加0.107%。[②]也就是说,公共教育支出越大,农村居民的消费需求越大。二是从受教育程度来看,农村居民的边际消费倾向与受教育程度成正比。[③]但是,我国当前公共教育财政投入还不足,导致农村居民家庭教育支出比例不断上升,超过了部分家庭的承受能力,从而在一定程度上恶化了消费质量。有学者指出,由于中国政府在医疗、教育等领域投资严重不足,农村的实际消费水平很低。[④]具体表现为:一是导致农村居民收入中经营性收入的比例高而教育附加值低;二是农民文化程度不高阻碍农村科技进步;三是农业科教投入不足,尚未实现现代化,农产品缺乏国际竞争力;四是农村劳务及劳动力职业技能和整体素质较低;农民就业技能培训机制不完善,不能摆脱"低廉劳动力"的现状。这些均是缘于农村教育事业财政激励制度仍然不完善。

4. 农村文化事业财政激励制度不完善

我国在农村文化事业的财政激励制度方面也不完善。一是由于传统消费文化的影响,我国农村消费信贷客户大部分对于申请消费信贷并且进行超前消费在心理上仍然无法接受[⑤],也导致国家财政支持不足。

---

① 胡志成、唐剑:《农村消费信贷的制约因素与发展对策》,《武汉金融》2010年第12期,第64页。
② 杨丽、陈超:《政府公共品供给对农村居民消费结构的影响——基于教育和医疗投入的分析》,《南京农业大学学报(社会科学版)》2013年第6期,第62页。
③ 李翔、朱玉春:《受教育程度对农村居民消费结构影响研究》,《统计与决策》2013年第12期,第112页。
④ J. Aziz, L. Cui, "Explaining China's Low Consumption: The Neglected Role of Household Income", International Monetary Fund, Working Paper No. 07/181, 2007.
⑤ 参见陈淑君:《浅析农村消费信贷发展缓慢的原因及对策》,《金融经济》2005年第6期,第128页。

二是我国历来贯彻重视生产、轻视消费的政策，因此农村消费信贷客户还保留着只关注生产性消费信贷不关注生活性消费信贷的落后消费观念，国家财政也就不太关注。三是消费信贷文化建设薄弱，使农户无法接受新型的消费信贷观念[①]，从而制约了参与消费信贷的积极性。

（二）农村消费信贷促进的信贷补贴激励制度的不足

信贷补贴是针对农村消费信贷最直接的财政激励方式。通过建立完善的财政补贴法律制度，可以增加信贷客户的经济收入或降低其支出，拓展农村消费信贷市场。但是目前我国的相关制度还不完善。

1. 信贷利息补贴激励制度不完善

农村消费信贷机构过分考虑风险控制和成本因素，导致利率偏高而不利于农村消费信贷市场的繁荣发展。完善消费信贷利息补贴激励制度，既能减轻农民消费负担、提高消费信贷能力，又能降低贷款风险权重[②]、减少对经济资本的消耗。因此，我国的信贷利息补贴制度还迫切需要完善。

2. 信贷保险补贴激励制度不完善

完善农业保险补贴激励制度对农村消费信贷有极大的促进作用：一是可以促进农业保险与农村消费信贷合作从而最大限度地补偿农村消费信贷的风险损失。二是农户可以通过购买保险并作为融资抵押物以提高信用等级。三是可以使农户遭灾时得到补偿。四是保险单抵押有利于农户融资并刺激金融需求欲望。但是，由于我国保险补贴激励制度很不完善，农村金融市场上农业保险与信贷产品设计和供应难以匹配，导致风险保障作用有限。[③] 保险补贴激励制度很不完善，导致保

[①] 参见王永平：《关于启动农村消费信贷的思考》，《理论观察》2002年第2期，第118页。

[②] 赵泽轩、郭大鹏：《稳健货币政策下引导农村消费信贷合理增长》，《中华合作时报》2011年6月3日，C02版。

[③] 徐文龙：《农业保险与农业信贷互动实证研究》，《河北金融》2013年第2期，第28页。

险机构和农户在农村消费信贷中的积极性都不高。

3. 信贷补贴基金激励制度不完善

我国补贴基金激励制度不完善,主要表现为:一是多元化基金筹集制度方面,没有通过财政投入建立补贴基金,农业保险仍由中央和地方政府按比例进行补贴,而中央财政补贴又需要一定的条件。[①]二是差异化基金使用制度方面,中央财政补贴制度滞后并且在补贴比例上,缺乏地区差异分析和区别对待策略,尤其是西部落后地区不能公平分享政策性农业保险制度成果[②],导致发达地区与落后地区两极分化严重。

(三)农村消费信贷促进的农业保险激励制度的不足

农业保险制度的完备程度决定了农户在发生各类风险时的淡定程度。《农业保险条例》虽已出台,但是目前我国农村消费信贷促进方面的农业保险制度,包括保险主体、保险费率及保险扶持制度等存在许多问题,具体表现在:

1. 农业保险主体制度不完善

农业保险在我国《保险法》中没作直接规定,法律、行政法规的另行规定也一直没出台。因此导致了一些问题:一是已有政府与保险机构共担风险模式、政府承担风险保险公司经营模式、保险公司自营模式等。但各个主体之间的责任、权利、义务如何界定,保费如何承担,风险如何分担等尚付阙如。二是虽然目前农业保险市场已包括了多种发展模式,涉及多方主体。但是就提升服务效率、提高承保能力、规划发展模式等还需要进一步探究如何进行制度保障。

2. 农业保险费率制度不完善

我国当前没有实行差异化的农业保险费率制度,诸多弊端由此体

---

① 即省级财政和农村消费信贷客户分别承担一定比例保费。
② 王德宝:《我国政策性农业保险的现状、问题及对策建议》,《海南金融》2009 年第 8 期,第 50 页。

现：一是在保险对象方面，没有体现对地区之间经济发展水平差异的应对；二是在风险分散方面，没有平衡农业保险市场存在的风险，使农业保险市场风险高度集中。当时的保监会发布的通知《完善中央财政保费补贴型农业保险产品条款拟订工作》（保监发〔2015〕25号）①规定，保监会将加强与地方的沟通协作，完善农业保险风险区划和费率浮动机制。可见，差异化的农业保险费率制度的落地还需待时日。

3. 农业保险扶持制度不完善

开展政策性农业保险是国家农业扶持的重要举措之一。只有通过立法明确其政策性定位，才能将扶持意图落到实处。但是当前我国的政策性农业保险立法缺失，导致政策无法真正落实，商业保险仍为主要形式，只有经济实力较强的中国人保公司开展此业务。但由于缺乏政策支持而导致利益难以得到保障甚至严重亏损。其他经济实力一般的保险公司更是没有能力承担农业保险业务，这样就导致农业风险未减而农民收入不稳。

（四）农村消费信贷促进的社会保障激励制度的不足

我国已初步建立农村社会保障体系。但是，其发展仍滞后于城市地区，直接影响我国农村消费信贷市场的繁荣，具体表现在：

1. 农村社会保障专门激励制度不完善

到目前为止，我国农村社会保障相关法律的立法层次低，大多以行政法规或部门规章、意见、决定等形式予以公布执行②，农村社会保障法律层级不高，农村社会保障法律效力微弱，不利于激励农村居民进行消费信贷的积极性。因此，我国需出台一部专门的《农村社会保障法》。

---

① 即《关于进一步完善中央财政保费补贴型农业保险产品条款拟订工作的通知》（保监发〔2015〕25号）。

② 叶世清：《我国农村社会保障法制建设研究》，法律出版社2011年版，第67页。

2. 农村社会保障补贴激励制度不完善

我国农村社会保障财政补贴激励制度落后，农户生活成本较高。虽然农村地区已初步建立了社会保障制度，但完善的社会保障补贴激励制度并未健全，农户仍面临高昂的教育、医疗以及住房修建费用。同时，部分务工人员及流动人口尚无全国通用个人账户，不能得到应有的补贴，导致基本生活问题难以解决而对消费信贷没有兴趣。

3. 农村社会保障监管激励制度不完善

我国农村社会保障监管激励制度不完善，社会救济不及时。一是由于农村社会保障体系庞杂且涉及部门多，进行良性监管存在客观上的困难。二是监管制度不完善导致非法侵占、挪用农村社保基金，由此出现大量亏损，致使农户利益受到了严重侵犯。三是监管制度不完善，导致实践中社会保障基金不能按时到位，农户无法得到现实利益。这些都使得农户承担了较高成本，对消费信贷有后顾之忧。

总之，虽然广大农村地区的社会保障制度逐渐在完善，但仍然难以满足农村居民的需要，导致预期支出较高，农户消费信贷偏好较弱。

（五）农村消费信贷促进的信贷成本降低激励制度的不足

不断降低信贷成本是各国的努力方向。美国政府在农村消费信贷方面也面临农村信用交易系统中高交易成本和低还款率的制度问题需要解决。[1] 当前我国消费信贷成本很高，不利于激励农村消费信贷客户申请消费信贷，原因在于消费信贷的利息成本、时间成本、费用成本、效率成本以及信息成本降低机制不完善，具体表现在：

1. 贷款利息成本降低激励机制不完善

我国目前贷款利息成本降低激励机制不完善，导致信贷机构面对农村消费信贷资金营运的高成本、高风险时，贷款利率执行了高浮动

---

[1] N. A. Mujumdar, "Overhauling the Somnolent Rural Credit System", *Economic and Political Weekly*, Vol. 32, No. 42 (Oct. 18-24, 1997): 2707-2710.

利率。① 因此，利率浮动政策使得信贷机构将贷款利息成本完全转嫁给信贷客户，由此加重了农民的利息负担。75% 的农户反映从金融机构借贷款不如从民间借款。② 这种高借款利率的高成本使得消费信贷的主动需求下降。

2. 贷款时间成本降低激励机制不完善

贷款便利程度对农村居民是否成功获得消费信贷的正向影响非常显著。我国虽然出台了如《产品和服务创新指导意见》（银发〔2010〕198 号）等规定③，但是贷款时间成本降低激励机制不完善，给信贷客户增加了巨大的时间成本。2010 年的研究数据显示，农村居民从银行得到一笔小额贷款至少需要 7 天以上，长的需要 6 个月左右。④ 虽然现在贷款时间方面有所缩短，但是 2015 年的研究数据显示，办理一笔 3 万元以上的消费贷款，按照金融机构要求的所有材料，需花费两天时间才能办理完毕。⑤

3. 贷款费用成本降低激励机制不完善

贷款费用成本降低激励机制不完善，给信贷客户带来巨大的费用成本。一是一笔贷款从申请到批准，除了缴纳贷款利息，还要缴纳房产抵押登记费、房产评估费等⑥，农户需承担抵押登记等费用占贷款额的 1.48%。⑦ 二是信贷机构为了保障经营的安全性与盈利性，不得不提高

---

① 如农户小额信用贷款与有价证券质押贷款实行上浮 30%；农户连保贷款与中小企业和私营企业、个人保证、抵押贷款实行上浮 60%。

② 梁莉：《欠发达地区农村金融机构支持农民消费问题研究》，《统计与决策》2011 年第 24 期，第 99 页。

③ 积极做好"万村千乡市场"、农村商品配送体系建设、农村社会化服务和农村信息化建设等配套金融服务工作，为农民扩大消费提供融资便利。

④ 李雨嘉：《论我国农村消费信贷需求与策略》，《理论月刊》2010 年第 8 期，第 181 页。

⑤ 曹佩茹、赵景峰、梁桂贤、宋春雷：《以新农村建设为契机，加快涉农消费信贷发展》，《金融时报》2015 年 6 月 25 日，第 11 版。

⑥ 徐充、张志元：《关于拓展我国农村消费信贷的思考》，《经济问题》2009 年第 9 期，第 94 页。

⑦ 按照一笔 10 年期借款 10 万元的住房贷款计算。参见张君生：《加快农村消费信贷发展的调查研究》，《农业部管理干部学院学报》2010 年第 2 期，第 56 页。

利率或相关费用,从而导致农户的贷款成本相应提高。三是虽然银行借款利率低于民间借贷利率,但加上隐形的成本,银行借款的实际成本甚至可能更高。

4. 贷款效率成本降低激励机制不完善

贷款效率成本降低激励机制不完善,导致农村消费信贷程序繁琐,信贷管理不科学,贷款效率低下。一是从信贷机构视角来看。信贷机构为了防范风险,在信贷之前需要评估农村消费信贷客户的真实收入和资产等个人信用状况,在信贷程序上还需要层层审批,耗费了大量成本。二是从信贷客户视角来看。信贷客户在申请信贷时也要经过若干部门审查,提供抵押品或担保人并缴纳若干费用,期限长且手续烦琐[1],从而挫伤了信贷客户参与的积极性。

5. 贷款信息成本降低激励机制不完善

贷款信息成本降低激励机制不完善,不仅仅导致信贷机构的信息获取的高成本,也会导致信贷客户信息获取的高成本。由于信用制度不完善,导致两个方面的成本居高不下:一方面,农村消费信贷机构对于农户的信息获取成本高,导致的后果是对信贷客户不信任,贷款积极性不强,对开发、创新、宣传消费信贷产品项目也没有兴趣。另一方面,农村信贷客户也很难从一般渠道获取信贷机构的贷款相关信息。由于农村消费信贷市场上存在比较严重的信息不对称现象,如信贷客户不了解信贷机构办理农村消费信贷时规定的贷款条件和程序,由此也增加了交易成本,影响了农民办理消费信贷的意愿。当前很多信贷客户获取消费信贷方面的信息仍然主要是依靠与当地人交流。总之,贷款信息成本降低激励机制不完善,制约了农村消费信贷的发展。

---

[1] 耿文:《海南州农村消费信贷发展缓慢的原因分析》,《青海金融》2009 年第 9 期,第 35 页。

（六）农村消费信贷促进的信贷客户权益保护激励制度的不足

信贷客户在消费信贷过程中的权益能够得到充分保护，必将激励信贷客户参与信贷的积极性。但是我国当前信贷客户权益保护激励制度还不完善，具体表现在：

1. 信贷客户权益保护主体激励制度不完善

目前对于农村金融消费者权益主体保护的相关规定，分散在《商业行业监督管理法》《商业银行法》《证券法》《保险法》等一系列法律法规中。《银行业消费者权益保护工作指引》（银监发〔2013〕38号，以下简称《工作指引》）第六条和第七条规定了信贷客户权益主体方面的事项。但是，与美国、英国等不同的是，我国并没有确立金融监管机构在金融消费者权益保护方面的法律地位。农村金融消费者权益保护在很大程度上要靠基层农村金融消费者权益保护机构来实施。而在区县一级，缺乏专门的农村金融消费投诉处理部门，负责受理、调查、处理农村金融消费者投诉和建议的协调与联络。① 从而导致农村消费信贷客户权益保护主体制度不完善，不利于保护信贷客户的权益。

2. 信贷客户权益保护内容激励制度不完善

金融交易和一般商品交易不同，《中华人民共和国消费者权益保护法》（以下简称《消费者权益保护法》）不能完全适应日益倍增的金融交易数额及其带来的复杂性、专业性。《工作指引》（银监发〔2013〕38号）规定了银行业消费者的知情权和自主选择权、公平交易权、个人金融信息安全权等，但以上也仅仅是一个工作指引。因此问题在于：第一，由于没有对消费者信贷利率、还款方式以及消费信贷的总费用等予以规范，消费者的知情权和选择权大打折扣。第二，农村信贷消费者权利并没有超出一般消费者权利范围，因此，一般消费者没有的权利，农村信贷消费者一般来说也无权享有。另外，一些制度主要针对城市而

---

① 曹丽萍：《加强农村金融消费者权益保护》，《光明日报》2014年4月19日，第5版。

不适合农村消费信贷,如《汽车消费信贷管理办法》(银发〔1998〕429号)规定借款人必须有固定职业[①],这实际上否定了农户的申请资格。

3. 信贷客户权益保护程序激励制度不完善

虽然农村金融消费者也是消费者,但却是特殊的消费者,与一般的消费者还是有明显的区别。我国《消费者权益保护法》规定的救济方式,因其不是专门为金融消费者和农村消费信贷者所设,存在一定程度上的救济解决僵硬性和低效率。国外的金融消费者权益救济解决机制,都是从投诉处理机制的健全入手,在专门的机构下设投诉处理机构的FOS模式。我国缺乏这样的救济解决模式。同时,也没有建立消费仲裁、小额诉讼、集团诉讼等纠纷解决机制。

二、我国农村消费信贷促进中对信贷客户约束法律机制的不足

(一)农村消费信贷促进的信用征信约束制度的不足

完善信用征信制度可以充分约束信贷客户的信贷行为。我国当前的信用征信制度还不完善,具体表现在:

1. 信用征信约束专门制度不完善

目前我国没有一部法律或法规专门规范农村消费信贷征信活动,相关零散的对个人征信活动的规定分散在《民法典》《证券法》《票据法》中,以及其他效力较低的办法、通知、意见中,如《龙卡个人信用等级评定办法》《上海市个人信用联合征信试点办法》《征信管理条例》等。一方面,全国性的规定对农户的适用性不强、操作性较差。另一方面,以上提及的办法、意见、通知效力低,无法规范全国范围内的信贷客户。因此,对于信贷客户信用信息的规范缺乏有效的法律依据,对于其失信行为也无针对性的惩罚机制。

---

① 任晓霞:《激活农村消费信贷促进新农村建设》,《新疆金融》2007年第3期,第21页。

2. 信用征信收集约束制度不完善

（1）由于征信信息收集制度不完善，我国目前农村消费信贷客户的消费征信数据非常分散，不利于信贷机构掌握。当前这些信息如个人学习经历、学历学位、家庭成员、家庭收入、家庭财产状况、商业信息等，主要分散地保存于劳保局、金融机构、财税机关、公检法等各自的档案中。

（2）由于征信信息收集制度不完善，农村消费信贷客户的消费征信数据不但非常分散，而且在各个机构中独立保存、难以公开。想要实现农村消费信贷客户信息共享及各机构联合征信比较困难。因此迫切需要进行相关制度的完善。

3. 信用征信评估约束制度不完善

我国征信标准化法律体系建设滞后导致我国无法通过信用等级评价约束制度规范农村信贷客户的失信行为。

（1）农村消费信贷信用评估标准不科学。我国缺乏一套科学设计、严密论证的个人信用评分模型[①]，农村消费信贷机构评估标准各异，如既有地方性标准，也有信贷机构标准。因此，基于评估标准不统一而进行的评估，必然导致评估结果大相径庭，可比性不强、可用性不高。

（2）农村消费信贷信用评估方法不科学。目前囿于信息不对称，我国银行多是根据借款人在银行的信贷记录进行内部评级。这种内部评级由于缺乏专业人员，缺乏专业评估程序，而且评估的主观性太强，这就导致评估方法没有及时更新而显得落后且不科学。

（3）农村消费信贷信用评估依据不科学。这里所指的评估依据主要是指信贷客户的一些重要信息。目前我国的征信评估机构过分看重信贷客户的静态指标（如现有职业、经济收入、个人及家庭财产状况等），而对动态指标（如未来发展潜力、自身还款能力等）考虑不够，

---

① 王富全：《个人信用评估与声誉机制研究》，山东大学出版社2010年版，第40页。

导致信用评估依据缺乏一定的科学性和全面性，致使个人征信体系在全国范围内的推广遭遇困境。①

（4）农村消费信贷信用评估结果不科学。前文已述，目前我国银行的评估标准不科学、评估方法不科学以及评估依据不科学，很大程度上导致评估结果的不科学。如当前银行允许评级人员基于主观判断对模型评级进行调整，就可能导致评级结果的科学性不强。

4.信用征信共享约束制度不完善

（1）银行业金融机构之间缺乏信息共享机制。由于银行业金融机构间缺乏信息共享机制和整体联动机制，同一借款人的信用信息未完全实现联机管理，各银行各部门自成体系地办理各自的消费信贷业务，导致在各个银行或同银行的不同业务部门之间无法实现信息共享，形成金融机构之间的"数据孤岛"。

（2）各单位各部门之间缺乏信息共享机制。目前的个人征信信息分散保存于公安、税务、工商、银行、保险、司法等部门并处于封锁状态，形成的各单位各部门之间的"数据孤岛"现象导致数据不能产生价值，使得建立系统的个人信息数据库存在诸多障碍，由于缺乏制度推进机制，与"数据作为生产要素"理念也相背离。

（3）信息共享机制遭遇法治困境。一是在目前的《商业银行法》中，储户个人信息如资产状况属于商业秘密，不可能在农村消费信贷机构之间共享。二是根据现有法律规定，个人征信获得权、农村消费信贷机构商业秘密保护权和个人隐私保护权三权之间难以实现平衡。因此，要完善信息共享机制，就得一方面实现《商业银行法》《民法典》《征信业管理条例》等法律法规之间的协调，另一方面在条件成熟时出台专门的"信息共享法"以实现信息共享。

---

① 参见滕向丽：《促进农村消费信贷良性发展》，《浙江金融》2011年第4期，第45页。

5. 信用征信监管约束制度不完善

个人信用征信制度的良性运行需要完善监管约束制度。我国目前的监管约束制度存在的问题有：

（1）信用征信监管主体制度不完善。一是我国尚未设立专门的监管机构对信用征信进行监管。二是没有建立农村消费信贷信用征信行业协会进行自我约束。三是对信用中介机构的法律定位及准入与退出机制，以及对从业人员资格认定等都没有明确的规定，从而缺少相关的法律依据和法律保障。

（2）信用征信监管配套制度不完善。实施农村消费信贷个人信用法律制度，也需要相关配套措施进行保障。这些配套措施包括但不限于个人消费信用等级制度、信用分析制度和信用评价制度等。[1] 我国当前还缺失这些配套制度，不能为农村消费信贷提供安全保障。

（二）农村消费信贷促进的贷款审查约束制度的不足

由于农村消费信贷的贷前调查、贷时审查、贷款审批以及贷款发放约束制度不完善，导致农村消费信贷客户容易出现不予归还或延期归还等情形。存在的问题主要表现在：

1. 信贷贷前调查约束制度不完善

（1）贷前调查约束制度的完善对于提前弄清农村消费信贷客户的信用状况并降低信贷风险意义重大。当前我国的相关制度不完善，导致了部分员工在办理信贷业务时，并未严格按照规定程序进行贷前调查。如没有对贷款方式、贷款条件等涉及信贷客户的个人征信信息、抵押资产价值等详细核实，导致信息不准确、抵押物价值不公允以及保证人不合格等问题，由此带来信贷违约风险。

（2）贷前调查约束制度的不完善也会导致农村消费信贷机构依据

---

[1] 徐以良：《如何拓展农村消费信贷业务》，《现代金融》2001年第4期，第7页。

征信信息对借款人的财产、个人收入的稳定性和还款意愿等作出判断[①]比较困难,从而严重干扰对信贷客户征信相关信息的准确判断,不利于准确预判信贷风险,这就可能放纵信贷客户的信贷违约行为。

2. 信贷贷时审查约束制度不完善

(1)贷时审查的材料不齐全、审查不全面。由于农村消费信贷机构无法从政府部门获得农民的个人财产数量及信用记录,在农村收集个人征信信息的难度又较大。因此,贷时的审查材料并不齐全导致审查并不全面。换句话说,由于这种信息不对称问题,贷时审查的前提基础不完善,信贷机构无法准确判定农户的还款能力以及面临的信贷风险。

(2)贷时审查的材料不准确、审查欠真实。由于收集信息的难度较大,农村消费信贷机构贷前调查的资料可能并不准确。根据这些可能不准确的资料就难以全面判断是否存在潜在信贷风险,那么审查报告就可能严重失实,容易导致信贷机构作出错误决策,带来巨大信贷风险。

(3)贷时审查的材料不使用、审查不严肃。主要原因包括:一是一些信贷机构间进行无序竞争,信贷员工间为争夺客户资源轻视审查材料。二是不合理绩效考核机制的错误导向,以及某些个人利益导向,都可能导致信贷机构相关工作人员违规操作,对贷时审查材料不使用,即使使用也审查不严肃。

3. 信贷发放管理约束制度不完善

(1)部分信贷机构员工在消费信贷的发放阶段利用职权,越权发放或私自发放不合规的消费信贷。包括但不限于:一是信贷员工持已填好的贷款合同、借据随意发放贷款;二是贷款金额或期限和审批金额或期限不相符;三是贷款审批日期晚于合同签订日期。

---

① 曹婧:《个人消费信贷法律风险及其对策》,《中国外贸》2011年第6期,第212页。

（2）信贷客户的"融通"行为导致信贷机构人员进行"权力寻租"。在我国当前"熟人社会"的背景之下，信贷客户认为基于自己的生活经验，要想得到贷款就必须直接或者间接给予信贷机构人员好处，从而并没有按照正常程序贷款，这种现象在现实中较为普遍。从而给了信贷机构人员一些"权力寻租"机会。

总之，农村消费信贷发放管理制度不完善，造成了信贷中的无效抵押现象，为信贷客户违约拒还埋下了隐患[①]，干扰了正常的贷款发放秩序。

（三）农村消费信贷促进的贷后还款监督约束制度的不足

除了关注贷前审查和贷中审批外，贷后监督同样重要。目前我国贷后还款监督约束法律制度存在的问题有：

1.信贷资金检查约束制度不完善

（1）信贷机构贷后不检查，信贷统计分析不准确。一方面由于信贷机构"重贷前、轻贷后"，缺乏对贷款账户动态监测和检查管理。另一方面由于人力、物力资源有限，以及贷后检查的成本较高等，信贷机构没有及时对信贷客户贷后资金使用及收益情况、还款能力等进行全面的统计分析，或者进行了统计分析但是并不准确。

（2）信贷客户贷后不配合，信贷监督检查无效果。由于农户居住的分散性，信贷监督检查成本较高。同时，信贷客户获得消费信贷后，对信贷机构的贷后统计分析并不主动配合。这样，信贷机构难以有效监督信贷资金用途和去向。因此，信贷监督检查效果并不好。这就导致对借款资金流向监控不力，而出现信贷客户不受约束、借款人改变资金用途[②]等资金滥用行为。

[①] 刘媛媛、喻青：《农村信贷风险评估与控制》，《合作经济与科技》2011年第1期，第48页。
[②] 陈平、严明、刘青：《当前农村信用社信贷管理中存在的问题及对策》，《西南金融》2009年第9期，第52页。

2. 信贷催收监控约束制度不完善

我国当前存在着信贷机构催收监控不力而贷款归还情况不佳的问题。一是由于信贷机构在发放消费信贷后缺乏对信贷资金的贷后统计分析，不能为催收监控提供基础信息；二是由于对信贷客户的贷款催收监控不力，导致难以及时发现信贷发放后的各种风险并采取预警措施，造成在约束信贷客户方面不力而发生违约行为。

3. 信贷风险管控约束制度不完善

贷后信贷风险管控难是我国当前农村消费信贷存在的重要问题之一。贷后管理是指客户经理从消费贷款发放到贷款本息全部收回的全过程管理。一是由于信贷人员的职业素质、业务素质、法律素质决定了其不能有效防范消费信贷中的各类风险；二是由于信贷机构也未建立消费信贷风险反馈渠道，导致信贷客户缺乏约束机制，从而容易发生信贷违约行为。

（四）农村消费信贷促进的失信惩戒约束制度的不足

道德惩戒和经济惩罚是针对农村消费信贷中失信行为较为常见的约束方式。而这些方式对失信客户的威慑作用还不足。失信惩戒约束法律制度存在的问题主要有：

1. 信贷失信惩戒种类约束制度不完善

在农村消费信贷相关的失信惩戒种类方面，仍然比较单一而无法形成部门协同共建机制。我国目前主要还是以信贷机构的经济惩罚为主。这种单一的失信惩戒形式导致信贷客户诚信意识薄弱而信用缺失，当违约的预期效用超过信贷所带来的收益时，经营者便宁愿选择违约[①]，因为他们承担的失信成本较小而获益却较大。这就导致信贷失信

---

① 周新辉：《我国征信体系建设中的失信惩戒机制的构建》，《财会月刊》2009年第18期，第101页。

行为增多,从而严重影响信贷机构的贷款回收率。

2. 失信惩戒标准约束制度不完善

我国农村消费信贷失信惩戒标准约束制度的不完善,导致行政、司法机关等没有明确的标准对失信行为进行惩罚。而信贷机构更是对于信贷客户的失信行为难以及时进行惩处。由此导致农村消费信贷客户的失信行为难以受到有效约束,消费信贷失信行为诸如借贷不还、合同违约、金融诈骗犯罪比例不断增加且愈演愈烈。

3. 失信惩戒协调约束制度不完善

信贷失信惩戒协调制度不完善主要表现在三个方面:一是农村消费信贷市场失信惩戒主体单一。农村消费信贷机构仍然是主要的惩戒主体,并未形成与财税、工商、公检法等各机关部门对失信信贷客户的协同惩戒机制。二是农村消费信贷客户失信信息的传输速度和传播范围都受到了一定限制,难以及时受到各个惩戒主体的联合惩戒。三是协调机制不完善导致针对信贷客户失信的惩戒手段、惩戒力度也都极为有限。因此对于部分失信的信贷客户来说,惩戒就是"小菜一碟",没多大约束力。

4. 失信惩戒监督约束制度不完善

农村消费信贷中信贷失信惩戒监督约束制度不完善主要表现为:一是我国在确立失信惩戒法律制度的同时,没有明确规定失信惩戒的等级分类、惩罚标准、惩罚形式等监督管理制度措施。二是对实施失信惩罚措施的主体也缺乏有效监管,一旦不对信贷机构的权力加以约束,信贷机构很可能会滥用,对信贷客户利益造成损害。建立对失信惩罚实施主体的监督机制,也应当确保信贷客户的合法权益不受侵犯。

第四章　中外农村消费信贷促进法律机制的比较研究

未来农村金融市场的发展首先应满足农民从事农业与消费的信贷需求。① 为此，世界各国立法实践表明，他们大多数倾向于制定综合性的消费信贷法律。② 本章针对中外农村消费信贷相关法律法规，除了比较综合性的法律法规，还将比较专门性的法律法规。同时仍然分别针对中外信贷机构与信贷客户的激励与约束法律机制进行比较分析。可以认为，国外针对信贷机构和信贷客户进行的法律激励是基于其正外部性，而针对信贷机构和信贷客户进行的法律约束是基于其负外部性。

第一节　中外农村消费信贷促进中对信贷机构激励与约束的制度考察及比较

20 世纪初期，较为正规的个人消费信贷市场开始建立。1910 年美国建立的摩利斯计划银行最早向客户提供个人消费信贷服务。同时，美国也是最早建立个人消费信贷制度的国家之一，美国《小额贷款统

---

① M. Hamada, "Financial Service to the Poor: An Introduction to the Special Issue on Microfinance", *The Developing Economies*, Vol. 38, 2010: 1-14.

② 周显志、夏少敏：《关于消费信贷问题的法学思考》，《消费经济》1999 年第 3 期，第 40 页。

一法》早在 1916 年就已颁布。世界上最早制定的综合性消费信贷法律也是美国著名的 1968 年出台《统一消费信贷法典》。

一、中外农村消费信贷促进中对信贷机构激励的制度考察及比较

（一）农村消费信贷促进中对信贷机构激励的准入制度考察及比较

1. 国外的准入激励制度考察

有学者认为，吸引资金流入农村金融市场的关键在于金融机构准入和退出机制的立法。[①] 国外在农村消费信贷方面有比较完善的信贷机构准入激励制度，逐渐形成了相互竞争、互为补充的局面。这种信贷机构业务竞争局面的形成与该国农村金融市场的准入激励制度密不可分。如北美农村金融机构对消费信贷以政策性信贷和合作性信贷为主，商业性信贷为辅。印度则形成了一套由农村政策金融组织[②]、农村商业银行和农村合作金融组织组成的相互竞争的组织体系。

（1）农村商业性金融组织准入激励制度

在商业银行和盈利性农村消费信贷机构这两种主要形态中，美国 90% 的商业银行都从事农户信贷业务，为农村消费信贷客户提供各种中长期贷款，与私营机构、合作信贷机构形成竞争局面。这种贷款方式有效地缓解了农村消费信贷客户的资金难题，免除了信贷客户的担忧。[③] 印度早期商业银行很少参与农村消费信贷，印度储备银行以立法形式将其业务引至农村消费信贷领域，从而形成了商业银行与其他金

---

① Heywood W. Fleisig and Nuria de la Peña, "Legal and Regulatory Requirements for Effective Rural Financial Markets Paving the Way Forward for Rural Finance An International Conference on Best Practices", *Legal Policy and Ramifications for Rural Finance*, 2003.

② 主要由国家农业和农村开发银行、地区农业银行和中间信贷、开发公司等组成。

③ 参见郭庆然：《美国扩大农村消费实践及其启示》，《商业时代》2009 年第 30 期，第 21—22 页。

融机构之间的竞争格局。①

（2）农村合作性金融组织准入激励制度

美国的私营机构最早开展消费信贷业务，并且在农村中长期占据垄断性地位。随着联邦《合作金融法》的颁布和准入激励制度的推行，合作金融建立并参与农村消费信贷，从而打破了业务上的垄断。美国农村合作消费信贷机构向农民提供大额信贷、中期信贷和个人贷款，其他业务还包括农业生产及农业资料贷款，为减轻农民生产生活负担发挥了重要作用。印度依据《合作银行法》成立了合作银行。这种农村信贷机构主要由农户自己出资成立。在农村消费信贷领域，合作银行与商业银行、政策性银行之间形成了相互补充并相互竞争的局面。

（3）农村政策性金融组织准入激励制度

美国政策性农村消费信贷机构专门向农民提供贷款，支持农村基础设施的建设和农机具的购买，减少其因自然灾害所遭受的损失，从而减轻农业生产负担。印度的农村政策金融组织——国家农业和农村开发银行——为农民购买农业设备、改良土壤和赎回抵押土地等提供信贷。印度《地区农村银行法令》颁布后成立的地区农村银行是印度农村消费信贷的主要供给机构。这些地区农村银行一般位于商业银行缺失的区域，业务领域为向当地农民生产、生活消费提供信贷。另外的金融机构如农业中间信贷和开发公司，主要负责向农贷机构提供期限较长的中长期贷款，同时专门管理农业贷款援助基金。印度的国家农业与农村开发银行也间接参与农村消费信贷业务。

总之，国外较为开放的信贷市场准入制度有效地促成了信贷市场竞争局面的形成，其对信贷机构的贷款积极性产生了激励作用。

---

① 王冰：《从国外农村金融发展的历程看农村金融的实质》，《理论月刊》2008年第9期，第172页。

2. 我国的准入制度考察

我国的金融组织包括正规金融组织[①]和非正规金融组织[②]。我国目前并没有专门规范农村消费信贷机构的法律，而是由《商业银行法》《银行业监督管理法》等统一规范我国的农村正规金融组织。

（1）农村商业性金融组织准入激励制度

我国《商业银行法》无法激励商业银行开展农村消费信贷业务的积极性。反而由于其在消费信贷业务中存在的明显逐利倾向，容易侵害农村消费信贷客户的权益。我国农村消费信贷资金供给的其他非正规金融力量，如乡镇银行也需要进行规范，而《村镇银行管理暂行规定》只能约束村镇银行，虽然有准入方面的激励规定，但是法律位阶却较低，激励力度有限。

（2）农村合作性金融组织准入激励制度

我国正规金融组织在农村开展业务的主体有限，而农村信用合作社是绝对的主力军。《农村信用合作社管理规定》（银发〔1997〕390号）、《农村信用合作社县级联合社管理规定》（银发〔1997〕390号）、《农村合作银行管理暂行规定》《关于农村信用社以县（市）为单位统一法人的指导意见》（银监发〔2003〕12号）、《向农村合作金融机构入股的若干意见》（银监发〔2004〕23号）、《农村合作金融机构信贷资产风险分类指引》（银监发〔2006〕23号）、《农村合作金融机构社团贷款指引》（银监发〔2006〕37号）、《农民专业合作社法》等法律法规对农村信用社的组织制度和行为规范建构了基本的法律框架。它们在一定程度上进行了准入方面的激励，但是由于系统性不强，因此效果并不理想，仍然迫切需要制定专门的《农村合作金融组织法》进行规范。

[①] 包括中国农业银行、中国农业发展银行、农村信用社、农村商业银行、邮政储蓄银行和新型农村金融机构等。

[②] 包括农村合作基金会、当铺、钱庄、合会等。

(3)农村政策性金融组织准入激励制度

目前,我国农村的政策性金融组织仍然由《银行业监督管理法》一并规制,在一定程度上进行了准入方面的激励。但是尚没有专门的"政策性金融组织法",这不仅无助于提高信贷机构向农村贷款的积极性,而且极易阻碍农村消费信贷市场的规范运行。

总之,我国"农村合作金融法""农村政策性金融法"等法律规范的缺失导致对金融组织激励性作用不足,并影响新型金融机构向农村消费信贷业务领域扩展。

3. 中外准入激励制度的比较

在激活农村消费信贷市场、激励信贷机构参与农村消费信贷方面,中外有关农村金融组织法律的激励制度有三方面的差异。

(1)农村商业性金融组织准入激励制度的不同

规范农村商业银行的法律地位、治理结构和经营活动,降低准入门槛,能对农村消费信贷业务竞争局面的形成产生激励作用。美国约百分之九十的商业银行都开展针对农村的消费信贷业务。我国的《商业银行法》等法律无法增强农村消费信贷的竞争性格局。国家的一些政策反而导致农村开展消费信贷的商业性银行越来越少,无法形成商业性金融、合作金融之间有效竞争的状态。即使已出现了规范村镇银行的《村镇银行管理暂行规定》,但是其法律位阶却较低,激励效果不佳。

(2)农村合作性金融组织准入激励制度的不同

开展农村消费信贷的主力军是农村合作金融组织。因此,不同国家合作金融组织法律制度值得比较和借鉴。在这方面,美国和印度均属典型代表。美国出台的《合作金融法》打破了私营借贷的垄断地位,印度《合作银行法》促进了信贷市场的竞争。我国对农村信用社进行规制的法律仍然是《商业银行法》[①],尚缺乏专门的法律进行规制和激

---

① 《商业银行法》第九十三条规定,城市信用合作社、农村信用合作社办理存款、贷款和结算等业务,适用本法的规定。

励，由此导致我国农村消费信贷市场竞争力不强。

（3）农村政策性金融组织准入激励制度的不同

很多国家制定了农业政策性法律制度规范农村金融。如美国完善的"农村政策金融法律"规范了农村消费信贷业务竞争行为，也激励了信贷机构参与消费信贷。① 比较而言，我国尚未出台专门的"政策性金融组织法"，未能充分激励政策性金融机构参与农村消费信贷的积极性。

另外，学者们指出，应该帮助非正式金融机构改进管理并整合到更广阔的金融市场之中，从而提出了使非正式金融正规化的观点。② 国内国外在这一方面都还做得不够。

（二）农村消费信贷促进中对信贷机构激励的信贷担保制度考察及比较

1. 国外的信贷担保激励制度考察

资料显示，美国70%的工商业银行贷款合同中设有抵押，而英国有85%的小企业贷款提供了抵押。③ 毕竟农村消费信贷担保涉及信贷资金的安全性，各国均构建了比较完善的农村消费信贷担保的相关激励法律制度。具体来看：

（1）担保主体激励制度

有学者认为，由于农村金融市场缺少抵押物和辅助性机构，合同的强制执行非常困难。④ 美国从1916年开始制定信贷担保法律，迄今

---

① 白钦先等：《各国农业政策性金融体制比较》，中国金融出版社2006年版，第99—100页。
② Erna Andersen, Paula Kantor and Amanda Sim: "Microcredit, Informal Credit and Rural Livelihoods: A Village Case Study", Afghanistan Research and Evaluation Unit Case Study Series, April, 2008.
③ Berger and Udell, "Collateral, Loan Quality and Bank Risk", *Journal of Monetary Economics*, Vol. 25, Issue 1, January, 1990: 21-42.
④ Besley, "How Do Market Failures Justify Interventions in Rural Credit Markets", *The World Bank Research Observer*, 1994 (1): 27-48.

为止形成了完善的信贷担保法律体系。①日本的农村信贷担保法律体系由一系列的法律构成。②在担保主体激励制度方面，国外的经验是建立政策性、互助性和商业性农村消费信贷抵押担保共同发展的法律制度。具体包括：一是政策性农村消费信贷抵押担保机构。其主要是由政府出资设立，同时吸收其他金融机构及团体捐赠，职责是为信贷客户提供消费信贷担保。二是互助性农村消费信贷抵押担保机构。其主要由农民与企业订立销售合同，企业以其财力、资产及市场信誉为农民消费信贷提供担保，农民以其未来预期收益向企业提供担保。其中，当地政府提供政策优惠，配合信贷客户互相联合。三是商业性农村消费信贷抵押担保机构。其实际上就是为小额贷款担保公司提供担保。小额贷款公司担保的运作方式与互助性信贷组织相似，同样由该公司为农民消费信贷向信贷机构提供担保，只是具有明显的盈利性目的。

（2）担保类型激励制度

在信贷担保类型方面，美国的信贷担保制度主要是以规范农村生产性消费信贷中的担保为主③，以规范农村生活性消费信贷中的担保为辅。如法律明确规定农村政策性金融机构主要负责为农民提供修缮、购买房屋等贷款，而信用社则主要负责发放农民个人消费类贷款。日本的信贷担保制度并没有做严格区分，规定了基层农协信贷机构负责农村消费信贷，包括房屋建设改造和耐用消费品贷款等。④印度同日本一样，其地区农业银行不仅负责向农民发放农业生产信贷，同时也

---

① 具体包括《史密斯——利弗合作推广法》《联邦农业信贷法》《农业信贷法》及《中间信贷法》等。
② 具体包括《土地改革法》《农林渔业金融公库法》《农业合作法》《中小企业金融公库法》及《农业协同组合法》等。
③ 李超明：《美国农场合作金融法制化与我国农村金融体制建设》，《环球法律评论》2006年第6期，第679页。
④ 任军利、黄春磊：《中日农业金融体系的比较及其启示》，《江西社会科学》2010年第8期，第192页。

发放消费信贷，因此担保也不作区分。孟加拉国的农户联保信贷，是一种主要针对农村妇女的无抵押的既包括生产消费也包括生活消费的贷款。

（3）担保抵押物激励制度

国外的担保抵押物类型较多，具体包括动产和不动产等。美国联邦土地银行向农户提供期限较长的不动产抵押贷款，但对象必须为本地区农场、农业生产者以及与农业有关联的借款人。[①] 在信贷抵押物方面，美国规定贷款发放对象原则上以会员为主，会员不需要提供担保。除此以外，担保抵押物的替代激励制度也值得借鉴。如孟加拉国的社会担保制度有效地解决了信贷偿付的问题。[②] 孟加拉以小组担保代替个人实物抵押，因为贷款发放对象[③] 可担保财富过低，必须以小组的形式为贷款人提供实物抵押。再如印度主要是以自助团体[④] 信用担保代替抵押物担保。自助团体在获得银行的信贷资金来源后，可以向农民收取少量会员费，最后向入社成员发放农村消费贷款。[⑤]

2. 我国的信贷担保激励制度考察

（1）担保主体激励制度

我国的农户贷款主要分为信用贷款、保证贷款、抵押贷款、质押贷款以及组合式的担保方式贷款。信用贷款主要是看信贷客户的信誉、信用等，不需要具体的担保，实际上担保主体就是信贷客户本人。在保证担保中，保证人是其担保主体。根据我国《民法典》的规定，保

[①] 刘颖：《农业政策性金融的支农功能与启示》，《世界农业》2003年第7期，第16页。

[②] Joel M. Guttman, "Repayment Performance in Microcredit Programs", *Theory and Evidence*, vol. 11, No. 2, March, 2007: 115.

[③] 多为家中土地不到半英亩或家庭所有财产价值不超过1英亩土地价值的农民。

[④] 自助团体是指由农民内部自发组织，在接受银行的基本技术培训、发展计划培训后，可以向银行提出贷款请求。

[⑤] 李晓健：《国外农村金融体制对我国的借鉴和启示》，《沿海企业与科技》2012年第4期，第12页。

证人的范围虽广,但是真正愿意为农民担保的却很少。在抵押贷款、质押贷款、组合担保方式贷款中,担保主体仍然是以上主体。总之,我国农村消费信贷担保主体中是没有政府这个主体的。虽然有新近出台的一些规定政府作为担保主体的意见、办法、通知,但是仍然只是一些倡导性的规定,操作性较差。总的来看,我国的农村消费信贷担保主体较为单一,激励明显不足。

(2)担保类型激励制度

我国早期比较倾向于农村生产消费方面的信贷,对生活消费方面的信贷不予支持。因此,相应的担保也主要是针对生产性的消费贷款。但是随着社会的发展,也逐渐支持生活消费方面的信贷,并且在现实中,生产方面的消费信贷还是生活方面的消费信贷不是很好区分。因此,信贷机构也不再深究其具体用途,只要有抵押物,能够按时还款就行。《发展小额贷款业务指导意见》(银监发〔2007〕67号)指出要拓展小额贷款用途。①《农户贷款管理办法》(银监发〔2012〕50号)第十四条也规定了贷款的具体类别和用途,即既包括生产性贷款也包括消费性贷款。②

(3)担保抵押物激励制度

《农户贷款管理办法》(银监发〔2012〕50号)第十五条规定,农

---

① 要根据当地农村经济发展情况,拓宽农村小额贷款用途,既要支持传统农业,也要支持现代农业;既要支持单一农业,也要支持有利于提高农民收入的各产业;既要满足农业生产费用融资需求,也要满足农产品生产、加工、运输、流通等各个环节融资需求;既要满足农民简单日常消费需求,也要满足农民购置高档耐用消费品、建房或购房、治病、子女上学等各种合理消费需求;既要满足农民在本土的生产贷款需求,也要满足农民外出务工、自主创业、职业技术培训等创业贷款需求。

② 农户生产经营贷款是指农村金融机构发放给农户用于生产经营活动的贷款,包括农户农、林、牧、渔业生产经营贷款和农户其他生产经营贷款。农户消费贷款是指农村金融机构发放给农户用于自身及家庭生活消费,以及医疗、学习等需要的贷款。农户住房按揭贷款按照各银行业金融机构按揭贷款管理规定办理。农户贷款用途应当符合法律法规规定和国家有关政策,不得发放无指定用途的农户贷款。按照用途分类,农户贷款分为农户生产经营贷款和农户消费贷款。

户贷款按信用形式分为五类贷款。① 本著作所指农村消费信贷就是指以上五种模式的贷款。其中，信用贷款不需要抵押物，而其他四种都需要抵押物。我国《担保法》第三百九十五条宏观上规定了可以作为抵押物的财产，同时又在第三百九十九条中规定了不得作为抵押物的财产。近几年来，通过发布一系列的意见、通知等，进行了抵押物的创新：一是探索将大型农用生产设备、林权、水域滩涂使用权等作为抵押物②；二是规定可以将具有未来收益的经营性农田水利项目作为抵押物③；三是规定林权作为抵押物④；四是试点将农村土地承包经营权和宅基地使用权作为抵押物⑤；五是试点以农村承包土地的经营权和农民住房财产权作为抵押物⑥。

3. 中外信贷担保激励制度的比较

农村消费信贷离不开信贷担保制度的激励。对比中外农村信贷担保法律制度，有以下三点区别：

（1）担保主体激励制度的不同

二者区别主要体现在两个方面：在国外，一是政府可作为担保机构担保农户信贷，如美国专门设立的农业委员会；二是政府是连接信贷机构与信贷客户间的坚实桥梁⑦，是为农户提供信贷担保的第三方机构，其能缓解信贷机构的贷款顾虑，从而激励信贷机构积极参与农村

---

① 即信用贷款、保证贷款、抵押贷款、质押贷款，以及组合担保方式贷款。
② 参见《关于加快推进农村金融产品和服务方式创新的意见》（银发〔2008〕295号）的规定。
③ 参见《关于进一步做好农田水利基本建设金融服务工作的意见》（银发〔2008〕361号）的规定。
④ 参见《关于做好集体林权制度改革与林业发展金融服务工作的指导意见》（银发〔2009〕170号）、《关于林权抵押贷款的实施意见》（银监发〔2013〕32号）的规定。
⑤ 参见《关于全面推进农村金融产品和服务方式创新的指导意见》（银发〔2010〕198号）的规定。
⑥ 参见《关于开展农村承包土地的经营权和农民住房财产权抵押贷款试点的指导意见》（国发〔2015〕45号）的规定。
⑦ 张卫星、田松冈、胡芳：《对农村信贷担保机制的思考》，《武汉金融》2009年第1期，第46页。

消费信贷。我国农民很难依靠个人力量找到符合金融机构要求的第三者作为保证人，暂时没有对政府在农村信贷担保中的作用，以及政府作为第三方担保机构作出规定的法律。

（2）担保类型激励制度的不同

在这方面，国外与国内没有大的区别，但仍有细微的差别。一是国外发放生活性消费贷款的信贷组织是有区别的，因此担保方面也有所区别，如美国的法律规定农村政策性金融机构向农民提供维修、购买房屋贷款，农村信用合作社负责发放农民个人消费贷款。而我国对负责发放不同类型贷款的信贷组织并没有作明确区分。二是国外较早的不再区分生产性消费贷款和生活性消费信贷，如农村政策性金融机构对农户提供修缮和购买房屋的贷款，这里也不好区分具体用途是什么。我国只是在近10年来才明确不再区分，而早期是明显作了区分的。也就是说，我国早期是主要针对生产性消费进行贷款的。

（3）信贷抵押物激励制度不同

国外在农村消费信贷担保抵押物方面也颇为灵活。担保范围从动产到不动产，几乎囊括了经济生活的方方面面。而且，国外农村消费信贷法律制度对于消费信贷一般采取由第三方独立机构作为担保方的模式，比如以小组基金的方式对银行贷款提供抵押担保。[①] 我国法律仅概括性规定了有关农民消费信贷的可抵押担保范围。如我国《农村土地承包法》第四十九条概括性规定土地承包经营权可作为我国农户的信贷抵押品，其他如前文已述的部分通知、意见、办法也规定了其他种类的抵押物，但是一些还处于试点阶段，效果还需要检验。同时，农户所拥有的财产由于其价值评估起来十分麻烦并且难以变现，大都不能被信贷机构认可为合格的贷款抵押品。

---

① Bruce Wydick, "Group Lending under Dynamic Incentives as a Borrower Discipline Device", *Review of Development Economics*, vol.5 (3), 2001: 406-420.

(三)农村消费信贷促进中对信贷机构激励的财税制度考察及比较

1. 国外的财税激励制度考察

国外几乎都具有财政支农和农村信贷两部分资金的联动机制[①],对农业发展发挥着优惠支持、"发动器"及宏观调控的作用,有效地引导了信贷机构参与农村消费信贷。

(1)农村消费信贷机构的财税激励制度

财税激励制度是直接针对信贷机构的支持制度。具体包括:一是在财政支持方面。如拓展多种渠道筹集资金,美国、日本等国家均支持农村地区的金融机构筹资渠道的多样化:其一是通过政府拨款[②];其二是发行债券和实施票据中的财税支持[③];其三是通过吸收储户存款及向央行或其他金融机构借款的方式筹集资金;其四是进行利息补贴[④];其五是发行没有投票权、只参与分红的"参与证"广泛募集资本[⑤]。二是在税收优惠方面。如美国《联邦信用法案》明确信用社的非盈利性性质,收入并不作为利润对待,同时免征联邦层面所得税。[⑥] 还要求商业银行占农村信贷市场份额大约为百分之四十,规定这类金融机构达

---

① 王冰、胡威:《我国财政支农与金融信贷支农联动分析》,《农业考古》2008年第6期,第311页。

② 如美国的联邦土地银行、联邦中期信用银行和合作社银行等三家农村合作银行创建之初都由政府拨付款项。参见边编、王朝阳:《国外农村金融发展的经验和启示》,《中国发展观察》2008年第11期,第58页。

③ 法国农业信贷银行的资金主要来源之一就是发行债券。

④ 如德国政府对农村信贷实行利息补贴,鼓励金融机构参与农村信贷,补贴范围涵盖非常广泛。参见王晔:《德国农村合作金融对我国农村金融改革的启示》,《江苏农村经济》2013年第2期,第69页。日本《农业现代化资金筹措法》规定了对农户提供低息贷款将获得财政的利息补贴。参见徐全红:《转型期"三农"公共财政政策》,社会科学文献出版社2010年版,第136页。

⑤ 发行者为美国土地银行,这样能保证其产权真正由借款人所控制。See Jeffrey R. Kayl, "Farm Credit Amendments Act of 1985: Congressional Intent, FCA Implementation, Courts' Interpretation and the Effect of Subsequent Legislation on the 1985 Act", *Drake Law Review*, 1987/1988(37).

⑥ 王定祥、李伶俐:《发达国家农村金融市场发展的经验与启示》,《上海金融》2009年第7期,第62页。

标①则可以享受税收优惠以及农业利率补贴。法国政府则对法国农业信贷银行实行减免政策。孟加拉国政府为乡村银行提供的政策支持中就包括对银行提供免税的优惠政策。②

（2）农村消费信贷担保的财税激励制度

消费信贷担保财税激励制度是对信贷机构间接性支持的制度。美国通过立法构建了系统的农业信贷体系，政府提供担保帮助筹集资金，即财政为正规金融信贷、私人银行信贷及出口信贷提供担保：一是对储蓄存款利息所得免税；二是建立了存款无法偿还的担保制度。如日本信用基金协会为其会员的农业贷款提供相应担保，而且基金协会在各级组织如各都、道、府、县均有机构设置。而作为法国储蓄银行的一部分产品可由法国政府进行担保，在借款人无法偿还时由政府财政承担，比如具有垄断性质的金融产品 A 账户中的储蓄存款。③

（3）农村消费贷款风险补偿和金融支持的财税激励制度

这也是间接针对信贷机构的支持制度。具体包括：一是贷款风险补偿财政激励方面。美国所颁布的《农作物保险修订法案》等法案对财政支持农业保险（包括保险范围及保险赔付等）作出了正式规定。美国还实施高额度的农业灾害补贴、农村消费信贷贷后规划等措施，严格控制农村消费信贷中发生的各项风险。日本早在1929年就颁布了《家畜保险法》以及后来的《农业灾害补偿法》，对农业保险提供一定比例的保费补贴，并且费率越高，补贴越高。④二是金融支持财政激励方面，一般都实行差别准备金率和利率。如一些国家为增强农村中小

---

① 向农业领域贷款额度占该银行贷款总额百分之二十五以上。

② Ibale B. Ann, *Asia Microfinance Forum: A Commercial Strategy for Microfinance*, New York Citigroupine, 2006: 21-25.

③ 谢太峰：《邮政储蓄银行：国际借鉴与中国的选择》，《金融理论与实践》2007年第1期，第25页。

④ 杨国川：《政府对农村金融支持的国际比较研究》，《国际经贸探索》2009年第6期，第43页。

金融组织吸收存款的能力，在利率政策上放宽要求，允许以超过央行基准利率的更高利率吸收存款。这样，通过增强涉农金融机构的资金实力，间接地进行金融支持。再如日本农村信贷机构存款准备金率远低于城市商业银行，而美国农村信用社甚至可以免交存款准备金。而这些背后均有相应的财政激励支撑。

2. 我国的财税激励制度考察

（1）农村消费信贷机构业务促进的财税激励制度

我国通过财税激励制度支持金融机构开展农村消费信贷业务的专门性法规目前尚缺失，只有一些零散的规定。具体来看有：财政补贴方面，即给予中央财政补贴，包括对新型农村金融机构的中央财政补贴[①]（首先是中央财政按照上年末贷款余额的2%给予补贴[②]；其次是按其上年贷款平均余额的2%给予补贴[③]；最后是按照该网点当年贷款平均余额的2%给予费用补贴[④]），以及对基础金融服务薄弱地区银行业金融机构网点的中央财政补贴[⑤]。税收优惠方面，一是通过企业所得税减计收入进行激励[⑥]，二是通过企业所得税税前扣除进行激励[⑦]，三是通

[①] 如《关于实行新型农村金融机构定向费用补贴的通知》（财金〔2009〕15号）、《中央财政新型农村金融机构定向费用补贴资金管理暂行办法》（财金〔2009〕31号）、《中央财政农村金融机构定向费用补贴资金管理暂行办法》（财金〔2010〕42号）、《关于鼓励和引导民间投资健康发展的若干意见》（国发〔2010〕13号）的规定。

[②] 如《关于实行新型农村金融机构定向费用补贴的通知》（财金〔2009〕15号）的规定。

[③] 如《中央财政新型农村金融机构定向费用补贴资金管理暂行办法》（财金〔2009〕31号）的规定。

[④] 如《中央财政农村金融机构定向费用补贴资金管理暂行办法》（财金〔2010〕42号）的规定。

[⑤] 如《关于扩大农村金融机构定向费用补贴政策范围的通知》（财金〔2010〕41号）的规定。《中央财政农村金融机构定向费用补贴资金管理暂行办法》（财金〔2010〕42号）的规定。《关于农村中小金融机构实施金融服务进村入社区工程的指导意见》（银监办发〔2012〕190号）的规定。

[⑥] 如《关于农村金融有关税收政策的通知》（财税〔2010〕4号）的规定。

[⑦] 如《关于金融企业贷款损失准备金企业所得税税前扣除有关问题的通知》（财税〔2009〕64号）的规定。《关于金融企业涉农贷款和中小企业贷款损失准备金税前扣除政策的通知》（财税〔2009〕99号）的规定。

过减免营业税进行激励①,四是通过免征营业税进行激励②,五是通过企业所得税税前扣除进行激励③。

(2)农村消费信贷担保的财税激励制度

我国在这方面的规定不是很多,但是也有一些规定涉及到了。主要包括:一是通过财政支持民间资本发起设立信用担保公司,并且完善信用担保公司的风险补偿和分担机制④从而支持农村消费信贷。二是完善市场运作、多方参与及政府扶持的农村信贷资金担保机制,同时支持条件充分的地方尝试设立农业发展担保资金或相应担保公司⑤,只是在政府如何进行财政扶持方面的规定还不完善。

(3)农村消费贷款风险补偿和金融支持的财税激励制度

农村消费贷款风险补偿和金融支持的财税激励主要体现在:一是在贷款风险补偿的财政激励方面。相关规定有,如果地方担保基金规模每年增至预定比例,由中央财政以此基础按照一定比例从中央贴息资金中作出预算性安排并拨付。具体措施包括:其一是从中央贴息资金中进行预算安排,并在此基础上拨付一部分资金作为涉农贷款风险补偿金。⑥其二是鼓励地方政府建立涉农贷款风险补偿制度。如《产品和服务创新意见》(银发〔2008〕295号)的相关规定⑦和《产品和服

---

① 如《关于农村金融有关税收政策的通知》(财税〔2010〕4号)的规定。"营改增"之后改为减免增值税。

② 如《关于中国扶贫基金会小额信贷试点项目税收政策的通知》(财税〔2010〕35号)的规定。"营改增"之后,免征营业税改为免征增值税。

③ 如《关于延长金融企业涉农贷款和中小企业贷款损失准备金税前扣除政策执行期限的通知》(财税〔2011〕104号)的规定。

④ 国务院办公厅《关于鼓励和引导民间投资健康发展重点工作分工的通知》(国办函〔2010〕120号)规定,支持民间资本发起设立信用担保公司,完善信用担保公司的风险补偿机制和风险分担机制。

⑤ 中国人民银行、中国银行业监督管理委员会中国证券监督管理委员会、中国保险监督管理委员会《关于全面推进农村金融产品和服务方式创新的指导意见》(银发〔2010〕198号)的规定。

⑥ 如《小额担保贷款财政贴息资金管理办法》(财金〔2008〕100号)的规定。

⑦ 在有条件的试点地区,鼓励地方政府建立涉农贷款风险补偿制度,用于补偿涉农金融机构由于自然风险和市场风险等原因形成的信贷损失。

务创新指导意见》(银发〔2010〕198号)的相关规定。二是在金融支持财政激励方面。这方面主要体现为给予存款准备金率优惠进行激励。措施包括：其一是针对原有涉农贷款规模相对较大的农村信用社等，继续按原规定向央行缴付比商业银行更低的存款准备金。① 其二是对于新型农村金融机构，其存款准备金率按照当地农村信用合作社标准缴付。② 其三是对于考核达标的县域信贷机构，其存款准备金缴付可以按照相对于同类金融机构一般标准低1%的比例执行。③ 这些体现为金融支持的财政保障。

3. 中外财税激励制度的比较

对比中外对信贷机构财税方面支持的法律制度，其区别体现在以下几个方面：

（1）信贷机构财税激励制度的不同

不同之处主要体现在两个方面：一是国外的税收优惠制度具有长期性。如法国农业信贷银行过去长期享受税收优惠。也有国家对涉农金融机构直接免征所得税，或对其储蓄存款免征利息所得税。而我国的税收优惠时间一般都比较短，尚未形成长效机制。二是国外一些政府还对开展涉农贷款业务的银行进行财政性的资金支持，比如法国政府对其农业信贷银行，尤其是其中长期贷款几乎全由国家资金支持。很显然，我国对涉农金融机构的财政支持力度还不够。

（2）信贷担保机构的财税激励制度的不同

财政对农村消费信贷提供担保一定程度上体现出政府提供的信用资金在信贷机构及客户间起到桥梁作用。政府提供担保能够有效

---

① 如《关于改善农村金融服务支持春耕备耕 增加"三农"信贷投入的通知》(银发〔2008〕1号)的规定。
② 如《关于村镇银行、贷款公司、农村资金互助社、小额贷款公司有关政策的通知》(银发〔2008〕137号)的规定。
③ 如《关于鼓励县域法人金融机构将新增存款一定比例用于当地贷款的考核办法（试行）》(银发〔2010〕262号)第十三条的规定。

降低银行所承担的信贷风险。美国和日本的政府信用介入有两种方式：一是将财政直接作为担保中介；二是将财政与农民资金一同建立基金。这些制度对于我国农村消费信贷来说，还需要时间检验和经验积累。

（3）信贷风险补偿财税激励制度的不同

美国、日本等发达国家的消费信贷风险补偿财税法律制度激励达到了非常好的效果，一定程度上缓解了农村中小银行的风险忧虑。我国虽然建立了涉农贷款风险补偿制度，包括对风险补偿资金的来源、使用等进行了具体的规定，但是这方面的经验还比较缺乏。

二、中外农村消费信贷促进中对信贷机构约束的制度考察及比较

（一）农村消费信贷促进中对信贷机构约束的产品创新制度考察及比较

1. 国外的信贷产品创新约束制度考察

国外消费信贷供给主体众多，也为农村消费者提供了更多的信贷选择[①]，同时也体现了其创新性的特点。

（1）信贷产品创新约束专门制度

美国是消费信贷产品最丰富的国家，其通过《统一小额信贷法》等法律规范了信贷机构产品创新活动，并且大多数的消费信贷产品也向农户提供。日本的农村消费信贷从二战后至今已形成了一套包括《分期付款贩卖法》等较为完善的农村消费信贷法律体系，其中有不少约束金融创新的规范。英国虽然没有如同美国那样的种类丰富的消费信贷产品，但它通过《消费信用法》对消费信用制度及相关产品进行合理规范，为农村地区提供了良好的消费信贷制度环境。

---

① 纪崴：《金融支持农村消费大有可为》，《中国金融》2011 年第 16 期，第 90 页。

（2）信贷产品创新项目约束制度

国外的金融创新项目比较多。如美国的消费信贷市场中的信贷项目比较齐全，具体包括房屋、汽车、住房修缮、旅游、教育以及信用卡等。① 日本的信贷项目主要包括住房、家电贷款，以及信用卡、代金券分期付款等。英国主要包括住房、个人消费贷款、信用卡等种类。本著作认为，有如此品种丰富的信贷项目都缘于有完善的创新项目约束制度。

（3）信贷产品创新保护约束制度

美国通过法律赋予创新型信贷产品金融机构专利权以提供充足保护。这种保护起到了激励作用的同时也是对信贷机构创新的约束，因为其客观上需要丰富农户对信贷产品的选择。欧盟有类似法律对金融产品创新进行制度性保障和约束。日本特许厅也确定了对信贷产品作为方法专利进行保护的法律标准，同时从制度上约束信贷机构对信贷产品不断创新，以满足信贷客户的需求。总之，国外信贷产品创新法律制度对农村消费信贷机构具有约束作用。

2. 我国的消费信贷产品创新约束制度考察

截至目前，我国尚未出台约束信贷机构关于消费信贷项目探索创新的法律制度，只有少量规定散见于各类法规和规章中。

（1）信贷产品创新专门约束制度

我国农村消费信贷产品创新法律主要在金融监管中以放松管制形式出现：一是国务院及各部委颁布的行政法规和部门规章，比如《商业银行金融创新指引》（银监发〔2006〕87号）、《银行科技发展奖管理暂行办法》（银发〔2002〕262号）、《汽车贷款管理办法》（中国人民银行令、银监〔2004〕2号）、《信用卡业务管理办法》（银发〔1996〕27号）等主要是针对具体类型的金融产品创新所作出的规定，内容具有针对性和适用性。二是金融业内部的政策指引和意见，相关

---

① 郭慧、周伟民：《个人消费信贷：中美比较与借鉴》，《金融论坛》2007年第8期，第19页。

文件包括《产品和服务创新意见》(银发〔2008〕295号)、《产品和服务创新指导意见》(银发〔2010〕198号),以及福州市[①]、张家界市[②]出台的指导意见。这些制度措施对农村消费信贷机构的信贷产品创新具有一定的约束作用。

(2)信贷产品创新项目约束制度

我国的农村消费信贷市场出现了房屋、汽车、信用卡、教育贷款等形式多样的消费信贷产品。随着社会的发展,信贷客户的需求增加,信贷产品创新项目的需求也在日益增多。但是传统的信贷项目仍然居多,新型的信贷产品创新项目较少。这主要是缘于对信贷机构进行信贷产品创新项目方面的约束制度不足。

(3)信贷产品创新保护约束制度

与国外重视知识产权不同的是,我国《商业银行金融创新指引》(银监发〔2006〕87号)第十二条规定了金融创新的保护制度[③],但是其仅仅是一个指引,没有具体的责任保障机制。同时,我国知识产权保护法缺乏对农村消费信贷产品创新的保障性规定,不利于约束信贷机构进行信贷产品项目的创新。

3. 中外产品创新约束制度的比较

国外农村金融法治实践中形成了许多不错的创新型金融产品,这与该国法制对金融创新的约束分不开。比较国外和我国金融产品创新法制,区别主要有:

(1)信贷产品创新约束专门制度的不同

由于西方国家具有完善的金融法律体系,其就可以对金融创新进

---

① 如《关于创新金融服务机制支持农业和农村经济发展促进农民增收的指导意见》,参见植凤寅:《如何促进县域金融机构新吸收存款主要用于当地》,《中国金融》2009年第10期,第82页。

② 如《关于进一步拓展张家界市动产抵押贷款业务的指导意见》,参见袁兆虎:《对经济欠发达地区农村金融信贷产品创新现状及存在问题的调查与思考——以张家界为例》,《金融经济》2009年第6期,第52页。

③ 即商业银行开展金融创新活动,应充分尊重他人的知识产权,不得侵犯他人的知识产权和商业秘密;商业银行应制定有效的知识产权保护战略,保护自主创新的金融产品和服务。

行规范和约束。同时，国外一般是运用基本法进行规范约束，如美国的《消费信贷保护法》等法规中包含了对农村消费信贷产品创新的规范和约束内容。而我国目前仍是通过规章和政策对农村消费信贷产品创新进行规范约束。

（2）信贷产品创新项目约束制度的不同

美国具有种类多样的农村消费信贷产品。除了包括传统的房屋、汽车贷款，还涉及住房修缮、旅游、教育等多种类型。国外不仅重视对金融创新产品的保护，也对产品积极创新进行强制约束。我国农村金融法制中对信贷产品创新进行直接激励的规定较少，目前还主要适用《商业银行金融创新指引》（银监发〔2006〕87号），如其第一条就规定了"鼓励商业银行加快金融创新"，并且在法规中对金融创新下了定义①。同时，直接针对农村金融创新进行约束的法规也很少。

（3）信贷产品创新保护约束制度的不同

金融机构创新行为有法律强力保障，创新部门就完全不必担心金融创新产品保护性问题。前述国家的金融产品创新也通过商业方法专利保护进入了知识产权领域。我国目前知识产权法律中对金融创新的保护很不够，同时约束性也不够，导致我国金融机构的信贷产品创新非常随意。

（二）农村消费信贷促进中对信贷机构约束的内部治理制度考察及比较

1. 国外的内部治理约束制度考察

有学者认为，当法制逐步完善，多层次治理市场就发挥出更强的

---

① 金融创新是指商业银行为适应经济发展的要求，通过引入新技术、采用新方法、开辟新市场、构建新组织，在战略决策、制度安排、机构设置、人员准备、管理模式、业务流程和金融产品等方面开展的各项新活动，最终体现为银行风险管理能力的不断提高，以及为客户提供的服务产品和服务方式的创造与更新。

契约执行能力，非正式的治理方式就会退化到次要地位[①]，而合同的有效执行与支持性法律框架和正规金融部门内部运行体系密切相关[②]。从实务角度来看，国外的信贷机构准入约束制度、工作人员资格准入约束制度、内部控制准入约束制度特点明显。

（1）信贷机构的准入约束制度

大部分国家都通过统一的银行法——如英国的《银行法案》、日本的《银行法》——对各类信贷机构的准入问题进行了规定。[③] 它们对形成良好的具有竞争性的农村消费信贷市场具有激励作用。相关的准入制度涉及投资主体资格、注册资本、内部控制、治理结构等。其中，工作人员资格准入和内部治理准入相关的制度尤为典型。

（2）信贷机构工作人员资格准入约束制度

美国信贷机构工作人员资格准入有两个特点：一是准入标准较多。其主要从工作经验、资产状况、职业道德和信用情况等多方面全方位审查。二是对金融机构高管的要求更加严格。如董事必须具有美国国籍且在该信贷机构的服务地区之内有住所。英国信贷机构工作人员资格准入的特点是审查对象范围比美国广泛得多，另外还包括财务管理人员和经理。[④] 孟加拉国小额信贷组织依靠专家进行管理，其营业所经理以上管理人员，在准入方面要求必须具备硕士以上学历。印度信贷机构工作人员资格准入方面，其通过招收一部分农业技术专家为农民和小企业主提供专业农技培训和市场开发等相关服务。[⑤]

[①] Avinash K. Dixit, *Lawlessness and Economics: Alternative Modes of Governance*, Princeton University Press, 2004.

[②] Levein Demirguc-Kunt, "Regulation, Market Structure, Institutions, and the Cost of Financial intermediation", *Journal of Money, Credit and Banking*, 2004(3):593-622.

[③] 赵淑慧：《试论 WTO 体制下金融服务贸易市场准入法律问题——以我国银行服务业为视角》，《黄河科技大学学报》2012 年第 3 期，第 128 页。

[④] 辛子波、张鹏：《英国银行业市场准入监管制度分析》，《时代金融》2006 年第 5 期，第 50 页。

[⑤] 席增雷、白思然、张萌：《印度发展农业的金融支持经验及启示》，《世界农业》2008 年第 7 期，第 40—41 页。

（3）信贷机构内部控制准入约束制度

信贷机构的内控制度主要体现在：一是在准入申请资格审查中，完善的内控机构和监督制约机制是必备的准入条件之一。如德国要求必须设立直接对银行董事会负责的内部审计部门，即便规模较小也应当安排一位机构高管专职负责监管工作。① 二是国外建立了发展良好、职责明确的农村消费信贷组织结构及体系。如包括农村消费信贷法人业务部、零售业务部、小额信贷部等。这种遵循商业规律的运行模式能够为农村金融机构搭建更高的发展平台，而且在具备独立法人主体资格并获得相应自主经营权时有利于根据市场行情确定农村消费信贷利率。

2. 我国的内部治理约束制度考察

这里也重点谈及准入约束制度。

（1）信贷机构的准入约束制度

根据我国相关金融法律法规，一般信贷机构的市场准入条件主要规定在《商业银行法》第十条第5项，除该法第十三条之外的其他条款并未能体现出对农村消费信贷机构准入条件的特殊规定之处。《调整放宽准入政策若干意见》（银监发〔2006〕90号）、《村镇银行管理暂行规定》及《小贷公司试点指导意见》（银监发〔2008〕23号）较详细地规定了各类新型农村信贷机构发起人和出资人准入、注册资本准入、业务准入等标准，总体上放宽了农村信贷机构的准入条件。

（2）信贷机构工作人员资格准入约束制度

我国《商业银行法》第五十二条规定了商业银行的工作人员应当遵守法律、行政法规和其他各项业务管理的规定，不得为五种行为，并在后文规定了具体的法律责任。《商业银行金融创新指引》（银监发〔2006〕87号）第二十七条规定，商业银行应建立健全相关业务从业

---

① 王定祥、李伶俐：《发达国家农村金融市场发展的经验与启示》，《上海金融》2009年第7期，第62页。

人员的准入资格认证与业务考核制度,从而在人员上保证从事创新业务岗位的员工应当具备必要的专业素养及相关从业经验。

(3)信贷机构内部控制准入约束制度

我国早些时候的商业银行、合作银行、政策性银行的相关法规,对于内部控制制度有一些宏观性的规定。随着新型农村金融机构的产生,相关的专门制度①也相继出台,规定了具体的内部审计制度。同时,部分法规还规定了对于金融创新风险防范的内部控制制度。

3. 中外内部治理约束制度的比较

我国与国外信贷机构市场准入方面的法律约束制度区别主要有:

(1)信贷机构的准入约束制度存在差异

西方发达国家对于内部治理控制制度主要规定在金融基本法律中,一般是在银行法中,如美国一般内部治理制度都是统一规定在基本法律中,对信贷机构的市场准入约束制度予以规范并区分内外资进行分别规范。我国《商业银行法》对金融主体的准入约束规定相比较为粗略,对不同类型信贷机构也仅在注册资本方面有不同规定。近年来对新型信贷机构按类型进行了法规规章层面的准入规范,内容详细且针对性增强,但层级偏低导致约束力还不够。

(2)信贷机构工作人员资格准入约束制度的不同

国外对金融机构工作人员从业条件规定得非常详尽。虽然我国近年来出台的新型农村金融机构相关规章对此也粗略涉及,但无论严格程度还是范围广度都还存在很多不足。如我国规定的信贷机构从业人员的准入标准主要包括从业经验和职业道德,对象范围只包括高管和董事,因此显得较为宽松,在约束信贷机构工作人员效果上还不够好。

(3)信贷机构内部控制准入约束制度的不同

建立完善的内部控制及制约机制是对金融机构普遍规定的准入

---

① 如《村镇银行管理暂行规定》《贷款公司管理暂行规定》《农村资金互助社管理暂行规定》。

条件之一。我国金融制度要求金融信贷机构需建立内部控制机构，但是由于相关规范法律位阶较低，缺乏责任方面的规定，因此尚未形成体系化、规范化的强制性市场准入条件。与此同时，我国也欠缺诸如"四眼原则"等精细化的内部控制原则。因此，该方面我国与西方发达国家仍然存在较大差距。

（三）农村消费信贷促进中对信贷机构约束的金融监管制度考察及比较

1. 国外的金融监管约束制度考察

关于对农村消费信贷机构的监管问题，有学者指出，政府支持的不具有多少经营责任的农村信贷机构缺少有效地监督其借款者投资和偿债行为的动力，会造成借款者故意拖欠贷款。[①]因此，从实务角度来看，国外的信贷专门监管约束制度、信贷监管主体约束制度、信贷监管范围约束制度对我国具有启发意义。

（1）信贷专门监管约束制度

美国农村金融监管制度体现在：一是宏观层面有较为分散的农村金融法律；二是微观层面有专门性农村金融监管法律。具体讲，一般的农村金融法律如《联邦农业贷款法案》，其中必然涉及农村金融监管内容。[②]在专门的农村金融监管法律如《现代金融架构改革蓝图》中，其对金融危机后整体监管改革和具体制度完善进行了法律规范。[③]在日本庞大的农村法律体系中，金融监管相关法律就有30多部[④]，可见其专

[①] Avishay Braverman and Monika Huppi, "Improving Rural Finance in Developing Countries", *Finance and Development*, 1991 (1).

[②] 参见涂永前：《美国 2009 年〈个人消费者金融保护署法案〉及其我国金融监管法制的启示》，《法律科学（西北政法大学学报）》2010 年第 3 期，第 161 页。

[③] 宋丽智、胡宏兵：《美国〈多德——弗兰克法案〉解读——兼论对我国金融监管的借鉴与启示》，《宏观经济研究》2011 年第 1 期，第 67 页。

[④] 王煜宇：《农村金融法制化：国际经验与启示》，《农业经济问题》2011 年第 8 期，第 106 页。

门化程度较高。

（2）信贷监管主体约束制度

美国的金融监管机构较多，针对农村消费信贷的监管机构是联邦农业信贷管理局，其自成体系而不受联储监督。日本农村合作金融监管机构分别是金融监管厅和农林水产部门。① 印度储备银行属于金融业监管机构，针对各类型银行履行监管职能，其国家农业银行及农村开发银行也承担相应监管职能。孟加拉国则由小额信贷管理委员会对农村小额信贷进行监管。

（3）信贷监管范围约束制度

各国农村金融监管法制虽然体系不同、结构有别，但是在监管范围方面却是大同小异，一般都要监管以下内容：市场准入、业务竞争、信贷担保、个人征信、金融产品创新、金融消费者权益保护等一个或多个方面，只是部分国家的侧重点可能有所不同。但无论怎样，他们通过具有明确监管范围的专门的农村金融监管法律，能够对信贷机构产生监管约束。

2. 我国的金融监管约束制度考察

我国现行法律主要从三个方面对农村金融监管进行规范。

（1）信贷专门监管约束制度

这里主要体现在三个层面：一是在农村金融监管领域的法律法规层面，我国形成了以《中国人民银行法》等为核心的信贷监管最高位阶的法律体系。二是在农村金融监管领域中各部委的部门规章层面，包括《商业银行信息披露办法》（银监会令〔2007〕7号）等。三是在规范性文件层面，包括《村镇银行管理暂行规定》等系列相关规范性文件。尤其是第三个层面的规范性文件对农村消费信贷机构的监管适用性非常强。

---

① 卢平、蔡友才：《构建农村政策性金融体系问题研究——我国农村政策性金融国际借鉴与改革思路》，《南京农业大学学报（社会科学版）》2005年第1期，第7页。

(2)信贷监管主体约束制度

我国的法律、法规和规章从不同层级约束了农村消费信贷机构。一是《中国人民银行法》规定了中国人民银行是金融机构监管主体并进行了职能划定。① 《银行业监督管理法》对银保监会及其各级派出机构所行使的各项监管职能进行了详细规定。二是在大量的规范性文件层面，比如金融监管机构直接对新型农村金融机构进行监管时，在缺乏明确法律的情况下可以参照适用针对新型农村金融机构的相关规范。

(3)信贷监管范围约束制度

我国目前农村消费信贷的监管范围主要包括：传统的信贷机构和新型农村信贷机构的业务竞争监管、准入监管等。但是，与国外的监管法律法规相比，我国对于金融消费者权益保护的监管、金融产品创新业务的监管、金融市场退出的监管、金融市场评估的监管等制度还较为缺乏。

3. 中外金融监管约束制度的比较

与国外农村金融法制发达国家相比，我国农村金融监管法制形成较晚，具体有如下区别：

(1)信贷专门监管约束制度的不同

各国的农村信贷专门监管制度各具特色。美国涉及信贷监管的法律制度一些分散在各个单行法中，一些规定在不断完善的金融监管法律中，如《多德—弗兰克华尔街改革和消费者保护法》等法律对金融危机之后监管制度的改革进行了相应规定。② 在日本庞大的农村法律体系中，金融监管相关法律就有30多部，虽然分散但是也自成体系。我国尚没有专门的针对农村消费信贷的监管制度，有的只是较为分散的

---

① 黄振香、谢志忠：《法经济学视域下的农村金融监管制度创新——供求均衡视角分析》，《福建论坛（人文社会科学版）》2011年第11期，第39页。

② 宋丽智、胡宏兵：《美国〈多德——弗兰克法案〉解读——兼论对我国金融监管的借鉴与启示》，《宏观经济研究》2011年第1期，第67页。

金融信贷监管制度。

（2）信贷监管主体约束制度不同

在信贷监管方面，西方国家的信贷监管主体制度都趋于多样化而且划分很细。一般都包括具有明显政策性的农村消费信贷机构的监管主体和商业性农村消费信贷机构的监管主体。如美国金融稳定监管委员会、美联储和联邦储蓄保险公司有各自的监管对象，而联邦农业信贷管理局则专门针对农村消费信贷进行监管。我国农村消费信贷监管主体主要是银保监会，还显得比较单一。

（3）信贷监管范围约束制度的不同

国外的信贷监管范围较为宽泛，一般都包括对消费者权利保护监管、金融机构退出机制的监管、监管机构间协调监管等内容。我国监管职权主要是央行的有限检查权和银保监会的业务监督权和规章制定权等。监管范围较为狭窄，在约束农村消费信贷机构方面还有很多不足。因此，国外的许多监管规范是我国目前金融监管法制所欠缺和值得借鉴的。

（四）农村消费信贷促进中对信贷机构业务开展的约束制度考察及比较

1. 国外的业务开展约束制度考察

（1）支农定位约束制度

美国对金融机构支持落后地区的经济发展提出了强制要求，最典型的是"社区再投资法"要求联邦银行、州立银行、储蓄机构和其他贷款机构，必须把在本地区吸收的存款继续投入到该地区经济建设中，从而减少了经济欠发展地区的资金外流。[1] 这也使金融机构被激励去寻

---

[1] 冯静生：《农村金融风险分担与补偿：国外经验之借鉴》，《贵州农村金融》2009年第6期，第10页。

求向农村地区持续提供贷款的制度设计。① 印度农村金融法律强制农村消费信贷机构对农村消费信贷倾斜资金。如印度《银行国有化法案》中对金融发展作出明确规定,要求必须在农村地区设立提供服务的分支机构,并规定其对外放款的一定比例。② 而事实证明该法案实施效果很好,引发了印度其他正规金融机构的纷纷效仿。

（2）支农比例约束制度

印度按照政府优先产业发展目标的规定,国家正规金融组织所占 40% 的信贷额必须投向农村地区。③ 同时要求各商业银行必须开展农村信贷服务,至少将其贷款额的 18% 用于支持农业产业。④ 泰国规定,商业银行在农村组织存款的 60% 必须用于农村。巴西规定,金融机构必须将前半年吸收活期存款的 25% 无偿存入中央银行且只有开展农业信贷时才能动用。

（3）支农信贷利率的约束制度

美国以更低的信贷利率为农村消费信贷客户发放贷款,同时商业性农村消费信贷机构所开展业务还与其相互配合、相互补充。孟加拉国的农村消费信贷制度相对而言比较完善,其是先由中央银行制定相应优惠政策,然后由国有银行和相关金融机构按照调整后的利率向农户提供贷款,主要集中在农村消费信贷领域⑤,从而有效缓解了农户融资难问题并起到了激励作用。

2. 我国的信贷业务开展约束制度考察

（1）支农定位约束制度

我国"农"字银行金融机构包括传统的中国农业银行、农业发展

---

① Traiger & Hinckley LLP, "The Community Reinvestment Act: A Welcome Anomaly in the Foreclosure Crisis", New York, January 7, 2008.
② 中国银监会赴印度农村金融服务考察团:《印度农村金融改革发展的经验与启示》,《中国金融》2007 年第 2 期,第 32 页。
③ A. Banerjee, E. Duflo, "What Do Banks (not) Do?", Massachusetts Institute of Technology, 2004.
④ 朱宝丽、马运全:《我国农村金融法制问题研究》,《理论学刊》2008 年第 7 期,第 89 页。
⑤ 参见杜晓山、腾超:《孟加拉农村就业支持基金会（PKSF）及对我国小额信贷发展的启示》,《农村金融研究》2010 年第 11 期,第 57—61 页。

银行、农村信用社,以及新型的农村合作银行、村镇银行等。但是出于盈利的考虑,它们的支农定位却较为模糊。从相关规定看来,新型农村金融机构服务"三农"定位较强——为"三农"发展提供专门性资金信贷服务。因此,其在业务上应坚持有所为和有所不为的原则,根据当地农村情况细分金融市场,与传统涉农金融机构开展错位竞争。但是这些都是一些倡导性的规定,没有具体细化,没有相关制度规定违反之后的相应责任。

(2)支农比例约束制度

我国借鉴国外经验,出台了支农比例约束制度:一是静态方面,要确保"三农"产业资金投放比例。如规定如果该金融机构可贷资金与当地贷款能同时增加并且年度新增农业贷款占该机构年度新增可贷资金比例不低于70%的,或者虽然可贷资金减少而农业贷款额度增加的,考核为达标县域法人金融机构。二是动态方面,要确保涉农信贷投放比例增幅。规定每年从新增贷款总量中确定恰当比例用于农村消费信贷业务。三是限制非农产业资金投放比例。如严格控制除农业以外的单一产业信贷投放比例。但是,由于其法律位阶较低,效果还并不理想。

(3)支农利率约束制度

积极推进农村存、贷款利率的市场化改革,合理引导农村资金流向,是约束信贷机构的重要一环。目前我国《支持春耕备耕增加"三农"信贷的通知》(银发〔2008〕1号)赋予了农村信用社利率市场化权利;《小贷公司试点指导意见》(银监发〔2008〕23号)赋予了小额贷款公司利率市场化权利。但是取消贷款利率上限,一个不好的后果是可能会导致信用膨胀,而这意味着坏账增加和风险累积。[①]

3. 中外业务开展约束制度的比较

(1)支农定位约束制度的不同

国外的支农定位约束制度有以下几个方面的特点。一是规定的法

[①] 王朝阳:《贷款利率完全放开后三点问题要警惕》,《经济参考报》2013年8月30日,第8版。

律位阶较高；二是多部法律进行了明确规定；三是执行较严。我国在这三个方面都有不小的差距。一是只在一些"意见""通知""办法"中有一些规定；二是许多规定都是倡导性的；三是由于缺少有关责任制度的规定，因此执行起来效果并不很好。

（2）支农比例约束制度的不同

国外尤其是美国在这方面有非常细致的规定，实现了规范的数字化、精确化、细致化。我国在这方面的规定较少，虽然也有具体的数字化方面的细致规定，但是因为法律位阶较低，执行效果并不理想。因此，还需要对支农具体比例进行科学计算，适时动态调整并进行法治化。

（3）支农利率约束制度的不同

支农利率约束制度是确保信贷机构能够对信贷客户进行贷款的重要约束制度。国外为了支持农业发展，都有相关的支农利率优惠的具体规定并且非常详细。但是，我国的相关规定还比较分散和凌乱，还没有形成系统化和体系化的约束制度，因此还需要进行完善。

第二节　中外农村消费信贷促进中对信贷客户激励与约束的制度考察及比较

一、中外农村消费信贷促进中对信贷客户激励的制度考察及比较

（一）中外农村消费信贷促进中对信贷客户激励的财税制度考察及比较

政府一般都会从财政税收层面对信贷客户的消费信贷进行极大的支持以促进农村消费信贷的发展。

1. 国外的财税激励制度考察

财税法律制度对"三农"发展发挥着政策性支持的重要作用。国外许多国家都在不断完善相关制度从而起到激励作用。具体包括：

（1）财政补贴激励制度

相关规定主要体现在三个方面：第一，财政直接补贴农业产业生产者。美国《农业法》规定了对农产品补贴的类型、条件和标准。从补贴类型上看，有支持性收购、直接支付和差额补贴等三种；从补贴力度来看，其占到农民收入的20%。[①] 这些补贴制度保证了农民获得较稳定的收入，从而为消费信贷提供了支撑。第二，财政补贴农业生产者积极贷款。日本的发展基金制度通过发放债券向当地农户提供多元化的资金来源渠道。法国则对农业贷款普遍实行贴息制度。第三，对信贷客户的贷款优惠利率进行补贴。法国的农业贷款政策主要集中在利率优惠领域，其对于满足政府政策要求及国家发展规划的农业信贷项目实行利率更低的优惠政策，同时还向农业经营者直接发放贴息贷款，优惠贷款利息与金融市场利率差额则由政府补贴。[②] 美国政策性和商业性农村信贷机构对信贷客户采取较低利率。印度储备银行要求商业银行、地区农村银行对农业贷款的年利率统一规定为9%，利率之差则由政府进行补贴。[③]

（2）税收优惠激励制度

相关规定主要体现在两个方面：第一，美国税收法律制度对农民的纳税减免幅度相对较大，农业税上的优惠总量几乎占到所有税收总量的50%，由此减轻了农户的税收负担，提升了农民的消费信贷能力。

[①] 李芙蓉：《增加农民收入 扩大农村消费需求——美国的经验及我国的现实选择》，《特区经济》2011年第5期，第177页。

[②] 阎永夫、任红：《财政金融政策扶持三农的中外对比研究》，《金融理论与实践》2003年第1期，第15页。

[③] 席增雷：《印度农业发展的金融支持》，《东方城乡报》2010年3月30日，B08版。

第二，美国税收法律制度针对农村地区和农民的优惠种类也比较多。涵盖了个人所得税、财产税、投资税等数个税种。在国家所提供的各种税收优惠制度的激励下，农民消费需求增加，从而提高了其参与消费信贷的积极性。

2.我国的财税激励制度考察

（1）财政补贴激励制度

我国针对农村消费信贷客户的财政补贴激励制度主要包括：第一，建立补贴利息制度进行激励。体现在两个方面：一是宏观层面的补贴利息制度。如《贷款通则》（中国人民银行令〔1996〕2号）第十五条规定有关部门可以对贷款补贴利息。二是微观层面的补贴利息制度。如《林业发展金融服务指导意见》（银发〔2009〕170号）规定，国家鼓励各地通过预算安排相应专项资金以增加林业贷款贴息力度。第二，建立保险补贴金制度进行激励。体现在两个方面：一是建立涉农保险补贴金制度。如《产品和服务创新意见》（银发〔2008〕295号）规定，可对农户贷款实行贴息，或者建立保险补贴金制度，为农户提供保费、经营费用和超赔补贴。二是建立森林保险补贴制度。如《林业发展金融服务指导意见》（银发〔2009〕170号）规定，鼓励和支持各地财政安排专项资金以增加林业贷款贴息和森林保险补贴资金。第三，建立涉农贷款风险补偿制度。如《产品和服务创新意见》（银发〔2008〕295号）规定，鼓励地方政府建立涉农贷款风险补偿制度，可对农户的贷款实行贴息。

（2）税收优惠激励制度

我国目前缺乏直接针对农户参与消费信贷的税收优惠制度，只有宏观层面的一些规定：一是在基本法律方面，包括《宪法》《预算法》等大多数涉及财政税收及以财税手段支农惠农政策的法律，但内容较为宏观。二是在具体法规层次，包括《增值税暂行条例》及财政部、国家税务总局的通知、意见等对税收如何发挥促进农村消费信贷的作用进行了规范。但是，直接针对农村消费信贷客户的税收优惠制度较为少见。

3. 中外财税激励制度的比较

（1）财政补贴激励制度的不同

国外对农村消费信贷的财政激励法律制度比较系统完善。既有直接的农业补贴制度，也有完善的贷款支持方面的补贴制度，以及利率优惠差额的补贴制度。与国外相比较，我国当前已经有少部分的具体规定。但是存在如下问题：一是相关规定比较宏观，可操作性差。二是没有法律责任方面的规定，落实程度较差。三是我国的财政补贴的时间一般较短，尚未形成持续性的长效机制。总的来看，与国外的相关规定还有不小的差距。

（2）税收优惠激励制度的不同

国外的税收优惠制度具有优惠力度大、优惠范围广的特点，在促进农村消费信贷方面效果较好。我国存在两方面的问题：一是我国目前虽然取消了农业税税种，但农民仍承担较重的税收负担，比如广泛存在的增值税等间接税。二是我国税收法律制度对农民在生产方面的税负减免力度不够，包括农业生产资料的增值税减免等都还不够，从而阻碍了信贷客户参与消费信贷。

（二）中外农村消费信贷促进中对信贷客户激励的信贷保险制度考察及比较

Deaton 指出保险能够降低家庭的储蓄欲望，从而用于增加消费。[1]同时，基于农村消费信贷的固有风险，世界各国基本上都建立了针对农村消费信贷的保险法律制度，以此激励农村消费信贷客户积极参与

---

[1] A. Deaton, *The Analysis of Household Surveys: A Microeconometric Approach to Development Policy*, World Bank Publications, 1997.

消费信贷业务。

1. 国外的信贷保险激励制度考察

（1）信贷专门保险激励制度

国外很早就出台了专门的保险法律制度支持农村消费信贷。如法国在1900年就颁布了《农业互助保险法》，1960年更是出台法律详尽规定了农村保险，并在1976年后形成了整套信贷保险体系。美国1938年颁布《联邦农作物保险法》对农业保险问题进行了系统规定，并且在1980年对前者又一次进行了修订完善。日本颁布《农业信用担保保险法》以促进农村地区保险业务发展。印度颁布《印度农业保险法和农民生命保险法》等以确保农业保险相关政策在法律体制下运行。总之，国外有信贷专门保险激励制度，他们的农业保险行业均由政府予以严格管控，相关主体需要依照规范严格的行业标准开展保险业务。[1]

（2）信贷保险机构激励制度

国外发达国家的信贷保险机构较为发达，其一般包括由政府设立各类农业保险机构、各类型农业保险公司及保险代理公司，能够通过多种方式化解各项风险。美国农村金融信用担保体系主要由三方面构成[2]，日本则通过建立相关保险机构、构建担保保险和信用保险两种基本法规定的保险形式帮助农村地区客户获得发展所需资金[3]。在保险风险发生时，政府和保险公司按照事先约定的比例分别承担风险损失。两种机制的结合对于激励信贷客户参与农村消费信贷发挥了积极作用。

（3）信贷保险范围激励制度

相关规定主要体现在三个方面：第一，鼓励农户积极参与保险。如

---

[1] 伯尼·梅尔：《综述发展中的澳大利亚农业保险市场》，2010年亚太区农业保险再保险国际研讨会，2010年4月19日，第11页。
[2] 一是由农场主的实物资产提供抵押；二是由政府建立中小企业管理公司对农户和农业小企业提供担保；三是由资产管理公司对农业小企业提供担保。
[3] 王煜宇：《农村金融法制化：国际经验与启示》，《农业经济问题》2011年第8期，第106页。

美国《联邦农作物保险法》规定，政府应对农业保险机构提供相应保险费财政补贴，鼓励各州政府根据自身财力状况向农作物保险提供一定比例补贴。第二，信贷保险险种相对较多。美国的农业保险种类多样，主要包括农作物保险、团体风险保险、收入风险保险、冰雹险、其他险等。澳大利亚在农村消费信贷保险险种上也实行政策性农业保险制度，以使农民在参与消费信贷中享有更丰富的信贷保险业务种类。第三，信贷保险范围覆盖广泛。农村地区信贷客户往往具有种类丰富的消费信贷产品组合可以选择。这些制度有效地满足了农村消费信贷客户的消费信贷需求。

2. 我国的信贷保险激励制度考察

（1）信贷专门保险激励制度

国外农村消费信贷较为发达的国家均建立了较为完善的信贷保险法律体系，有专门的信贷保险法律制度，从而规范和激励农村消费信贷客户积极参与消费信贷。我国并未制定相关的基本法律，《农业保险条例》（国务院令〔2012〕629号）、《存款保险条例》（国务院令〔2015〕660号）能够对农村消费信贷起到一定的规范作用，其他的只零星散见于各种通知、意见中，法律层级较低。

（2）信贷保险机构激励制度

西方农村消费信贷保险比较发达的国家，除了有政府出资设立信贷保险机构之外，还鼓励私人资本参与设立信贷保险机构，从而分散信贷自身带有的高度风险。我国目前尚无信贷保险机构激励制度去激励政策性农业保险机构参与各类信贷担保事项，而商业性保险机构又不大愿意向农村消费信贷领域拓展业务，因此难以有效激励信贷客户参与农村消费信贷。

（3）信贷保险范围激励制度

我国城乡"二元"经济体制导致农村金融制度的发育程度远落后

于城市金融制度。① 从信贷保险承保范围看，针对城市居民设计的信贷保险类型，比如居民贷款住房保险、医疗保险、财产保险、履约保证保险等很好地分散了风险。但是，由于农村经济发展相对比较落后，相关的保险制度覆盖范围则很少包括这些保险项目。

3. 中外信贷保险激励制度的比较

（1）信贷专门保险激励制度的不同

国外一般都出台了消费信贷方面的专门性保险法律制度，从而对农村消费信贷客户进行激励。这些信贷专门保险法律包括但不限于美国的《联邦农作物保险法》、法国的《农业互助保险法》。比较而言，我国尚无专门的信贷保险法律来规范和激励农村消费信贷客户，只有近几年来国务院发布的一些行政法规，以及其他散见于各种"通知""意见""办法"中的一些规定，其法律层级较低。

（2）信贷保险机构激励制度的不同

西方农村消费信贷保险比较发达的国家都在建立保险机构方面有突出表现，尤其是引入私人资本积极参与方面的经验值得借鉴。我国农村消费信贷业务发端较晚，有意向从事此项业务的商业性保险机构数量不多，难以有效激励农户参与的积极性。而依靠政府出资设立政策性的保险机构尚需时日。

（3）信贷保险范围激励制度的不同

西方国家的信贷保险范围广泛，有利于激励农村消费信贷。我国无论是在农户参与保险的激励制度上，还是农业保险的险种以及保险范围方面都比较落后。这也造成了由于农村消费信贷的风险无法转移和分散，信贷机构不敢轻易向农村消费信贷客户发放较大额度贷款而成为"惧贷机构"，甚至不发放贷款而成为"惜贷机构"的现象。

---

① 莫竹琴、陈之华、王景：《走出消费低谷》，中华工商联合出版社2002年版，第132页。

（三）中外农村消费信贷促进中对信贷客户激励的社会保障制度考察及比较

有学者指出，有医疗保险的农村家庭更倾向于花费在彩电、冰箱、洗衣机、空调和电脑上。[①]可见，社会保障对消费信贷有积极推动作用。为了提高农户参与消费信贷的积极性，中西方国家都出台了面向农村消费信贷客户的社会保障制度。基于不同的发展阶段和国情，相关的社会保障制度也存在较大的差异。

1. 国外的社会保障激励制度考察

（1）社会保障激励专门制度

各国完善的社会保障制度，为农村消费信贷提供了坚实的基础，从而减少了后顾之忧。这里仅以德国和日本为例。如德国出台的《关于农业企业中被雇佣人员工伤事故保险法》覆盖了全部农村人口，有力保障了信贷业务的发展。[②]日本针对全体居民颁布的《国民健康保险法》等，减轻了农户所面临的预防性储蓄压力，也刺激了农村消费信贷业务快速发展。

（2）社会保障补贴激励制度

日本非常注重运用财政法律制度对农村社会保障进行投入，以立法形式明文规定财政必须支持农村社保建设。日本从20世纪30年代开始逐步建立起涉及范围广、支持力度大的农村社会保障体系，不仅解决了农户的基本生活需求，而且解除了农户在医疗、教育等方面的顾虑，从而激发了农户消费需求。农户有了消费需求便增强了其参与消费信贷的积极性。

[①] Cai Wei Xian, Chen Jian, Ding Hui, "Medical Insurance Effects on Household Durable Goods Consumption: Evidence from China", *Emerging Markets Finance and Trade*, Vol.52 (2), 2016:449-460.

[②] 胡元聪等：《扩大农村消费需求的法律激励机制研究》，法律出版社2012年版，第169页。

（3）社会保障范围激励制度

国外的社会保障范围都比较宽泛。这里仅以美国和日本为例，如美国颁布的《联邦农作物保险法》有几个特点：一是保险的对象范围非常广，其面向所有农村居民；二是体系性较强，涉及几乎所有保险。因此这些完善的社会保障制度减轻了农村居民抵抗风险的压力，增强了农村居民的消费能力。日本在战后建立起的社会保障制度具有相同的特点：一是覆盖了全体农村劳动者和农村人口[①]；二是保障的内容是全方位的，具体包括医疗保险、贫困救济、养老保险、儿童津贴等多个方面。

2. 我国的社会保障激励制度考察

（1）社会保障激励专门制度

虽然我国的《社会保险法》对社会保险、社会福利等作出了较为详尽的规定。但是至今还没有专门的农村社会保障制度，仍然只有少量的分散性规定，如《关于支持农民工等人员返乡创业的意见》（国办发〔2015〕47号）有关于社会保险补贴两个方面的规定。[②]但是这些都较为粗糙且法律位阶较低。

（2）社会保障补贴激励制度

中外基于财政税收制度对农村社会保障投入的不同，对农民贷款积极性提高的实际激励效果也不尽相同，即该制度对农民参与消费信贷的激励作用也相差悬殊。有学者也指出，我国财税制度对支持农村地区社会保障完善具有一定作用，但保障内容有限并且在政策实施力度方面与国外相比差距很大。[③]

---

① 杨秀丽、索志林：《中日农村社会保障制度比较及其借鉴》，《商业研究》2006年第16期，第109页。

② 即一是对农民工等人员返乡创办的企业，招用就业困难人员以及毕业年度高校毕业生的，按规定给予社会保险补贴。二是对符合就业困难人员条件从事灵活就业的给予一定的社会保险补贴。

③ 李伟：《进一步完善扩大我国农村居民消费的财政政策》，《经济研究参考》2011年第32期，第39—40页。

（3）社会保障范围激励制度

随着城乡统筹发展战略的逐步推进，我国农村居民逐渐有了一定的社会保障，但是由于长期存在的明显的城乡"二元"体制，一方面，在社会保障的人员范围方面，还远远没有覆盖到所有的农村消费信贷客户，因此很难惠及所有农村消费信贷客户。另一方面，在社会保障的种类范围方面也存在诸多不足，导致农村居民难以在养老、医疗、教育等方面享受到充分的社会保障。由此导致了农村居民极大的储蓄压力，从而抑制了农村消费信贷市场的发展。

3. 中外社会保障激励制度的比较

中外促进农村消费信贷的社会保障激励制度存在较大区别，具体如下：

（1）社会保障专门激励制度的不同

农村消费信贷制度相对发达的国家，不仅建立了针对农户的全方位的社会保障体系，而且保障力度很大，几乎能够解决农户所面临的各项问题，解除了其借贷的后顾之忧。我国专门针对农村居民的社会保障法律制度尚未建立，很难提高农户面对突发问题的解决能力，从而减轻农村消费信贷客户的预防性储蓄压力，以使其有更多的财力与需求参与到消费信贷之中。

（2）社会保障补贴激励制度的不同

与国外有比较完善的社会保障补贴制度确保充足的财政补贴不同的是，我国农村社会保障财政补贴还很不足，农民生活成本普遍较高，从而降低了参与消费信贷的积极性。如他们在教育、医疗及住房方面仍然面临较大压力。农民在消费信贷过程中仍然存在各种后顾之忧，在农户自身的基本生活保障都难以解决的情况下，消费信贷更无从谈起。

（3）社会保障范围激励制度的不同

世界上社会保障体系相对比较健全的国家均已建立了针对农村居

民的社会保障制度，并且涉及了养老、医疗、福利、农业事故等各个方面。我国由于历史遗留问题，至今存在的问题主要体现在两个方面：一是对农户的保障范围规定得狭窄，许多农民仍然无法获得最基本的社会保障；二是社会保障各项制度的覆盖范围还非常有限。我国只有完善社会保障制度，从根本上减轻农村消费信贷客户的后顾之忧，他们才有更多的财力与积极性参与到消费信贷之中。

（四）中外农村消费信贷促进中对信贷客户激励的消费者权益保护制度考察及比较

1. 国外的信贷客户权益保护激励制度考察

国外关于农民消费信贷权益保护的相关制度主要包括保护内容、保护监管及保护救济三个方面并共同保障消费者的金融消费权。

（1）保护内容激励制度

美国在金融服务业中对消费者的保护制度比较健全，立法体系方面体现出了明显的分散化特点。[1] 美国基本信用管理17项中有10项涉及信用消费者保护。1969年生效的《消费信贷保护法案》是一部在消费信贷的各个阶段能够为信贷购买者提供保护的法案。[2] 美国等国的相关法案涉及了金融消费者权益保护的方方面面，可以概括为：第一，信贷机构诚实守信方面，美国1969年《消费信贷保护法案》的第一章"诚实信贷法案"规定了信贷机构在从事信贷业务时的信息准确性、全面性和可靠性等方面保证了消费者的知情权。美国1916年《统一小额信贷法》、1991年《诚实储蓄法》和《据实披露贷款资料法》等法律对信贷机构费用收取过程应具有的公开公正性进行了规范性要求。而

---

[1] 宋晓燕：《论美国金融消费者保护的联邦化及其改革》，《河北法学》2009年第11期，第33页。

[2] 周显志、夏少敏：《英美消费信贷法律制度的历史考察》，《消费经济》2000年第2期，第43页。

英国 1974 年《消费信贷法》第四十三至四十七条、第五十三条也重申了广告的真实原则。第二，信贷消费者知情权保护方面，英国法案充分维护消费者的知情权，使消费者与提供消费信贷的机构之间信息失衡的现实状况得到减轻或纠偏。第三，信贷消费者反悔权保护方面，美国《借贷真实法》规定某些交易可以被撤销。消费者可以在声明的期间里，选择终止交易。英国 1974 年《消费信贷法》第六十七条对此规定了一个冷却期。① 第四，信贷消费者隐私权保护方面，美国《金融隐私权法》对如何保护消费者隐私权作了细致规定。第五，禁止信贷机构歧视方面，美国《平等信贷机会法》规定贷款人不得因种族、宗教信仰、肤色、性别等进行区别对待。

（2）保护监管激励制度

相关规定主要体现在两个方面：第一，消费者权益保护监管主体方面。美国 2000 年《金融服务与市场法》颁布以来形成了单一监管机构体系，政府组建信贷机构服务管理局（FSA）作为统一的金融信贷监管机构。消费者金融保护局是专门保护金融消费者的监管机构，而英国的公平交易办事处是发挥保护金融消费者权益职能的机构。② 第二，消费者权益保护监管职能方面。美国 2000 年《金融服务与市场法》明确了消费者权益保护监管的主要内容，而英国规定了全面且集中的监管职能，其价值追求主要体现在：一是对弱者群体消费信贷者进行特别保护；二是规定了多种对消费信贷进行担保的方式以维护交易安全。③ 英国通过对监管机构具体职能的详细规定以及金融业的自律性规范，有效地监督并约束了信贷机构。

---

① 夏少敏：《借鉴西方国家消费信贷法律拓展我国银行消费信贷业务》，《财经理论与实践》2002 年第 2 期，第 124 页。

② 彭本胜：《国外消费者保护的主要做法及启示》，《中国工商管理研究》2009 年第 3 期，第 48 页。

③ 周显志、吴晓萍、张永忠、夏少敏：《英国消费信贷法律制度探论》，《国外财经》2001 年第 3 期，第 16 页。

（3）保护救济激励制度

金融消费者权益保护监管机构和纠纷解决机制方面，1974年美国重新颁布的《统一消费信贷法典》更加注重消费者权益的保护，增加了一些保护消费者权益的条款，如显失公平、欺诈及其补救措施等。日本《金融商品销售法》进行了宏观层面的规定，如对于金融机构未能履行充分说明义务致使对方利益受到损失，依法应当承担法律责任。《金融商品交易法》对有价证券申报书、操纵市场等规定的最高刑期和罚金均有所提高。因此，国外农村信贷消费者权益保护法能对农村消费信贷促进中的信贷客户产生有效激励。

2. 我国的信贷客户权益保护激励制度考察

信贷客户权益是指在其接受信贷机构服务时所享有的权利和利益。我国农村信贷消费者权益保护法律制度主要包括三大部分：

（1）保护内容激励制度

相关规定主要体现在：一是从法律法规的立法目的来看保护内容，这里以《商业银行法》和《银行业监督管理法》为例。《商业银行法》《银行业监督管理法》都对"保护存款人和其他客户的利益"作出了规定。二是从金融监管的其他规范性文件来看保护内容，如《商业银行信息披露办法》、《商业银行金融创新指引》（银监发〔2006〕87号）等指出，一方面，涉及金融市场中消费者保护的相关规定同时适用于农村消费信贷客户；另一方面，这些主体同时也适用于《消费者权益保护法》。结合我国《消费者权益保护法》和农村信贷消费者的实际情况，其所享有的权利有公平交易权、知情权、受教育权、选择权、求偿权、受尊重权和监督权等。《工作指引》（银监发〔2013〕38号）是直接与金融消费者保护相关的规范，其在提炼金融消费者保护立法普适性和关键性条款基础上，制定出第二章"行为准则"等八项具体禁止性规定。

（2）保护监管激励制度

《工作指引》（银监发〔2013〕38号）第四章"监督管理"表明，银监会将通过风险与行为并重的监管，维护金融消费者的合法权益。与此同时，《工作指引》（银监发〔2013〕38号）第四章同时也明确地规定了"对经查实的侵害银行业消费者合法权益的银行业金融机构采取必要的监管措施，督促其纠正"等。这些都是对于金融消费者各项权益保护工作的重点内容。

（3）保护救济激励制度

《工作指引》（银监发〔2013〕38号）第三十七条规定了银行业消费者合法权益保护救济的主体是银监会及其派出机构。第三十八条规定了银行业消费者合法权益保护救济主体的救济方式。第三十九条规定了银行业消费者合法权益保护救济主体的通报权力。第四十条规定了银行业消费者合法权益保护救济主体的协调处理权力。该《指引》是以《商业银行法》作为上位法，是银行业监督管理工作的发展和延伸。

3. 中外信贷客户权益保护激励制度的比较

对金融消费者所享有的权益通过专门的金融监管机构予以保障，可以有效地规范和约束信贷机构日常开展的各项业务行为，从而促进消费信贷业务的发展。中外农村信贷消费者权益保护激励制度的区别在于：

（1）保护内容激励制度的不同

国外金融消费者权益保护法保障范围很广，如美国囊括诚实信用、禁止歧视、信息公开等多项内容，其能提高信贷机构的贷款积极性。我国与农村消费者权益保护直接相关的只有《消费者权益保护法》以及《工作指引》（银监发〔2013〕38号）等，其他法规仅仅停留在宏观倡导层面，导致金融消费者权益保护法适用性较弱。

（2）保护监督激励制度的不同

英国不仅建立了专门的信贷机构服务管理局，且对信贷服务管理的法定权限及下属机构的法定职能作了详尽规定。可见,英国非常重视信贷机构对侵犯消费者权益行为的监管。这就对规范信贷机构的市场行为,提高信贷客户的贷款积极性发挥了重要作用。我国尚无专门监管机构,因而还难以充分保障农村消费信贷客户的权益。

(3)救济途径激励制度的不同

英美国家根据实践需求陆续颁布了针对金融消费者保护的专门性监管立法,由此表明英美国家对金融消费者的合法权益受到侵犯时救济的重视。此外,英国在实践中逐步建立了金融申诉专员服务等信贷纠纷解决机制,设立的申诉专员隶属信贷机构服务管理局,其专门负责保障金融消费者权益。我国金融消费者合法权益受到侵害时,通常只能通过《消费者权益保护法》规定的五种纠纷解决途径来保护自己的合法权益,未能体现金融消费者权益保护的特殊性,效果并不好。

二、中外农村消费信贷促进中对信贷客户约束的制度考察及比较

(一)中外农村消费信贷促进中对信贷客户约束的个人信用征信制度考察及比较

1. 国外个人信用征信约束制度考察

有学者指出,在农村信用市场存在着信息不对称情况下,处于信息不清晰状态下的潜在借款人会采取带来负外部性的借款对策。[①]基于此,正规银行要么不能,要么不愿意解决信息问题涉及的范围广泛的农村信用交易[②],从而导致了农村家庭在进行消费信贷申请时,很难通

---

① Pinaki Bose, "Formal-Informal Sector Interaction in Rural Credit Markets", *Journal of Development Economics*, Vol. 56, 1998: 265-280.

② Ammar Siamwalla, Chirmsak Pinthong, Nipon Poapongsakorn, Ploenpit Satsanguan, Prayong Nettayarak, Wanrak Mingmaneenakin and Yuavares Tubpun, "The Thai Rural Credit System: Public Subsidies, Private Information, and Segmented Markets", *World Bank Economic Review*, Vol. 4, No. 3, September, 1990: 271-295.

过信贷金融机构的信用审核。① 国外的诸多早期实践证明，建立完善的个人信用征信系统可以有效约束信贷客户，从而有利于提高农村消费信贷机构的贷款积极性。具体来看：

（1）征信信息约束专门法律制度

相关内容主要体现在两个方面：第一，立法模式方面，个人信用征信法律制度的立法模式，具体包括以美国为典型的总括式立法、以欧盟为代表的分离式立法及以日本为代表的折中式立法模式。② 美国的立法模式可以概括为"一个核心两个分支"的立法体系。③ 欧盟及欧洲各国采取的是分离式立法模式，其对公共和私人征信机构的信用征信活动进行统一规范。日本个人信用征信的立法模式与欧盟较类似，是以"个人信息保护关联五法"④ 为核心内容，包括公民信息公开立法、各专门性法规中信息公开规定以及行业协会对信息保护的规定。第二，立法目标方面。就美国而言：一是保证个人信息采集及储存的准确性；二是合理规范政府及征信机构的信息公开和发布行为；三是对侵害个人信息和隐私权的行为提供相应救济措施。⑤ 就欧洲而言：一是立法重点在于提供个人信息权利保护的法律依据，而信用征信系统的高效处于第二位⑥；二是欧洲国家在金融基本法律中规定了个人信用征信管理

---

① Richard Disney, John Gather, "Financial Literacy and Consumer Credit Portfolios", *Journal of Banking & Finance*, Vol. 37, 2013: 2246-2254.

② 总括式的立法模式，即以一部法律对包括国家、地方机关等在内的公共部门和包括企业在内的非公共部门的个人信息处理行为进行规范，主要以欧洲国家为主。分离式的立法模式，即针对公共部门和非公共部门的个人信息处理制定不同的规范。

③ 一个核心是《公平信用报告法》等信用管理基本法，两个分支分别是1967年《信息自由法》等一系列政府信息公开法律和1974年《隐私权法》等一系列个人信息保护法律。

④ 个人信息保护关联五法，是指《个人信息保护法》《信息公开与个人信息保护审查会制定法》《关于保护独立行政法人等所有个人信息的法律》《关于保护行政机关所持有个人信息的法律》及其完善法律。

⑤ 王锐、熊健、黄桂琴：《完善我国个人信用征信体系的法学思考》，《中国法学》2002年第4期，第88页。

⑥ 孙玉荣：《个人信用征信过程中的隐私权的保护》，《法学杂志》2006年第3期，第60页。

制度而没有征信管理基本法。就日本而言，其立法目标是在保护个人权益与保障信息自由流动之间寻找平衡。总之，以上制度约束了农村消费信贷客户的失信行为，激励了信贷机构的贷款积极性。

（2）征信信息供给主体约束制度

美国设有拥有专业性且只收集信息并入简历数据库的信用中介服务机构。通常美国的征信局无需经过个人同意就可以自行收集相关信息，相关机构不需要经过本人同意即有权主动提供所保存的相关个人不良信用记录。同时，征信机构还可以从政府机构或公共部门收集公开信息。① 美国的《公平信用报告法》以较多的篇幅规定了征信机构在保证个人信用信息准确性方面的一些义务和消费者对自己信用信息准确性有争议时的争议处理程序。德国《联邦信息保护法》规定，当征信机构向政府机构提供信息时，此信息也必须属于合法的范围，当征信机构自身需要信息时，则必须在契约关系内进行获取。这些制度对于约束农村消费信贷客户起到了重要作用。

（3）征信信息标准化约束制度

美国通过颁布《公平信用报告法》等法律建立了较为完备的征信标准化制度规范。欧盟出台的《个人自动文档保护公约》等法规已经形成了具有独特性的欧洲征信标准化法律模式。日本则通过出台《消费者保护法》《个人信息保护法》等建立了会员制征信标准化法律制度②，这些制度约束了本国农村消费信贷客户。

（4）征信信用等级评价约束制度

美国先后颁布了《公平信用和贷记卡公开法》等多部法律对信用等级评价进行了合理而有效地规制，成为典型的第三方信用国家。德国则颁布《个人信息保护法》等法律，通过从第三方征信机构获取的

---

① 曲明：《美国社会信用体系建设的思考与启示》，《中国纪检监察报》2010 年 2 月 8 日，第 4 版。

② 李曙光：《中国征信体系框架与发展模式》，科学出版社 2006 年版，第 152 页。

信用评价信息对信贷客户的信贷行为进行相应的约束。日本颁布《贷款业规制法》等多部法律对消费信贷客户的信用等级进行评价,从而实现对信用等级的多级管理。这些均可以对本国的农村消费信贷客户进行约束。

2. 我国的个人信用征信约束制度考察

(1)征信信息约束专门法律制度

《关于开展个人消费信贷的指导意见》(银发〔1999〕73号)开始提出要逐步建立个人信用制度。《个人存款账户实名制规定》(国务院令〔2000〕285号)的颁布,标志着个人信用数据库的建立制度获得了国务院层面的指导。《个人信用信息基础数据库管理暂行办法》(中国人民银行令〔2005〕3号)确定了我国建立个人信息共享平台以及个人信息数据库的实施规则。《征信管理条例(征求意见稿)》(2009)标志着我国个人信用征信的相关立法进入新的阶段。①《关于小额贷款公司接入人民银行征信系统及相关管理工作的通知》(银办发〔2011〕1号)不断扩大我国个人征信系统收录相关信息的范围。今后,在满足广大居民向金融机构借贷及提高金融机构的审查效率等方面,个人征信系统必将发挥关键性作用。2012年颁布的《征信业管理条例》则有利于规范征信机构、信息提供者和信息使用者的行为。这些对于信贷客户也能够起到约束作用。

(2)征信信息供给主体约束制度

《征信业管理条例》对设立从事个人征信业务的征信机构的管理相对严格,规定其必须具备除《公司法》外的其他严格条件。②但是该《条例》对设立从事企业征信业务的征信机构的管理相对宽松,规定只

---

① 李俊丽:《中国个人征信体系的构建与应用研究》,中国社会科学出版社2010年版,第76—78页。

② 一是主要股东的条件;二是注册资本条件;三是信息安全设施、设备和制度、措施、监事和高级管理人员任职资格条件;四是国务院征信业监督管理部门批准并取得经营许可证条件。

需办理登记以及备案即可,不需另行审批。该《条例》规定的征信信息供给主体核心内容包括四个方面。① 这些制度的完善也能够约束信贷客户的信贷行为。

(3)征信信息标准化约束制度

我国征信信息的标准化制度建设尚处于起步阶段,尽管在《民法典》《人民银行法》《商业银行法》等法律规范中均有涉及,但是直接指向农村消费信贷客户的只有《农村信用合作社农户小额信用贷款管理指导意见》(银发〔2001〕397号,以下简称《农信社小贷指导意见》)。更多的还是处于政策性层面,已经颁布的政策初步涉及针对农村居民信贷过程中个人信用法律制度建设的,如《关于社会信用体系建设的若干意见》(国办发〔2007〕17号)文件等。这些在一定程度上能够约束信贷客户的信贷行为。

(4)征信信息等级评价约束制度

我国针对农村消费信贷相关的信用等级评价法律尚不健全:一是在法律层面上,《农民专业合作社法》《农业法》等未提及信用评价。二是在法规层面上,《征信业管理条例》也没有就征信信息评价作出具体规定。目前,对于农村消费信贷客户信用评价的有关规定只有在《农信社小贷指导意见》(银发〔2001〕397号)中有所涉及。还有,《中国农业银行"三农"客户信用等级评定管理办法》(农银发〔2008〕343号)中对农村消费信贷客户信用评价的范围及方式做了规定,这些表明已有约束信贷客户的初步规范。

---

① 一是可以通过多个渠道采集企业信用信息且在采集和对外提供时不需征得企业同意。二是征信机构不得采集法律、行政法规禁止采集的企业信息,不得侵犯企业的商业秘密。三是对征信机构或信息提供者、信息使用者违反《条例》规定,侵犯个人权益的,由监管部门依照《条例》的规定给予行政处罚;造成损失的,依法承担民事责任;构成犯罪的,依法追究刑事责任。四是企业的董监高与其履行职务相关的信息,视为企业信息,采集和使用时也不需要取得信息主体的同意。

3. 中外个人信用征信约束制度的比较

从中外个人信用征信约束制度比较来看，不同国家在农村消费信贷促进中对信贷客户的约束作用仍存在较大差异，区别在于：

（1）征信信息专门约束制度的不同

可以说，国外的个人征信信息制度规定的各个方面都已经非常完善。目前，我国虽然有许多法规对其有所涉及，如《征信业管理条例》、《企业信息公示暂行条例》（国务院令〔2014〕654号）、《个人信用信息基础数据库管理暂行办法》（中国人民银行令〔2005〕3号）等，但还没有一部直接规范农村消费信贷征信方面的法律，亦即征信机构对信用信息的采集、评价等关键环节缺乏法律规范。[①] 此外，许多征信问题在我国相关法规中还处于空白，不利于充分约束信贷客户的信贷行为。

（2）征信信息供给主体约束制度的不同

国外的信用信息供给主体约束制度相对来说比较完善。而我国国家主导与市场主导征信机构的经营模式却有些混淆不清。目前我国征信机构主要有三大类[②]，《征信业管理条例》第二十九条第一款规定的接收从事信贷业务的机构提供的信贷信息的权力主体只有金融信用信息基础数据库，而第二款则将接收主体扩大到"其他主体"。这样会导致要求银行业对"其他主体"提供客户的贷款信息明显违反法律法规的相关规定。与之相反，我国《商业银行法》、《贷款通则》（中国人民银行令〔1996〕2号）等法律法规都严格规定商业银行应当为客户保密。因此，很显然该条第二款之效力值得商榷。这样，信息供给主体制度的不完善也会影响到对信贷客户的约束力度。

[①] 李理、扬名杰、段维明：《〈征信业管理条例〉的局限性》，《银行家》2015年第2期，第121页。

[②] 一是以国家为主导的征信信息服务机构，即金融信用信息基础数据库；二是以市场为主导的民营征信机构；三是以市场为主导的信用评价机构。

（3）征信信息标准化约束制度的不同

有关征信信息标准化约束问题主要体现在两个方面：第一，法律效力层级不同。国外征信制度发达国家的共性方面是，他们大多出台基本法律来对征信信息标准化进行保障，这样在约束农村消费信贷客户方面的效果非常好。即使他们的制度模式有所差别，如美国是私营制，欧盟是公共制，日本是会员制。我国相关的征信信息标准化法制建设与发达国家相比还存在较大差距，目前也尚未制定较高位阶的法律制度。第二，监督协调机制不同。尽管国外的征信信息标准化法律制度模式以及侧重点各异，但是均有成文法的明确规定。在对农村消费信贷客户征息信息进行资源整合的同时，也形成了具有严格标准的监管协调规范体系。相较而言，我国的征信制度建设远远落后于发达国家，不但缺乏专门规制农村消费信贷客户征信信息标准化的法律规范，而且具有立法功能的部门间缺少有效的沟通协调机制，不能真正起到约束农村消费信贷客户的作用。

（4）征信信用等级评价约束制度的不同

主要体现在两个方面：第一，制度层级不同。无论是美国，还是德国和日本，他们均有基本法律[1]为本国的信用评级制度提供制度性保障，尽管每个国家所采取的征信系统信用评价模式有所差别。他们根据消费信贷客户的信用等级来确定提供贷款额度。我国并没有出台基本法规来规范信用评级制度，以解决农村信贷用户的诚信履约问题。第二，机构设置不同。美国、德国和日本等都设立了专业信用评价机构对信贷客户的信用等级和履约状况进行长期评价。我国虽然一些地方政府及部门出台了信用等级评价法律规范，仍然缺乏相应信用评价专业机构，明显难以有效约束信贷客户。

---

[1] 如美国《公平信用和贷记卡公开法》、德国《联邦信息管理法》、日本《贷款业规制法》等。

(二)中外农村消费信贷促进中对信贷客户约束的审查管理预警制度考察及比较

1. 国外的贷款审查管理预警约束制度考察

国外的贷款审查管理预警约束制度主要包括严格的贷款审查约束制度、审慎的贷后管理约束制度以及高效的还款预警约束制度,三者结合可以有效提高消费信贷资金的安全性。

(1) 贷款审查约束制度

相关内容主要体现在两个方面:第一,贷前审查制度。如韩国拥有高效的信贷审批制度,并规定了严格的批准程序。韩亚银行设立了行使特定职能的审贷机构,对个人消费信贷的申请资格进行统一的审查。韩亚银行的信用评分系统通过对客户进行信用评级,使得韩国获得了良好的信用绩效。第二,有限度的强制保险约束制度。如印度在金融信贷领域实行自愿性保险与强制性保险相结合的方式,其中强制性方面要求农户参加的农业保险主要是一些生产性贷款;农户可以根据自己的条件自愿参加的是牲畜保险等。①

(2) 贷后管理约束制度

相关内容主要体现在两个方面:第一,资金检查制度。美国农民家计局旨在加强对全美各地新创业农民以及低收入农民建立农场维持家计提供资金支持。因此,其对贷款的运用情况进行严格督管并提供具体的技术援助,从而避免了风险。第二,债权集中管理制度。韩国的韩亚银行通过开发出电子文档管理系统,对个人名下的债权资料等相关文件进行集中管理,这样不仅有助于辨认债权的真伪,也相对减轻了基层网点的负担。

---

① 李巧莎:《印度金融支持农业发展的经验及借鉴》,《金融教学与研究》2008年第2期,第30页。

（3）还款预警约束制度

相关内容主要体现在两个方面：第一，催收监控制度。催收监控制度主要是对消费信贷资金到期后未及时还款的贷款进行约束的制度。韩国实行贷后集中管理制度，即将银行的所有不良资产集中于银行内部的零售本部进行管理，如果经过催收仍未归还则转入债权管理室处理。印度以自助团体方式对小组成员的还款状况进行监督，小组成员需要对其他成员拖欠的款项负责，从而减少贷款客户违约的可能性。①孟加拉国则要求在住在同一地区且经济条件相当的客户组成贷款小组，小组成员之间互相监督，从而为资金的顺利偿还提供保证。第二，个人破产制度。根据美国"申请破产程序"，当借款人信用过度扩张（即负债过高）而超过自身偿债能力时可提出破产申请。同时，为减少贷款过度发放带来的风险，《消费信贷限制计划》则从法律上对银行的贷款行为加以限定。

2. 我国的贷款审查管理预警约束制度考察

（1）贷款审查约束制度

相关内容主要体现在两个方面：第一，贷前审查制度。《农村合作金融机构信贷资产风险分类指引》（银监发〔2006〕23号）规定了贷前调查的注意事项，其第十二条规定了在贷前调查基础上进行分析等具体事项。《发展小额贷款业务指导意见》（银监发〔2007〕67号）规定，不断加强贷款过程中"三查"之一的贷前程序审查，认真审查借款人自身的还款能力等因素，在此基础上深入分析评价该笔借款的信贷风险。《农户贷款管理办法》（银监发〔2012〕50号）第二十三条详细规定了贷前调查包括但不限于七项内容，第二十四条规定了贷前调查的具体要求。第二，贷中管理制度。我国目前还没有诸如印度实行的强制保险的相关规定，但是贷中管理制度相对比较完善。《发展小额

---

① 李晓健：《国外农村金融体制对我国的借鉴和启示》，《沿海企业与科技》2012年第4期，第12页。

贷款业务指导意见》（银监发〔2007〕67号）规定了贷中的具体注意事项。①《农户贷款管理办法》（银监发〔2012〕50号）第二十七条也规定了贷中审查的具体要求。②

（2）贷后管理约束制度

《中国人民银行贷款通则》（中国人民银行令1996年2号）第三十一条规定了贷后检查制度。③《农村合作金融机构社团贷款指引》（2006年5月29日起执行）规定了代理社贷后管理的具体职责。《发展小额贷款业务指导意见》（银监发〔2007〕67号）规定了贷后的注意事项。④《农户贷款管理办法》（银监发〔2012〕50号）第七章"贷后管理"第三十七至三十九条规定了贷后管理具体事项，包括建立贷后定期或不定期检查制度、注意事项以及贷后管理的检查主体等内容。

（3）还款预警约束制度

相关内容主要体现在两个方面：第一，建立风险预警制度。如《农户贷款管理办法》（银监发〔2012〕50号）第四十条作出了详细规定。该制度旨在采取动态方式，定期对借款人履行借款合同情况进行跟踪分析并予以评估，从而能够及时发现信贷借款人及担保人的潜在违约风险。第二，建立催收监控制度。如《商业银行授信工作尽职指引》（银监发〔2004〕51号）第四十一条规定，商业银行授信实施后，应对所有可能影响还款的因素进行持续监测，并形成书面监测报告以及重点检测内容。再如《农户贷款管理办法》（银监发〔2012〕50号）

---

① 贷中要严格执行农村小额贷款双签审批制，全面实行贷款上柜台，实现贷款管理与款项发放的分离；贷后要定期深入管辖村镇，及时了解和掌握借款人生产经营情况，严格监督贷款实际用途。

② 贷中审查应当对贷款调查内容的合规性和完备性进行全面审查，重点关注贷前调查尽职情况、申请材料完备性和借款人的偿还能力、诚信状况、担保情况、抵（质）押及经营风险等。依据贷款审查结果，确定授信额度，作出审批决定。

③ 即贷款发放后，贷款人应当对借款人执行借款合同情况及借款人的经营情况进行追踪调查和检查。

④ 即贷后要定期深入管辖村镇，及时了解和掌握借款人生产经营情况，严格监督贷款实际用途。

第四十二条也作出了详细规定，即对金融机构的逾期贷款应当做到及时催收，同时按逾期长短和风险程度逐级上报处理并及时采取措施。

3. 中外贷款审查管理预警约束制度的比较

（1）贷款审查约束制度的不同

国外的贷款审查约束制度比较完善，尤其是印度有强制保险制度，其将贷款与保险捆绑在一起。我国的贷款约束规范还是比较详细，只是法律位阶较低，因此执行的力度和效果方面还有不足，现实中甚至出现为了拉业务而违规贷款的现象。另外，我国尚没有实行强制保险制度。为了减轻信贷客户的风险，国外的经验值得参考。

（2）贷后管理约束制度的不同

国外的贷后管理制度比较粗糙，是因为国外的个人征信制度比较完善。在此背景下如果不按时还款，个人征信就会严重受损，成本、代价比较高。因此，信贷机构对于资金怎么使用干预较少。即使有干预，也主要是为了资金的更合理使用而并不作为惩罚的依据。而我国由于个人征信制度不完善，失信的成本和代价不太高。因此，在这方面还得有更加具体的一些规定才能产生良好的约束效果。

（3）还款预警约束制度的不同

国外部分国家由于个人征信制度完善，还款预警制度的作用也不是那么强，倒是美国建立了个人破产制度，直接对按时不能归还的主体使用破产制度则非常干脆。我国相对要"人性化"一些，设置了预警制度，先促使其归还贷款，如若不然才适用一些处罚措施。

（三）中外农村消费信贷促进中对信贷客户约束的失信惩戒制度考察及比较

1. 国外的失信惩戒约束制度考察

（1）声誉降低惩罚制度

国外的声誉降低惩罚制度具有美国模式和孟加拉国模式两种类型：

一是美国模式。美国将公司治理中约束高管的声誉惩罚机制移植到信贷市场的管理之中。这是一种典型的他律模式。其通过颁布《诚实信贷法》等将声誉降低惩罚制度确定下来，并适用于农村消费信贷客户。个人信用差就会导致"一处失信，处处难行"。二是孟加拉国模式。孟加拉国的格莱珉模式是建立在宗教信仰传统之上，在本国农村消费信贷客户的信用管理中引入了声誉惩罚机制。而这是一种典型的自律模式。

（2）信用降级惩罚制度

农村金融机构规定了不同的利率，如果信贷客户不能按约归还贷款，金融机构不仅有权降低该客户的信用额度及信用级别，而且有权提高该客户的信贷利率，从而增加违约客户的失信成本。有学者指出，当银行使用信贷评分技术后，发现违约率降低50%以上[①]，有学者研究发现信用评分技术的引进使大银行对小企业贷款的比例增加8.4%[②]。美国的非银行系统的监管机构包括联邦贸易委员会、司法部、国家信用联盟管理办公室、储蓄监督管理办公室等，其对个人信用信息管理有三个方面的功能。[③] 其中一部分相当于是在降低信贷客户的信用等级。

（3）内部约束惩罚制度

为提高农村消费信贷履约率，国外的担保制度从内部进行约束，采取农村消费信贷小组联保等担保方式加强对债务人履约的监督。孟加拉国的乡村银行主要通过连带责任承担的方式约束客户履约：信贷机构首先将经济条件大体相当的客户归为同一信贷小组；然后要求同一小组成员之间集体负责、相互监督；最后，如果任何一农户没有归

---

① J. H. Myers and E. W. Forgy, "The Development of Numerical Credit Evaluation Systems", *Journal of American Statistics Association*, Vol. 58, September, 1963: 799-806.

② W. Scott Frame, Aruna Srinivasan and Lynn Woosley, "The Effect of Credit Scoring on Small-Business Lending", *Journal of Money, Credit and Banking*, Vol. 33, 2001 (3): 813-825.

③ 一是根据法律对失信者进行适量惩处；二是教育全民在对失信者的惩罚期内，不要对其进行任何形式的授信；三是允许信用服务公司在法定的期限内，长期保存并传播失信者的原始不良信用记录。参见何淑明：《征信国家失信惩罚机制建设对中国的启示》，《重庆工商大学学报：西部论坛》2007年第1期，第86页。

还或未按时归还贷款,信贷小组其他成员此后的信贷活动能力及额度都将受到某些限制。①

2. 我国的失信惩戒约束制度考察

《关于促进民营银行发展指导意见的通知》(国办发〔2015〕49号)规定,针对金融信贷领域的失信行为,必须建立起体系化的违约通报惩戒机制,从而提高借贷关系中诚信履约的质量及稳定性。具体包括:

(1)声誉降低惩罚制度

与国外的两种模式相比较,由于我国现代企业管理机制较为落后以及我国现有的信用文化传统,导致我国还没有出台专门针对农村消费信贷的声誉惩罚法律制度。目前主要有《农村资金互助社管理暂行规定》第十八条规定的农民向农村资金互助社入股应符合的必要条件是诚实守信、声誉良好。《关于金融支持农业规模化生产和集约化经营的指导意见》(银监发〔2014〕38号,以下简称《金融支持农业规模化集约化指导意见》)也作出了一些相似规定。②

(2)信用降级惩罚制度

我国在信用降低惩罚制度方面也只有部分规定。《金融支持农业规模化集约化指导意见》(银监发〔2014〕38号)从正反两方面规定了加强信用文化的培育。③这些规定都是原则上的,可操作性不强。但是,《关于建立完善守信联合激励和失信联合惩戒制度加快推进社会诚信建设的指导意见》(国发〔2016〕33号)中的许多规定则可以适用于农村消费信贷客户。

---

① 参见郭建斌:《国外小额信贷可持续发展的内在机理及经验借鉴》,《农村金融研究》2011年第2期,第60页。

② 即将信用评定结果与对农业规模经营主体的贷款授信结合起来。

③ 一是引导各类农业规模经营主体守法经营,重合同、守信用;二是协调配合地方政府和司法部门打击骗贷和恶意逃债行为。

(3)内部约束惩罚制度

我国没有国外的小组联保自我约束机制。《农村合作金融机构社团贷款指引》(银监发〔2006〕37号)第三十八条对内部约束惩罚制度进行了规定。① 另外,在农村的非正规金融中,比较普遍存在依靠道德约束或者惩罚的民间借贷行为。其被称为"社会抵押机制",是目前在我国应用最为广泛的抵押机制。有学者指出农民基于其生活场景和经验建立起的依靠血缘和人情而形成的信用关系具有一定"自我履约"的功能特征②,从而有利于克服陌生人社会产生的"策略性赖账"。

3.中外失信惩戒约束制度的比较

亚当·斯密认为,为了保障契约执行,必须对失信行为进行惩罚。③ 提高"失信"成本是激励人们诚实守信的内在动因。我国目前还需要加快建立和完善失信惩罚机制。

(1)声誉降低惩罚制度的不同

前文已述,国外的声誉降低惩罚制度具有美国模式和孟加拉国模式两种类型。无论哪一种类型,与我国的国情都有一定的差距。我国当前的声誉降低惩罚制度还没有建立,一定程度上阻碍了我国农村消费信贷市场的繁荣发展。因此,应当加快实现对农村消费信贷客户进行声誉惩罚,建立统一的声誉惩罚标准体系。我国将要建立的声誉降低惩罚制度可能与这两种模式有所差异,或者可以吸取他们的成功经验并进行创新。

(2)信用降低惩罚制度的不同

国外的信用降低惩罚制度已经相对完善,他们对于失信的农村消

---

① 当借款人逾期还款时,归还的款项不足以清偿所欠贷款的,各成员社按其在社团贷款中所占比例受偿。逾期部分的罚息由代理社按照人民银行有关规定统一向借款人计收,并按逾期贷款的额度在各成员社中分配。

② 高帆:《我国农村中的需求型金融抑制及其解除》,《中国农村经济》2002年第12期,第70页。

③ Darid M. Kreps, Robert Wilson, "Reputation and Imperfect Information", *Journal of Economic Theory*, Vol.27, 1982: 253-279.

费信贷客户，不仅要降低授信额度和评分评级，还要施以惩罚性利率，甚至将其公示为信用"不合格户"等。但是，目前我国的各类法规中仍很少涉及声誉惩罚，其仍处于政策上的呼吁阶段。为了对农村消费信贷中失信行为进行惩处，也必须建立健全失信行为惩罚性制度。

（3）内部约束惩罚制度的不同

国外的内部约束惩罚制度非常完善，尤其是小组联保自我约束机制发挥了非常重要的作用。比较之下，我国虽然也有相关制度，但还不成熟，中外内部约束惩罚制度虽有不同但也有相通之处。我国有着独特的信用文化传统，我们可以尝试借鉴国外内部约束惩罚制度的成熟经验建立内部约束惩罚制度：一是可以在已有的《商业银行法》中增加针对农村消费信贷客户的内部约束惩罚制度，如小组联保制度；二是可以利用我国的"熟人社会"特征建立声誉惩罚机制，以约束农村消费信贷客户不当信贷行为。

第五章 我国农村消费信贷促进法律机制的对策研究

本章在对我国农村消费信贷促进法律机制进行理论研究、实证研究、规范研究以及中外相关法律机制的比较研究基础上,结合我国国情,分别针对农村消费信贷主体——信贷机构和信贷客户——提出本土化的激励与约束协同规制制度完善的具体建议。

第一节 构建我国农村消费信贷促进中本土化的针对信贷机构的激励与约束协同法律机制

要繁荣我国的农村消费信贷市场,需要对信贷机构的正外部性进行法律激励,对其负外部性进行法律约束。因此,综合来看,需要构建我国本土化的针对信贷机构的激励与约束协同法律机制,使信贷机构不再成为"惧贷机构"和"惜贷机构"。下面分别从激励法律机制和约束法律机制进行论述。

一、构建我国农村消费信贷促进中针对信贷机构的激励法律机制

诺斯指出,制度构造了人们在政治、社会或经济方面发生交换的

激励结构。①《全面做好农村金融服务工作通知》(银监办发〔2011〕36号)强调激励农村金融机构完善支农服务网点功能,提高贷款服务的效率和质量。前文已述,信贷机构"惧贷"的原因主要有信贷主体激励制度、财政税收激励制度、担保激励制度、风险转移激励制度、成本降低激励制度、业务开展激励制度不完善,导致对信贷机构正外部性的激励不足,不利于激励信贷机构从事农村消费信贷的积极性。因此,参考国外相关经验,本部分主要从这几个方面提出建议,从而完善针对信贷机构的相关激励机制。

(一)完善主体准入激励制度

虽然我国的非正规信贷比较发达,但是研究表明其与正规信贷二者之间的关系多为有限替代。②具体表现为:非正规信贷在满足短期性、临时性、小额性融资需求上效果显著;而正规信贷在大宗消费支出方面作用巨大,因为亲友间道义借贷为主的非正规信贷供给能力难以完全满足消费需求。③因此,为了建立多元农村信贷主体体系,需要降低农村消费信贷组织的准入门槛。同时基于信贷风险较大,单纯由农村信用社贷款,会造成其"惧贷""惜贷"的问题,且由于其垄断地位,农民消费信贷成本很高。因此,需要让更多的信贷机构"生长"出来从事农村消费信贷。这也是一种显著的增加供给型激励或增量型激励。

1. 完善系统化的消费信贷供给主体激励制度

我国应当积极放开市场准入,允许尝试建立多种所有制形式、不同治理结构的金融市场主体。大力鼓励和增加农村中小银行金融机构

---

① 道格拉斯·C.诺斯:《制度、制度变迁与经济绩效》,上海三联书店1994年版。
② Y. Zhang, N. Lin and T. Li, "Markets or Net works: Households' Choice of Financial Intermediary in Western China", *Social Networks*, Vol. 34 (4), 2012: 670-681.
③ 黄祖辉、刘西川、程恩江:《贫困地区农户正规信贷市场低参与程度的经验解释》,《经济研究》2009年第4期,第124页。

的供给及其业务创新：

（1）完善政策性、合作性及商业性农村消费信贷机构的合作竞争供给机制。应当根据我国当前农村消费信贷市场的需要，全面实施供给侧结构性改革战略，通过相关制度的完善和创新，实现政策性、合作性和商业性信贷机构竞争协调发展的信贷市场体系[①]，从而推动农村消费信贷市场的繁荣与发展。

（2）完善新型农村金融机构[②]消费信贷供给主体机制。可以通过构建多种激励制度，激活农村消费信贷的多元供给主体，如鼓励农村地区的小额贷款公司和村镇银行试点办理农村消费信贷业务，以提高新型农村金融机构供给量与参与率，改变信贷主体由农村信用社垄断的局面。

（3）完善农村信用社、农村商业银行以及农村邮政储蓄银行等地方性金融机构在各乡镇增设营业网点的消费信贷供给机制。比较而言，农村信用社和邮政储蓄银行在农村的网点较多，尤其是乡镇都设有网点。但是农村商业银行的网点还不够多，需要相关制度进行激励以增加消费信贷的供给主体。

（4）完善农村各级政府积极引进全国或区域性股份制商业银行来县域设立分支机构的消费信贷供给机制。完善引导国有商业银行增设营业网点，增加 POS 机、ATM（自动柜员机）等现代支付结算机具的投放安装，逐渐普及网上银行的消费信贷供给机制，以及完善促进邮政储蓄银行发挥网络优势和信息资源优势，大力发展农村小额消费信贷市场的消费信贷供给机制。

（5）完善中小型消费信贷金融机构的消费信贷供给机制。可以参考国外相关经验，将一些符合要求的、经营规范和经营状况良好的中

---

① 陈平：《拓展农村消费信贷——农民消费方式与信贷服务浅析》，《台州日报》2007 年 8 月 16 日，第 6 版。

② 即村镇银行、贷款公司、农村资金互助社、小额贷款公司。

小型金融机构改制为专门针对农村的消费信贷金融机构，如住房信贷银行、耐用消费品银行、汽车信贷银行、生活服务提升银行等等。

（6）贯彻差异化的理念，对东、中、西部实行不同的金融制度。如在东部经济发达的农村地区，可以率先进行消费信贷供给主体方面的创新实践尝试。具体来讲，一是可以设立只发放消费信贷的小额贷款公司；二是设立以促进农村消费为目的的专业信贷金融公司。

（7）可以尝试鼓励大型金融机构与农村信用社等中小金融机构开展农村消费信贷的合作。将大型金融机构具有的资金优势、人才优势、管理经验优势与农村信用社等中小金融机构具有的网点广布、环境熟悉等优势充分结合起来[①]，在农村消费信贷市场中进行协同创新。

2. 完善机构改造改制兼并重组激励制度

供给与需求的矛盾是农村消费信贷市场发展的巨大障碍。在这对矛盾中，主要矛盾又是信贷机构的供给。村镇银行、小额贷款公司和资金互助合作社等新型农村金融机构是农村消费信贷供给的主力军，可以起到很好的作用。因此，从增加供给的视角下，可以在新型农村金融机构的准入条件上建立激励制度。

（1）完善改造改制制度进行激励。如将信用代办站改造为村镇银行，以增加新型金融机构的供给；将小额贷款组织改制为村镇银行、贷款公司等以增加新型金融机构的供给；将小额贷款公司改制为村镇银行以增加新型金融机构的供给。为了实现以上的改造改制目标，很有必要完善具体的改造改制相关激励制度。

（2）完善设立兼并重组制度进行激励。具体如进行规模化的组建、跨区域兼并重组、出资设立新型金融机构等。虽然相关的规范性文件已经作出了规定，但是还需要细化规则，需要及时实施并形成制度化

[①] 刘士谦：《供给视角下的农村消费信贷制约因素及路径选择》，《金融理论与实践》2010年第2期，第77页。

常态化的规范,从而减少政策性因素带来的临时性作用和影响。

3. 完善差异化的机构注册资本激励制度

信贷机构作为特殊的公司也必须有注册资本,并且该注册资本构成信贷机构对外交往的信用基础,是信贷机构债务的总担保。[①] 但是如果严格按照全国"一刀切"的信贷机构准入标准,会导致信贷机构设置数量达不到要求,必然不利于信贷资金在全国范围内的合理配置,不能满足现有广大农村的信贷客户的需求,也不利于农村消费信贷市场的繁荣。美国《国民银行法》规定银行最低注册资本为10万美元,但设在6000人以下社区的银行注册资本最低可以减半到5万美元。[②] 我国可以借鉴此经验,实行灵活的市场准入制度以鼓励民间资本的参与。因此,我国农村金融机构的注册制度应当根据区域金融法治化原则和差异化原则,因地制宜地细化并适度降低农村消费信贷机构注册资本标准。

(1) 宏观上可以分地区,如按照东部、中部、西部的经济发展水平确定信贷机构不同的注册资本金额。东部发达地区,可以按照标准的注册资本之要求,而中西部经济落后地区,可以适当降低注册资本的要求,以激励信贷机构的积极设立,从而保证基本的信贷机构供给数量。

(2) 微观上可以分类别,如一是按照所处位置是城市化农村、城乡结合部,还是偏远农村的不同情形确定不同的注册资本。总原则是可以进行适当降低,从而增加消费信贷机构供给主体。二是按照不同的信贷主体确定不同的注册资本。目前与村镇银行和农村资金互助社不同的是,小额贷款公司的注册资金门槛仍然较高,如有限责任公司最低额为500万元,股份有限公司为1000万元。因此,为了增加农村

[①] 石少侠主编:《公司法教程》,中国政法大学出版社1999年版,第86页。

[②] 辛子波、张鹏:《美国的银行业市场准入监管制度介析》,《金融经济》2006年第10期,第70页。

消费信贷机构的供给主体，可以考虑适当调低注册资金数额。从区分准入资本的角度激励农村消费信贷机构的增加，以有助于实现各类经济发展水平有差异地区的农村消费信贷的均衡发展。

4. 完善非银行金融机构参与激励制度

2005 年的中央"一号文件"就指出要"培育竞争性的农村金融市场"。非银行金融机构在农村消费信贷中起着重要的作用，尤其是在正规金融机构不能满足农村信贷客户需求的背景下，很有必要激励其参与农村消费信贷。具体来说：

（1）取消非银行金融机构相关限制进行激励。现行法律中严格地将非银行机构限制到仅能作为村镇银行的参股人，不利于其参与农村消费信贷。因此，积极鼓励民间资金多方参股组成新型农村股份合作制村级银行，应考虑如何提高非银行机构投资人的主体地位，以及允许非银行金融机构资金设立贷款公司，从而增加民间资本参与农村金融的积极性。事实证明，逐步取消这些限制也才符合《关于鼓励和引导民间资本投资健康发展的若干意见》（国发〔2010〕13 号）的政策意见之要求。①

（2）赋予非正式农村消费信贷机构转贷权进行激励。可以参考国外经验，引入非正规农村消费信贷机构，即正式农村消费信贷机构将贷款转贷给非正式农村消费信贷机构，由其再贷给信贷客户，从而增加农村信贷供给。其优势在于：一是可以充分发挥他们和农村小规模信贷客户在地理上接近、"软信息"较多、能更好为农村信贷客户提供服务的优势②；二是可以克服非正式农村消费信贷机构注册资本低、资金规模小的缺陷。

---

① 应宜逊：《落实"新 36 条"，向民间资本开放微型金融机构市场准入》，《上海金融》2010 年第 10 期，第 92 页。

② 马九杰、刘海英、温铁军：《农村信贷约束与农村金融体系创新》，《中国农村金融》2010 年第 2 期，第 39 页。

（3）合理规范民间金融组织等非正规金融机构从而培育多元化供给主体。为了促进农村消费信贷市场的繁荣发展，一是政府应发展民营金融机构并激励其积极参与农村消费信贷，只需要从宏观上加强金融监管力度即可[1]；二是实现部分民间借贷的合法化、公开化和规范化，并把它纳入到农村消费信贷体系之中加以监管[2]；三是扶持和引导私人银行参与农村消费信贷，实现供给主体的多元化。

（4）扩大消费金融公司范围以满足多层次的农村消费信贷需求。《指导意见》[3]（国发〔2015〕66号）从两个方面对消费金融公司进行了特别说明：一是继续推进新供给改革，在消费信贷领域，不断创新组织形式，积极鼓励符合条件的市场主体成立消费金融公司；二是不断扩大覆盖面，即将消费金融公司试点范围逐渐推广至全国。

（二）完善财政税收激励制度

作为常规的直接激励方式，财政税收制度的完善对于激励信贷机构积极从事农村消费信贷的作用是显而易见的。针对我国现有财税激励制度中存在的问题，建议如下：

1. 完善财政补贴激励制度

除了延长补贴时间、扩大补贴范围、提高补贴金额、降低补贴条件，还需要完善以下三个方面的制度。

（1）完善保费补贴制度。具体来讲：一是为农村消费信贷提供保险业务时对保险机构进行保费补贴；二是对金融机构开展农村消费信贷所带来的风险或亏损进行弥补，从而降低涉农贷款的风险，提高农村中小金融机构风险覆盖能力。从长远来看，这必将激励信贷机构积

---

[1] 滕向丽：《促进农村消费信贷良性发展》，《浙江金融》2011年第4期，第45页。

[2] 王守贞：《金融支持农村消费信贷问题的研究》，《河南金融管理干部学院学报》2007年第2期，第129页。

[3] 即《关于积极发挥新消费引领作用加快培育形成新供给新动力的指导意见》。

极参与消费信贷从而繁荣农村信贷市场。

（2）完善担保基金制度。通过政府财政设立针对农村消费信贷业务的专项担保基金，用于补贴农村消费信贷机构的信贷风险损失。同时在当前及今后还需要将农村消费信贷审核和基金补贴规范化、长期化和制度化，从而激励信贷机构积极从事农村消费信贷业务。

（3）完善贷款贴息制度。农村消费信贷面临不小的风险，为了确保信贷机构大力开办农村消费信贷业务并实现其可持续发展，应该健全信贷财政贴息制度，让从事相关业务的农村消费信贷机构真正得到应有的利益，从而产生激励效应，实现盈利性和持续性的统一。

2. 完善税收优惠激励制度

（1）完善现有税收优惠制度。要充分运用好现有的农村中小金融机构税收优惠制度，继续减免农村中小金融机构的增值税、所得税、利息税等。这一方面可以消化历史包袱，可以缓解农村中小金融机构的高成本压力[①]；另一方面，也可以确保农村中小金融机构轻装上阵，避免负重前行。

（2）出台新的税收优惠制度。政府应根据国家的供给侧结构性改革战略，尽快出台更多支持农村消费信贷的税收优惠制度，扩大优惠范围并加大优惠力度。如政府可以在减免开办农村消费信贷业务并且达到一定标准的信贷机构一定的增值税、利息税、所得税、城市维护建设税等方面进行创新。

（3）构建税收优惠长效机制。在加大财政投入力度的前提下，应该对所有支农金融机构实行同等待遇。只要是支持"三农"消费信贷并且达到一定要求的支农金融机构，一律可以享受税收优惠待遇，以激励他们支农贷款的积极性。最关键的是，需要加强税收优惠的长期化、制度化建设，以充分发挥对信贷机构发展的持续激励作用。

---

① 熊传海：《利率市场化与农村中小金融机构对策》，《安徽日报》2013年12月2日，第7版。

3. 完善财政引导激励制度

我国应该在供给侧结构性改革的大背景下，更加重视政府资金的杠杆作用，通过扩大补贴范围，延长补贴时间，加大补贴力度以及降低补贴标准，从财政引导金融法律制度入手完善激励机制。将四川省人民政府办公厅 2018 年印发的《关于继续实施财政金融互动政策的通知》推广至全国，在条件成熟时再出台全国性规定。

（1）财政引导农村金融机构更多地从事"涉农"贷款。一是应当加强财政制度与农村金融制度的有效衔接，落实和完善涉农贷款定向费用补贴、增量奖励等制度，进一步完善县域内银行业金融机构新吸收存款主要用于当地发放贷款的考核制度；二是通过扩大差别存款准备金率政策范围，可以将转制过来的农商行纳入。同时，降低整个农村中小金融机构的准备金率，通过财政保障发挥货币政策作用提高其资金流动性。

（2）财政补贴引导非正式农村消费信贷机构更多地从事"涉农"贷款。建议由政府财政出资设立农民消费信贷基金，对发放涉农贷款的非正式农村消费信贷机构，给予一定比例的激励性贷款补贴，并且允许其上缴的增值税及附加税由省财政以"先征后返"方式，返还给非正式农村消费信贷机构作为风险防范基金[①]。

（3）财政补贴引导农村消费信贷。除了以上的财政引导制度之外，政府还可以进行"财政引导金融"的制度创新，如可以从"三农"补贴中分出一部分撬动农村消费信贷，引领农民购买家电、汽车、住房、农机具等并将其用于财政贴息。[②] 这样就可以创造出财政支持的新效应。

4. 完善财政奖励激励制度

国外的实践表明，用政府财政经费奖励信贷机构，可以激励其参与农村消费信贷的积极性。我国应该从以下几个方面进行制度完善：

---

① 王海波、郭军：《新型农村金融机构国内研究综述》，《山东经济》2011 年第 5 期，第 124 页。
② 韩立岩：《先破后立激活农村消费信贷》，《中国城乡金融报》2010 年 3 月 24 日，B02 版。

（1）完善农村消费信贷公平奖励制度。应该对支农信贷机构实行同等奖励待遇，并不考虑其所有制形式、公司制形式以及信贷机构的规模。唯一的判断依据应该为其是否积极参与"三农"贷款，从而保护和激励这些信贷机构对于"涉农"贷款的积极性和长期性。

（2）完善农村消费奖励信贷差异制度。在实现公平奖励的同时，也应该出台一些差异化的涉农信贷机构奖补制度。具体如下：一是可以对信贷机构在偏远农村地区加设机构网点给予其一定的资金补贴，从而激励其扩大享受消费信贷乡镇的覆盖面；二是对发放农村消费信贷占比较高的信贷机构给予一定的资金奖励，从而激励其加大支农力度，以改善供给不足的现象。

（3）完善消费信贷联动奖励制度。结合国家的涉农贷款奖励制度，地方政府可以出台一些配套财政奖励政策，在中央政府和地方政府之间形成激励从事消费信贷业务的合力，从而起到叠加效应。如对开办农村消费信贷业务的信贷机构按照放贷量比例给予多重奖励，从而激励其发放农村消费信贷的积极性。

（4）完善消费信贷创新奖励专项制度。应该给予富民惠农金融创新专项奖励进行激励。如《金融创新工程指导意见》（银监办发〔2012〕189号）规定，要创新激励机制，建立富民惠农金融创新专项奖励制度，从而充分激发员工的创新潜能。这些措施能够起到促进农村消费信贷的作用，但是还需要进行制度完善，包括进行具体细化并增强其可操作性。

（三）完善担保激励制度

完善的抵押担保制度可以有效避免农村消费信贷客户成为"难贷客户"以及信贷机构成为"惧贷机构"。我国现有的农村消费信贷担保制度与我国的农村消费信贷客户的现实要求还有一段差距，其缘于对信贷机构的激励作用太弱。因此，可以尝试信用贷、抵押贷、质押贷、保证贷、组合贷等 10 余种主要农村信贷产品模式，推出商户联保贷款、设备抵押、股权质押、农房抵押、贵金属质押、存货融资、动产质押、仓单质押等基于创新信用结构的信贷产品，发展土地经营权、集体林权、农房、宅基地、农机设备等"农"字特色鲜明的农村消费信贷。[①]具体来看，可从以下方面规范和创新农村消费信贷担保法律制度。

1. 完善抵押担保激励制度

抵押担保是我国目前主流的担保方式，抵押担保制度是信贷机构进行消费信贷的重要保障。但是，我国目前的抵押担保制度还不能满足农村消费信贷的需求，导致信贷机构"惧贷"和"惜贷"，因此必须对其进行完善以发挥激励作用。

（1）扩大抵押担保客体的范围。根据我国《民法典》的规定，抵押物只有少数几种，而对于农户来说，抵押物范围更是有限。因此，应当实施农村消费信贷抵押担保品扩展策略。根据我国《民法典》的规定，允许以协议方式对现有或将有的生产设备、原材料等进行抵押，这实际上扩大了抵押品的范围。具体来看：抵押担保物范围还应当包括大型农用生产设备、林权、荒地使用权等，以及可以采用变现能力不是很强的"责任田"和"自留地"进行担保。

（2）尝试突破法律进行抵押物的有限度创新。从农户的角度来看，土地承包经营权、宅基地使用权是他们最好的抵押物，但法律禁止对其抵押导致了抵押物范围狭窄。因此，有必要进行大胆创新，尝试突破法律障碍。如在经济条件稍发达的中西部地区成都、重庆，已经开展了此项活动。[②]但是还需要不断进行突破和创新并扩大应用区域。

[①] 吴苏林、王玥：《农村信贷消费结构和走势分析——基于对湖南省的调查》，《中国农村金融》2015 年第 14 期，第 88 页。

[②] 如《成都市统筹城乡综合配套改革试验总体方案》对"两权"的抵押规定：不转移土地占有，不改变土地用途，不改变土地所有权性质；集体建设用地使用权的抵押需要集体同意；土地承包经营权的抵押时间在承包期间以内；权利人只享有土地经营权，不享有其他权利；抵押期限满，须将承包经营权无条件归还承包方。最重要的是，在当农民将宅基地使用权作为抵押物抵

（3）实施未来收益抵押物代替制度。具体实施方法有：一是农村消费信贷机构可以接受已有的原材料或者正在生长中的财产，将其作为经营收益抵押。农村消费信贷机构可以控制农民的销售合同，当农民无力偿还，信贷机构收取销售合同产生的收益以弥补其资金损失。如《农田水利基本建设金融服务意见》（银发〔2008〕361号）已有相关规定。① 二是信贷机构可以联合发放支农银团贷款，支持"互联网+""公司+农户+市场"等经营模式。在风险可控的前提下，用企业应收账款作抵押发放贷款。三是规定可以用农村土地承包经营权和农房用地作为担保发放贷款。如《产品和服务创新指导意见》（银发〔2010〕198号）的相关规定。② 这些规定都需要相关配套和辅助制度才能落实，因此迫切需要进行完善。

（4）完善贷款抵押配套制度。一是完善贷款抵押物登记程序机制。如可以成立农村产权登记服务中心，利用区块链技术对农村贷款抵押物的权属进行明确、登记并颁发证书，以方便信贷担保抵押使用。二是完善贷款抵押物评估机制。如可以成立专门机构，协调处理消费信贷的评估工作。三是完善抵押物变现机制。如可以建立耐用消费品二级市场，使抵押物能够顺利、足额、合法地变现。四是降低抵押物办理手续费用标准。应当进一步完善交易程序，降低交易成本、促进银行消费贷款的健康发展。总之，可以由地方政府有关部门牵头成立中介机构，专门处理抵押登记及评估问题，并尽可能简化手续及减少

（接上页）押之后，如果违约无法偿还贷款，该制度需要保证农民有房可住，该文件规定必须确保借款农民失去抵押房屋后，依然有适当的居住处所。参见邓纲：《破法前行中的农村产权抵押融资制度改革——以成都为例》，载岳彩申主编：《中国农村金融法制创新研究》，群众出版社2011年版，第170页。

① 对具有未来收益的经营性农田水利项目，鼓励金融机构以项目未来的收益或收费等经营收益为担保，发放项目收益权或收费权抵押贷款。

② 推动农村土地承包经营权流转和农房用地制度改革，按照依法自愿有偿原则，在不改变土地集体所有性质、不改变土地用途和不损害农民土地承包权益的前提下，探索开展相应的抵押贷款试点，丰富"三农"贷款增信的有效方式和手段。

环节。①

2. 完善质押担保激励制度

随着社会的发展，质押物的范围也越来越大。当农户无法还款时，质押担保也可以减少违约成本。因此，承认信贷客户的质押担保意义重大。可以制定《农村消费信贷质押担保办法》，将凡是可以质押的动产和权利都纳入农村消费信贷担保的范围。

（1）扩大农村消费信贷动产质押担保品范围。对于动产质押担保品，除普通的动产以外，还可以是农村消费信贷客户的农机设备等农业生产资料、库存商品、现有农产品甚至未来农业收成等。这样可鼓励信贷客户在更便利的条件下以较低利率向正规农村消费信贷机构申请消费信贷。

（2）扩大农村消费信贷权利质押担保品范围。具体来看，随着区块链技术的发展，权利溯源将更加容易实现，因此除去动产质押物外，应当允许把包括信贷客户的银行存单、国债现券、林权、水权、仓单、订单、应收账款、基金、债券、可转让股权、商标、专用权等等各种权利质押品纳入范围，从而增加信贷客户贷款的机会和可能性。

3. 完善担保机构激励制度

我国可以借鉴国外经验，建立政策性、互助性及商业性等多种担保模式共同发展的农村消费信贷抵押担保法律制度以激励其开展相关业务。

（1）完善相关制度激励政策性农村消费信贷抵押担保机构开展业务。专门的政策性非营利担保机构开展农村消费信贷担保业务可以保证符合资质的农户顺利取得贷款。它是由政府出资设立，旨在为信贷客户提供消费信贷担保，同时可以减轻信贷机构风险压力。因此，应当完善相关制度并开发更多适用于农村消费信贷客户的信贷产品以激

---

① 中国人民银行青岛市中心支行调查组：《对农村消费信贷开展情况的调查与分析》，《济南金融》2000年第4期，第30页。

励其积极参与。

（2）完善相关制度激励互助性农村消费信贷抵押担保机构开展业务。该担保机构是由地方政府提供政策优惠，农村消费信贷客户自主联合、自我服务的一种担保机构。农村互助担保由农民和企业订立销售合同，企业以其自身资产信誉向信贷机构为农民提供担保，农民以其未来收益向企业提供担保的一种担保形式。因此，应加大地方政府的政策优惠力度以激励其更好地开展相关业务。

（3）完善相关制度激励商业性农村消费信贷抵押担保机构开展业务。商业性担保就是小额贷款担保公司担保。小额贷款公司担保同样由该公司为信贷客户申请向信贷机构提供担保。但农民和小额担保公司之间没有销售合同，农民无需以该销售合同的未来收益向小额贷款担保公司提供担保，从而减少了信贷机构发放贷款的风险，解决了农村消费信贷机构"惧贷"的问题。当然，国家应明确授权一个政府部门对该机构的资格、担保机制、担保程序、收费标准等方面进行监督和管理，还应当建立严格、严密的内外监督和审计制度，对机构运行进行充分的监督。① 在三种担保机构的关系方面，政策性担保机构对商业性担保机构起扶持作用。商业性担保机构主要是解决另外两种担保机构不能发挥作用时信贷客户贷款难的问题。

4. 完善政府担保激励制度

根据国外经验，一般是由政府出面组建消费信贷担保公司为长期消费信贷提供担保。② 参考其经验，我国可以从以下几个方面着手：

（1）健全财政扶持和担保机制。央行发布的中国普惠金融指标分析报告（2019年）显示，截至2019年末，创业担保贷款余额1417亿元，同比增长33.25%；助学贷款余额1179亿元，同比增长12.15%。

---

① 陆莉：《农村消费信贷促进的法律健全》，江苏法院网，http://www.jsfy.gov.cn/llyj/xslw/2013/05/20170447818.html。

② 周显志：《论加强和完善我国消费信贷法律制度建设》，《法治论坛》2011年第2期，第254页。

今后还需要对具有公共产品性质的消费信贷,包括医疗、养老、创业、助学等给予财政援助,解决抵押难、质押难、寻找担保人难等问题,为农户提供财政资金的担保,从而降低信贷机构的农村消费信贷风险。

(2)建立农村消费信用卡制度。央行发布的中国普惠金融指标分析报告(2019年)显示,农村地区银行卡发卡量35.43亿张,同比增长10.44%,其中借记卡32.98亿张,同比增长10.26%;信用卡和借贷合一卡2.45亿张,同比增长12.85%。今后还需要财政支持的信贷担保机构对还款能力无法评估的农户进行担保,以信用卡消费形式激励信贷机构开展消费信贷业务,同时逐步提高信贷客户的信用水平和信贷能力。

5.完善信用担保激励制度

尤努斯的成功实践证明,信用、信誉、信任力量在还未商业化的农村非常有用。在尤努斯的实践中,穷人不用任何抵押也能借到钱,但贷款偿还率却达到99.02%。① 我国也有相关数据显示,2009年山东省潍坊市农村消费贷款质量相对较高,不良贷款占比2%,低于潍坊市2.34%的不良贷款水平。② 中外两组数据在一定程度上表明,农村消费贷款的违约率并非一定会更高。因此,可以参考国外的经验,进行如下几个方面的制度尝试:

(1)依靠信用消费客户自己的信用开展信用消费贷款。开展这一消费信贷品种,要与日渐完善的农村信用体系建设相结合,充分运用相关机构开展的"信用村""信用户""信用个人"③评定机制,根据其

---

① 高亮:《当前农村消费信贷市场的现状及发展对策》,《西南金融》2007年第11期,第42页。
② 邓卫华:《农村消费信贷快速发展 金融服务体系有待完善》,《东方城乡报》2009年12月1日,B06版。
③ 例如,2015年1月28日,蚂蚁金服旗下的个人征信机构,芝麻信用开始在部分用户中进行公测,首推芝麻信用分,这是中国有史以来首个个人信用评分,可以直观呈现用户的信用水平。2015年1月,中国人民银行印发《关于做好个人征信业务准备工作的通知》,要求芝麻信用等8家机构做好个人征信业务的准备工作。这意味着个人征信市场"开闸"。参见杨东:《链金有法:区块链商业实践与法律指南》,北京航空航天大学出版社2017年版,第101页。

对乡、镇、村、农户及个人信用水平评价结果开展消费信贷。

（2）依靠公务员的信用进行担保。在农村可以通过"结对子"方式进行信用担保，即一名公务员与一家农户结成帮衬对子。在消费信贷方面，就可以利用公务员的信用为其帮衬农户提供担保进行信用消费贷款。如果农户家里有大学毕业生并已参加工作的情形，也可以利用该大学生的信用进行信用担保贷款。

（3）依靠第三方信贷担保机构为农户担保开展信用消费贷款。第三方信贷担保机构在我国城市已出现不少，但在我国农村却尚未见到，因此可以逐步建立这样的第三方信贷担保机构，专门为农户提供担保。该类第三方信贷担保机构可以是市场化的也可以由政府组建。

6. 完善社区担保激励制度

我国农村社区的特点之一是通过整合资源，完善服务以提升凝聚力和认同感。农村消费信贷客户可以充分利用农村社区各种组织化资源（包括人缘、地缘、血缘以及业缘等），通过社区小组、家族、村集体、村委会，以及社区农村合作社、资金互助社主体等向信贷机构申请贷款[①]，实现信贷抵押担保的规模化和组织化，以缓解消费信贷中存在的风险，从而对信贷机构进行激励。

7. 完善农户联保激励制度

农户联保模式在孟加拉国是成功的，但引入我国农村的实践效果并不明显。鉴于此，我国可在总结经验和教训的基础上，利用我国农村仍然处于"熟人社会"的现实背景，充分发挥"社会资源"的优势，完善农户联保的制度，形成法律先行的支撑和激励，在信贷客户之间形成充分的制约，降低没有抵押品给信贷机构带来的风险。

---

① 马九杰、刘海英、温铁军：《农村信贷约束与农村金融体系创新》，《中国农村金融》2010年第2期，第39—41页。

（四）完善风险转移激励制度

一方面，农村消费信贷风险较大；另一方面，信贷客户承担信贷风险的能力较弱，因此有必要完善信贷风险转移激励制度，以转移较为集中的信贷风险。具体包括：

1. 完善风险转移主体激励制度

（1）通过增加农村消费信贷市场主体以分散风险。在风险总量一定的情况下，增加风险承担主体，势必会转移更加集中的风险，从而使风险更为分散。因此，可以培育更多新型的农村消费信贷市场主体以分散风险。如可以吸收更多的民间资本参与新型农村消费信贷机构建设，以化解信贷市场风险。

（2）通过增加农村消费信贷保险和担保主体以分散风险。可以尝试进行农村消费信贷市场的改革，增加如农业保险公司、农业抵押担保公司等，通过改变消费信贷风险仅由信贷双方主体分担的格局，实现信贷风险承担主体的多元化和分散化，从而控制和降低信贷风险。

2. 完善风险转移监控激励制度

（1）完善风险转移监控主体方面的制度。因为农村消费信贷的贷款主要是在农村使用，因此必须按照就近原则和方便监控的原则，通过立法，将风险监控任务交给农村村民委员会、农村集体经济组织、农村合作组织，提早发现消费信贷发放后存在的流动性信贷风险，改变仅仅由信贷机构进行风险监控而效果并不佳的状况。

（2）完善风险转移监控方式方面的制度。主要是对农村消费信贷客户申请消费信贷后的经营活动、信贷资金用途以及预期收益等从传统意义上的事后监督检查方式逐步向事前预防、事中控制以及事后监督检查相结合的方式转变，从而对是否存在潜在风险，以及风险的大小进行评估，同时采取有效补救措施。

3. 完善风险转移补偿激励制度

风险转移的一个最显著的特征就是，它只是改变了风险的承担者而并没有从根本上消灭风险。因此，需要对风险承担者进行补偿。

（1）设立风险转移补偿基金。建议地方政府以财政资金为主体构建农村消费信贷风险补偿机制，设立风险转移补偿基金。这样可以确保农村消费信贷客户在遭遇风险时，能够通过风险转移补偿基金的良性运转，增强信贷客户自担风险的能力以提高资金的归还率，从而降低给信贷机构带来的风险。①

（2）扩大风险转移补偿基金来源范围。具体包括：一是直接方式。风险转移补偿基金主要来源还是中央财政，其他来源只是作为辅助。农村消费信贷机构可从税务机关返还的税收中提取一定比例用于农业信贷补偿基金；二是间接方式。如信贷机构可在考虑贷款对象承受力基础上确定一个各方主体均能接受的投保贷款利率水平，使农户在向保险公司投保时能够获得一定的贷款利率优惠。②

（3）扩大风险转移补偿基金补贴范围。应当对农村消费信贷实行利差补贴，从而实现一定程度上的风险转移。具体讲：一是对于助学、医疗、住房等贷款风险，可以从风险补偿基金中提取一部分作为补偿以提高信贷机构开办贷款的积极性③；二是在贷款风险发生时，农业保险公司、信贷机构及地方政府应当按照"风险共担"原则各自承担相应比例的损失以分散信贷风险④。

（五）完善成本降低激励制度

农村消费信贷机构在发放消费信贷的过程中，如果交易成本过高

---

① 程超：《我国银行消费信贷风险管理的方法探讨》，《金融经济》2007 年第 10 期，第 169 页。
② 张赤旗：《建立完善农业信贷风险分担与补偿机制》，http://www.zgjrw.com/News/2011728/ruraleconomics/515036265601.shtml，2011 年 7 月 28 日。
③ 胡志成、唐剑：《农村消费信贷的制约因素与发展对策》，《武汉金融》2012 年第 12 期，第 4 页。
④ 安起雷：《对完善我国农村金融机构风险补偿机制的探讨》，《金融发展研究》2011 年第 6 期，第 75 页。

则不利于激励其开展农村消费信贷业务。因此，必须完善降低交易成本的激励制度。具体包括：

1. 完善信息获取成本降低激励制度

（1）完善征信信息网络查询机制降低成本。由于农户群体过于分散和庞大，大多数农户的基本信用信息只能由村组干部代为提供。如果信贷员需要到户进行认真细致的登记核实，成本就非常高。为了降低成本，实现信贷机构在贷款之前只需要在网上查询就可以知道信贷客户的信用状况的目标，就必须完善征信信息网络查询机制。进入大数据时代，可以引入区块链技术建立农户征信信息数据库并不断更新从而降低成本。①

（2）完善智能化的借贷审查机制降低成本。以前，借贷审查需要报送系列材料，费时费力。当智能化的借贷审查机制完善之后，信贷客户可以在网络上填写借贷金额、具体用途、还款时间等信息。信贷机构不再需要依靠自身的力量进行信贷客户的信息获取。信用状况等信息在网络上就可以完全进行审核从而降低了成本。在这方面，尤其需要利用大数据平台实现材料报送的电子化从而降低成本。

（3）完善征信信息专业收集机制降低成本。农村消费信贷机构如果需要查询个人信息，可以求助于专业的个人信息收集机构，而不是依靠自己去获取信息。该机构根据其专业化信息收集平台收集农户信用信息，信贷机构根据这些信用信息决定是否贷款给信贷客户。如今，这一点在人工智能技术的加持下可以大大降低收集成本。

2. 完善信用评估成本降低激励制度

（1）完善网络化评估机制降低成本。在网络化评估之前，来自农业和非农业生产活动的收入多种多样，传统的评估机制使得信贷机构

---

① 参见胡元聪：《区块链技术激励机制的制度价值考察》，《现代法学》2021年第2期，第140页。

对贷款产品适应性的信息获取及其审查评估非常复杂。网络化评估机制完善之后，这些信息可以是共享的，只需要有存款单据、就业证明，就可以通过网络大数据平台共享信息评估其信用状况。

（2）完善主动申请评估机制降低成本。以前商业银行在提供消费贷款时需要花费大量时间、人力和财力对申请人做充分的调查，由此增加了贷款营销成本和管理成本。因此，可以在完善信贷客户主动申请评估机制基础上激励机制，即通过激励措施，实行主动申报，申请人提供自己的相关信息，完成自己的资信数据库信息登记。

（3）完善评估资信更新机制降低成本。由于农户缺少固定收入和可靠的抵押物，完善之前，在确保信息的准确度方面更是难上加难。由此造成以前贷前信息搜集和审核的成本都很高。今后，评估机构会随时更新信贷客户的信誉和收入状况，还可以建立信用修复机制对农户信用进行修复，信贷机构不再花费大量时间、人力和财力，这无疑会大大降低贷款营销成本和管理成本。

3. 完善风险控制成本降低激励制度

（1）拓宽农户抵押物和质押物范围以降低风险控制成本。通过完善相关制度，在发展抵押物和质押物变现的二级市场的前提下，可规定农户所持有的基金、债券等利于变现的资产都可以作为抵押、质押品，从而尽可能地拓宽抵押物和质押物范围，减少信贷机构的风险。

（2）完善贷中管理机制以降低风险控制成本。为了进行贷中管理，信贷机构以前要花费大量的财力和人力，导致成本居高不下。因此，需要完善贷中智能审查机制，通过智能技术快速、共享准确的优势对客户的资产使用情况进行审查，从而轻松实现以前的审查目的而降低成本。

（3）完善贷后监督制度以降低风险控制成本。降低贷后监督成本包括：适当缩短贷款期限，即可以通过适当缩短贷款期限对贷款加以监管。另外，可以建立信贷客户资金使用定期网上汇报制度、还款期限预测制度等,从而降低风险控制成本。

4.完善网点设置成本降低激励制度

(1)完善虚拟网点设置成本降低制度。数据显示,截至2020年3月,我国农村地区互联网普及率为46.2%,较2018年底提升了7.8个百分点。[①] 因此,在"互联网+"的人工智能时代大背景下,需要增加运用互联网进行办理业务的机制建设。通过虚拟网点的设置,信贷客户可以通过APP等在网上进行申请贷款、资金转账、还款转账等事项的办理,从而节约了实体网点设置带来的高成本。

(2)完善实体网点设置成本降低制度。一是在目前设置实体网点的基础上,增加一定数量的机器人智能银行,通过智能化实现规模效应,即通过减少人力参与降低成本;二是不断增加实体网点新的功能,引入新型技术增强智能无人柜台的实用性和便利性,从而实现成本降低的目标。

5.完善信贷违约成本降低激励制度

(1)在信贷客户方面,需要激励与约束机制并用以降低违约成本。政府可以出台相关规定,如在农户申请贷款时,信贷机构可以根据自愿原则提前按贷款标的比例预先收取一定的保证金,若没有违约将双倍返还客户,其中多出来的一倍由相关基金支付;如果违约,该保证金则作为诉讼费用。这样既可以对信贷客户进行激励,也可以减少信贷机构在风险发生时的诉讼费用支出。

(2)在抵押制度方面,需要健全抵押制度以降低违约成本。由于抵押品往往价值本就不高,其处置成本还不低,甚至有时候难以处置,这就使得贷款损失难以完全弥补。在这种情况之下,信贷机构为了安全性与盈利性,唯有提高农村消费信贷利率或相关费用,从而导致农

---

① 谢晶晶:《数字智能赋能乡村振兴》,来源: http://www.zgcnjr.com/index.php/News/detail/classid/17/id/35529.html。

户贷款成本提高。

（3）在执法机构方面，需要增强执法效果。加强执法对于解决信贷客户的违约行为具有重要的作用。因此，为了降低信贷机构所面临的农户违约成本，执法机关可以在两个方面下工夫：一是加强农村区域金融纠纷执法的力度；二是提高农村区域金融纠纷执法的效率。

（六）完善业务开展激励制度

对信贷机构的激励也可以渗透到其开展的部分业务中去，从而激励信贷机构积极参与农村消费信贷。具体可以从以下几个方面入手：

1. 完善利率优惠激励制度

（1）完善利率市场化制度。农村金融市场机制建立的重要标志之一是实现利率市场化。[1]国外的很多农村合作金融组织能够自由确定农村消费信贷贷款利率。[2]从20世纪90年代以来，印度的商业银行就通过减少存贷款利率的控制方式，刺激商业银行之间的竞争来提高经营效率。[3]美国还规定农场金融机构可不受各州法律约束而自行制定利率。我国要提升金融资源的配置效率，就必须积极推进农村存贷款利率市场化改革，合理引导农村资金流向。我国还需要完善相关法律制度，规定农业贷款实行优惠利率，同时采取财政贴息措施降低信贷机构经营成本并保持利率可浮动性，逐步将小额贷款利率过渡到市场利率。

（2）完善再贷款利率优惠制度。中央银行对农村金融机构的再贷款利率应低于城市银行，以调整其级差收益。《考核办法》（银发〔2010〕262号）第十三条规定，达标且财务健康的县域法人金融机构，

---

[1] 参见中国人民银行青岛市中心支行课题组（顾延善、郝龙敬、李素平、李海萍）：《经济发达地区农村信贷市场利率定价研究》，载《金融发展理论与实践》论文集，2010年，第635页。

[2] 鲍静海、李巧莎、李浩然：《国外合作金融支持农业发展的经验及启示》，《中国乡镇企业会计》2006年第7期，第29页。

[3] 杨飞：《印度利率市场化改革成功之道何在》，《上海证券报》2013年8月2日，A08版。

可按其新增贷款的一定比例申请再贷款并享受优惠利率。具体讲，我国应提高对农村中小金融机构的支农再贷款支持力度并放开使用范围，如用于涉农企业及小微企业，从而提高其申请支农再贷款积极性。①

（3）完善贷款利率定价授权制度。《发展小额贷款业务指导意见》（银监发〔2007〕67号）规定了贷款利率定价分级授权制度。具体包括两个方面：一是对法人机构的授权。强调应该对分支机构贷款权限和利率浮动范围一并授权。二是对分支机构的授权。强调在浮动区间内进行转授权或自主确定贷款利率。②以上规定比较详尽，但是还需要提升法律位阶进行强化。

2. 完善权力/利配置激励制度

（1）完善信贷审批权制度。调查显示，基层农村信用社小额信用贷款的权限最高为1万元，辖内各国有商业银行没有贷款审批权。③因此，应当通过分权化，确保农村金融服务的经营重心下沉，缩短决策链条，让基层分支机构拥有更多的决策权。④具体来讲：一是改善农民的消费信贷考核机制，适当下放农民消费信贷审批权限，激励信贷人员发放农民消费信贷的积极性⑤；二是适当扩大基层商业银行贷款审批权限，赋予其一定的贷款自主权，适当下放银行承兑汇票签发、贴现等业务权限。

（2）完善授信及使用权制度。《村镇银行管理暂行规定》第四十条规定了村镇银行应该建立适合自身业务发展的授信工作机制。⑥以上规

---

① 熊传海：《农金机构改革应对利率市场化》，《农村金融时报》2013年10月14日，第15版。
② 应在法规和政策允许范围内，根据贷款利率授权，综合考虑多种因素，包括借款人信用等级、贷款金额、贷款期限、资金及管理成本、风险水平、资本回报要求以及当地市场利率水平等。
③ 曾之明、岳意定：《拓展中部地区农村消费信贷的实证分析——以湖南省为例》，《河南金融管理干部学院学报》2009年第2期，第78页。
④ 马九杰、刘海英、温铁军：《农村信贷约束与农村金融体系创新》，《中国农村金融》2010年第2期，第40页。
⑤ 范淑莲、刘志平：《欠发达地区农民消费信贷调查》，《华北金融》2010年第6期，第67页。
⑥ 即在授信额度以内，村镇银行可以采取一次授信、分次使用、循环放贷的方式发放贷款。

定非常实用,但是为了促进农村消费信贷市场的繁荣发展,我国需要认真落实强化,并且还需要扩大授信及使用权的适用主体范围。

(3)完善发放贷款选择权制度。《村镇银行管理暂行规定》第三十九条规定了村镇银行一定程度上的、有条件的选择权。① 这既是对信贷机构有条件地贯彻强制性与灵活性相结合的原则,也是对信贷机构贯彻盈利性与普惠性相结合的原则,从而确保信贷机构发展上的可持续性。

(4)完善贷款优先权制度。具体包括:一是赋予信贷机构优先受偿或提存权。如《林权贷款实施意见》(银监发〔2013〕32号)的相关规定。② 二是赋予信贷机构优先办证权。如《林权贷款实施意见》(银监发〔2013〕32号)的相关规定。③ 三是赋予信贷机构优先贴现权。如《支持春耕备耕增加"三农"信贷的通知》(银发〔2008〕1号)的相关规定。④ 但是这些规定都需要进一步完善。

3. 完善特殊贷款激励制度

为了筹集更多资金用于农村消费信贷,需要给予信贷机构更多的贷款权利,可以通过完善下列制度予以实现:

(1)完善再贷款制度。具体适用范围包括:一是为了农业生产周期、春耕备耕目的赋予信贷机构再贷款权利;二是为拓宽其支农信贷资金来源赋予再贷款权利;三是针对粮食主产区和地震灾区赋予再贷款权

---

① 即村镇银行在缴足存款准备金后,其可用资金应全部用于当地农村经济建设。村镇银行发放贷款应充分满足县域内农户、农业和农村经济发展的需要。确已满足当地农村资金需求的,其富余资金可投放当地其他产业、购买涉农债券或向其他金融机构融资。

② 抵押期间,抵押财产发生毁损、灭失或者被征收等情形时,银行业金融机构可以根据合同约定就获得的保险金、赔偿金或者补偿金等优先受偿或提存。

③ 银行业金融机构因处置抵押财产需要采伐林木的,采伐审批机关要按国家相关规定优先予以办理林木采伐许可证,满足借款人还贷需要。

④ 对农业生产资料生产经营企业签发、持有的票据和农副产品收购、储存、加工、销售环节的票据,各金融机构应优先给予贴现,人民银行各分支行要优先办理再贴现,支持金融机构加大对"三农"和涉农行业、企业的资金投入。

利；四是针对林区中小金融机构赋予再贷款权利；五是开展农村金融产品和服务方式创新业务赋予再贷款权利；六是对达标县域法人金融机构赋予再贷款权利。通过完善再贷款制度，信贷机构就可以获得更多的资金。

（2）完善支取特种贷款制度。具体适用对象包括：一是涉农贷款比例较高，支持春耕资金不足的农村信用社；二是支农贷款发放比例高的农村信用社。这两类农村信用社由于全心全意促进农村消费信贷，国家应该给予其特种贷款权利进行激励，从而确保其业务正常开展。

4. 完善责任减免激励制度

通过给信贷机构及其相关人员减免责任可以激励农村消费信贷中信贷机构及其相关人员对于"三农"贷款的积极性和主动性。具体来看，主要包括：

（1）完善授信部门和授信工作人员合规责任减免制度。《授信工作尽职指引》（银监发〔2006〕69号）第四十四条对授信部门和授信工作人员合规责任减免制度进行了较为详细的规定[①]，从而改变了目前贷款风险管理中过分强调风险控制和责任追究而不利于促进农村消费信贷的局面。但是，该制度也需要在精细化方面进一步完善。

（2）完善信贷员工的信贷业务责任减免制度。具体来看：一是小额贷款责任减免制度。如《发展小额贷款业务指导意见》（银监发〔2007〕67号）就规定了，经过考察，对尽职无错或非人为过错的，应该减轻或免除相关人员的相关责任。二是小企业信贷人员责任减免制度。应该废除各金融机构均执行的严格的贷款责任追究制度。如《做好中小企业金融服务工作若干意见》（银发〔2010〕193号）规定，要认真制定小企业信贷人员尽职免责机制，切实做到尽职者免责，失

---

① 有充分证据表明授信部门和授信工作人员按照有关法律、法规、规章和本指引以及商业银行相应的管理制度勤勉尽职地履行了职责，出现风险时应免除授信部门和相关授信工作人员的合规责任。

职者问责。三是农户贷款业务尽职免责制度。如《农户贷款管理办法》(银监发〔2012〕50号)第五十二条也详细规定了农户贷款业务的责任免除制度。① 这些制度也需要进一步细化和完善。

(3)完善富民惠农金融创新免责制度。《金融创新工程指导意见》(银监办发〔2012〕189号)已经规定,为了充分激发员工创新潜能,需要建立富民惠农金融创新免责机制,从而推进农村消费信贷市场的繁荣。不过,这些制度也还有很大的完善空间。

综合来看,以上的这些规定,初步搭建了责任减免制度的基本框架,对信贷机构及其信贷员工能够产生激励。但是需要真正地将其贯彻落实并强化,也需要在条件成熟时出台更高位阶的法律。

总之,在针对信贷机构的激励与约束协同法律机制中,激励与约束的原则是:东部地区及城市郊区农村金融相对发达,约束的同时重在激励(实现盈利性),中西部地区及边远地区农村金融相对落后,激励的同时重在约束(实现普惠性),最终目标是实现信贷机构盈利性与普惠性的平衡。

二、构建我国农村消费信贷促进中针对信贷机构的约束法律机制

前文已述,信贷机构成为"惜贷机构"和"惧贷机构"的原因主要在于支农责任约束、内部治理约束、项目创新约束、业务开展约束、信贷监管约束制度不完善,导致对信贷机构负外部性的约束不足。因此,参考国外经验,为了对信贷机构负外部性进行约束,本部分主要从以下几个方面提出具体建议。

---

① 农村金融机构应当建立包含农户贷款业务在内的尽职免责制度、违法违规处罚制度和容忍度机制。尽职无过错且风险在容忍度范围内的应当免除责任。

(一)完善支农责任约束制度

支农责任约束制度是国外普遍采用的约束信贷机构必须从事农村消费信贷的制度。基于我国相关制度存在的问题并参考国外经验,需要进行如下几个方面的制度完善:

1. 完善支农定位约束制度

从统计数据来看,我国农村现存的金融机构都不同程度地出现了所谓的"系统性负投资"现象。① 这种问题必须得以解决,具体如下:

(1)坚持传统农村银行的服务"三农"定位。传统农村银行包括农村商业银行和农村合作银行等。根据相关法律规定,他们的主要任务是"为农民、农业和农村经济发展提供金融服务"。因此必须通过完善相关制度,将此定位真正实现并进行严格考核,以使其定位目标不出现"飘移"。

(2)坚持新型农村金融机构的服务"三农"定位。新型农村金融机构定位于为当地"三农"发展提供金融服务。因此,通过完善相关法律制度,确保坚持服务"三农"这个赋予新型农村金融机构的历史使命得以落实。同时,这也是办成特色小银行以发挥比较优势,推出个性化金融产品开展错位竞争,实现"弯道超车"的必然选择。

2. 完善支农比例约束制度

主要可以归纳为三个方面,即静态方面、动态方面和比例方面,具体来看:

(1)静态方面,确保"三农"产业资金投放比例。《考核办法》(银发〔2010〕262号)规定了考核为达标县域法人金融机构的条件。其中之一就是要求县域法人金融机构中可贷资金与当地贷款同时增加且年度新增当地贷款占年度新增可贷资金比例大于70%(含)。另外,

---

① 王守贞:《金融支持农村消费信贷问题的研究》,《河南金融管理干部学院学报》2007年第2期,第128页。

还必须完善农村消费信贷机构的考核办法，规定新吸收存款主要用于当地发放贷款，以鼓励信贷机构发放农村消费信贷。①

（2）动态方面，确保涉农信贷投放增幅比例。我国目前已有相关规定：一是农村消费信贷机构每年从新增贷款总量中确定恰当比例用于农村消费信贷业务，即上级银行在制订年度计划时，应当单独制订和下达农村消费信贷规模以适应市场需求②；二是信贷机构要保证涉农贷款有一定的增幅，从而提高农业基础设施贷款占涉农贷款的比重。要在总量控制前提下，通过调整结构确保农户贷款明显增加以及涉农信贷比例明显提高。

（3）比例方面，必须限制投放于非农产业的资金比例。为了实现农村消费信贷机构的"三农"定位目标，避免目标"漂移"，对于其资金投放应该有严格的要求，如村镇银行要防止信贷集中风险，严格控制除农业以外的单一产业信贷投放比例。除村镇银行以外，其他信贷机构也应该有此类限制。

3. 完善支农范围约束制度

主要可以归纳为四个方面，即支农的地区范围、人员范围、贷款范围和政策优惠范围，具体来看：

（1）确保支农的地区范围。这主要是解决支农的地区覆盖范围问题。如《空白乡镇基础金融服务的通知》（银监办发〔2011〕74号）规定，各地要紧密结合金融机构空白乡镇的资源分布和服务需求，不断提高机构覆盖度，推动工作重点由解决金融服务空白问题向扩大固定网点覆盖面转变。

（2）确保支农的人员范围。这主要是解决支农的人员覆盖范围问题。如《农户贷款管理办法》（银监发〔2012〕50号）规定，不断扩

---

① 李军、李娟：《拓展农村消费信贷市场的建议》，《甘肃金融》2010年第4期，第73页。
② 周发荣：《农村消费市场与农村消费信贷》，《湖北农村金融研究》1999年第6期，第41页。

大授信覆盖面，提高农户贷款的可得性、便利性和安全性。《金融服务进社区指导意见》(银监办发〔2012〕190号)规定，着力提高广大农村地区金融服务的覆盖面和可得性。《2013年农村金融服务工作的通知》(银监办发〔2013〕51号)规定，对服务薄弱、竞争不充分地区，要持续提升服务覆盖面。

（3）确保支农的贷款范围。这主要是解决支农的贷款覆盖范围问题。一是对贷款覆盖面的义务约束。如《村镇银行管理暂行规定》、《贷款公司管理暂行规定》、《小贷公司试点指导意见》(银监发〔2008〕23号)、《村镇银行监管意见》(银监发〔2007〕46号)等都作出了相关规定。二是对小额信用贷款和联保贷款覆盖面的义务约束。如《产品和服务创新意见》(银发〔2008〕295号)、《创业小额贷款指导意见》(中青联发〔2008〕42号)、《产品和服务创新指导意见》(银发〔2010〕198号)、《金融创新工程指导意见》(银监办发〔2012〕189号)的相关规定。

（4）确保支农的政策优惠范围。这主要是解决支农的政策优惠覆盖范围问题。政策优惠的范围应该与国家积极进行激励的范围保持一致。如《林业发展金融服务指导意见》(银发〔2009〕170号)、《阳光信贷工程指导意见》(银监办发〔2012〕191号)的相关规定。

以上四个方面规定的共同点是，倡导性的内容多，可操作性的具体规定少，因此需要出台细则进行规范。同时，这些意见还没有上升到法律的层面，因此还需要进行完善。

4. 完善支农评价约束制度

主要可以归纳为五个方面，即支农服务网点评价约束制度、存款使用方向评价约束制度、发放支农贷款情况评价约束制度、支农服务质量评价约束制度和金融创新活动评价约束制度，具体来看：

（1）完善支农服务网点评价约束制度。这主要是解决支农的网点覆盖范围问题，最终目的是要逐步扩大网点覆盖面，从而早日消除服务网点空白乡镇。如《全面做好农村金融服务工作通知》(银监办发〔2011〕36号)、《金融服务进社区指导意见》(银监办发〔2012〕190号)有类似的规定。

(2)完善存款使用方向评价约束制度。这主要是解决支农的贷款使用方向问题,目的是鼓励开展更多的"涉农"贷款业务。如《产品和服务创新指导意见》(银发〔2010〕198号)关于"鼓励县域内各金融机构法人和各金融机构的分支机构将新增存款主要留在当地使用"的规定。

(3)完善发放支农贷款情况评价约束制度。这主要是为了解决支农的贷款落实问题,目的是约束信贷机构的贷款比例,也是为了激励他们发放更多的"涉农"贷款。如《农村商业银行管理暂行规定》第四十六条、《农村合作银行管理暂行规定》第四十八条的规定。

(4)完善支农服务质量评价约束制度。这主要是解决支农的贷款落实问题,目的是逐步提高"涉农"贷款的质量。如《调整放宽准入政策若干意见》(银监发〔2006〕90号)、《村镇银行管理暂行规定》、《村镇银行监管意见》(银监发〔2007〕46号)、《发展小额贷款业务指导意见》(银监发〔2007〕67号)、《阳光信贷工程指导意见》(银监办发〔2012〕191号)均有相关规定。

(5)完善金融创新活动评价约束制度。这主要是解决支农的金融创新问题,目的是逐步推进农村消费信贷项目创新,增强开展农村消费信贷业务的效果。如《商业银行金融创新指引》(银监发〔2006〕87号)第二十五条、《金融创新工程指导意见》(银监办发〔2012〕189号)已有类似规定。

和支农范围约束制度相似的是,以上规定倡导性内容多,可操作性不强,同时也没有相应的责任机制来保证,因此需要出台细则进行规范。

（二）完善内部治理约束制度

良好的内部治理约束制度对于组织的良性运行非常重要。针对我国农村消费信贷机构内部治理约束制度不足的完善建议有：

1. 完善员工管理约束制度

农村消费信贷客户申请消费信贷时首先接触到的是信贷机构员工。因此，信贷机构员工的职业素质和思想素质高低也决定着消费信贷能否顺利实施。从问卷调查反馈的信息来看，信贷客户对部分信贷机构员工还是颇有意见，诸如态度不好、业务不熟、工作拖拉、互相推诿等等。因此，完善信贷机构员工准入制度迫在眉睫。具体来看：

（1）完善员工全面考核机制。对所有进入农村消费信贷机构的员工都要进行公开、公正、公平的考核。随着我国高等教育的大众化，大学生下乡已经不是新鲜事。各级信贷机构要把一些文化素质高、专业能力强的优秀人才通过考核遴选到农村消费信贷岗位，并尽快提高其岗位所需的各方面的能力。

（2）完善员工考核内容机制。具体包括职业修养考核、业务知识考核、业务能力考核等。可以实施差额录取机制，对那些达不到标准的人员坚决不予录用。通过考试、考核、轮岗、离岗等措施，培养一支品德优秀、业务精湛、愿意下乡的农村消费信贷队伍，从而为业务的开拓打好基础。

（3）完善员工职责履行机制。完善基层消费信贷部门员工的工作职责机制，如配备专职消费信贷营销和管理人员。建立相应的制度机制，如通过设置科学的奖惩管理办法，激励相关工作人员在工作中发挥创新精神。同时还可以定期对专司人员进行部门职责培训以提高业务操作能力。

（4）完善员工素质提升机制。要加强农村消费信贷队伍建设，通过建立大数据和信息化背景之下的教育培训机制，努力提升消费信贷员工的业务素质。同时，由于新型农村消费信贷机构所在区域的特殊性，对高级管理人员的准入标准应适当调整，如在某些地区可以适当降低学历要求以保证人才供给。

2. 完善内部控制约束制度

（1）设立内部控制机构。应当将设立内部控制机构明确为农村消费信贷机构准入要件之一写进法律。具体来讲：一是要求在设立农村金融机构时，必须明确要求设立内部监督机构。新型农村消费信贷机构因本身规模较小，应该至少保证设置一个与业务分开的监督机构；二是设立从事消费信贷的专门机构，制定专门的农村消费信贷营销策略，扩展消费客户群体并根据这些业务特点建立相关的风险控制制度。

（2）建立内部控制机制。一是规定将建立内部控制机制作为农村消费信贷机构准入要件之一。可以借鉴英德两国"四眼原则"，降低业务开展中机构内部的风险，从而有助于信贷机构规范开展农村消费信贷活动。二是消费信贷机构内部要建立严格贷款制度，防止业务员不按程序发放消费信贷。要进一步明确信贷人员的责任并确保审贷分离。三是通过技术嵌入，完善内控机制及设计专门的基于大数据的智能监控系统，对信贷活动进行实时监控。

3. 完善内部责任约束制度

（1）完善内部机构职责制度。农村消费信贷机构不同的部门负责调查、审查、检查，三者职能互相限制、互相协调配合。在信贷的风险防范上，农村信用社等金融机构要进一步健全贷款责任制，实施授信管理，规范信贷业务程序，优化贷款结构，同时完善消费信贷业务操作内控制度，强化监管机制，还要不断探索新形式下消费信贷风险防范机制[①]，确保信贷风险可控。

（2）完善员工贷款责任制度。通过规章制度明确信贷员工的审查责任并纳入考核范围之中。考核之后，要赏罚分明，尤其是要惩罚造

---

① 张成翠：《促进农村消费信贷市场发展研究》，《理论探讨》2007 年第 6 期，第 99 页。

成信贷风险频率大、数量多的员工。当其不法行为造成的经济损失巨大的则应承担赔偿责任并受到行政处罚,违法性质恶劣构成犯罪的则承担刑事责任。

4. 完善内部审查约束制度

(1) 完善传统农村消费信贷机构的内部审查制度。为了评价内控制度的有效性和合理性,传统的农村消费信贷机构应该在信息披露部门之下设立专门的审查部门。审查部门应当将内部控制制度的评价结果反馈给信息披露部门以提出修改意见并进行整改,从而不断对内部控制制度进行完善。

(2) 完善新型农村消费信贷机构的内部审查制度。新型农村消费信贷机构为了实现自律,应该完善内部审查制度,当然,其可以根据机构性质选择制度形式。一是针对村镇银行,建议由会计师、审计师审查评估其经营状况、财务状况以加强规范。二是针对贷款公司和农村资金互助社,由于外部核查成本较高则可以单独采取内部核查机制。

(3) 完善非正式农村消费信贷机构内部审查制度。为了减少风险、规范管理,对处于发展阶段的非正式农村消费信贷机构也必须逐步建立内部审查制度。如要求通过设立自律机制,设立内部审计部门,完善内部审查制度,在必要时也必须由外部审计机构监督财务情况。

5. 完善信息披露约束制度

《村镇银行监管意见》(银监发〔2007〕46号)提出,村镇银行、贷款公司和资金互助社都有必要将其信息披露给大众,也可在《商业银行信息披露暂行办法》中加入专门章节针对农村金融进行规范[①],具体来看:

(1) 完善村镇银行的信息披露机制。一是完善信息披露责任机制。

---

① 李爱君:《后危机时代——我国金融安全的法律制度研究》,中国政法大学出版社2011年版,第180页。

首先，设立信息披露专门部门对信息各类要求全面负责；其次，信息披露部门在披露不达标时需要承担责任。二是完善信息披露方式机制。既可采用传统媒体如登报、公告形式，也可以采用微信、微博、博客、QQ 等新型媒体形式以便于农户接收信息从而强透明度。

（2）完善贷款公司和资金互助社的信息披露机制。当前法律没有要求贷款公司和农村资金互助社披露其贷款信息。但是基于信息披露为公众提供经营信息，提供监督信贷机构机会以及增强信贷机构风险防范能力的考量，将来仍然需要规定贷款公司和资金互助社进行信息披露的义务。同时，其他农村消费信贷机构也应该完善信息披露机制。

6.完善电子管理约束制度

（1）完善信贷电子管理制度以提高效率。我国需要逐步加快农村消费信贷电子化管理系统的建设步伐。为了应对农村消费贷款具有的金额小、覆盖面广、期限长、还款次数多等特点，亟需信息科技、信贷管理等部门协同配合，抓紧开发自动还贷收息的操作软件，以提高工作效率和准确性。

（2）完善信贷电子管理制度实现信息共享。通过完善信贷电子管理制度，可以实现银行各部门之间的整体联网和数据共享机制，同一借款人的信用信息也可以不再需要纸质资料而实现上机管理，在各个银行或同银行的不同业务部门之间可以顺利实现无障碍的资源共享，各银行各部门不会再各自为政，而是自成体系地办理各自的消费信贷业务。这些都可以引入区块链技术来实现。

（三）完善金融创新约束制度

创新是一个民族的灵魂。对信贷机构进行金融创新，既可以采取激励的方式，也可以采取约束的方式，甚至二者兼顾的方式。针对我国金融产品创新法治存在的不足，就我国而言，在农村消费信贷市场整体落后的情况下，应该是约束多于激励。具体可从以下几方面进行制度完善：

1. 完善信贷项目创新约束制度

（1）消费信贷项目种类方面的创新。社会在发展，消费的项目和种类也在不断增加。金融业要针对农村消费市场的特征，有针对性、因地制宜地采取差别化的金融服务举措拉动农村消费市场。[①] 一方面，应当借鉴国外的创新模式，开发满足信贷客户需求的信贷产品。[②] 除了普通的信贷产品外，信贷机构还可以开展医疗保障、农机具、营运车辆、城乡居民家用车、农村居民生产生活两用车特别是小排量、低油耗车辆、婚丧嫁娶、助学、旅游、太阳能热水器、电脑、摄影、摄像器材方面的贷款等。另一方面，依据信贷客户的消费心理以及消费习惯的差异，可以采取差异化的营销策略以满足各层次信贷客户的需求。[③]

（2）消费信贷支付手段方面的创新。一是消费信用卡业务。[④] Hirschman 首次提出，使用信用卡支付会提高平均消费支出水平，并增加购买的机率（Hirschman，1979）。[⑤] 还有学者发现，消费者把信用卡授信限额作为其未来赚钱潜能的信号，增加授信限额会导致消费支出的增加（Cross and Souleles，2002[⑥]；Soman，2002[⑦]）。二是"一卡通"和 IC 智能卡业务。它除具有信用卡账户功能外，还是居家消费和投资

---

① 董玉华：《如何发挥金融杠杆效应撬动农村消费市场》，《内蒙古金融研究》2012 年第 11 期，第 10 页。

② 陶桂平、韩立岩：《扩大农村消费需求，完善消费信贷体系》，《中国农村金融》2011 年第 6 期，第 20 页。

③ 参见胡志成、唐剑：《农村消费信贷的制约因素与发展对策》，《武汉金融》2010 年第 12 期，第 64 页。

④ 消费信用卡最初在美国出现，1955 年流行于日本，并在世界范围内得到迅速普及。参见周显志、郑佳：《论消费信用卡透支风险的法律监管制度建设》，《法学论坛》2005 年第 2 期，第 113 页。

⑤ E. C. Hirschman, "Differences in Consumer Purchase Behavior by Credit card Payment System", *Journal of Consumer Research*, (3), 1979: 58-66.

⑥ D. B. Gross, N. S. Souleles, "An Empirical Analysis of Personal Bankruptcy and Delinquency", *The Review of Financial Studies*, 15 (1), 2002: 319-347.

⑦ D. Soman, A. Chccma, "The Effect of Credit on Spending Decisions: the Role of the Credit Limit and Credibility", *Marketing Scicncc*, 21 (1), 2002: 32-53.

理财的得力助手；三是个人支票账户业务。居民可以通过签发自己的银行现金支票、转账支票等进行家庭购物、消费的结算，十分方便。我国应该针对农村消费信贷客户积极发展以上三种类型的支付手段创新带来的消费方式创新。涉农金融机构可对不同经济条件、不同偿还意愿和不同消费层次的农户持卡者给予不同的授信额度。

2. 完善信贷运行创新约束制度

（1）创新贷款审批机制。通过完善农村消费信贷管理制度，简化消费信贷程序。如《农户贷款管理办法》（银监发〔2012〕50号）规定了创新型农村信贷模式①：一是创新审批方式，如根据客户类别、信贷风险差异，灵活采取批量审批、在线审批等审批方式；二是创新审批程序，如高风险者特殊审批，低风险者简化审批；三是创新审批平台，如开通柜面、网上银行、信贷人员上门办理等多种平台为信贷客户提供便利。

（2）创新贷款发放机制。根据贷款种类实行有弹性、有差别的贷款利率并进行放贷。一是根据信用客户的信用等级可以逐步提高农民消费信贷上限，积极探索对农民大额消费的信贷支持；二是信贷机构可以实行分期付款机制和暂缓支付机制，确保其信贷风险得以分散。

（3）创新贷款还款机制。一是要求农民在申请贷款时向卡内存入保证金，发卡信贷机构在信贷客户还款期到来时，连续催收无效后可直接扣收保证金；二是可以通过在县域内设立ATM（自动柜员机），以及大力推广网上还贷等方式，以节约各类成本；三是可以创新贷款展期机制，灵活延长付款期限。

3. 完善信贷项目创新保护约束制度

前文已述，对于我国的金融创新，约束制度应该多于激励制度，

---

① 即可以采用"一次核定、随用随贷、周转使用、动态调整"的农村信贷模式。参见万静：《农户贷款拟简化审批程序》，《法制日报》2012年7月6日。

但是对于金融创新也应该有相应的保护制度。因此，约束也应该是有保护基础上的约束，即保护是为了更好地进行约束，也可称之为"激励性约束"①。为了完善金融创新保护制度，我国信贷机构产品创新保护的具体立法模式可以是：

（1）分散立法模式。在完善我国知识产权法律时，可加入相应的对金融产品创新专利保护的规定。在这方面需要与国际接轨，尽快参考国外的保护方法和具体路径。一方面是为了应对经济全球化和国际化对我国金融的挑战；另一方面也是我国银行业在"国际化、自由化、多元化"的大背景下，积极推进我国金融创新的法律保护进程，增强我国金融创新项目保护力度的需要。

（2）专门立法模式。可以出台"金融创新促进法"，加入对商业方法专利准知识产权保护的制度，通过赋予权利弥补创新机构在产品创新中付出的私人成本。这实际上是通过赋予垄断性专有权实现激励。②赋予金融创新专利发明者有限度的专有权，就会激励金融创新者积极从事对社会有益的创新活动。

4. 完善信贷项目创新失败退出约束制度

农村消费信贷机构在创新农村消费信贷时，应当在现有产品格局的基础上进行信贷产品的更新，防止产品雷同并且实现风险可控性。一是由于农村消费信贷相比较于城市消费信贷来讲业务利润较低，二是各类风险都比较大，三是农村消费信贷机构需要承担更为严格的信息披露责任。③因此信贷机构极有可能放弃对农村消费信贷产品的创新。所以，完善金融创新产品的失败退出机制非常关键。创新失败退出机制将促进农村消费信贷的开展。有效的金融机构退出机制的目标至少

---

① "激励性约束"的对应词是"约束性激励"，即通过对某种行为进行约束从而实现激励目的。
② 胡元聪：《我国法律激励的类型化分析》，《法商研究》2013年第4期，第41页。
③ 李爱君：《后危机时代——我国金融安全的法律制度研究》，中国政法大学出版社2011年版，第219页。

有两个。① 为了实现以上目标，可以建立申报和强制退出、会计师事务所介入清算、创新失败风险基金等制度引导失败产品安全退出②，从而避免系统性风险。因此，这种约束制度也是为了使信贷客户的利益不受损害。

5. 完善农村金融租赁创新约束制度

（1）建立农村金融动产租赁制度。一是基于农用机械能提高生产效率，其使用也越来越普遍。但是农用机械种类繁多，每家农户都全部购买不太现实也没有必要，因此倾向于租赁；二是一些能够反复使用的如农民建房需要的器材，也可以进行租赁；三是辅助性农业生产资料如防雨布、农用运输车等在闲置期进行租赁，将会大大提高利用率。以上等等都需要一套完善的租赁制度进行规范，可以在还款期限、利率方面给予一定优惠。

（2）建立农村金融不动产租赁制度。将农村闲置房屋作为仓库，或者作为工厂厂房、小卖部、超市、修理铺、便捷酒店、农家乐场地出租等，均可以带来一定的收益。另外，可以在农村人口密集区设立书报杂志租赁点，满足农民对农业科技文化知识的精神追求。对这些业务可以在还款期限、利率方面给予一定优惠。

（四）完善业务竞争约束制度

2005年中央"一号文件"就指出要"培育竞争性的农村金融市场"。目前，我国农村消费信贷业务竞争不足与相关法律制度的缺失有很大关系。要形成市场在农村消费信贷资源配置中起决定性作用，促

---

① 即一是通过让经营失败的金融机构及时有效退出市场，最小化个别金融机构倒闭产生的风险传染和引起的动荡。二是通过鼓励兼容的金融机构退出机制防范金融机构的道德风险，最小化金融机构倒闭的成本。参见王燕、沈稚琴：《激励相容的金融机构退出机制》，《上海金融》2005年第1期，第25页。

② 岳彩申、张晓东：《金融创新产品法律责任制度的完善——后金融危机时代的反思》，《法学论坛》2010年第5期，第63页。

进繁荣的业务竞争局面,首先需要完善业务竞争约束制度。

1. 完善业务竞争主体约束制度

城市开展消费信贷业务的机构多且竞争激烈。各个金融机构具有开发设计优质消费信贷产品的积极性。而农村的业务竞争主体严重不足,不仅不利于形成公平的市场竞争环境,而且限制了农户的选择空间。① 因此,需要增加其他类型的业务竞争主体。② 同时,《关于金融服务"三农"发展的若干意见》(国办发〔2014〕17号)也指出,农村金融服务主体有望得到根本的改观。③ 但是这些都需要法律进行规范,因此应当制定相关法律规范明确其主体地位,并确保其能积极参与到农村消费信贷的业务中来。同时,由于新型农村信贷机构出现时间不长,可以利用法规和规章的灵活性,及时调整运行中的新问题,待时机成熟再出台基本法律。

2. 完善业务竞争协作约束制度

健全的农村消费信贷市场,应该具有完善的农村金融服务体系,即真正建立分工合理、资本充足、功能完善、竞争适度、运行安全、相互合作、共谋发展的农村金融体系。④ 包括政策性、商业性和合作性农村信贷机构合理分工又各司其职,有序竞争又共同发展的状态。⑤ 虽然我们倡导农村消费信贷中要展开业务竞争,但是不同消费信贷供给主体的属性不同,因此还需要确保不同类别的供给主体之间的良好协作、错位竞争,也就需要完善业务竞争协作制度。

---

① 张莉莉、朱文奇:《提升我国农民消费能力分析——基于农村消费信贷的视角》,《中国商贸》2015年第8期,第191页。

② 具体包括:农村信用社、农业发展银行、中国农业银行、国家开发银行、邮政储蓄银行以及小额贷款公司、村镇银行、资金互助社等新型农村金融机构等。

③ 该《意见》中指出:中国农业银行、邮政储蓄银行、中国农业发展银行和国家开发银行这四大金融服务主体将作为农村金融改革的"主力军",通过对这些银行涉农业务的更加明晰定位,以达到增强农村金融服务质量的目的。

④ 徐充、张志元:《关于拓展我国农村消费信贷的思考》,《经济问题》2009年第9期,第95页。

⑤ 叶娟:《农村居民消费需求及金融支持刍议》,《武汉金融》2009年第4期,第71页。

（1）国家层面金融机构的业务竞争与协调。这里还是要强调发挥三大为"农"服务银行的作用，具体来看：一是中国农业银行应当继续承担起扶持"三农"的重要角色，在宏观上加大支农贷款比重，并通过国家的财政支持机制，保证在全国所有县市布点；二是农业发展银行应当继续依靠国家扶持政策，进一步加大对农业农村基础设施建设的贷款力度；三是国家开发银行应当基于国家层面的大战略、大视野，创新服务"三农"融资模式，进一步加大"三农"的中长期信贷投放从而为信贷夯实基础。

（2）传统消费信贷机构层面的业务竞争与协调。一是继续发挥好农村信用社的功能，利用好农村信用社长期接近农村、熟悉农村、最接地气的各种优势，进一步充分展示在农村消费信贷方面的积极功能；二是邮储银行应当利用自身网点多、深入农村的优势，进一步拓展农村金融业务的深度和广度。[1]

（3）新型消费信贷机构层面的业务竞争与协调。应当不断扩大新型农村金融机构的数量和规模，提高它们之间的竞争程度。农村中小金融机构具有深入乡村的特点，因此金融产品应立足"三农"、立足小微企业、立足县域经济，丰富存款业务新产品，创新信贷产品，创新出具备区域特色的存贷款产品。

（4）大型银行与小型金融机构的业务竞争与协调。应当引导商业银行向农村基层网点倾斜。具体包括：大型银行与小型金融机构签订助贷协议、小型金融机构设置贷款资产包让银行购买、小型金融机构接受信托公司投资基金及发行信托产品，从而实现错位发展[2]，改变大型银行与小型金融机构缺乏业务交流的现状。

目前我国《商业银行法》《中国人民银行法》对农村金融组织适用

---

[1] 王信川：《拓展农村金融服务的广度和深度》，《经济日报》2011年3月18日，第11版。
[2] 徐栋：《跨越制约农村消费信贷的障碍》，《金融时报》2012年11月5日，第11版。

性不太强。对此可以参考国外经验,在条件成熟时根据"一种机构制定一种法"的原则① 逐步制定专业性法规,从而约束农村信贷机构开展农村消费信贷活动。

3. 完善业务竞争监管约束制度

将来参与农村消费信贷业务竞争的信贷机构会有很多。② 这些不同的信贷机构由于自身实力不一样,业务竞争的实力也不一样,为了避免业务竞争中的不公平,有必要完善业务竞争监管制度。《关于金融服务"三农"发展的若干意见》(国办发〔2014〕17号)要求金融管理部门按照职责分工,加强金融监管。这里的监管,当然包括了对业务竞争的监管,具体来看:

(1)完善业务竞争监管协调机制。一是建立监管主体之间的协调机制。具体包括建立信息共享机制,如情况通报制度,在"一行三会"间及时通报农村金融监管协调信息,以更好地发挥监管主体之间对业务竞争的协调作用;二是建立监管主体与各类相关部门之间的协调机制。可以参考日本"相互配合型"协调机制,由央地各级农、林、畜牧、水产等部门配合"一行三会"对农村金融机构实施监管以防止监管缺位③,从而更好地发挥信贷机构的业务竞争作用。

(2)完善业务竞争监管职责机制。一是完善业务竞争监管主体的监管职责机制。要强化各级监管主体对信贷机构业务竞争进行监管的意识和责任,进一步明确监管主体对传统的农村金融机构和新型的农村金融机构业务竞争的自身监管职责;二是完善业务竞争监管对象的职责机制。要建立健全责任追究机制,加强对农村金融权力运行的监

---

① 李明贤、向忠德:《我国新型农村金融机构培育的法律制度创新研究》,载岳彩申主编:《中国农村金融法制创新研究》,群众出版社2011年版,第40页。

② 具体包括中国农业银行、农业发展银行、农村信用社、邮政储蓄银行、村镇银行、贷款公司、农村资金互助社、小额贷款公司等。

③ 陈东辉:《完善农村金融监管的"四个"机制》,《农民日报》2015年6月25日,第3版。

督检查，从而促进信贷机构之间的和谐竞争。

（五）完善业务开展约束制度

既然可以通过对信贷机构的部分业务授权和放权以达到激励的目的，那么也可以通过对信贷机构的部分业务进行限制以达到约束的目的。具体来看：

1. 完善业务开展限制约束制度

（1）完善停办信贷业务限制制度。此方面目前已有相关制度规范：一是对限期达不到整改要求的采取调整高级管理人员、停办所有业务、限期重组等措施，暂时剥夺其开展业务的资格，旨在约束信贷机构的违法行为。如《调整放宽准入政策若干意见》（银监发〔2006〕90号）、《村镇银行管理暂行规定》第五十一条的规定，以及《贷款公司管理暂行规定》第三十三条类似的规定。二是永久剥夺信贷机构开展业务的资格进行约束。主要是对限期不能有效实现减负重组的，采取适时接管、撤销、解散或破产等措施，永久剥夺其开展业务的资格。具体包括：一是宏观性规定。如《调整放宽准入政策若干意见》（银监发〔2006〕90号）的相关规定。二是具体性规定。如《村镇银行管理暂行规定》第五十一条、《贷款公司管理暂行规定》第三十三条、《农村资金互助社管理暂行规定》第五十四条的规定。这些规定相比较于一般的《通知》和《意见》来讲，法律位要高一些，但是尚需细化和完善。

（2）完善贷款发放业务禁止制度。这是为了确保信贷机构贷款发放业务处于正常轨道而制定的措施。一是禁止其向其他银行业金融机构融入资金及发放贷款，并加大非现场监管及现场检查力度，如可以参见《农村资金互助社管理暂行规定》第五十四条的规定；二是禁止村镇银行为股东及其关联方提供贷款，可以参见《调整放宽准入政策若干意见》（银监发〔2006〕90号）关于"村镇银行不得为股东及其关联方提供贷款"的规定；三是禁止村镇银行发放异地贷款，可以参见《村镇银行管理暂行规定》第五条的规定。从长远来看，这些规定的适用情形还比较狭窄，还可以扩大禁止发放的范围。

（3）完善不规范经营限制制度。由于内控制度不能适应金融行业新的发展形势，信贷机构为了自身利益，在发放贷款时，出现了员工非法吸收存款和违规发放贷款等不规范经营行为，从而损害了信贷客户的利益。因此必须严禁向借款人预收利息、收取账户管理费用、搭售金融产品等此类不规范经营行为。如《农户贷款管理办法》（银监发〔2012〕50号）第十一条有相关规定。为了保护信贷客户的利益，还应该完善内控机制，约束规范信贷员工的不规范行为。

2. 完善补贴奖励限制约束制度

这里是指通过取消获得补贴资格约束信贷机构的信贷业务行为。我国已有相关规定：

（1）完善骗取财政补贴资金取消制度。如《定向费用补贴资金管理暂行办法》（财金〔2009〕31号）第十七条规定，农村金融机构骗取财政补贴资金的，财政部门应当追回，并取消其获得补贴的资格。《定向费用补贴资金管理暂行办法》（财金〔2010〕42号）第十八条也作了类似的规定。

（2）完善贷款不达标的补贴资金取消制度。《考核办法》（银发〔2010〕262号）规定，达标信贷机构在货币、监管方面享受的优惠政策，当某些条件不符合或者有其他禁止条件时该优惠政策会被取消，如"如果有上年达标而本年未达标的机构，则取消上年享受的优惠政策"。

但是除了以上规定，还需要对其他规定进行完善，如为了实现奖惩分明的目标，对于信贷机构主观方面的不积极作为行为也应当进行限制。

3. 完善红利分配限制约束制度

（1）完善禁止分配红利约束制度。一是禁止分配红利。如《向农村合作金融机构入股的若干意见》（银监发〔2004〕23号）的"当年亏损的农村合作金融机构不得对社员（股东）分配红利"规定。《关于进一步加强村镇银行监管的通知》（银监办发〔2011〕13号）也有类似规定。二是禁止分配现金红利。如《向农村合作金融机构入股的若干意见》（银监发〔2004〕23号）的相关规定。①从制度完善的角度看，还可以扩大禁止分红的范围，即除了合作金融机构和村镇银行，其他的信贷机构也应当纳入此范围。

（2）完善严格限制分红比例约束制度。与禁止分配红利不同的是，此项制度虽然允许分配，但是又不得全部分配，而是限制了分配比例。如《向农村合作金融机构入股的若干意见》（银监发〔2004〕23号）的相关规定②、《农村合作金融机构信贷资产风险分类指引》（银监发〔2006〕23号）的相关规定③。问题在于，限制的比例具体是多少需要进一步明确，而且需要补充责任方面的规定，同时限制的年限也需要延长。

4.完善运营违规惩罚约束制度

美国的《平等信用机会法》规定，法院可根据授信机构的一些情形决定授信机构对个人信息所有者的赔偿金额。④《工作指引》（银监发〔2013〕38号）第三十七、三十八、三十九、四十条规定了四个方面的内容，这里主要从三个方面进行制度完善：

（1）完善运营违规整改和问责制度。《工作指引》（银监发〔2013〕38号）规定了银监会及其派出机构应当督促银行业金融机构对侵害银

---

① 当年盈利的农村合作金融机构，在未全部弥补历年亏损挂账或资本充足率未达到规定要求前，应严格限制分红比例，其红利分配原则上应采用转增股金方式，不得分配现金红利。

② 当年盈利的农村合作金融机构，在未全部弥补历年亏损挂账或资本充足率未达到规定要求前，应严格限制分红比例，其红利分配原则上应采用转增股金方式，不得分配现金红利。

③ 2006年12月31日起，未按照规定提足呆账准备的农村合作金融机构，要在五年内严格限制分红比例。每个会计年度的利润分配方案，要上报省级联社审核同意，并向当地银监局备案后实施。

④ 即不履行行为发生频率和持续次数、授信机构财力、受到负面影响人数和故意不履行程度等。参见李朝晖：《个人征信法律问题研究》，社会科学文献出版社2008年版，第59页。

行业消费者合法权益的行为予以整改和问责。但是针对这里的督促，还需要更加明确和具体，如经过督促仍然没有整改和问责时又该对其如何追责。

（2）完善运营违规监管和通报制度。《工作指引》（银监发〔2013〕38号）规定了银监会及其派出机构应当对经查实的侵害消费者合法权益的银行业金融机构采取必要的监管措施并督促其纠正；应当根据需要对银行业金融机构侵害银行业消费者合法权益的违规行为以及其纠正、处理的情况予以通报。但是这里也没有具体的追责机制。

（3）完善运营违规纠纷处理和协调制度。《工作指引》（银监发〔2013〕38号）规定了银监会及其派出机构应当督促银行业金融机构妥善解决与银行业消费者之间的纠纷，并依法受理银行业消费者认为未得到银行业金融机构妥善处理的投诉并进行协调处理。以上规定很多都是倡导性的，缺乏具体操作程序，因此还需要进行完善。

5. 完善破产标准约束制度

破产意味着信贷机构开展业务的终结。此处的破产标准约束制度也属于前述的"激励性约束"制度。

（1）完善信贷机构退出自由决定制度。农村消费信贷机构的规模、所有制类型并不构成是否退出信贷市场的衡量标准，因为真正的标准应该是其经营意愿和客观经营情况。[①]因此，未来进行相关立法时，应当赋予信贷机构自由退出的决定权，并赋予农村消费信贷机构抗辩权，以充分保证退出自由。

（2）完善信贷机构退出差别化制度。我国各类农村消费信贷机构无论是在准入标准、运行规则还是自身状况方面都有很大的差别。因此，各类信贷机构即使可以适用同样的破产原因，但是针对其资产状况、破产资金、数量、规模的不同需要构建差别化的退出制度，从而

---

① 贺江兵：《海南发展银行清算倒逼银行破产机制》，《财经时报》2006年12月16日，第6版。

适应不同主体的破产情形。

(六) 完善监管约束制度

完善农村金融监管法律制度是一个系统工程,需要从整体思考完善的对策。因此,首先应该完善信贷监管专门制度和制度体系,同时在监管主体、监管内容等方面进行制度完善。

1. 完善监管约束专门制度

基于农村与城市消费信贷的差异性和各自特点,需要改变农村金融监管法制目前与城市金融监管不加区别的立法模式,在考虑城乡差别以及农村金融特点的具体情况基础上,构建有别于城市金融监管制度的、专门针对农村金融监管的法律制度。同时,需要保持制度的系统性和内部协调性。

(1) 采用分散式立法模式。具体来看:一是在修订的《商业银行法》及今后适时推出的"合作金融法"和"政策金融法"中,建议设置"农村金融监管"的专门章节;二是建议在《农业法》中加入"农村金融监管"章节,以突出农村消费信贷监管制度的独特性。

(2) 采用集中式立法模式。如在完善村镇银行等新型金融机构监管法律制度时,基于其特殊性,在监管法律制度上应避免笼统适用《商业银行法》,而是需将其置于农村金融监管的特殊位置。通过构建农村金融专门监管法律制度,以规范信贷机构行为,从而提高其贷款积极性。

(3) 采用专门立法模式。鉴于农村消费信贷监管的特殊性,需要出台专门的《农村消费信贷机构监管条例》。同时,鉴于信贷机构整体结构的复杂性,所以无论是分层分权监管,还是根据职责划分监管,建议都应该明确规定各类信贷机构适用不同的类型化的监管方式。

2. 完善监管框架约束制度

完善农村金融监管框架约束制度的具体措施主要有：

（1）确保信贷监管制度的专业性。当前我国农村消费信贷监管制度过于零乱，相关规范散见于《银行业监督管理法》等法规中。为了实现监管制度的专业性，有必要将这些分散的法律规定进行整合，从而实现监管制度的专业化并逐步增强其可操作性和适应性。

（2）确保信贷监管制度的系统性。良好的系统性的监管法律制度环境能有效提高信贷机构的贷款积极性并有利于促进农村消费信贷。因此，应当定期进行相关法规的清理，组织相关法规汇编，保证农村金融监管法制的系统性，从而为农村消费信贷市场的繁荣发展做好保障。

（3）确保信贷监管制度的协调性。一是为了确保协调，应当及时清理，如对信贷监管相关法律规章进行修订或废止，条件是当规章制定的依据已发生变化和规章内容已由新的法律法规调整时；二是对同一内容有不同的信贷监管法律规定且二者均有效时，当保留其中之一①，从而保证协调性。

3. 完善监管主体约束制度

农村消费信贷可以划分为政策性和商业性农村消费信贷，因此监管也应作相应区分，以实现监管主体的类型化。

（1）设立政策性农村消费信贷机构的监管主体。政策性监管主体专门对政策性农村消费信贷机构进行监管。具体来看：一是建议在中央农村工作领导小组或者农业农村部设立政策性金融管理委员会对农村消费信贷进行监管；二是建议在中国农业银行内部设立监管委员会对农村消费信贷进行监管；三是建议由政策性农村消费信贷机构的董

---

① 李爱君:《后危机时代——我国金融安全的法律制度研究》，中国政法大学出版社 2011 年版，第 179 页。

事会或理事会担任监管机构进行自律式的监管。①

（2）设立商业性农村消费信贷机构的监管主体。根据是否吸收公众存款分别适用不同的监管主体：一是由银保监会对吸收公众存款的信贷机构进行审慎性监管；二是由地方政府监管不吸收公众存款的信贷机构，正如《小贷公司试点指导意见》（银监发〔2008〕23号）中的相关规定②；三是对非正式农村消费信贷机构的监管指标和监管体制则根据试点情况灵活改变监管主体③。

4. 完善监管内容约束制度

（1）完善信贷机构信贷业务监管制度。一是建议地方政府加强对信贷机构农村消费信贷业务的监督管理，制定对信贷机构信贷支农的考核办法，促进信贷机构改善支农服务；二是针对过多设置监管机构成本过高的问题，建议建立信贷机构之间的联动和互查机制以减少监管不足带来的高成本；三是及时将农村信用社纳入全国征信系统，便于对其农村消费信贷业务进行实时监管。

（2）完善信贷机构金融创新监管制度。一是在经济新常态的背景之下，农村消费信贷机构的各类创新包括：要积极开拓农村消费信贷的新业务范围，研发新业务模式，寻找新业务增长点。二是要在创新的同时，除自己高度关注金融风险、坚守风险底线之外，也需要监管机构的及时跟进。在创新中，既敢于竞争，又善于合作，树立"合作性竞争""竞争性合作"的意识，实现行业良性竞争与合作。三是金融创新实践也需要及时更新的金融监管制度的有效配合。

---

① 王伟：《中国农村政策性金融的功能优化和实证分析》，中国金融出版社2011年版，第192页。

② 即凡是省级政府能明确负责对小额贷款公司的监督管理，并愿意承担小额贷款公司风险处置责任的，可以在本省的县域范围内开展组建小额贷款公司试点。参见邢会强：《我国微型金融发展中的法律与政策问题》，载岳彩申主编：《中国农村金融法制创新研究》，群众出版社2011年版，第165页。

③ 王海波、郭军：《新型农村金融机构国内研究综述》，《山东经济》2011年第5期，第125页。

（3）完善信贷机构退出监管制度。监管部门一般都有对问题金融机构进行早期干预和最终清算的最优信息。这些信息起到了重要的作用：一是当农村金融机构业绩下降时，监管部门可以根据信贷机构的风险和资本水平等情况实行监管纠正和倒闭清算；二是提升监管部门对失败农村金融机构进行干预和清算的能力，能够强化他们的权力和对金融机构的监管约束。①

（4）完善信贷机构的金融消费者保障监管制度。一是建议监管机构将消费者保护明确列为其法定职责并设立专门部门处理相关事务，完善消费者投诉和解决纠纷机制；二是银保监会建立起有效的消费者保护机制，确保保险产品服务引发的纠纷能够得到有效解决；三是监管层除了通过投诉热线等方式来处理消费者权益保护问题，还应当扩大监管覆盖面，提升效率和效力。

5.完善农村存款保险约束制度

这里主要是从金融监管角度分析农村存款保险制度。农村消费信贷的运行需要存款保险制度的完善，以实现对农村消费信贷机构的监督。具体需要完善以下制度：

（1）完善存款保险的组织制度。鉴于存款保险机构的监督功能，最初可以在银保监会下设立一个由政府出资的下属机构，由银保监会进行监督；在条件成熟时，可以将其改为由政府和公司共同出资的特别法人，由银保监会派员进行监督。

（2）完善存款保险的运行机制。可以考虑建立强制性加入的农村存款保险制度，但是需要分阶段进行实施：一是在初期没有统一的农村消费信贷机构评级系统时，可以实行差别费率②；二是在评级体系

---

① 王燕、沈稚琴：《激励相容的金融机构退出机制》，《上海金融》2005年第1期，第26页。
② 如国有商业银行、股份制银行的利率要低于村镇银行。

完善之后，可以按照储蓄规模和信贷机构面对的不同风险决定适用不同的费率。

（3）完善存款保险的监督职能。存款保险制度主要是为了分散存款风险从而保护信贷客户的利益。因此，有必要赋予存款保险机构对农村消费信贷机构的监管权。易言之，存款保险机构应该对投保农村消费信贷机构进行监督，及时发现并制止其违规经营行为。[①]

总之，必须构建针对信贷机构的激励与约束协同法律机制[②]，在协同规制中，对农村消费信贷机构的正外部性进行制度激励，对其负外部性进行制度约束，从而促进农村消费信贷市场的繁荣。

第二节 构建我国农村消费信贷促进中本土化的针对信贷客户的激励与约束协同法律机制

为了促进农村消费信贷市场的繁荣，需要完善系列法律制度对信贷客户的正外部性进行激励，同时对信贷客户的负外部性进行约束。因此，综合来看，需要构建我国本土化的针对信贷客户的激励与约束协同法律机制，使之不再成为"难贷客户"和"不贷客户"。下面分别从激励法律机制和约束法律机制进行论述。

一、构建我国农村消费信贷促进中针对信贷客户的激励法律机制

前文已述，信贷客户"不贷"的原因主要有财政激励制度、信贷

[①] 郑琳：《由监管角度看存款保险制度在村镇银行的适用——基于银监会对村镇银行监管政策的分析》，《知识经济》2012年第12期，第95页。

[②] 胡元聪：《国外农村消费信贷促进机制研究述评——基于法律激励与约束的视角》，载《经济法论丛》，法律出版社2013年版，第285页。

补贴激励制度、农业保险激励制度、社会保障激励制度、信贷成本降低激励制度、客户权益保护激励制度不完善，导致对信贷客户正外部性的激励不足。因此，参考国外相关经验，本部分主要从以下几个方面提出建议。

（一）完善财政激励制度

信贷客户的收入水平与其获得的消费信贷有明显的联系。一是由于客观的原因，低收入信贷客户不能充分参与消费信贷。因为收入低的信贷客户获得消费信贷的机会要少得多。即低收入家庭获得消费信贷的门槛较高，被拒绝的可能性更高[①]；二是由于主观的原因，低收入信贷客户不愿意参与消费信贷。正如有学者指出，部分居民由于自身因素的限制，可能不愿意进行消费信贷（Lyons，2004）[②]。因此，必须不断完善财政激励制度，不断增加潜在的或现实的信贷客户的收入，从而提高其消费信贷能力。为了增加信贷客户的收入，在财政激励方面可以有如下途径：

1. 完善农业产业财政激励制度

（1）扶持现代化农业企业以提高农村信贷客户消费信贷能力。应当通过财政扶持加大农村产业结构调整力度，参考国外经验走产业化、现代化经营道路，带动农民持续稳定的增收。应当通过财政扶持农业产业化龙头企业等各类种养大户，改善农户的收入结构，增加即期收入，从而提高其消费信贷能力。

（2）加强农民工就业培训工作以提高农村消费信贷客户信贷消费

---

① Lillian Y. Zhu, Carol B. Meeks, "Effects of Low Income Families' Ability and Willingness to Use Consumer Credit on Subsequent Outstanding Credit Balances", *Journal of Consumers Affairs*, Vol. 28, 1994:403-422.

② A. C. Lyons, E. Scherpf, "Moving from Unbanked to Banked: Evidence from Money Smart Program", *Financial Service Review*, Vol. 13（3）, 2004:215-231.

能力。Ayyagari 和 Beck 等利用印度农村 1983—2005 年的面板数据证实了金融深化确实能够增加农民创业机会，提高其收入水平。[①] 因此我国可以通过培训提高农民工就业率以增加其务工收入。具体讲，要不断加大对其初次就业的培训并增强培训的实效性，增加其经济收入，增强其提前消费的信心从而提高其消费信贷能力。

（3）减轻农民负担以提高农民的信贷消费能力。除了增收以外，还需要加强减负的力度。具体来看：一是完善农村税费减免制度；二是完善农产品保护价收购制度；三是完善农业补贴制度以切实减轻信贷客户的经济负担，增强他们对未来收入的心理预期从而提高消费信贷能力。

2. 完善农村基础设施财政激励制度

为了改善农村消费信贷的硬件基础设施，国家应当加大财政税收支持力度。

（1）通过财政投入改善农村消费信贷的消费环境。通过财政支持加强农村地区公共设施建设，如水、电、道路、停车场、有线通讯、5G 网络、无线 WIFI、健身场馆、信息网络等生活基础设施建设，尤其是要贯彻《数字乡村发展战略纲要》（2019）和《关于开展国家数字乡村试点工作的通知》（2020），以数字智能促进乡村振兴，提升消费层次，满足农村消费信贷客户的基本生活需求，并为拓展农村消费市场创造条件。

（2）通过财政投入改善农村消费信贷的交易环境。一是通过财政支持向农村增加各类质量高、价格低的家庭生活用品及传统商业网点的供给，让农村居民有更多的选择；二是加快农村流通网络建设，积极培育多元化的商业经营主体和多样化的商品经营形式，在"双循环"

[①] Beckt Ayyagrim, M. Hoseini, "Finance and Poverty: Evidence from India", CEPR Discussion Paper Series, No. 9497, 2013: 34-35.

背景下更多引入连锁经营、代理配送、直供等新型营销方式，鼓励和吸引国内外流通主体向小城镇和新兴城镇延伸经营网络。

（3）通过财政投入改善农村消费信贷的金融环境。一是增加各类金融服务网点及设施，直接为农村消费信贷提供硬件基础和便利条件；二是要配合"万村千乡""双百市场"工程等，对交通、网络不发达地区的农村商品配送中心、农村大型连锁超市等建设提供配套的信贷支持，间接为农村消费信贷提供条件。①

3. 完善农村教育事业财政激励制度

数据显示，农村居民收入中经营性收入占比在63%。这表明我国广大农村地区农民依然以农业收入为主。②换句话说，收入中由教育带来的技术附加值并不高。这样就导致收入具有不稳定性，也会导致消费信贷的不稳定性。

（1）通过财政支持教育水平的提高，提高就业收入中教育附加值带来的收入比重。尤其是要通过财政支持农村地区提高教育水平，从而提高农村居民的职业技能，降低农村经济对自然条件的依赖性，提高收入的稳定性，促进农村居民基于教育带来的新型收入更快增长。

（2）通过财政支持教育水平的提高，增加农村居民就业机会，提高其工资收入和副业收入水平。一是要通过财政加大对农村人力资源的投资力度，促进其向人力资本转化；二是加强对劳动力的技能培训和就业区域引导的财政支持工作，增强其在劳务市场就业的竞争能力，最终提高收入水平。

（3）通过财政支持教育水平的提高，实现科技兴农目标，提高其科技农业收入水平。一是要引导农业产业升级，走科技兴农之路，形

---

① 刘葵、涂健、黄吉玥：《欠发达地区农村消费信贷助推消费乏力探析——以江西吉安为例》，《金融与经济》2011年第4期，第84页。
② 张丹丹：《农村居民财产性收入相关问题研究——以河南省为例》，《人民论坛》2014年第17期，第232页。

成规模和集约效应。二是要大力发展订单农业、生态农业,提高农产品的国际竞争力,改变农业生产效益低下的现状。三是引入区块链技术,完善农产品溯源机制,提高农产品的竞争力从而带来增收。

4. 完善农村文化事业财政激励制度

应当不断更新农村消费观念,改变消费信贷理念。Davies 和 Lea 较早指出,消费信贷会引导人们对负债消费的容忍程度不断提高,形成负债消费的文化。① 我国要提高消费信贷信用文化还需要在以下几个方面下工夫:

(1)加大农村文化事业财政税收投入,从信贷客户的信贷文化建设出发,推行农村消费信贷知识普及活动。一是在充分利用传统广播、电视等媒体形式的基础上,加大农村地区财政对 5G 网络的建设和公共场所无线 WIFI 的建设。在此基础上,通过微信、QQ 等新型媒体形式,在农村定期或不定期进行消费理念更新方面的文化宣传,改变他们传统的"储蓄—消费—储蓄"消费方式,逐步引导建立"贷款—消费—储蓄—还贷"的消费新方式。② 二是通过大力宣传金融知识,尤其是农村消费信贷相关知识,提升信贷客户的金融文化素养,逐步倡导提前消费和享受的新型消费信贷观念。

(2)加大农村文化事业的财政税收投入,从信贷客户诚信文化建设出发,强化公民信用意识。通过推行农村消费信贷诚信文化建设,把诚实守信作为社会主义道德建设的基础工程来抓,培育农村消费信贷客户信用意识,使农民信守"有借有还"的道德准则。③ 让农村消费信贷客户真正认识到个人信用的"第二身份证"属性在生活中扮演的

---

① E. Davies, S. E. G. Lea, "Student Attitudes to Student Debt", *Journal of Economic Psychology*, Vol. 16 (4), 1995:663-679.
② 张晓萍:《农村消费信贷发展缓慢的原因及对策》,《金融时报》2011 年 9 月 15 日,第 12 版。
③ 欧永生:《农户贷款担保方式创新途径——以湖南永州农行为例》,《金融经济》2010 年第 4 期,第 71 页。

重要角色，以形成"诚信为本，操守为重"的信用文化。

（二）完善信贷补贴激励制度

作为常规性的激励措施，财政税收法律制度可以激励信贷客户积极参与农村消费信贷，从而推动农村消费信贷的发展和农村经济的发展。

1. 完善信贷利息补贴激励制度

信贷机构提高利率就意味着转嫁给农民更高的成本，而财政补贴可以降低这些施加给信贷客户的成本。因此，我国在促进农村消费信贷时，应该落实和完善定向费用补贴制度：

（1）完善农村消费信贷财政直接补贴制度。贴息是财政支持农村消费信贷较为恰当的方式。因此，一个层面是为了防止信贷机构发放贴息时改变用途，建议直接通过银行卡补贴给农民。因为这种信贷补贴对象本身就是直接针对信贷客户而不是信贷机构。另一个层面是，与东部发达地区相区别，对于中西部不发达地区的农村，则仍应由财政直接补贴信贷客户来支持农业消费信贷的发展。①

（2）完善农村消费信贷财政间接补贴制度。一是降低支农贷款利率，由国家财政对信贷机构给予贴息从而间接减轻农民利息负担。二是免除县域信贷机构发放消费贷款的增值税，免除税款由信贷机构以减息的形式返还给信贷贷户。

2. 完善信贷保险补贴激励制度

政策性农业保险是世贸组织所允许的支持农业发展的"绿箱"政策。我国应当完善中央和地方共同支持的、差异化原则指导下的信贷保险补贴制度，以分散农村消费信贷客户的风险。本著作建议：

（1）中央政府层面，可以由银保监会牵头建立以财政支持为主导、政府管控的农业保险公司，重点发展针对农村消费信贷客户的政策性

---

① 丁长发：《农村金融三大流派理论评述》，《时代金融》2010年第3期，第28页。

农业保险产品[1]，从而为农村消费信贷客户提供保障。主要包括：提供保费补贴即对农业保险经营费用进行补贴、管理费补贴即对经营政策性农业保险的保险公司提供一定的费用补贴和再保险补贴即对政策性农业保险业务购买再保险给予一定比例的保费补贴。

（2）省级政府层面，严格按照相关法律的规定和中央的政策之要求发放补贴，确保农业保险财政补贴能够及时到位。保险公司不从农业保险的保费中提取任何费用，农业保险保费全部用于赔付。其既可降低农业保险价格，又可提高保险公司经营的积极性，真正起到保障农业产业的作用，从而为农村消费信贷客户提供保障。

（3）贯彻差异化原则，即根据东、中、西部地区经济发展水平之差异确定农业保险补贴的具体比例，如可以将东部地区的农业保险补贴比例确定为35%左右，将西部地区的农业保险补贴比例确定得稍高一些，为45%左右。还可以根据各地的经济发展水平的变化进行动态的调整。

3. 完善信贷补贴基金激励制度

（1）通过财政投入建立补贴基金。通过建立补贴基金加大农村消费信贷供给侧结构性改革力度，为信贷客户的消费提供多渠道、更全面的信贷供给。同时通过建立和完善补贴基金制度，激励信贷机构积极开展业务竞争从而促进农村消费信贷市场的繁荣与发展。

（2）通过税收调整建立补贴基金。国家应该继续解决增值税过重的问题，在结构性减税改革的大背景下，降低间接税的比重。可以通过降低税率、减轻税收负担和调整消费品的市场价格等措施，或者从现有税费中提取部分建立补贴基金，积极鼓励大众即期消费和借贷消费。[2]

---

[1] 周科、王钊：《西部农村金融服务缺失的生成机理研究——以重庆市为例》，《经济问题》2010年第5期，第94页。

[2] 薛玉玲：《西部农村消费信贷现状及对策——对玉门市农村消费信贷开展情况的调查》，《金融与经济》2007年第5期，第84页。

(三)完善农业保险激励制度

完善的农业保险制度能够降低灾害带来的风险,由此激励信贷客户积极参与消费信贷,在现有《农业保险调条例》的基础上,我国亟待从以下几个方面对此项制度进行完善。

1. 完善贷款农业保险激励专门制度

完善专门的农业保险激励制度可以分两步走:

(1)首先进行地方性立法试点。各个省、市、自治区可以根据其自身需求出台农业保险的地方性法规,在其中明确农业保险的定义和性质,规定基本原则与适用范围,搭建体系框架,细化具体条款,确定农业保险具体补贴等内容。这也是贯彻金融法律制度差异化原则的体现。

(2)然后进行全国性统一立法。在前述立法已经比较成熟的时候,再制定全国性的农业保险法。可以综合考虑各个省、市、自治区农业保险法律的优缺点以及实施效果等情况,出台全国性的农业保险法律,最终构建农业保险可持续发展机制[①],为农村消费信贷提供坚实的保障。

2. 完善贷款农业保险组织激励制度

完善贷款农业保险组织激励制度也可以分两步走:

(1)首先就当前而言,最应该做的是立即建立并完善由国家出资设立的专门政策性农业保险机构,将国家原来用于农业灾害保险的资金交由专门机构专项管理,分配其中部分作为专项定额资金补贴以为保险公司提供政策性支持,减少信贷机构开展农村消费信贷的风险。

(2)其次是当时机成熟,制定由政府和市场共同参加的农业巨灾保险制度是必由之路。由于农业风险具有高度关联性,致使农业风险损失在时间和空间上不易分散,很容易形成农业巨灾损失。因此,可

---

① 王伟:《中国农村政策性金融的功能优化与实证分析》,中国金融出版社2011年版,第186页。

以参考国外经验,建立政策性保险为主、商业性保险公司及其他保险机构并行的农业保险发展模式,为农村消费信贷提供保障。

3. 完善贷款农业保险费率激励制度

(1)建立差异化的保险费率制度。建议根据我国农村的具体实际情况,如地理位置、自然环境、投保种类的不同而规定其保险费率也有所区别,即农业保险法律制度可以规定采用差别费率形式。如地理位置好、自然灾害较少地区可以实行较高农业保险费率。相反,地理位置偏远、自然灾害频发地区可以实行较低农业保险费率。

(2)建立奖惩性的保险费率制度。农村客户在续保时,农业保险机构应当根据信贷客户的出险情况及索赔情况适当提高或降低保险费,以此形成既有奖励又有惩罚的可变性的费率制度,从而提高信贷客户参与农业投保的积极性,形成农业保险可持续发展的态势。

4. 完善贷款农业保险费用激励制度

通过多渠道筹集资金可以扩充资金来源,充分调动保险公司开办消费信贷保险的积极性。因此,针对农村消费信贷的保险费用应该建立筹集的多元化机制。具体来看:

(1)完善保险费用政府财政支持制度。一是国家财政可通过对保险公司给予保费补贴的形式,形成以信贷保险为核心的农业保险服务体系;二是政府相关部门要利用财政支持激励保险机构发展农村小额保险,让保险业也进入到支农体系中[①];三是政府从财政中拨付部分资金给相关保险公司,当风险发生时,由保险公司补偿给信贷机构。

(2)完善信贷客户贷款强制收费制度。这实际上是一种类似于强制保险的收取保险费用的模式,即政府或保险公司从贷款费用中扣除一定较低比例的费用。当没有发生违约时,该费用退还给信贷客户;

---

① 许丽凤:《农户信贷对农村经济和农村消费的影响》,《中国农业信息》2015年第13期,第143页。

当信贷客户因自然灾害无法正常还贷时,由保险公司或者政府来进行代偿以减少对农村消费信贷的制约。

5. 完善贷款农业保险类型激励制度

(1) 实现农业保险类型的多样性。参考发达国家经验,应该针对信贷客户的生产耕种背景完善农业保险制度并确立不同的农业保险类型。除了传统的种植业保险如农作物保险、收获期农作物保险、经济林园林苗圃保险、养殖业保险如牲畜保险、家畜家禽保险、水产养殖保险、其他养殖保险之外,还应当增加如冬小麦的农业保险、水稻作物的农业保险等品种。同时真正让农业保险覆盖到全体信贷客户从而调动其参与消费信贷的积极性。

(2) 实现农业保险种类的创新性。将个人消费信贷与保险公司的险种、产品组合运作,积极开办具有风险防范手段的,与消费贷款相关的信用人寿保险、产权保险、贷款保证保险等业务。具体操作办法是:农村消费信贷机构在发放消费贷款时,要求信贷客户必须购买购房贷款定期人寿保险、履约保证保险等以农村消费信贷机构为受益人的保险。当借款人不能偿还贷款,保险公司即向保险受益人支付一定金额的保险赔偿金。①

(3) 实现农业保险范围的广泛性。除了传统的农业保险主要险种如农产品保险,家禽综合保险,水稻、油菜、蔬菜保险,稻麦场、森林火灾保险等保险之外,还应当扩大农业保险覆盖范围,包括对地震、火灾等自然灾害也予以保障,从而增强信贷客户农业保险意识并降低信贷风险。

(4) 实现农业保险手段的科技性。安华农业保险是2014年成立的、商业化运作的、综合性经营的,并为政府代办政策性业务的全国性农业保险公司。目前其与数贝荷包进行区块链项目的合作推出了航

---

① 陈晓静:《中国消费信贷研究》,复旦大学博士学位论文,2004年,第156页。

空延误险。① 将来其也可以基于区块链技术推出农业保险，将传统的实物保险卡单数字化并能够通过社交软件进行转移。

6. 完善贷款农业保险基金激励制度

可以通过完善农业保险基金激励制度等方式，确保农业保险经营风险得以分散，具体来讲：

（1）完善贷款农业保险基金筹集制度。一是建立农业保险发展基金各级政府财政拨款制度，确保该拨款用以补贴保险部门超额赔偿款和适当补贴农民的部分保险费②；二是建立农业巨灾证券化基金筹集制度，即逐渐通过证券化这种新型的风险分散模式确保农业保险经营风险得以分散，从而确保信贷客户的利益。

（2）完善贷款农业保险基金创新制度。一是可以参考美国得以建立再保险基金为开展农作物保险的保险人提供超额损失再保险的经验，建立国家政策性的农业保险公司，从而通过再保险基金使风险得以分散，同时也可以减少商业性保险公司的风险负担；二是加强信贷机构与保险机构的合作，积极开发个性化的基于保险基金的保险产品和信贷产品，积极探索信贷机构和保险公司及消费主体共同参与的农村信用消费的协调机制。

7. 完善农业巨灾保险激励制度

（1）完善农业巨灾保险费率制度。在农业巨灾保险方面，可以实行差别费率和浮动费率制度。一是巨灾保险公司可以根据自然灾害的种类和频率的不同制定不同的费率，即实行差别费率；二是巨灾保险公司可以根据被保险信贷客户的信用记录提高或降低保险人的保险费率，即实施浮动费率。

（2）完善农业巨灾保险赔付范围制度。为了确保巨灾保险公司的

---

① 杨东：《链金有法：区块链商业实践与法律指南》，北京航空航天大学出版社2017年版，第121页。

② 徐立东：《完善政策性农业保险的政策建议》，《湖湘三农论坛》论文集，2008年。

可持续发展,应当规定保险赔付金额的上限。一是当损失额在保险合同约定的范围内时,保险公司根据已经签订的保险合同,按照相关条款赔付便是;二是当损失过大,超过合同签订前保险公司的赔付上限时,保险公司有权利不赔付,否则会影响到保险公司的存续。

(3)完善农业巨灾保险税收优惠制度。应当通过税收优惠制度激励农业巨灾保险业务,即给予从事农业巨灾业务的保险公司一定的税收优惠,如:一是可以降低税率,包括增值税税率和所得税税率等;二是实行加计扣除制度,如准许保险公司扣除一部分盈利作为巨灾保险基金后再缴纳所得税;三是实行税收返还,即参与巨灾保险业务达到一定标准可以返还上一年度一定比例的税收,从而减少运营成本,激励其积极办理农业巨灾保险业务。

(四)完善社会保障激励制度

我国农村消费信贷市场尚不繁荣的原因之一是农村居民因主客观因素被迫储蓄而不敢进行消费信贷。完善农村消费信贷社会保障激励制度,就必须完善农村社会保障制度,具体措施如下:

1. 完善农村社会保障激励专门制度

我国可以参考印尼、玻利维亚等国的经验,完善农村居民社会保障制度以满足农村消费信贷客户的消费需求。

(1)制定一部实体内容全面的《农村社会保障法》。为了促进农村消费信贷市场的发展,应当根据农村环境的特殊性,建立起符合我国农村实情的社会保障法律体系,并且做到因地制宜,真正使社会保障的福祉降临到信贷客户身上。可以以立法的形式将农村社会养老保险、合作医疗保险、生育保险、农民工伤保险制度,以及最低生活保障、社会福利、社会救助制度等逐一予以落实。①

---

① 叶世清:《我国农村社会保障法制建设研究》,法律出版社2011年版,第3—4页。

（2）制定一部程序内容全面的《农村社会保障法》。应当通过提高立法层次、统一立法内容，从而增强权威性，提高可操作性，以满足农村现实需要[①]和信贷客户的需求。从而促进信贷客户积极有效地开展农村消费信贷。

2. 完善农村社会保障补贴激励制度

（1）完善农村社会保障的财政补贴制度。一是应当在政府多渠道的资金投入、低水平负担、广范围的覆盖思路指导下[②]，加大农村社会保障的财政补贴力度，将广大农村消费信贷客户尽量都纳入保障体系[③]；二是通过拓宽政府资金来源渠道，减少农村消费信贷客户在教育、医疗等方面的成本，降低其预期不确定支出，从而提高其消费信贷能力。

（2）完善农村社会保障的基金支持制度。如可以通过征收社会保障税等设立农村最低生活保障基金。具体讲：一是出台社会保障税法，确立社会保障税种，从而确保社会保障基金的筹集到位；二是可以在地方税种如个人所得税收入中提取部分作为低保资金并进行专户使用；三是逐步加大政府投入建立最低生活保障金，解决农民最低生活保障问题[④]；四是在县级以上政府建立最低生活保障资金的调剂金，倾斜性地投入贫困地区，通过多种救助和帮扶措施，提高农民的生活水平。

3. 完善农村社会保障范围激励制度

（1）扩大农村社会保障的受益群体范围。通过完善相关法律制度，循序渐进地扩大农村社会保障受益群体的范围，通过乡村振兴战略打

[①] 建立与完善农村社会保障体系是建立一个公正社会的必然选择。参见吴伟锋：《农村社会保障体系刍议——谈农村养老、医疗、农业保险制度的建立与完善》，《河北法学》2001年第1期，第100页。

[②] 中国人民银行通辽市中心支行课题组：《启动欠发达地区农村消费市场的难点与对策》，《内蒙古金融研究》2008年第8期，第18页。

[③] 参见谭晓宇、郭金林：《影响我国农村消费的深层次原因探究——完善促进农村消费的财税政策思考》，《价格理论与实践》2010年第1期，第74页。

[④] 参见曾之明、岳意定：《拓展中部地区农村消费信贷的实证分析——以湖南省为例》，《河南金融管理干部学院学报》2009年第2期，第79页。

通"最后一公里",真正使农村消费信贷客户获得足够的保障,从而提高其应对生活中突发事件的能力和心理预期,真正解除后顾之忧以刺激消费信贷需求。

(2)明确农村社会保障的资金支持范围。根据地区不同的发展水平,建立差异化的专项资金支持机制:一是对于东部经济发达地区,主要由地方政府提供资金而中央政府可以少给;二是对于中西部经济不发达地区,由中央政府提供大部分的资金而地方政府可以少给。总之,应当避免"撒胡椒面"的现象,将足够的社会保障资金投入到农村社会保障中去以保证其消费信贷能力的可持续性。

(3)拓宽农村社会保障的制度体系范围。应当建立与经济发展水平相适应的多层次社会保障制度体系。政府要根据农村的实际情况合理确定社会保障的标准和水平,减少教育、医疗等预期支出,提升消费信贷的信心。这就需要建立健全农村养老保险制度、农民最低生活保障制度、合作医疗制度、助残制度等多层次社会保障制度体系。

4. 完善农村社会保障监管激励制度

(1)建立农村社会保障的政府监管制度。此制度旨在确保农村社会保障制度的真正贯彻落实。在政府监管体制下,一是农村社会保障基金保管机构应当对农村社会保障基金进行保管并确保增值保值;二是农村社会保障基金保管机构应当积极发放农村社会保障款项,及时对受损权益进行救济以减少参与消费信贷的后顾之忧。

(2)完善农村社会保障的社会监督平台。由于当前我国农村居民处于相对弱势地位,要维护农村消费信贷客户的权利,创建农村社会保障社会监督平台刻不容缓。社会监督主体所行使的是批评、检查、检举、控告、揭发、起诉等公民的基本政治权利,最终形成农村消费信贷客户积极参与管理和监督的社会氛围。[①]

[①] 王健:《完善社会保障监督系统的路径选择》,《江苏大学学报(社会科学版)》2008年第3期,第17页。

(五)完善信贷成本[①] 降低激励制度

Bacchetta 和 Gerlach 发现借款成本对城市居民和农村居民能否成功获得消费信贷均具有负向影响:借贷成本越高,获得的可能性越低。[②]Adamsetal(1984)提出:"廉价贷款存在对非目标受益人获得贷款的激励,从而破坏信贷计划目标的实现。"目前我国的调查数据显示,大部分农村居民认为借贷成本较高,特别是认为非利息成本[③]较高。虽然银行借款利率低于民间借贷利率,但银行借款的实际成本却高于民间借贷成本。换句话说,城市地区消费信贷的显性成本相对合理,获得贷款所需要花费的时间、精力和体力较少。[④]相反,有三个方面的原因导致农村地区的信贷成本畸高[⑤],由此阻碍了农村地区消费信贷的发展。因此,需要降低成本从而推动消费信贷的发展。具体来看:

1. 完善贷款利息成本降低激励机制

信贷供给减少和消费信贷需求下降的一个重要原因是高利率导致借贷的高成本。因此,为了激励信贷客户积极参与消费信贷,可以从以下两点着手:

(1)构建适当降低贷款利率制度。目前农村的贷款利率均执行高

[①] 消费信贷交易成本是指消费信贷办理过程中所需要支付的显性成本和隐性成本。消费信贷的显性成本包括:贷款资格审查、贷款登记、抵押资产评估、贷款中介费用等一系列贷款过程中实际支付的费用;消费信贷隐性成本主要是指办理消费信贷过程中所花费的时间、精力以及体力等无形资本,甚至包括申请消费信贷所带来的心理成本。

[②] P. Bacchetta, S. Gerlach, "Consumption and Credit Constraints: International Evidence", *Journal of Monetary Economics*, Vol. 40, 1997.

[③] 非利息成本主要是指借贷合约签订前发生的时间成本以及找中间人等成本支出,这些成本虽然是隐形的,有时甚至会成为沉没成本,但是在借贷过程中往往是必不可少的,非利息成本越高,消费者对信贷的需求下降。

[④] 康红燕:《我国城乡居民消费信贷差异的影响因素分析》,湖南师范大学硕士学位论文,2014年,第35页。

[⑤] 即一是金融机构较少,信贷机构"惜贷"造成排队等候现象,增加了农户获得消费信贷的时间成本和机会成本。二是由于其收入低而且不稳定、消费观念陈旧以及缺乏消费信贷知识等,在消费信贷的过程中需要耗费更多的时间和精力从而增加了隐性成本。三是农村地区的监管机构相对较少,金融机构之间的竞争不足,进一步增加了显性成本的支出。

浮动利率，这是由农村信贷资金运营的高成本、高风险导致的。[①] 为了让农村消费信贷客户能够消费得起信贷产品，繁荣农村消费信贷市场，提高农民生活水平，迫切需要通过完善信贷保险机制降低风险，从而为降低贷款利息成本提供保障。

（2）构建特殊情形利率优惠制度。基于我国经济发展水平的"二元"属性，以及农业产业的自然属性，加上农民群体的弱势属性，应该对消费信贷的利率，根据不同地区、季节和对象采取各种不同的优惠办法，让农村居民敢于贷款，贷得到款。至于利息的差额部分，可以由政府进行贴息。

2. 完善贷款时间成本降低激励机制

贷款便利程度对农村居民的正向影响非常显著（系数达到0.575）。[②] 针对我国而言，要降低贷款时间成本就应当：

（1）通过实行集中办公的形式降低时间成本。银行应牵头协调各有关部门实施简政便民政策，可以实行定点、定时、集中统一办公并提供"信贷办公一条龙服务"，尤其是针对住房、汽车等较大额度信贷项目须办理抵押物评估、合同公证等涉及多个部门之时。这样可以为信贷客户提供方便和增强其信贷积极性，也可以降低商业银行交易成本。[③]

（2）通过简化信贷流程方式降低时间成本。应当创新审贷机制，简化信贷程序和手续，减少不必要的交易流程，从而可以缩短贷款审查时间，加快审贷进度。为确立便民利民原则，部分地区可以实行推

[①] 农户小额信用贷款与有价证券质押贷款实行上浮30%；农户连保贷款与中小企业和私营企业、个人保证、抵押贷款实行上浮60%。利率浮动政策加重了农民的利息负担。调查显示，75%的农户反映到金融机构借贷款不如民间自由借款，民间借贷手续简便，利息与金融机构差不多。参见梁莉：《欠发达地区农村金融机构支持农民消费问题研究》，《统计与决策》2011年第24期，第99页。

[②] 康红燕：《我国城乡居民消费信贷差异的影响因素分析》，湖南师范大学硕士学位论文，2014年，第44页。

[③] 参见曾之明、岳意定：《拓展中部地区农村消费信贷的实证分析——以湖南省为例》，《河南金融管理干部学院学报》2009年第2期，第78页。

行"金融超市"服务、"金融便民点"服务、"金融流动站"服务等方式激励信贷客户积极参与。

（3）通过创新金融产品项目降低时间成本。通过不断推出降低时间成本的创新性金融产品，如小额信用贷款、个人循环贷款、个人"卡贷通""网贷通""存贷通"等，充分缩短贷款时间，增加便捷渠道，从而提高信贷客户的贷款积极性。如中国人民银行指导中国银联开发的"乡村振兴卡"除具有取款、消费、转账等基本支付功能外，还附加辅助服务，较好满足了多层次金融需求也节约了时间成本。重庆农商行推出的"渝快贷""票快贴""房快贷""税快贷"就值得推广。

（4）通过提高服务覆盖范围降低时间成本。通过确保农村金融新覆盖乡镇具备基础金融服务功能，从而降低成本进行激励。这是从确保供给的角度来激励农村消费信贷中信贷客户的积极性。① 如《空白乡镇基础金融服务的通知》（银监办发〔2011〕74号）有相关规定。

（5）通过智能科技赋能降低时间成本。进入人工智能时代，充分利用人工智能技术可以节约时间成本。例如，截至2020年9月末，重庆农商行完成支持ATM刷脸取款、柜面人证识别、无卡银行等业务以及智能楼宇、网点VIP无感识别、人脸到店识别等场景，日均人脸识别调用量达15万次，仅柜面远程核身一项应用日均节省人力在20人以上。② 这些为信贷客户节约了时间成本。今后还可以通过开展视频银行、智能外呼、智能知识库、RPA等科技平台进一步降低时间成本。

---

① 韩俊等认为，与金融机构距离虽然不能影响农户的借款获得，但它对农户借款需要的影响是显著的，这可能是因为临近的金融机构会影响农户对金融产品的认识，从而影响借贷的主观意愿。参见韩俊、罗丹、程郁：《信贷约束下农户借贷需求行为的实证研究》，《农业经济问题》2007年第2期，第48—49页。

② 卢小波：《重庆农商行：以科技赋能构建金融服务新生态》，来源：http://www.zgcnjr.com/index.php/News/detail/classid/17/id/35701.html。

3. 完善贷款费用成本降低激励机制

（1）通过实行集中办公减少费用成本。据统计，目前一笔贷款从申请到批准，一般都需要十天至半个月，这就导致除了时间成本增加之外，还有费用成本的增加。针对此类问题，建议实行定点、定时集中统一办公、智能审核等模式，从而大大节约信贷客户相关的费用成本。

（2）通过简化信贷流程减少费用成本。贷款需要缴纳的费用很高。如抵押资产评估费、贷款合同公证费、财产保险费等，有时一笔贷款就需要缴费上千元，令部分农村消费信贷客户望而却步，于是转而去寻求民间借贷。针对此类问题，建议在简政放权的大背景下简化信贷流程，从而带来费用成本的降低。

（3）通过降低结算费用减少费用成本。这是从降低结算成本费用的角度来激励农村消费信贷中信贷客户的积极性。[1]如《农村地区支付结算指导意见》（银发〔2006〕272号）就规定，人民银行分支机构要组织和协调当地金融机构，大力推广非现金支付工具的使用，不断加强产品创新，降低结算费用，逐步培养农民非现金支付的习惯。

4. 完善贷款效率成本降低激励机制

截至2018年末，农村地区银行卡发行量32.08亿张，人均持卡量为3.31张。其中，借记卡29.91亿张，增长11.13%；信用卡2.02亿张，增长15.60%；借贷合一卡1434.35万张。[2]但是，为了降低贷款效率成本，还需要采取以下措施：

（1）通过积极发展现代支付工具带来成本降低。这是从供给充分满足的角度来激励农村消费信贷中信贷客户的积极性。如《空白乡镇基础金融服务的通知》（银监办发〔2011〕74号）有相关规定，如通

---

[1] 有学者认为，信贷合约的缔约成本与履约成本下降，导致农户借贷成本下降，农户借贷更方便、更快捷。参见刘祚祥、黄权国：《信息生产能力、农业保险与农村金融市场的信贷配给——基于修正的S-W模型的实证分析》，《中国农村经济》2012年第5期，第64页。

[2] 数据来源：《央行公布2018年农村支付发展情况：每万人拥有银行网点数量1.31个》，农商行银行发展联盟网，http://www.rcbda.cn/news/1331.html。

过推进网上银行、电话银行、手机银行、POS、ATM（自动柜员机）及其他电子渠道在农村的普遍使用必将带来成本的降低。再如浙江省委、省政府实施数字经济"一号工程"，全面启动移动支付之省建设值得全国推广。

（2）通过积极发展信用卡业务带来成本降低。这是从供给创新手段的角度来激励农村消费信贷中信贷客户的积极性。信用卡作为信贷品种和支付手段，不仅具有转账和支付作用，更具有消费信贷功能，完美地符合了现代消费者快捷、方便的理念。因此可考虑开发实用的符合农村实际的农民信用卡业务。

（3）通过最大程度发挥好机构网点的服务效率带来成本降低。这是从提高供给效率的角度来激励农村信贷客户的积极性。因为机构网点服务效率提高会带来信贷客户成本的降低。如《空白乡镇基础金融服务的通知》（银监办发〔2011〕74号）有相关规定，但是还需要通过制度完善以确保进一步做实做到位。另外，重庆农商行针对重庆地区方言特点推出了支持重庆地方方言的智能银行服务。该服务是一项具有典型地域特点的普惠金融服务，可以为国内大量使用方言的地方金融机构提供借鉴和参考。①

5. 完善贷款信息成本降低激励机制

信贷业务中的信息不对称会导致信贷机构的高成本，也会导致信贷客户的高成本。因此，信贷机构应当：

（1）配备农村消费信贷信息引导人员。信贷机构应当配备专门的消费金融业务营销人员，采取举办讲座、上门宣传等方式，通过微信、QQ、APP等其他载体，向农村消费者推介信贷新业务、新知识。还可以在营业窗口设立消费信贷咨询台提供优质服务，引导农民在信息获

---

① 卢小波：《重庆农商行：以科技赋能构建金融服务新生态》，来源：http://www.zgcnjr.com/index.php/News/detail/classid/17/id/35701.html。

取成本很低的前提下积极参与消费信贷。

（2）搭建农村消费信贷信息发布媒介平台。整合涉农信息资源，通过报刊、广播、电视、报纸等传统媒体，以及QQ、微博、微信等新型媒体进行广泛宣传，把有关消费信贷的信息及时传递给农民，以解决农民消费信贷时面临的信息不对称问题[①]，以及低成本获取信息的难题。

（3）建立农村消费信贷信用信息库。央行发布的中国普惠金融指标分析报告（2019年）显示，截至2019年末，通过农户信用信息系统已累积为1.86亿农户建立信用档案，2019年建档农户信贷获得率为51.47%。下一步还需要：一是通过多种途径建立覆盖全国的农村消费信贷信用档案库；二是建立农村信息网络数据库，低成本收集农民消费相关信息，了解农民消费需求，引导农民正确消费。在建库过程中，可以尝试引入区块链技术。

（六）完善其他信贷业务激励制度

对信贷客户进行激励，也可以通过赋予其特殊的权利和资格等来实现。具体来看，可以完善以下几项制度：

1. 完善贷款优先激励制度

（1）对特定类型的农村消费信贷项目给予优先贷款。具体包括：一是尽量确保具有公共属性的生存型农村消费信贷的优先权。具体可以包括医疗、养老等消费信贷品种。这类信贷品种接近于满足基本生活需要，如健康、养老等。目前我国在这方面还很不足；二是尽量确保农业生产性方面的需要以保证信贷客户的贷款优先权。生活性消费信贷和生产性消费信贷相比较，生产性的信贷应该给予更多重视。因为生产性信贷具有造血性，对于提升生活质量更具有保障。如《村镇

---

① 阮小莉、仲泽丹：《城乡居民消费信贷影响因素的差异化研究——基于四川省调研数据的分析》，《财经科学》2013年第6期，第124页。

银行管理暂行规定》第三十九条就进行了规定。

（2）对特定类型的农村消费信贷客户给予优先贷款。具体包括：一是体现在信用不同的信贷客户方面，可采用信用评级方式对优质信用客户进行鼓励；对于优质客户，可以赋予更多的贷款优先权利，如提高信贷额度、延长还款期限、补贴更多利息等，使之信贷需求能够得到满足。二是对团组织推荐的农村青年创业者保证贷款优先权。如《创业小额贷款指导意见》（中青联发〔2008〕42号）已有相关的规定。三是重点支持新型农业生产经营组织等以保证信贷客户的贷款优先权。如《2013年农村金融服务工作的通知》（银监办发〔2013〕51号）已有相关的规定。四是对助学贷款保证优先贷款。应当重点开发风险低、潜力大的客户群体如在读大学生。因为他们从读书到工作再到富裕人士的过程，最可能迫切需要利用个人信用资源进行信贷。

以上各类优先贷款权能够对信贷客户产生较大的激励。不足在于，还需要扩大这种优先权的范围，让更多的信贷客户能够享有这种优先权，同时需要根据东部、中部、西部的经济发展水平的不同确定不同的优先权享受主体和享受范围，如西部地区可以比东部地区的多一些和大一些。

2. 完善合理展期激励制度

合理展期制度是关于信贷客户还款时间可以在特定条件下进行适当延长的制度，它可以激励信贷客户积极参与贷款。具体来看：

（1）根据信贷客户情况进行合理展期。信贷客户可以与信贷机构充分协商，创新私人定制式还款模式，即农村消费信贷客户可以根据自身各方面的条件选择适合自己的灵活的还款期限和还款方式，如可以选择每月还款或者选择3、4、6个月等各种分期还款方式[①]，特别是

[①] 王小华、田庆刚、王定祥：《东南亚国家农村扶贫信贷制度的比较与启示》，《上海金融学院学报》2011年第2期，第95页。

可以进行适当展期,从而产生激励作用。

(2)根据农业生产周期进行合理展期。可以参考印度农村消费信贷还款期限可以按照农业生产周期来制定,并且可以连续多次展期的经验,我国可以制定流动资金循环贷款并提高容忍度的相关制度。根据农民借贷特征和收入状况按生产周期结息,只设授信额度并随还款情况调整,无到期日期,只要求在年终前结清利息即可。①这样就可以对信贷客户产生激励。

3. 完善信用累计奖励激励制度

(1)完善农村信用奖励激励机制。一是继续深入开展创建"信用工程",对"信用户""信用村""信用个人"进行"贷款倾斜"。如果信贷客户就业能力强、收入较稳定,则可以发放信用贷款并提高授信额度;二是对信用良好客户可以进行奖励,如优惠贷款利率、开通VIP通道等。相反,要加大对失信者的打击力度,以促进全社会信用意识的增强。

(2)完善农村账户更新激励机制。应当建立信贷客户征信信息电子化平台实时更新机制。对那些曾经信用不良,经过一定时间或者经济状况改善,信用明显提升的,可以消除不良信用记录,进行信用修复,以此激励更多的信贷客户成为守信者,从而推动农村消费信贷征信制度的完善。

4. 完善风险容忍激励制度

风险容忍度②这个词在近年来逐渐被引入金融领域并成为热点词汇。我国相关规范也多次使用并在现实中推广实施。根据我国农村金融的实际情况,《农户贷款管理办法》(银监发〔2012〕50号)第

---

① 徐栋:《跨越制约农村消费信贷的障碍》,《金融时报》2012年11月5日,第11版。
② 风险容忍度,本指在企业目标实现过程中对差异的可接受程度,在风险偏好的基础上设定的对相关目标实现过程中所出现差异的可容忍限度。

四十九条规定了提高农户贷款容忍度的要求①,并指出其目的是基于减轻农村信用社的业务发展顾虑。毕竟信用类消费贷款本身就是高风险高收益的贷款品种,因此在管理中应讲求风险与综合贡献的平衡,确定相对较高的风险容忍度。②这就需要完善风险容忍制度,让信贷客户逐渐习惯消费信贷,在发展到一定程度后再逐步降低容忍度。

(七)完善消费权益保护激励制度

完善农村信贷消费者权益保护激励制度,主要是通过约束信贷机构从而促进农村消费信贷。参考国外较完善的金融消费者权益保护法律制度,可以从以下几方面进行完善:

1.完善农村金融消费者权益保护激励专门制度

完善农村金融消费者权益保护专门制度有两种途径:

(1)分散立法模式。可以在现有法律里增加相关内容,如可以参考美国分散立法的模式,一是在现有《消费者权益保护法》中规定"农村金融消费者特殊保护"特别章节;二是在《商业银行法》中规定对"农村金融消费者特殊保护"内容,以达到约束信贷机构,保护信贷消费者权益的目的。

(2)专门立法模式。在条件成熟时推出《农村金融消费者保护法》,即出台一部专门针对农村金融消费者的法律,实现基于农村金融交易复杂特点的切切实实保护农村金融消费者权益的目标。具体可以参考国外的相关法律经验并结合我国国情进行相应章节的编排。

2.完善农村金融消费者权益保护主体激励制度

宏观上看,可以通过完善我国《商业银行监督管理法》《商业银行

---

① 农村金融机构应当以支持农户贷款发展为基础,建立科学合理的农户贷款定期考核制度,对农户贷款的服务、管理、质量等情况进行考核,并给予一定的容忍度。

② 赵泽轩、郭大鹏:《稳健货币政策下引导农村消费信贷合理增长》,《中华合作时报》2011年6月3日,C02版。

法》等,将消费者权益放入监管目标中。具体来看:

(1)完善金融服务消费者保护局的职能。我国参考澳大利亚设立专门的管理委员会来保障法律实施和执行的做法设立专门的金融消费者保护部门尤为必要。① 具体讲,一是要对央行下设金融服务消费者保护局② 的职能③ 和监管机制进行规范;二是金融服务消费者保护局应专设部门解决消费者权益的监管保护问题,从而降低成本、提高效率。

(2)完善银行业消费者自律性组织的职能。行业自律性组织细化了法规、监管规则的相关要求,使其更具可操作性。例如英国银行家协会发布《贷款准则》以对金融消费者进行保护。④ 参考英国的做法,我国可以建立自律性组织,创设农村消费信贷机构的自律性规则,来协调纠纷,保护信贷客户的利益。

(3)完善消费者投诉处理专门部门的职能。我国可以参考美联储的做法,建立农村消费者投诉数据库,一是行使相关职能,对这些投诉进行调查和调解,处理相关纠纷以及处理投诉信息;二是对消费者的不同投诉进行分类,并定期对这些信息进行分析和研究,为相关法规的制定与修改提供参考。

3. 完善农村金融消费者权益保护内容激励制度

约束信贷机构的消费信贷行为,有必要重点增加农村消费信贷客户的知情权、隐私权、公平自由交易权等。

(1)消费者的知情权和信贷机构的信息披露义务。赋予信贷客户知情权可以在约束信贷机构进行消费信贷服务时,向农村消费信贷客

---

① 鞠晔:《澳大利亚消费信贷法律制度及其启示》,《商业研究》2013 年第 4 期,第 209 页。
② 谢欣:《农村金融消费者权益保护的缺失与重构》,《银行家》2011 年第 9 期,第 120 页。
③ 第四是进一步加强金融消费者的保护,开展公众金融教育、形成金融消费者保护长效机制。
④ 朱小川:《银行业消费者投诉途径及非诉争端解决机制——以英美等国为例》,《金融理论与实践》2013 年第 8 期,第 104 页。

户进行充分的产品的信息披露。信贷机构的信息披露义务要求信贷机构做到全面、准确、及时披露其产品和服务信息。如银行在销售理财产品时，必须将产品结构、投资风险等情况全面告知信贷客户，在金融商品发生变化时，应当及时向社会公示。

（2）消费者的隐私权和信贷机构的隐私保障义务。赋予信贷客户隐私权要求信贷机构在收集、评价、共享信贷客户的征信信息时不得侵害消费者的隐私。因此，如何进行有效的信用调查并切实保护消费者的隐私权便成为问题的关键。在制定有关信用管理法规时，应该规定征信机构或银行进行信用调查中，要征得当事人同意并在当事人有请求时对消费者公开其信用信息。① 总之，需要实现信贷机构的征信权与信贷客户的隐私权的平衡。

（3）消费者的公平自由交易权和信贷机构的公平对待义务。赋予信贷客户公平自由交易权旨在约束信贷机构以让客户享有公平信贷机会而不被歧视，即避免信贷机构剥夺信贷客户的自由交易权，避免信贷机构的嫌贫爱富，对农村消费信贷客户不一视同仁等现象。同时，避免信贷机构的强势地位导致对信贷客户交易选择权和反悔权的漠视。这些都需要完善相关法律制度，确保信贷客户的权益得到保障。

4.完善农村金融消费者权益保护程序激励制度

通过完善救济机制维护信贷客户权益是农村消费信贷法律促进机制的重要内容。我国需要构建信贷客户与信贷机构之间的纠纷解决机制，以期公正解决双方之间的矛盾，其中尤其应当侧重保护农村消费信贷客户的权益。

（1）完善纠纷解决的类型化处理机制。一是借鉴国外的FOS② 模式，在专门机构下设投诉处理机构对金融申诉进行处理，完善专业

---

① 周显志、蒲海涛：《关于加快我国个人联合征信法律制度建设的探讨》，《暨南学报（人文科学与社会科学版）》2004年第2期，第26页。

② 即金融申诉专员服务公司。

化纠纷解决机制；二是完善消费仲裁、集团诉讼、小额诉讼救济机制等类型化的纠纷解决机制。甚至在条件成熟时全面设立通过金融法院①进行纠纷处理的机制。

（2）完善纠纷解决的倾斜化保护机制。一是赋予信贷客户对信贷机构的事后追偿权，确保在信贷客户权益得到侵害时有救济机会；二是提高对信贷客户的补偿力度和对信贷机构的惩罚力度。此时仍然需要运用倾斜性保护理念保护金融消费者，因为金融机构与金融消费者本身就是强者与弱者的关系。

二、构建我国农村消费信贷促进中针对信贷客户的约束法律机制

前文已述，信贷客户"难贷"的原因主要有信用征信约束制度、贷款审查约束制度、贷后还款监督约束制度、失信惩戒约束制度不完善等，导致对信贷客户负外部性的约束不足。因此，参考国外相关经验，本部分主要从以下几个方面提出建议，从而完善对信贷客户的相关法律约束制度。

（一）完善信用征信约束制度

良好的信贷环境对于约束信贷客户失信行为意义重大。②对信贷机构来说，信贷客户的信用程度决定了信贷机构的信贷程度。信用程度越高，信用风险越低。本著作的调查数据也显示，信贷客户"惧贷"和"惜贷"的根本原因并不是盈利的问题，而是对信贷客户的信用不了解或了解不准确，或者说了解起来成本太高等，同时还包括信用风

---

① 2018年3月28日，审设通过设立上海金融法院。2021年1月22日，审议通过设立北京金融法院。

② 李信见：《基于农村信用体系建设的信用制度激励与约束机制——长岛农村信用社优化金融生态环境与化解不良贷款案例》，《征信》2011年第5期，第71页。

险问题。因此，需要完善信用征信系列制度，以净化农村消费信用环境，从而对信贷机构参与消费信贷产生激励。

1. 完善信用征信约束专门制度

从各国立法实践来看，制定"个人信用征信基本法"如美国的《公平信用报告法》对于全面规范个人信用征信活动意义重大。我国《征信业管理条例》还存在以下问题：一是《征信业管理条例》对"谁征信、如何征信、谁监管、如何监管"问题规定不明确，这个问题必须在修订时明确下来；二是《征信业管理条例》要解决与《个人信息保护法》如何协调才能避免冲突或重复的问题；三是《征信业管理条例》应当明确将农户个人信息纳入征信对象以为信贷机构提供信用信息保障。总之，我国目前缺乏基本法律层级的规范性文件，还希望在条件成熟后能够制定《征信业管理基本法》，以激励信贷机构开展农村消费信贷。

2. 完善信用征信收集约束制度

2019年2月，《关于金融服务乡村振兴的指导意见》（银发〔2019〕11号）指出要推动区块链等新技术在农村金融领域的应用。因此，在大数据时代，有必要引入区块链技术推动消费信贷信用信息数据库建设以完善农村消费信贷信用征信收集制度。具体来看：

（1）充分利用现有信息，进行系统管理，实现现有数据上链，建立健全数据体系。对于信贷机构已经掌握的信贷客户的信用信息，应该设立严格的账户管理，建立健全准确的账户信息库。如以银行现有的信贷客户信用资料（各类银行卡、个人住房贷款资料等）、居民身份信息、收入构成、已有借贷相关记录和居民信用等级评定相关信息等为基础，运用电子化、网络化等技术手段，建立消费信贷信用信息数据库。

（2）拓宽信息来源渠道，整合分散信息，实现数据上链汇总，建立健全数据体系。可由政府统筹规划牵头，将分散在公安、检察、法院、财税、金融、工商、电信、房管、土地、车管、保险、商家等的农村消费信贷客户相关信用资料进行归集和整合，掌握客户的真实信息，从而形成完整的农村消费信贷客户个人信用档案信息库。

（3）开展信息收集活动，依靠中国人民银行牵头信用联社操办，实现新型数据上链，建立健全数据体系。在中国人民银行征信中心于2020年1月19日上线第二代个人征信系统基础之上，一是由中国人民银行牵头，利用农村信用社现有的现代化电子设备和人才资源优势，对辖区农户开展联合征信活动以进行信息的收集；二是县级信用联社组织各基层信用社以社为单位展开对辖区农户信用信息采集工作。在各基层信用社计算机上进行登录，收集信用信息①，建立信贷信用信息数据库。

（4）设立非盈利性信贷服务机构，构建私有链，建立健全数据库。非盈利性信贷服务机构可以建立自身的信用数据库，并且利用数据库专门为农村消费信贷客户提供服务。具体包括金融政策咨询、资信评估等，以及从事各项配套服务活动。同时，对私营征信机构在保障其合法权益的同时，也需要引入市场竞争机制，创造客观、公正、独立的运营环境。

3.完善信用征信评估约束制度

应当制定一部"信用评价法"对我国农村消费信贷的信用评估主体、评估内容、评估标准、评估等级、评估反馈等加以明确规定。②

（1）完善信用评估主体制度。一是完善各基层人民银行的评估功能。基层人民银行应当发挥带头作用，在个人信用信息基础数据库的基础上，通过信用村、信用户的评定方式进行评估；二是设立专业信用评估机构。银行可邀请专业信用认定机构对信贷客户的身份、收入、资产，尤其是过去的信用状况等进行调查，在详细了解的基础上决定

---

① 史林东：《对西部欠发达地区农村消费信贷发展的调查与思考——以甘肃省天水市为例》，《消费导刊》2010年第5期，第11页。

② 周显志：《论加强和完善我国消费信贷法律制度建设》，《法治论坛》2011年第2期，第253页。

贷与不贷；三是除以上两种信用评估主体之外，还可以积极扶持设立个人资信评估机构。

（2）完善信用评估指标制度。一是按照国际通行的"十项指标"[①]对农村消费信贷客户进行评分和评级。其中前6项为定性分析指标，后4项为定量分析指标。[②] 二是对于核心评价指标不达标的实行"一票否决"制，即一律降低信用评级并拒绝贷款，从而对其违约行为进行约束。

（3）完善信用评估标准制度。一是建立规范化、标准化的个人信用评估标准制度。农村消费信贷机构、中介机构等都应该严格按照此标准进行评估。二是评估因素应当科学和全面。包括但不限于：消费者的职业状况、收入状况、银行账户、赊账或其他债务、付账习惯、交易记录等。三是在确定征信评估标准时，应坚持"静态指标为基础，动态指标为保障"原则，充分考虑信贷客户的静态指标[③]以及动态指标[④]，从而建立具有中国特色的科学全面的透明、公开、多样的农村消费信贷征信评估体系[⑤]，最终确保评估科学有据。

（4）完善信用评估等级制度。农村消费信贷客户的信用等级评价法律制度建设，应当与征信标准化法律制度建设协调进行。一是采用等级制或得分法对消费者的信用进行评价。如可以采用消费信贷信用信息分类管理办法，利用个人信用信息数据库分析评定信贷客户的信用等级。二是采用打分的方式对消费者的信用进行评价。通过给各

[①] 分别是信贷客户品质、信贷客户的年龄和性别构成、信贷客户的受教育程度、居住地经济发展程度和居住地的稳定性、信用记录、信贷客户在当地受奖惩情况、对外担保情况、信贷客户收入、家庭财产、负债情况。

[②] 孙亚、唐友伟：《农户信用评价指标体系设计初探》，《中国农村信用合作》2009年第3期，第64页。

[③] 指职业、收入、家庭财产状况等。

[④] 指农村消费信贷客户的未来发展潜力、自身还款能力、承担风险能力等。

[⑤] 徐充、张志元：《关于拓展我国农村消费信贷的思考》，《经济问题》2009年第9期，第95页。

项目进行打分，最后按照得分评定信用等级，最终确保信贷评估真实有效。

（5）完善信用评估反馈制度。信贷机构作为授信方，必须通过获取农村消费信贷客户的信用等级评价状况，才可以决定其信用级别进而发放信用贷款。为了避免调查与被调查主体在信息收集时产生矛盾，美国《公平信用报告法》特别规定了个人信息收集反馈程序。①只有信用评估反馈法律制度完善之后，才会使信用征信评估制度得以最终建立。

4.完善信用征信共享约束制度

我国个人资信系统不完备，有关个人信用档案的信息被封闭在不同行业主管部门内部而不能共享。因此需要进行制度完善：

（1）建立健全个人资信档案多头登记汇总机制。建议由政府牵头，公安、检察、法院等司法部门及财政、税收、金融、工商、社保、环保、质检等行政管理部门共同参与，利用区块链技术打造联盟链，组建农村个人消费信用信息库，构造一个相关部门共享的、公开的个人征信征询网络。

（2）建立健全金融系统内部信息综合利用机制。在加强信息沟通的同时，建议进一步完善个人存款账户实名制、手机卡实名制，使社会保障卡得到全面覆盖。通过个人征信管理系统和账户管理系统综合利用，采集农村消费信贷客户的个人信用信息及信用记录，健全农村信用征集机制。同时建立区域性征信信息网，通过区域网实现信贷客户信用信息全面共享。②可以利用区块链技术构建私有链，将信息上链形成数据库。可以通过区块链平台选择部分信息共享，将原始数据保存在内部链中，将用户授权共享的信息上传到公共链上，供平台中的

---

① 李凌燕：《消费信用法律研究》，法律出版社2000年版，第245—246页。
② 参见薛玉玲：《西部农村消费信贷现状及对策——对玉门市农村消费信贷开展情况的调查》，《金融与经济》2007年第5期，第84页。

机构查询使用，实现互惠共赢。

（3）建立健全信贷机构与其他部门之间的信息共享机制。在登记汇总的基础上，农村消费信贷机构应当同工商财税、公检法等部门建立共享机制，将信贷客户分散的征信信息纳入个人信用档案，以实现联合征信。[1]可以引入区块链技术，在建立联盟链的基础上实现信息的安全共享。

（4）建立征信机构之间的协调机制。为了统一协调个人征信标准从而避免农村消费信贷客户失信行为发生：一是纵向上可以尝试建立自上而下的全国统一的征信机构，从而确保征信机制的系统性和统一性；二是横向上可以考虑在不同区域建立差异化征信机构，每个区域由一个统一的征信协调机构负责整个区域的统筹协调工作，从而实现因地制宜目标。

（5）建立征信机构之间协调的标准和规范。一是在协调标准方面，要根据国外经验建立数据元及代码、数据包格式、信用数据交换统一接口等多种标准；二是在协调规范方面，要制定分布式应用服务访问指导、征信数据交换质量过程管理、征信数据安全过程管理指导等方面的规范[2]，从而实现协调的目标。

（6）信息共享的程序与限度。一是由于我国《商业银行法》《储蓄管理条例》的规定与信息共享的程序与限度方面存在冲突，因此，应当及时修改这些冲突条款，明确开放内容、开放方式、保密内容以及违反者的惩戒措施[3]；二是对于信息共享也需要确定公开的限度，需要制定"个人隐私权保护法"，明确规定个人信用信息使用范围、征集主

---

[1] 周显志、蒲海涛：《关于加快我国个人联合征信法律制度建设的探讨》，《暨南学报（人文科学与社会科学版）》2004年第2期，第24页。

[2] 参见杜金富等：《征信理论与实践》，中国金融出版社2004年版，第130页。

[3] 李俊丽：《中国个人征信体系的构建与应用研究》，中国社会科学出版社2010年版，第76—78页。

体、征集程序等[①], 并且建立与隐私权之间的协调机制。这些也可以通过打造联盟链实现。

5. 完善信用征信监管约束制度

要实现信贷客户征信约束的法治化, 需要完善信用征信监督制度, 加强对信贷征信机构和信贷客户的双重监管, 从而最终实现提高信贷客户征信水平的目标。

（1）实现征信活动监督主体专业化。一是监督主体的功能方面。应当设置专业化的监管机构对征信机构的准入资格、征信程序等进行有效监管, 通过客观真实的反馈, 实现信贷双方信息的对称。二是监督主体的权力方面。征信监管机构具有监管其他征信机构的权力, 并且征信监督管理机构实行监督自治, 在多方面同样享有自治权, 不受任何第三方的非法干涉。

（2）实现征信活动监督主体多元化。一是由中国人民银行行使监督权。因为其具有的特殊职能及其先天优势, 能够协调征信机构和信贷机构在信息查询上的矛盾。二是赋予地方政府监督权。由于个人信用信息具有分散性的特点, 征信机构对个人信息的采集必须有地方政府支持。地方政府的监督对象, 包括提供个人信息的行政机构以及实施征信活动的征信机构。

6. 完善信用征信运行约束制度

（1）完善征信机构组织制度。一是组织形式方面。征信机构应当采用股份有限公司形式以更利于资本的良好运作。二是治理结构方面。征信机构应当完善现代企业制度以保障顺利运行。三是注册资本方面。由于专业性较强, 在注册资本标准方面不能参照普通公司的标准而应当更高, 因此建议最低应在三十万元以上。

---

① 王宏:《我国商事失信惩戒法律制度的构建》,《湖北大学学报（哲学社会科学版）》2015年第2期, 第137页。

（2）完善征信信息查询制度。应当构建完善的征信信息查询制度，同时修改《商业银行法》，解决《商业银行法》保护商业秘密权与《民法典》保护个人隐私权之间产生的矛盾：一是明确规定征信机构和信贷机构所掌握数据中可以和不可以开放的内容。二是规定取得信贷机构数据的程序、数据处理、传播限制、数据商业化规则和经营方式。①三是信贷机构可以直接查询信贷客户的个人信用，如从政府网站等公开平台获得公共记录等。这些均可以利用区块链技术打造公有链和联盟链的方式实现。

（3）完善征信机构收费制度。征信机构可以根据不同的申请对象和信息内容，按照等价有偿原则收取费用。一是当普通个人或单位申请查询信息时按照价目收费；二是当查询公开信息时不收取费用，当需要动用科技手段时按价目收费；三是当法定国家机关查询信息时不收取费用。

（二）完善贷款审查约束制度

贷款审查约束制度是直接约束信贷客户信贷行为的重要方式，也是预防失信行为发生的重要手段。完善贷款审查约束制度的具体措施如下：

1. 完善贷前调查约束制度

应当完善贷前调查制度，以保障消费信贷信息的真实性。具体包括：

（1）完善贷前审查机构与规范制度。专门化的审查机构与系统化的审查规范对于消费信贷非常重要。因此，一是农村消费信贷机构应当优化参与信贷的各个部门，并形成专业化的审查机构；二是完善系统化的审查准则规范，确保审查有法可依、有据可查。同时增加审查

---

① 钟楚男：《个人信用征信制度》，中国金融出版社2002年版，第111页。

的客观性，减少审查的主观性，从而确保审查的专业与规范，为降低信贷风险打好基础。

（2）完善贷前审查职责与标准制度。一是完善农村消费信贷人员职责相关的规范，细化信贷机构及其各个部门的职能和责任分工，确保信贷人员在进行消费信贷贷前审查时，严格按照职责行为；二是完善农村消费信贷审查的合规性、安全性和盈利性标准制度。从而确保信贷人员能够按照既定标准严格审查，保证信贷客户个人信息真实、保证人符合规定、担保物具有相符合的价值以保障信贷信息的真实性及抵押担保的有效性。同时，尤其是需要运用互联网技术和智能手机终端等现代科技手段辅助贷前调查。

2. 完善贷时审查约束制度

需要完善贷时审查制度以保障消费信贷决策的正确性，具体来讲：

（1）建立调查审查协调制度。信贷客户资料的调查与审查是紧密联系的。因此，在农村消费信贷机构贷前调查的前提下，应当加强信贷信息的规范化管理，理顺信贷调查部门与审查部门之间的关系，实现贷前信息调查与审查的充分性和准确性，从而提前对不符合要求的信贷客户作出警示。

（2）建立风险随机抽查制度。审查部门也应当进一步确保贷前审查信息的准确性，可以建立风险随机抽查制度，重点抽查：一是较大金额的消费信贷客户；二是贷款期限较长的信贷客户；三是提供的抵押物容易贬值的信贷客户；四是信用不佳的信贷客户。这样便于及时将不符合资格的农村消费信贷客户排除在外。

3. 完善发放管理约束制度

完善发放管理制度旨在保障信贷发放的合法性，主要是针对现实中存在的信贷发放过程中信贷人员违规发放、越权发放、违法发放等行为设立的一项责任制度。基于此，发放的基本要求是由放贷银行将贷款直接划转至贷款申请资料表上的原料或设备供应商账户，以防范借款人改变贷款用途，从而确保实际用途与申请用途相符。还可以在立法方面建立信贷不良责任追究制度、定期问责制度、违规发放贷款担责制度等，以通过完善发放管理制度，在必要时追究信贷人员法律责任从而保障信贷发放的合法性，减少不良贷款的比率，降低信贷机构信贷的风险。

（三）完善还款预警约束制度

农村消费信贷发放给农村消费信贷客户之后，需要在各个方面作出全面的跟踪调查及监测并建立还款预警约束制度。具体措施如下：

1. 完善资金检查约束制度

据调查，商业银行对发放信贷难以进行有效跟踪和监测。现实中，有20%—30%信贷资金用途被改变，导致信贷风险加大。农村信用社发放的建房、耐用品、医疗教育等贷款多为信用贷款，不良率在30%以上。[①] 资金检查制度主要是针对消费信贷资金使用期间的贷款约束制度。具体来讲，可以做好以下两点：

（1）建立借款人动态监控制度。为了确保信贷资金使用不偏离既定方向，信贷机构应当建立客户回访和定期报告制度，加强贷款后定期或不定期跟踪监控。这样可以及时了解资金使用方向、运行状况和管理情况，从而避免道德、信用及违约风险，也方便在必要时及时采取应对措施。

（2）建立资金违规使用矫正制度。针对可能出现的信贷资金违规使用问题，信贷机构应当运用科学方法对消费信贷中存在的风险及时控制，对违规使用信贷资金的客户要及时发出警告，当警告无效则强制收回款项，以及时纠正不良或恶意信贷行为，提高农村消费信贷的

---

① 张君生：《加快农村消费信贷发展的调查研究》，《农业部管理干部学院学报》2010年第2期，第57页。

还款率。

2. 完善催收监控约束制度

催收监控制度主要是针对消费信贷资金到期后的贷款约束制度。数据显示，近年来农村消费信贷案件的数量及标的额总体呈上升趋势。① 完善催收监控制度，旨在提高消费信贷贷后还款率。具体来看：

（1）完善催收履约制度。信贷机构在通过各种手段监测到信贷客户可能存在违约风险时，可以通过要求提前还款、缩短贷款期限、提高贷款利率等措施，强制信贷客户提前履约而及时止损。在信贷客户拒不履约时，应及时采取法律手段打击可能存在的逃债行为。

（2）完善监控追讨制度。可以通过定期或不定期对资金使用行为进行监控监测，充分掌握借款人资金使用方向、使用收益以及有无不当使用等方面的具体情况。对主观原因导致的不能按时偿还本息、信用不良的客户要列入黑名单，加大追讨力度并拒绝给予新贷款。

3. 完善风险管控约束制度

为了控制消费信贷贷后风险，必须完善贷后风险管控制度。具体从三个方面进行完善：

（1）完善信贷风险监控制度。为了达到监控风险的目的，可以考虑，在监控主体方面，建立专门的"消费信贷风险监控中心"；在监控依据方面，通过区块链技术构建征信资料数据库；在监控内容方面，可以对贷后的各类风险② 实时进行重点监控。完善信贷风险监控制度有利于及时进行风险的防范。

（2）完善再贷风险控制制度。为了控制已有风险，信贷机构应当对信贷客户再取得贷款款项进行充分监控约束。即应当充分实施还款

---

① 2012 年收案 335 件，标的额 0.8 亿元；2013 年收案 464 件，标的额 1.3 亿元；2014 年收案 689 件，标的额 1.6 亿元。参见吴贯超、邵照学：《农村信用社不良贷款案件存在的问题与对策》，中国法院网，http://www.chinacourt.org/article/detail/2014/12/id/1495532.shtml。

② 包括信用风险、流动性风险、自然风险、市场风险、违约风险等。

约束机制,逐步减少不良贷款从而减少风险。同时,对于那些不诚信的信贷客户可以在贷款额度、贷款时间和放款期限等方面进一步加强约束。

(3)完善信贷风险反馈制度。应当建立信贷风险及时反馈的直通渠道对农村消费信贷的风险进行防范。当风险发生时,可以通过该渠道将具体信息上报信贷机构管理层[①],信贷机构管理层可以及时作出反应,以便及时采取相应措施制止信贷客户的违约行为并追回相应贷款。

(四)完善失信惩戒约束制度

我国农村消费信贷客户失信的重要原因之一是失信惩戒约束制度不完善,失信成本较低而带来的收益很大。亚当·斯密一直将失信惩罚作为保障契约诚实执行的重要机制。[②] 我国应当通过建立失信惩戒制度,明确制裁边界,加大惩戒力度以增加失信成本。

1. 完善失信惩戒种类约束制度

针对存在的问题,具体可以从以下四个方面进行完善:

(1)完善司法性惩戒约束制度。司法性惩戒是最严重的失信惩戒形式。它指通过刑事、民事、行政等司法性手段对信贷客户的失信行为进行惩罚,如建立与失信惩戒要求相匹配的行政司法配套体系,即对违反刑事、民事和行政法律的信贷客户,使其承担相应的责任以实现惩罚目标。

(2)完善监管性惩戒约束制度。监管的内容包市场准入、质量检验、工商年审、税收优惠等等内容。可以结合监管对象的失信类别和

[①] 周舳桅:《浅谈如何做好信贷业务的贷后管理》,中国金融网,http://www.zgjrw.com/News/2011316/News/470111645600.shtml,2011年3月16日。

[②] David M. Kreps, Robert Wilson, "Reputation and Imperfect Information", *Journal of Economic Theory*, Vol. 27 1982, pp. 253-279.

程度，使失信者受到相应惩罚。① 如对于严重违法失信的信贷客户，在以上监管内容方面，使其受到非常严格的限制，从而达到惩戒的目的。

（3）完善市场性惩戒约束制度。一是信贷机构通过信用惩罚、信用降级等进行处罚，如对有过信用卡诈骗的失信者，在一定时间内不提供任何消费贷款等，对不能按时偿还本息或信用不良的借款人，应加大追讨力度，拒绝其再贷款请求以增加失信成本②。二是公开曝光信贷失信信息，使之减少交易机会，提高交易成本。融资机构可以对其借贷、发债、上市等进行一些限制，从而达到惩戒失信的效果。

（4）完善社会性惩戒约束制度。一是完善社会舆论监督机制，充分发挥群众评议讨论、批评报道等道德谴责作用，形成社会震慑力，加强对失信行为的披露和曝光，从而约束社会成员的失信行为。还如可以建立"农村消费信贷黑名单通报制度"③进行惩戒。二是颁布专门针对农村消费信贷客户的声誉惩罚制度④，明确规定道德谴责、声誉惩罚等多种惩罚形式，以约束农村消费信贷客户的信贷失信行为。

2. 完善失信惩戒标准约束制度

提高"失信"成本是激励信贷客户诚实守信的内在动因。为了达到惩戒效果，需要分别从宏观上和微观上着手：

（1）宏观方面，制定统一的"失信惩戒法"。可以参考美国失信惩戒制度经验⑤，在2016年44家单位签署的《关于对失信被执行人实施联合惩戒的合作备忘录》基础上制定"失信惩戒法"，完善我国农村消费

---

① 参见《社会信用体系建设规划纲要（2014—2020年）》。
② 李信见：《基于农村信用体系建设的信用制度激励与约束机制》，《征信》2011年第5期，第72页。
③ 娄耀萍、梁爱香：《农村消费信贷发展调查分析及对策建议》，《河北金融》2009年第6期，第61页。
④ 范建军：《借鉴国外经验建立符合我国国情的存款保险制度》，《调查研究报告》2004年第49期，第18页。
⑤ 美国是世界上失信惩戒制度最为完善的国家，其早在20世纪60—80年代就制定了《公平信用报告法》《平等信用机会法》等一系列法律法规。

信贷失信惩戒制度，明确规定对信贷客户失信惩戒的实施主体、惩戒条件、操作程序、过程监督以及结果控制，从而建立失信惩戒标准体系①。

（2）微观方面，根据失信程度确定惩罚标准。惩罚种类包括：司法性惩戒、监管性惩戒、市场性惩戒和社会性惩戒几大类。一般来说司法性惩戒因为是最重的惩戒形式，因此标准相对来说比较明确。而对于其他如监管性惩戒、市场性惩戒和社会性惩戒等，相关法律法规滞后，需要对信贷客户失信行为作出规定，为失信惩处提供完整依据从而约束信贷客户。②

3. 完善失信惩戒协调约束制度

（1）建立多部门惩戒的信息共享机制。失信惩戒的协调首先需要征信信息的共享，因此，信贷机构应当通过构建联盟链将分散在公检法、监察质检、工商税务等部门的征信信息统一纳入消费征信系统，形成共享信息网并组建链联盟，为建立和完善信贷客户失信惩戒协调制度提供基础。

（2）建立多部门惩戒的联合互动机制。可以通过构建联盟链的方式，建立包括公检法、监察质检、财税工商等多部门的信贷失信联动惩罚体系。信贷客户一旦出现失信行为，信贷机构可以在允许范围内将征信情况予以公布，以便各个部门及时对其进行惩罚。例如，江苏江阴农商银行与江阴市公证处、江苏慧世联网络科技有限公司合作了全省首家金融"小微快贷区块链＋电子公证赋强项目"。当债务人拒不履行还款义务或者履行不适当时，银行可凭公证处在线出具的有强制执行效力的公证书，向有管辖权的人民法院直接申请强制执行。③ 这种

---

① 参见《关于建立完善守信联合激励和失信联合惩戒制度加快推进社会诚信建设的指导意见》（国发〔2016〕33号）。
② 参见闵远光：《失信惩罚机制的设计和运行研究》，《企业经济》2004年第10期，第26页。
③ 薛长松：《江阴农商银行上线"小微快贷区块链＋电子公证赋强项目"》，来源：http://www.zgcnjr.com/index.php/News/detail/classid/8/id/36873.html。

做法非常值得推广。

4. 完善失信惩戒监督约束制度

应当建立与监督管理相配套的制度措施，以确保失信惩戒法律制度的有效实施。具体从以下两个方面着手：

（1）建立对失信惩戒实施主体的监督机制。在对农村消费信贷客户的失信违约行为进行惩戒的同时也必须保护其合法权益。因此，失信惩戒监督制度就是对实施失信惩戒措施的主体进行有效监管。具体来讲，必须明确规定对失信行为主体的以下几个问题：一是失信惩戒等级分类；二是失信惩戒惩戒标准；三是失信惩戒惩罚形式等，做到对农村消费信贷客户实施的失信惩戒有法可依。

（2）建立失信惩戒实施主体滥用的惩罚机制。相较于信贷机构而言，农村消费信贷客户处于弱势地位，如果不对信贷机构的权力加以约束，其很可能会滥用。加上对失信惩戒的实施会牵涉信贷客户的切身利益。因此应当完善监督机制对相关信贷机构进行有效的监督，并且规定相应的法律责任[①]，明确失信惩戒仅仅是针对农村消费信贷客户在消费信贷上的不当行为，其合法权益应当免受侵害。

总之，除了构建针对信贷机构的激励与约束协同法律机制之外，还必须构建针对信贷客户的激励与约束协同法律机制，在协同规制中，有必要激励信贷客户的正外部性，约束其负外部性，从而促进农村消费信贷市场的繁荣。

纵观全书，在农村消费信贷促进法律机制中，激励与约束协同规制内在的逻辑关系是：对信贷机构的（信贷普惠）约束可以对信贷客户产生（信贷受益）激励，从而解决信贷机构"惜贷"和信贷客户"不贷"的问题；对信贷客户的（信贷信用）约束可以对信贷机构产生

---

① 王宏：《我国商事失信惩戒法律制度的构建》，《湖北大学学报（哲学社会科学版）》2015年第2期，第137页。

(信贷盈利)激励,从而解决信贷客户"难贷"和信贷机构"惧贷"的问题。[1] 同时,需要注意的是,必须坚持激励与约束的区域差异化原则:东部经济发达地区及城市郊区信贷客户信贷能力较强,激励的同时重在约束(实现信用性),中西部经济落后地区及边远地区信贷客户信贷能力较弱,约束的同时重在激励(实现受益性),最终目标是实现信贷客户信用性与受益性的平衡。

---

[1] 胡元聪:《国外农村消费信贷促进机制研究述评——基于法律激励与约束的视角》,《经济法论丛》,法律出版社 2013 年版,第 286 页。

结　论

　　习近平总书记在 2020 年 12 月的中央农村工作会议上强调，坚持把解决好"三农"问题作为全党工作的重中之重，举全党全社会之力推动乡村振兴，促进农业高质高效、乡村宜居宜业、农民富裕富足。解决"三农"问题绕不开农村消费问题，因此，研究农村消费信贷促进法律机制问题，对于繁荣我国农村消费信贷市场，构建"双循环"经济发展格局并推动经济高质量发展有着重大的理论价值和现实意义。目前我国农村消费信贷中存在市场失灵和政府失灵，农村消费信贷中信贷机构和信贷客户的正外部性没有得到法律的充分激励，负外部性没有得到法律的充分约束，导致农村消费信贷市场发展受阻。因此，从促进信贷机构和信贷客户参与农村消费信贷角度来讲，我国尚未形成系统的对信贷机构和信贷客户的激励与约束法律协同规制机制。所以必须进行完善，以此推动农村消费信贷市场的高质量发展。

　　本著作基于市场失灵与政府失灵的经济法克服原理，利用其中的外部性理论诠释和解决我国农村消费信贷中的制度不足并提出具体的法律完善措施。本著作认为，应当在分析我国农村消费信贷机构和信贷客户激励与约束法律机制现状及不足的前提下，结合我国农村消费信贷的自身特点，参考国外相关经验，从激励与约束协同法律规制的视角出发，构建本土化的针对信贷机构和信贷客户的激励与约束协同法律机制。

　　具体来看，首先，构建针对信贷机构的激励与约束协同法律机制，具体包括：一是要完善对信贷机构的法律激励机制，具体包括完善信贷主体市场准入激励、财政税收激励、信贷担保激励、风险转移激励、成本降低激励和业务开展激励制度，从而实现对信贷机构正外部性的激励；二是要完善对信贷机构的法律约束机制，具体包括完善支农责任约束、内部治理约束、金融创新约束、业务竞争约束、业务开展约束和信贷监管约束制度，从而实现对信贷机构负外部性的约束。其次，构建针对信贷客户的激励与约束协同法律机制，具体包括：一是要完善对信贷客户的法律激励机制，具体包括完善财政支农激励、信贷补贴激励、农业保险激励、社会保障激励、成本降低激励、其他业务激励和消费权益保护激励制度，从而实现对信贷客户正外部性的激励；二是完善对信贷客户的法律约束机制，具体包括完善信用征信约束、贷款审查约束、还款预警约束和失信惩戒约束制度，从而实现对信贷客户负外部性的约束。

总之，激励与约束协同规制的内在逻辑关系是：对信贷机构（信贷普惠）的约束可以对信贷客户产生（信贷受益）激励，从而解决信贷机构"惜贷"和"惧贷"的问题，使之不再成为"惜贷机构"和"惧贷机构"。对信贷客户的（信贷信用）约束可以对信贷机构产生（信贷赢利）激励，从而解决信贷客户"难贷"和"不贷"的问题，使之不再成为"难贷客户"和"不贷客户"。对信贷机构的激励是解决其信贷动力问题，对信贷机构的约束是解决其信贷责任问题；对信贷客户的激励是解决其借款动力问题，对信贷客户的约束是解决其还款责任问题。通过对信贷机构和信贷客户双向正负外部性的激励和约束，从而推动我国农村消费信贷市场的繁荣发展，最终推动乡村振兴，实现农业高质高效、乡村宜居宜业、农民富裕富足的美好愿景。

参考文献

一、中文参考文献

（一）著作

1. 白钦先、徐爱田、王小兴：《各国农业政策性金融体制比较》，北京：中国金融出版社 2006 年版。

2. 戴卫东、刘鸽：《消费心理学》，北京：北京大学出版社 2011 年版。

3. 杜金富等：《征信理论与实践》，北京：中国金融出版社 2004 年版。

4. 高铁生、郭冬乐：《扩大农村消费问题研究》，北京：中国社会出版社 2008 年版。

5. 胡元聪：《外部性问题解决的经济法进路研究》，北京：法律出版社 2010 年版。

6. 胡元聪：《正外部性的经济法激励机制研究》，北京：人民出版社 2021 年版。

7. 胡元聪等：《扩大农村消费需求的法律激励机制研究》，北京：法律出版社 2012 年版。

8. 李昌麒：《中国农村法治发展研究》，北京：人民出版社 2006 年版。

9. 李朝晖:《个人征信法律问题研究》,北京:社会科学文献出版社 2008 年版。

10. 李建:《农村金融服务满意度与中国现代农村金融制度激励功能研究》,郑州:河南人民出版社 2011 年版。

11. 李俊丽:《中国个人征信体系的构建与应用研究》,北京:中国社会科学出版社 2010 年版。

12. 李凌燕:《消费信用法律研究》,北京:法律出版社 2000 年版。

13. 李曙光:《中国征信体系框架与发展模式》,北京:科学出版社 2006 年版。

14. 刘天祥:《经济起飞过程中的农村消费品市场培育研究》,北京:工商出版社 2001 年版。

15. 马成文、李想、郑丽琳:《农村居民消费对我国经济发展影响效应研究》,合肥:中国科学技术大学出版社 2010 年版。

16. 莫竹琴、陈之华、王景:《走出消费低谷》,北京:中华工商联合出版社 2002 年版。

17. 申恩威:《日本信贷消费体系与制度》,北京:经济管理出版社 2002 年版。

18. 宋士云:《中国农村社会保障制度结构与变迁》,北京:人民出版社 2006 年版。

19. 粟勤:《消费信贷》,北京:中国审计出版社 2001 年版。

20. 庹国柱、王国军、段家喜、朱俊生:《"三农"保险创新与发展研究》,北京:中国金融出版社 2009 年版。

21. 汪小亚:《农村金融体制改革研究》,北京:中国金融出版社 2009 年版。

22. 王富全:《个人信用评估与声誉机制研究》,济南:山东大学出版社 2010 年版。

23. 王宁:《消费社会学——一个分析的视角》,北京:社会科学文献出版社 2001 年版。

24. 徐振宇：《中国农村居民消费发展报告》，北京：知识产权出版社 2010 年版。

25. 姚耀军：《农村金融理论的演变及其在我国的实践》，北京：群众出版社 2005 年版。

26. 尹世杰：《中国消费结构合理化研究》，长沙：湖南大学出版社 2001 年版。

27. 岳彩申：《中国农村金融法制创新研究》，北京：群众出版社 2011 年版。

28. 张军洲：《中国区域金融分析》，北京：中国经济出版社 1995 年版。

29. 张书云：《中国农村居民消费水平与消费结构研究》，北京：经济科学出版社 2010 年版。

30. 钟楚男：《个人信用征信制度》，北京：中国金融出版社 2002 年版。

31. 周显志：《金融市场中的消费信贷法律问题研究》，北京：法律出版社 2008 年版。

32. 邹浩：《美国消费信用体系初探》，北京：中国政法大学出版社 2006 年版。

33. 〔日〕速水佑次郎、〔美〕弗农·拉坦：《农业发展的国际分析》，郭熙保、张进铭译，北京：中国社会科学出版社 2000 年版。

（二）论文

1. 安起雷：《对完善我国农村消费信贷机构风险补偿机制的探讨》，《金融发展研究》2011 年第 6 期。

2. 蔡芳艳：《农村信用社信贷风险成因及对策》，《金融与经济》2000 年第 7 期。

3. 蔡雯：《完善西部地区农村金融服务体系的路径选择》，《廊坊师范学院学报（社会科学版）》2010年第1期。

4. 蔡则祥：《中国金融结构合理化问题研究》，《审计与经济研究》2006年第4期。

5. 曹丽萍：《加强农村金融消费者权益保护》，《光明日报》2014年4月19日，第5版。

6. 曹佩茹、赵景峰、梁桂贤、宋春雷：《以新农村建设为契机，加快涉农消费信贷发展》，《金融时报》2015年6月25日，第11版。

7. 曾之明、岳意定：《拓展中部地区农村消费信贷的实证分析——以湖南省为例》，《河南金融管理干部学院学报》2009年第2期。

8. 柴瑞娟：《村镇银行法律制度研究》，武汉大学博士学位论文，2009年。

9. 柴瑞娟：《村镇银行民营化探究——对民间资本投资村镇银行严格限制的反思》，《经济法论丛》2011年第2期。

10. 陈东、刘金东：《农村信贷对农村居民消费的影响——基于状态空间模型和中介效应检验的长期动态分析》，《金融研究》2013年第6期。

11. 陈东辉：《完善农村金融监管的"四个"机制》，《农民日报》2015年6月25日，第003版。

12. 陈亮：《撬动农村经济持续发展的金融支点——关于农村金融服务体系的功能演进与改革发展》，《江西财经大学学报》2006年第2期。

13. 陈普兴：《农村消费信贷对农村消费发展的实证分析》，《金融与经济》2009年第12期。

14. 陈蓉：《论我国开放民间金融市场的政府行为选择——基于日本、台湾地区民间金融的演化》，《理论导刊》2009年第7期。

15. 陈淑君：《浅析农村消费信贷发展缓慢的原因及对策》，《金融经济》2005 年第 6 期。

16. 陈晓静：《中国消费信贷研究》，复旦大学博士学位论文，2004 年。

17. 陈治：《财政激励、金融支农与法制化：基于财政与农村金融互动的视角》，《当代财经》2010 年第 10 期。

18. 程超：《我国银行消费信贷风险管理的方法探讨》，《金融经济》2007 年第 10 期。

19. 楚尔鸣、赵明勋：《金融抑制、金融深化与经济增长——基于中国的经验检验》，《湘潭大学社会科学学报》2003 年第 1 期。

20. 邓纲：《破法前行中的农村产权抵押融资制度改革——以成都为例》，载岳彩申主编：《中国农村金融法制创新研究》，北京：群众出版社 2011 年版。

21. 丁长发：《农村金融三大流派理论评述》，《时代金融》2010 年第 3 期。

22. 董玉华：《如何发挥金融杠杆效应撬动农村消费市场》，《金融教学与研究》2011 第 4 期。

23. 堵增德：《农村消费信贷市场潜在问题及对策》，《金融时报》2007 年 10 月 1 日，第 007 版。

24. 杜鹏：《农户农业保险需求的影响因素研究——基于湖北省五县市 342 户农户的调查》，《农业经济问题》2011 年第 11 期。

25. 杜文忠、温振华、李婕琼等：《河北省农村消费信贷市场的调查与思考》，《河北金融》2012 年第 2 期。

26. 杜晓山、宁爱照：《小额信贷批发基金的新视角——国际经验及对我国的政策思考》，《农村金融研究》2012 年第 11 期。

27. 杜晓山、腾超：《孟加拉农村就业支持基金会（PKSF）及对我国小额信贷发展的启示》，《农村金融研究》2010 年第 11 期。

28. 杜晓山：《商业化、可持续小额信贷的新发展——德国、阿尔巴尼亚和乌克兰小额信贷的探讨和考察》,《中国农村经济》2003 年第 10 期。

29. 杜晓山:《小额信贷与普惠金融体系》,《中国金融》2010 年第 8 期。

30. 杜晓山:《印度安德拉邦小贷危机的中国之鉴》,《经济金融观察》2011 年第 5 期。

31. 杜晓山:《中国农村小额信贷的实践尝试》,《中国农村经济》2004 年第 8 期。

32. 段应碧:《发展公益性小额信贷组织,破解贫困农户贷款难题》,《农业经济问题》2011 年第 1 期。

33. 方昕:《小额信贷激励机制与微观信贷政策创新研究》,西南财经大学博士学位论文,2010 年。

34. 高亮:《当前农村消费信贷市场的现状及发展对策》,《西南金融》2007 年第 11 期。

35. 高珊珊:《农村消费信贷信用风险评估》,中国矿业大学博士学位论文,2010 年。

36. 高圣平、陈文学:《农村信贷抵押制度的完善》,《武汉金融》2009 年第 11 期。

37. 高祥:《澳大利亚农村金融法律与服务研究》,《比较法研究》2011 年第 1 期。

38. 葛鸣:《我国农村居民消费信贷需求的影响因素分析》,河北经贸大学硕士学位论文,2012 年。

39. 耿文:《海南州农村消费信贷发展缓慢的原因分析》,《青海金融》2009 年第 9 期。

40. 龚晓菊、张禹:《当前金融支持扩大农村消费的路径选择》,《应用经济学评论》2011 年第 1 期。

41. 顾静、吴忠:《社会保障、居民消费与地区差异性——基于

2006—2010 年各省面板数据的实证研究》,《社会保障研究》2013 年第 2 期。

42. 郭宝贵、刘兆征:《建立扩大农村消费需求的长效机制》,《宏观经济管理》2011 年第 11 期。

43. 郭丹、窦玉前:《金融消费者权利救济机制研究》,《商业研究》2012 年第 8 期。

44. 郭建斌:《国外小额信贷可持续发展的内在机理及经验借鉴》,《农村金融研究》2011 年第 2 期。

45. 郭梅亮、徐璋勇:《农村非正规金融组织演变、规模与政策选择》,《金融理论与实践》2011 年第 3 期。

46. 郭永春:《做好信贷审查"五部曲"提升信贷资产发展品质》,《湖北农村金融研究》2011 年第 11 期。

47. 郝建明、刘敬:《张红对农村消费信贷情况的调查与思考——以邯郸辖区为例》,《河北金融》2013 年第 7 期。

48. 何广文:《从农村居民资金借贷行为看农村金融抑制与金融深化》,《中国农村经济》1999 年第 10 期。

49. 何广文:《金融抑制:农村居民资金借贷行为扭曲的根本原因》,《经济研究参考》1999 年第 5 期。

50. 贺珍瑞:《新时期扩大农村消费需求的制约因素与对策探析》,《理论导刊》2009 年第 4 期。

51. 胡丹:《从商业银行赢利性角度看我国消费信贷》,《海南金融》2001 年第 6 期。

52. 胡坤:《个人消费业务的风险与防范对策》,《贵州农村金融》2011 年第 2 期。

53. 胡元聪、莫小坤:《国家有效干预下我国农村金融消费市场的构建》,《南方金融》2011 年第 7 期。

54. 胡元聪、杨秀清:《农村金融正外部性的经济法激励——基于完善农村金融法律体系的视角》,《农业经济问题》2010 年第 10 期。

55. 胡元聪:《农业正外部性解决的经济分析》,《调研世界》2009 年第 5 期。

56. 胡元聪:《我国法律激励的类型化分析》,《法商研究》2013 年第 4 期。

57. 胡元聪、羊海燕:《农村消费信贷制度供给侧改革的法经济学分析》,《湖湘论坛》2017 年第 1 期。

58. 胡志成、唐剑:《农村消费信贷的制约因素与发展对策》,《武汉金融》2012 年第 12 期。

59. 黄海林、谢元态:《发达国家农村合作金融的发展及监管的经验借鉴》,《海南金融》2007 年第 3 期。

60. 黄振香、谢志忠:《法经济学视域下的农村金融监管制度创新——供求均衡视角分析》,《福建论坛(人文社会科学版)》2011 年第 11 期。

61. 黄忠新:《健全信贷担保机制,缓解农村信贷约束》,《征信》2010 年第 3 期。

62. 纪崴:《金融支持农村消费大有可为》,《中国金融》2011 年第 16 期。

63. 季文琳:《国外消费信贷模式研究及其对我国的借鉴》,《时代金融》2012 年第 12 期。

64. 鞠晔:《澳大利亚消费信贷法律制度及其启示》,《商业研究》2013 年第 4 期。

65. 康红燕:《我国城乡居民消费信贷差异的影响因素分析》,湖南师范大学硕士学位论文,2014 年。

66. 孔文金、尤彬、王燕兰:《鹰潭市农村消费及其信贷问题研究》,《金融经济》2012 年第 3 期。

67. 雷贵优:《欠发达地区农村消费信贷与农民收入的实证分

析——以福建省宁化县为例》,《时代金融》2013 年第 30 期。

68. 李芙蓉:《增加农民收入扩大农村消费需求——美国的经验及我国的现实选择》,《特区经济》2011 年第 5 期。

69. 李军、李娟:《拓展农村消费信贷市场的建议》,《甘肃金融》2010 年第 4 期。

70. 李凌:《村镇银行的监管创新——兼评主发起行制度》,《理论与改革》2014 年第 1 期。

71. 李萍:《扩大内需与消费方式的转变》,《理论界》2013 年第 3 期。

72. 李瑞英:《我国农村消费信贷持续健康发展研究》,《现代商贸工业》2011 年第 3 期。

73. 李伟:《进一步完善扩大我国农村居民消费的财政政策》,《经济研究参考》2011 年第 32 期。

74. 李翔、朱玉春:《受教育程度对农村居民消费结构影响研究》,《统计与决策》2013 年第 12 期。

75. 李晓健:《国外农村金融体制对我国的借鉴和启示》,《沿海企业与科技》2012 年第 4 期。

76. 李信见:《基于农村信用体系建设的信用制度激励与约束机制——长岛农村信用社优化金融生态环境与化解不良贷款案例》,《征信》2011 年第 5 期。

77. 李阳:《西部地区农村金融深化中的政府行为研究》,兰州大学博士学位论文,2009 年。

78. 李雨嘉:《论我国农村消费信贷需求与策略》,《理论月刊》2010 年第 8 期。

79. 李长生、张文棋:《农户正规信贷需求和信贷约束——基于江西省的调查》,《农林经济管理学报》2014 年第 4 期。

80. 林毅夫:《在农村经济结构调整中创造巨大需求》,《人民论坛》2000 年第 1 期。

81. 刘宝珍：《拓展我国农村消费信贷市场的思考》，《经济视角》2010年第6期。

82. 刘华：《创新农村信贷担保方式先要过产权登记关》，《农村金融时报》2016年5月30日，A08版。

83. 刘金东、冯经纶：《农村消费信贷供给的调整：规模还是结构》，《上海金融》2014年第3期。

84. 刘荣茂、马林靖：《中国农村政策性金融发展的国际借鉴》，《世界农业》2005年第3期。

85. 刘士谦：《供给视角下的农村消费信贷制约因素及路径选择》，《金融理论与实践》2012年第2期。

86. 刘媛媛、喻青：《农村信贷风险评估与控制》，《合作经济与科技》2011年第1期。

87. 柳沙玲：《基于消费结构升级的农村消费信贷需求与供给研究》，湖南大学硕士学位论文，2008年。

88. 娄耀平、梁爱香：《农村消费信贷发展调查分析及对策建议》，《河北金融》2009年第6期。

89. 陆智强、熊德平、李红玉：《新型农村金融机构：治理困境与解决对策》，《农业经济问题》2011年第8期。

90. 罗建朝、赵雯：《农户对村镇银行贷款意愿的影响因素实证分析——基于有序Probit模型的估计》，《西部金融》2012年第2期。

91. 罗正雄：《创新农村消费信贷机制，推动农村大宗家庭耐用品消费》，《中国连锁》2014年第7期。

92. 马桂花：《保护消费者是解决危机的核心——访国际消费者联合会副会长比耶内彼得森》，《环球》2009年第5期。

93. 马九杰、刘海英、温铁军：《农村信贷约束与农村金融体系创新》，《中国农村金融》2010年第2期。

94. 马九杰、周向阳、陆建云：《担保抵押制度改革与农村金融产品及服务创新》,《沈阳农业大学学报(社会科学版)》2011年第6期。

95. 马九杰:《抵押品替代机制与农村金融创新》,《中国农村金融》2008年第1期。

96. 马九杰、郭宇辉、朱勇:《县域中小企业贷款违约行为与信用风险实证分析》,《管理世界》2004年第5期。

97. 马敏:《信贷征信机构研究:脉络梳理和趋势展望》,《征信》2012年第3期。

98. 马晓河、蓝海涛:《当前我国农村金融面临的困境与改革思路》,《中国金融》2003年第11期。

99. 茅于轼:《农村金融机构如何面对"三农"信贷的高成本?》,《中国城乡金融报》2008年8月6日,B03版。

100. 孟方琳、林薇:《美国个人征信体系的运作特征及启示》,《商业时代》2012年第19期。

101. 闵远光:《失信惩罚机制的设计与运行研究》,《企业经济》2004年第10期。

102. 明洪盛:《商业银行消费信贷的风险分析与对策研究》,《湖北社会科学》2007年第12期。

103. 聂强:《小额信贷的偿还机制:一个理论述评》,《中国农村观察》2010年第1期。

104. 欧永生:《农户贷款担保方式创新途径——以湖南永州农行为例》,《金融经济》2010年第4期。

105. 秦业驰:《发展农民消费信贷问题研究——以江苏仪征农村合作银行为例》,《市场周刊》2012年第3期。

106. 冉光和:《财政货币政策配合与农业可持续发展》,《财经问题研究》2000年第1期。

107. 任军利、黄春磊:《中日农业金融体系的比较及其启示》,《江西社会科学》2010年第8期。

108. 任伟：《对我国农村金融抑制问题的思考》，《林业经济》2006 年第 9 期。

109. 任晓霞：《激活农村消费信贷促进新农村建设》，《新疆金融》2007 年第 3 期。

110. 阮小莉、仲泽丹：《城乡居民消费信贷影响因素的差异化研究——基于四川省调研数据的分析》，《财经科学》2013 年第 6 期。

111. 桑瑜：《基于组织创新的农村金融发展研究》，中共中央党校博士学位论文，2012 年。

112. 盛学军、于朝印：《中国农村合作金融异化语境下的法律制度重构》，《社会科学》2010 年第 12 期。

113. 史林东：《对西部欠发达地区农村消费信贷发展的调查与思考——以甘肃省天水市为例》，《消费导刊》2010 年第 5 期。

114. 宋磊、李俊丽：《农户信贷需求与农村金融市场非均衡态势的实证分析》，《农业经济问题》2007 年第 7 期。

115. 宋丽智、胡宏兵：《美国〈多德—弗兰克法案〉解读——兼论对我国金融监管的借鉴与启示》，《宏观经济研究》2011 年第 1 期。

116. 宋晓燕：《论美国金融消费者保护的联邦化及其改革》，《河北法学》2009 年第 11 期。

117. 宋艳林、刘小玲：《金融抑制及我国农村金融体系的重构分析》，《南方经济》2004 年第 7 期。

118. 苏均和：《信用的经济价值与我国失信惩罚机制的构建》，《探索与争鸣》2009 年第 4 期。

119. 孙保营：《国外农村金融支持农村建设与发展的经验和启示》，《当代经济》2008 年第 19 期。

120. 孙树巍、张宁：《浅谈做好银行信贷业务工作的几点措施》，《理财》2011 年第 12 期。

121. 谭晓宇、郭金林：《影响我国农村消费的深层次原因探究——完善促进农村消费的财税政策思考》,《价格理论与实践》2010年第1期。

122. 唐灿:《中外农村消费信贷促进法律机制比较及研究——基于对信贷机构激励约束视角》,西南政法大学硕士学位论文,2013年。

123. 唐菁菁、孙灵刚:《中美商业银行中间业务的创新机制研究》,《南方金融》2012年第1期。

124. 陶广峰、谭正航:《我国农村金融组织法律制度:反思与创新》,载岳彩申主编:《中国农村金融法制创新研究》,北京:群众出版社2011年版。

125. 陶桂平、韩立岩:《扩大农村消费需求,完善消费信贷体系》,《中国农村金融》2011年第6期。

126. 腾向丽:《促进农村消费信贷良性发展》,《经营管理》2011年第4期。

127. 涂永前:《美国2009年〈个人消费者金融保护署法案〉及其对我国金融监管法制的启示》,《法律科学(西北政法大学学报)》2010年第3期。

128. 汪三贵、李萤星:《印尼小额信贷的商业化运作》,《银行家》2006年第3期。

129. 汪习根、滕锐:《论区域发展权法律激励机制的构建》,《中南民族大学学报(人文社会科学版)》2011年第3期。

130. 汪习根:《发展权及中国发展法治化的三维研究》,《政治与法律》2007年第4期。

131. 王冰、杨虎涛:《论正外部性内在化的途径与绩效——庇古和科斯的正外部性内在化理论比较》,《东南学术》2002年第6期。

132. 王定祥、李伶俐:《发达国家农村金融市场发展的经验与启示》,《上海金融》2009年第7期。

133. 王广谦:《中国金融发展中的结构问题分析》,《金融研究》

2002 年第 5 期。

134. 王国华、李克强:《论我国农村金融抑制与金融制度创新》,《中央财经大学学报》2006 年第 5 期。

135. 王海波、郭军:《新型农村消费信贷机构国内研究综述》,《山东经济》2011 年第 5 期。

136. 王宏:《我国商事失信惩戒法律制度的构建》,《湖北大学学报(哲学社会科学版)》2015 年第 2 期。

137. 王怀勇、陈璞:《农村小额信贷模式的比较法研究》,《北京工业大学学报(社会科学版)》2011 年第 6 期。

138. 王怀勇、董广绪:《我国农村信贷市场深化的路径选择:以村民委员会为中心》,《求实》2010 年第 6 期。

139. 王利军、韩和亮:《我国农村小额信贷借款人权益保护研究》,《辽宁工业大学学报(社会科学版)》2011 年第 8 期。

140. 王楠:《农村消费信贷促进法律机制研究——基于对信贷机构激励与约束的视角》,西南政法大学硕士学位论文,2013 年。

141. 王锐、熊键、黄桂琴:《完善我国个人信用征信体系的法学思考》,《中国法学》2002 年第 4 期。

142. 王睿、林建:《农村小额信贷激励机制研究进展、局限与启示》,《重庆大学学报(社会科学版)》2012 年第 3 期。

143. 王淑华、梁荣:《推进民族贫困地区农业保险的建议》,《甘肃金融》2007 年第 4 期。

144. 王文兹:《强化农村信用社贷前审查降低信贷风险》,《中国金融网》2008 年 10 月 6 日。

145. 王小朵:《农村消费信贷促进法律机制研究——基于对信贷客户激励与约束的视角》,西南政法大学硕士学位论文,2013 年。

146. 王小华、田庆刚、王定祥:《东南亚国家农村扶贫信贷制度的比较与启示》,《上海金融学院学报》2011 年第 2 期。

147. 王永平：《关于启动农村消费信贷的思考》，《理论观察》2002 年第 2 期。

148. 王玉：《中国古代农村金融萌芽初探》，《长沙大学学报》2016 年第 1 期。

149. 王煜宇：《农村金融法制化：国际经验与启示》，《农业经济问题》2011 年第 8 期。

150. 王煜宇：《新型农村金融服务主体与发展定位：解析村镇银行》，《改革》2012 年第 4 期。

151. 王越子、杨雪：《抵押物残缺，担保机制与金融支持土地流转：成都案例》，《西南金融》2010 年第 2 期。

152. 温铁军：《农村合作金融研究与发展的基本思路》，《农村经营管理》1994 年第 1 期。

153. 温铁军：《重构农村金融体系，农村资金回流农村》，《华夏星火》2007 年第 2 期。

154. 文启湘、李有生、梁莉：《农村金融支持农民消费问题研究》，《福建论坛》2011 年第 2 期。

155. 吴苏林、王玥：《农村信贷消费结构和走势分析——基于对湖南省的调查》，《中国农村金融》2015 年第 14 期。

156. 吴晓灵：《充分利用财政杠杆金融和对小企业的金融服务》，《中国农村信用合作》2009 年第 4 期。

157. 吴艳：《利率市场化背景下农村中小金融机构面临的挑战与对策》，《西部金融》2013 年第 10 期。

158. 吴云勇、张月：《辽宁省农村消费信贷存在的问题与对策分析》，《中国商贸》2015 年第 3 期。

159. 向志勇：《我国农村贷款担保机制研究》，载岳彩申主编：《中国农村金融法制创新研究》，北京：群众出版社 2011 年版。

160. 谢渡杨：《加强银行机构的公司治理》，《经济导刊》2002 年第 1 期。

161. 谢平:《中国金融资产结构分析》,《经济研究》1992 年第 11 期。

162. 谢欣:《农村金融消费者权益保护的缺失与重构》,《银行家》2011 年第 9 期。

163. 谢玉梅、胡基红:《农村信贷配给现状、成因及对策分析》,《商业研究》2013 年第 1 期。

164. 刑会强:《我国微型金融发展中的法律与政策问题》,载岳彩申主编:《中国农村金融法制创新研究》,北京:群众出版社 2011 年版。

165. 徐充、张志元:《关于拓展我国农村消费信贷的思考》,《经济问题》2009 年第 9 期。

166. 徐国强:《农村信贷市场的主要问题与解决对策》,《理论探索》2010 年第 3 期。

167. 徐和清:《供应链金融视角中的农户消费信贷研究》,《消费经济》2011 年第 1 期。

168. 徐瑞娥:《关于我国农村消费的现状及对策思虑研究综述》,《经济研究参考》2008 年第 24 期。

169. 徐文龙:《农业保险与农业信贷互动实证研究》,《河北金融》2013 年第 2 期。

170. 薛永洁:《健全的征信体系对扩大内需的有效性问题研究》,《征信》2012 年第 5 期。

171. 薛玉玲:《西部农村消费信贷现状及对策——对玉门市农村消费信贷开展情况的调查》,《金融经济》2007 年第 5 期。

172. 杨丽、陈超:《政府公共品供给对农村居民消费结构的影响——基于教育和医疗投入的分析》,《南京农业大学学报(社会科学版)》2013 年第 6 期。

173. 杨盛兰:《农村消费信贷法制建设探讨》,暨南大学硕士学位论文，2009年。

174. 杨松、姜庆丹：《美国农场信贷立法及其对中国的启示》，《暨南学报（哲学社会科学版）》2011年第6期。

175. 杨晓东、常文利：《新型村镇银行运营优势与突出问题研究》，《兰州学刊》2010年第7期。

176. 姚耀军：《中国农村金融改革：基于金融功能观的分析》，《西安交通大学学报（社会科学版）》2006年第4期。

177. 叶娟：《农村居民消费需求及金融支持管见》，《武汉金融》2009年第4期。

178. 易纲：《中国金融资产结构分析及政策含义》，《经济研究》1996年第12期。

179. 易宪容、黄瑜琴、李薇：《消费信贷、信用约束与经济增长》，《经济学动态》2004年第4期。

180. 殷本杰：《金融约束：新农村建设的金融制度安排》，《中国农村经济》2006年第6期。

181. 尹婵娟、张洋：《我国农村金融机构存款外流问题研究》，《经济论坛》2010年第4期。

182. 应宜逊：《落实"新36条"，向民间资本开放微型金融机构市场准入》，《上海金融》2010年第10期。

183. 袁月兴、杨帅、温铁军：《社会资本与农户信贷约束缓解——山西蒲韩乡村合作与台湾农会比较研究》，《贵州社会科学》2012年第6期。

184. 袁兆虎：《对经济欠发达地区农村金融信贷产品创新现状及存在问题的调查与思考——以张家界为例》，《金融经济》2009年第6期。

185. 岳彩申、张晓东：《金融创新产品法律责任制度的完善——后金融危机时代的反思》，《法学论坛》2010年第5期。

186. 岳彩申：《民间借贷的激励性法律规制》，《中国社会科学》2013年第10期。

187. 岳彩申：《民间借贷规制的重点及立法建议》，《中国法学》2011年第5期。

188. 翟书斌：《论现阶段我国农村的金融抑制》，《河南金融管理干部学院学报》2004年第2期。

189. 张杰：《国有银行的存差：逻辑与性质》，《金融研究》2003年第6期。

190. 张龙耀：《中国农村信贷市场失灵与创新路径研究》，南京农业大学博士学位论文，2010年。

191. 张美君：《马克思消费思想及其当代价值研究》，天津师范大学博士学位论文，2015年。

192. 张群、孙同全、潘忠：《社会责任与小额信贷运行》，《中国金融》2012年第18期。

193. 张瑞峰：《中外农村消费信贷促进法律机制的比较研究——基于对信贷客户激励与约束的视角》，西南政法大学硕士学位论文，2013年。

194. 张卫星、田松冈、胡芳：《对农村信贷担保机制的思考》，《武汉金融》2009年第1期。

195. 张晓萍：《农村消费信贷发展缓慢的原因及对策》，《金融时报》2011年9月15日，第12版。

196. 张晓山、何安耐：《关于农村金融体制改革的几点思考》，《农业经济问题》2002年第9期。

197. 张晓山：《浅议农村合作金融体制的建立与发展》，《改革》1993年第6期。

198. 赵慧：《我国个人征信制度建设存在的问题及建议》，《贵州财经学院学报》2003年第2期。

199. 赵莎莎、杨建立：《家电下乡的实施效果与政策完善——基于全国 246 村 3656 农户的调查与回访》，《西部论坛》2011 年第 2 期。

200. 赵征、冯洁琼：《新型农村金融机构监管法律制度探析》，《河北法学》2011 年第 4 期。

201. 郑琳：《由监管角度看存款保险制度在村镇银行的适用——基于银监会对村镇银行监管政策的分析》，《知识经济》2012 年第 12 期。

202. 植凤寅：《如何促进县域金融机构新吸收存款主要用于当地》，《中国金融》2009 年第 10 期。

203. 中国人民银行上海总部：《国外小额信贷可持续发展的内在机理及经验借鉴》，《农村金融研究》2011 年第 2 期。

204. 中国人民银行天津分行课题组：《统筹城乡金融资源配置完善农村资金回流机制》，《中国金融》2006 年第 2 期。

205. 中国人民银行通辽市中心支行课题组：《启动欠发达地区农村消费市场的难点与对策》，《内蒙古金融研究》2008 年第 8 期。

206. 周科、王钊：《西部农村金融服务确实的生成机理研究——以重庆市为例》，《经济问题》2010 年第 5 期。

207. 周显志、蒲海涛：《关于加快我国个人联合征信法律制度建设的探讨》，《暨南学报（人文科学与社会科学版）》2004 年第 2 期。

208. 周显志、夏少敏：《关于消费信贷问题的法学思考》，《消费经济》1999 年第 3 期。

209. 周显志、郑佳：《论消费信用卡透支风险的法律监管制度建设》，《法学论坛》2005 年第 2 期。

210. 周显志：《论加强和完善我国消费信贷法律制度的建设》，《法治论坛》2011 年第 2 期。

211. 周显志：《我国消费信贷立法若干问题探讨》，《暨南学报（哲学社会科学）》2000 年第 2 期。

212. 周显志：《消费信贷法治建设探论》，《经济法研究》2010 年第 1 期。

213. 周小川:《关于农村金融改革的几点思路》,《经济学动态》2004 年第 8 期。

214. 周新辉:《我国征信体系建设中的失信惩戒机制的构建》,《财会月刊》2009 年第 18 期。

215. 朱宝丽、马运全:《我国农村金融法制问题研究》,《理论学刊》2008 年第 7 期。

216. 朱博、陈舒兴:《我国城镇居民消费结构的区域差异研究——基于中西部地区的面板数据模型》,《区域经济评论》2014 年第 3 期。

217. 朱玲:《印尼农业和乡村发展银行与小额信贷扶贫》,《金融研究》1998 年第 5 期。

218. 朱小川:《银行业消费者投诉途径及非诉争端解决机制——以英美等国为例》,《金融理论与实践》2013 年第 8 期。

219. 左平良:《贫困农户信贷权及其实现的经济法分析》,《政治与法律》2010 年第 11 期。

二、外文参考文献

(一) 著作

1. Adams, D. W., Douglas H. Graham, J. D. Vonpischke, eds, *Undermining Rural Development with Cheap Credit*, Westview Press, 1984.

2. Armendáriz, Beatriz, Jonathan Morduch, *The Economics of Microfinance*, MIT Press, 2010.

3. Bhatt, N., *Inner City Entrepreneurship Development: the Microcredit Challenge*, ICS Press, 2002.

4. Chant, J., "The New Theory of Financial Intermediation", in Kevin

Dowd, Mervyn K. Lewis, *Current Issues in Financial and Monetary Economics*, The Macmillan Press Ltd., 1989.

5. Coleman, James S., *Foundations of Social Theory*, Harvard University Press, 1990.

6. Deaton, Angus, *Essays in The Theory and Measurement of Consumer Behavior*, Cambridge University Press, 1981.

7. Deaton, Angus, *Understanding Consumption*, Oxford University Press, 1992.

8. Dixit, Avinash K., *Lawlessness and Economics: Alternative Modes of Governance*, Princeton University Press, 2004.

9. Duesenberry, S., *Income, Saving and the Theory of Consumer Behavior*, Harvard University Press, 1949.

10. Friedman, M., *A Theory of the Consumption Function*, Princeton University Press, 1957.

11. Fry, Maxwell J., *Money, Interest and Banking in Economic Development*, Johns Hopkins University Press, 1995.

12. Ghate, *Informal Finance: Some Findings from Asia Boston*, Oxford University Press, 1992.

13. Hoff, K., A. Braverman, J. E. Stiglitz (eds.), *The Economics of Rural Organization: Theory, Practice And Policy*, Oxford University Press, 1993: 186-213.

14. Krahnen, Jan Pieter, Reinhard H. Schmidt, eds, *Development Finance as Institution Building—A New Approach to Poverty-Oriented Banking*, Westview Press, 1994.

15. Masahiko Aoki, Hyung-Kikim and Masahiro Okuno-Fujiwara (eds.), *The Role of Government in East Asian Economic Development: Comparative Institutional Analysis*, Oxford University Press, 1996.

16. Modigliani, F., R. Brumberg, "Utility Analysis and the Consumption Function: An Interpretation of the Cross-Section Data", in K. K. Kurihara (ed.), *Post-Keynesian Economics*, Rutgers University Press, 1954.

17. North, D., *Institutions, Institutional Change and Economic Performance,* Cambridge University Press, 1990.

18. Rahman, A., *Women and Microcredit in Rural Bangladesh: An Anthropological Study of Grameen Bank Lending*, Westview Press, 1999.

19. Scott, James C., *Domination and the Art of Resistance*, Yale University Press, 1990.

20. Shaw, Edward S., *Financial Deepening in Economic Development*, Oxford University Press, 1973.

21. Von Pischke, J. D., D. W. Adams, G. Donald, *Rural Financial Markets in Developing Countries*, The Johns Hopkins University Press, 1983.

22. Wahid, A. (ed.), *The Grameen Bank: Poverty Relief in Bangladesh*, Westview Press, 1993.

（二）论文、报告

1. Acemoglu, Daron, Simon Johnson, "Unbundling Institutions", *Journal of Political Economy*, 2005, 113(5): 949-995.

2. Adams, Dale W., "Filling the Deposit Gap in Microfinance", Paper for the Best Practices in Savings Mobilization Conference, Washington, D. C., 2002, 1(10): 5-6.

3. Ahmed, Anwar, John Kennedy, "The Effect of Credit Liberalization on Farm Households in Bangladesh", *The Bangladesh Development Studies* Vol. 22, No. 4, December, 1994: 1-21.

4. Akerlof, G. A., "The Market for 'Lemons': Quality Uncertainty and

the Market Mechanism", *Quarterly Journal of Economics*, Vol. 84, No. 3, 1970: 488-500.

5. Amott, R. J., J. E. Stigiliz, "Externalities in Economies with Imperfect Information and Incomplete Market", *Quarterly Journal of Economics*, May, 1986.

6. Andersen, Erna, Paula Kantor, Amanda Sim, "Microcredit Informal Credit and Rural Livelihoods: A Village Case Study", *Afghanistan Research and Evaluation Unit Case Study Series,* April, 2008.

7. Bacchetta, S. Gerlach, "Consumption and Credit Constraints: International Evidence", *Journal of Monetary Economics*, 1997, 40(2): 207-238.

8. Banerjee, Abhijit V., Andrew F. Newman, "Occupational Choice and the Process of Development", *Journal of Political Economy*, Vol. 101, No. 2, Apr., 1993: 274-298.

9. Barro, R. J., "The Loan Market, Collateral and Rate of Interest", *The Journal of Money, Credit and Banking*, 1976: 345.

10. Berger, A. N., G. F. Udell, "Collateral, Loan Quality and Bank Risk", *Journal of Monetary Economies*, 1990, 25(1): 21-42.

11. Berger, A. N., G. F. Udell, "Small Business Credit Availability and Relationship Lending: The Importance of Bank Organizational Structure", *The Economic Journal*, Vol. 112, 2002: 32-53.

12. Besley, Timothy, "How Do Market Failures Justify Interventions in Rural Credit Markets?", *World Bank Research Observer*, 1994, 9(1): 27-47.

13. Bester, Helmut, "Screening vs. Rationing in Credit Markets with Imperfect Information", *The American Economic Review*, Vol. 75, No. 4, 1985: 850-855.

14. Bharat, B., S. Ogden, "Group Lending and Individual Lending with

Strategic Default", *Journal of Development Economics*, 2010, 91(2): 348-363.

15. Bonatti, L., A. Fracasso, "Hoarding of International Reserves in China: Mercantilism, Domestic Consu on and US Monetary Policy", *Journal of International Money and Finance*, 2013, 32(2): 1044-1078.

16. Bose, "Formal-Informal Sector Interaction in Rural Credit Markets", *Journal of Development Economics*, 1998, 56: 265-280.

17. Braverman, Avishay, J. Luis Guasch, "Rural Credit Markets and Institutions in Developing Countries: Lessons for Policy Analysis from Practice and Modern Theory", *World Development*, Vol.14, No.10/11, October-November, 1986: 1253-1267.

18. Chan, Yuk-Shee, George Kanatas, "Asymmetric Valuations and the Role of Collateral in Loan Agreements", *Journal of Money, Credit and Banking*, Vol. 17, No. 1, Feb., 1985: 84-95.

19. Chang, Beryl Y., "Greater Access to Consumer Credit: Impact on Low Versus High Income Groups", *Journal of Business & Economic Studies*, Vol.16, No.1, 2010: 33-57.

20. Chowdhury, Prabal Roy, "Group-lending with Sequential Financing, Contingent Renewal and Social Capital", *Journal of Development Economics*, Vol. 84, 2007: 487-506.

21. Conning, J., "Monitoring by Delegates or by Peers? Joint Liability Loans under Moral Hazard", Working Paper, 2005.

22. Demirguc-Kunt, Levein, "Regulation, Market Structure, Institutions, and the Cost of Financial Intermediation", *Journal of Money, Credit and Banking*, 2004(3): 593-622.

23. Demirgus-Kunt, "The Financial System and Public Enterprises Reform: Concepts and Cases", *World Bank Policy Research Working Paper*, 1994(6), No. 1319.

24. Demsetz, Harold, "The Structure of Ownership and the Theory of the Firm", *Journal of Law and Economics*, Vol. 26, 1983: 375-390.

25. Devereux, J., R. Fishe, "An Economic Analysis of Group Lending Programs in Developing Countries", *The Developing Economics*, Vol. 31(l), 1993: 102-121.

26. Diamond, D. W., "Financial Intermediation and Delegated Monitoring", *Review of Economic Studies*, Vol. 51, 1984: 393-414.

27. Diamond, Douglas W., "Monitoring and Reputation: The Choice between Bank Loans and Directly Placed Debt", *Journal of Political Economy*, Vol. 99, No. 4, Aug., 1991: 689-721.

28. Dong, F., J. Lu, A. M. Featherstone, "Effects of Credit Constraints on Household Productivity in Rural China", *Agricultural Finance Review*, 2012, 72(3): 402-415.

29. Feder, G., A. Nishio, "The Benefits of Land Registration and Titling: Economic and Social Perspectives", *Land Use Policy*, Vol. 15, No. 1, 1998: 24-44.

30. Frame, W. Scott, Aruna Srinivasan, Lynn Woosley, "The Effect of Credit Scoring on Small-Business Lending", *Journal of Money, Credit and Banking*, Vol. 33(3), 2001: 813-825.

31. Franks, J., C. Mayer, "Capital Markets and Corporate Control: A Study of France, Germany, and the UK", *Economic Policy*, 1990(4): 189-213.

32. Fuentes, G. A., "The Use of Village Agents in Rural Credit Delivery", *Journal of Development Studies*, Vol. 33(2), 1996: 188-209.

33. Gangadharanl, Cason T. N., Maitra P. Moral, "Hazard and Peer Monitoring in a Laboratory Microfinance Experiment", *Journal of Economic Behavior and Organization*, 2012.

34. Gibson, E. Tsakalotos, "The Scope and Limits of Financial

Liberalization in Developing Countries: A Critical Survey", *Journal of Developing Studies*, 1994(3): 578-628.

35. Greenwood, J., B. Jovanovic, "Financial Development and Economic Development", *Economic Development and Cultural Change*, 1990.

36. Gulli, Hege, "Microfinance,Questioning the Conventional Wisdom", *International Development Bank*, NewYork, 1998.

37. Hoff, Karla, Joseph E. Stiglitz, "Introduction: Imperfection information and Rural Credit Markets: Puzzles and Policy Perspectives", *The World Bank Economic Review*, Vol. 4(3), 1991: 235-250.

38. Hoff, Karla, Joseph E. Stiglitz, "Moneylenders and Bankers: Price-Increasing Subsidies in a Monopolistically Competitive Market", *Journal of development Economics*, Vol. 52, 1997: 429-462.

39. Impavido, G., "Credit Rationing, Group Lending and Optimal Group Size", *Annals of Public and Cooperative Economics*, 1998, 69 (2).

40. Jacob Yaron, "What Makes Rural Finance Institutions Successful?", *World Bank Research Observer*, Vol. 9(1), 1994: 49-70.

41. Jain, "Symbiosis vs. Crowding-Out: the Interaction of Formal and Informal Credit Markets in Developing Countries", *Journal of Development Economics*, Vol. 59, 1999: 419-444.

42. Jensen, Michael C., William H. Meckling, "Theory of the Firm: Managerial Behavior, Agency Costs and Ownership Structure", *Journal of Financial Economics*, Vol. 3, Issue 4, October, 1976: 305-360.

43. Johnson, S., P. Boone, A. Breach, E. Friedman, "Corporate Governance in the Asian Financial Crisis", *Journal of Financial Economics*, 2000(58): 141-186.

44. José De Gregorio, "Borrowing Constraints, Human Capital Accumulation, and Growth", *Journal of Monetary Economics*, Vol. 37,

Issue 1, February, 1996: 49-71.

45. Keynes, J. M., "General Theory of Employment, Interest and Money", *American Economics Review*, 26(3), 1936: 490-493.

46. Klein, B., K. B. Leffler, "The Role of Market Forces in Assuring Contractual Performance", *Journal of Political Economy*, Vol. 89, 1981: 1326-1346.

47. Kon, Y., D. J. Storey, "A Theory of Discouraged Borrowers", *Small Business Economics*. Vol. 21, 2003: 37-49.

48. Kumar, P. C., "Ineffciencies From Financial Liberalization in the Absence of Well-Functioning Equity Markets: A Comment", *Journal of Money, Credit and Banking*, 1994(26): 341-344.

49. Leeth, John D., Jonathan A. Scott, "The Incidence of Secured Debt: Evidence From the Small Business Community", *Journal of Financial and Quantitative Analysis*, Vol. 24, Issue 3, September, 1989: 379-394.

50. Livingstone, Sonia M., Peter K. Lunt, "Predicting Personal Debt and Debt Repayment: Psychological, Social and Economic Determinants", *Journal of Economic Psychology*, Vol. 13, Issue 1, 1992: 111-136.

51. Manohar, Sharma, Manfred Zeller, "Repayment Performance in Group-Based Credit Programs in Bangladesh: An Empirical Analysis", *World Development*, Vol. 25, 1998: 1731-1742.

52. Martin, J. Spencer, Anthony M. Santomero, "Investment Opportunities and Corporate Demand for Lines of Credit", *Journal of Banking & Finance*, Vol. 21, Issue 10, October, 1997: 1331-1350.

53. Miller, "Twelve Key Challenges in Rural Finance", FAO, 2004:1-2.

54. Morduch, Jonathan, "The Microfinance Promise", *Journal of Economic Literature*, Vol. XXXVll, 1999: 1569-1614.

55. Mujumdar, N. A., "Overhauling the Somnolent Rural Credit

System", *Economic and Political Weekly* Vol. 32, No. 42, Oct.18-24, 1997: 2707-2710.

56. Myers, J. H., E. W. Forgy, "The Development of Numerical Credit Evaluation Systems", *Journal of American Statistics Association*, 58, September, 1963: 799-806.

57. Nagarajan, Meyer, "Rural Finance: Recent Advances and Emerging Lessons, Debates, and Opportunities", AEDEWP-0041-05, 2005: 3-52.

58. Neuner, M., G. Raab, L. A. Reisch, "Compulsive Buying in Maturing Consumer Societies: An Empirical Reinquiry", *Journal of Economic Psychology*, Vol. 26(4), 2005: 509-522.

59. Pagura, Maria, Marie Kirsten, "Formal-Informal Financial Linkages: Lessons from Developing Countries", *Small Enterprise Development*, 2006, 40(4): 67-75.

60. Pearce, Davis, Onumah, et al., "Making Rural Finance Count for the Poor", DFID, 2004: 5-20.

61. Petrick, Martin, "Farm Investment, Credit Rationing, and Governmentally Promoted Credit Access in Poland: A Cross-Sectional Analysis", *Food Policy*, Vol. 29, Issue 3, June, 2004: 275-294.

62. Putnam, Robert D., "The Prosperous Community: Social Capital and Public Life", *The American Prospect*, Vol. 4, No. 13, March 21, 1993.

63. Rafael La Porta, Florencio Lopez-De-Silanes, Andrei Shleifer and Robert W. Vishny, "Legal Determinants of External Finance", *The Journal of Finance*, Vol. 52, No. 3, Papers and Proceedings Fifty-Seventh Annual Meeting, American Finance Association, New Orleans, Louisiana January 4-6, Jul., 1997: 1131-1150.

64. Rafael La Porta, Florencio Lopez-De-Silanes, Andrei Shleifer and Robert W. Vishny, "A Model of Investor Sentiment", *Journal of Financial*

Economics, Vol. 49, Issue 3, September, 1998: 307-343.

65. Ross Levine, "Financial Development and Economic Growth: Views and Agenda", *Journal of Economic Literature*, Vol. 35, No.2, Jun., 1997: 688-726.

66. Rutherford, Stuart, "The New World of Microenterprise Finance-Building Healthy Financial Institutions For the Poor", 1994.

67. Seibel, Hans Dieter, "Mainstreaming Informal Financial Institutions", *Journal of Developmental Entrepreneurship*, Vol. 6, No. 1, April, 2001: 83-95.

68. Siamwalla, Ammar, Chirmsak Pinthong, Nipon Poapongsakorn, Ploenpit Satsanguan, Prayong Nettayarak, Wanrak Mingmaneenakin and Yuavares Tubpun, "The Thai Rural Credit System: Public Subsidies, Private Information, and Segmented Markets", *World Bank Economic Review*, 1990, 4 (3): 271-295.

69. Steel, William F., et al., "Informal Financial Markets under Liberalization in Four African Countries", *World Development*, 1997, 25(5).

70. Stiglitz, J. E., A. Weiss, "Credit Rationing in Markets with Imperfect Information", *The American Economic Review*, 1981, 71(3).

71. Swinnen, J. F. M., H. R. Gow, "Agricultural Credit Problems and Policies during the Transition to a Market Economy in Central and Eastern Europe", *Food Policy*, Vol. 24, 1999(1): 21-47.

72. Tedeschi, G. A., "Here Today, Gone Tomorrow: Can Dynamic Incentives Make Microfinance More Flexible? ", *Journal of Development Economics*, 2006, 80(1): 84-105.

73. Townsend, Robert M., "Consumption Insurance: An Evaluation of Risk-Bearing Systems in Low-Income Economies", *The Journal of Economic Perspectives*, Vol. 9, No. 3, Summer, 1995: 83-102.

74. Tsai, Kellees, "Imperfect Substitutes: The Local Political Economy of Informal Finance and Microfinance in Rural China and India", *World Development*, Vol. 32(9), 2004: 1487-1507.

75. Varghese, "Bank-Moneylender Linkages as an Alternative to Bank Competition in Rural Credit Market", *Oxford Economic Papers*, Vol. 57, 2005: 315-335.

76. Wenner, Mark D., "Group Credit: A Means to Improve Information Transfer and Loan Repayment Performance", *Journal of Development Studies*, Vol. 32(20), 1995: 263-281.

77. Wydick, Bruce "Can Social Cohesion Be Harnessed to Repair Market Failures? Evidence from Group Lending in Guatemala", *The Economic Journal*, Vol. 109, Issue 457, July, 1999: 463-475.

78. Yaron, Benjamin, "Developing Rural Financial Markets", *Finance and Development*, 1997, 12: 40-43.

79. Zeller, Schrieder, Braun, et al., "Rural Finance for Food Security of the Poor: Implications for Research and Policy", *Food Policy Review*, 1997(4): 15-81.

后 记

　　在西部农村生活过的我对农村有着无比深厚的感情,一人一物、一事一情、一山一水、一草一木都给我留下不可磨灭的记忆。70—80年代我所在的农村远离都市尘嚣,生活节奏缓慢。民风淳朴,互帮互助,红白喜事,敲锣打鼓,唢呐声声,其乐融融。印象尤其深刻的是炊烟袅袅、清风阵阵、鸡犬相闻、牧牛晚归、雨打芭蕉、蛙声一片、麦浪翻滚、稻穗低垂。我的童年生活是快乐的,可以在山顶引吭高歌,可以在溪谷安静沉思,可以在院坝轻声朗读,可以在田边梦想未来。虽然也干过一些重活,如栽秧、打谷、挖地、拔草、背煤、挑水、砍柴,但是父母为了让我有更多的时间学习,干得更多的是轻活,如放牛、拾菌、割草、煮饭。所以有闲暇时间可以去撒欢,如爬树、野泳、嬉戏,可以在放学后收听"小喇叭"节目中孙敬修老爷爷讲《西游记》,牵着水牛阅读《儿童文学》《少年文艺》。犹记童年时,山花烂漫、溪流潺潺,映入眼帘皆美景。可以尽情欣赏云卷云舒、朝旭晚曛、寒霜暖阳、飞过天空的银色飞机;可以尽情欣赏花开花谢、晨露暮霭、白雪远山、不约而至的蒙蒙细雨。见证风霜雨雪,走过春夏秋冬,虽然也曾艰辛岖崎,于我却是甘之若饴。在农村的生活磨练了我的意志,增添了阅历,丰富了人生。我的家庭尊师重教,当时堂屋中张贴有用毛笔写的"天地君亲师位"几个大字,还有马克思、恩格斯、列宁、毛泽东画像,以及开国十大元帅画像等。父母虽有劳作之苦,却也有收获之乐。家中的粮仓越来越大，主食中白米的占比也达到了百分之百。我自启蒙以来，从乡村的梁平小学读到乡镇的鹿场中学，再到县城的南江中学，曾翻山越岭，跋山涉水，然后来到重庆读本科直至获得博士学位。与家乡的距离越来越远，而乡情却是越来越浓，"三农"问题早已成为我在学术研究中极其重要的一隅天地。

本著作是 2012 年国家社科基金青年项目《农村消费信贷促进法律机制研究》（12CFX071）的最终研究成果。本著作得到了国家哲学社会科学办公室以课题方式的大力支持，历经十年终于完成。西南政法大学经济法学院，中央与地方共建实验基地重庆市首批重点人文社会科学研究基地——西南政法大学中国农村经济法制创新研究中心，以及中央与地方共建项目——西南政法大学中国财税法治研究院，为本著作的完成提供了诸多研究条件和研究平台；结题成果的 5 位鉴定专家为本著作提出了非常有价值的意见和建议。本著作成果入选西南政法大学建校 70 周年校庆教授文库系列丛书而得到出版资助。商务印书馆的黄显深、李强先生为本著作的出版付出了巨大努力和辛劳，在此一并表示衷心感谢！

特别感谢我的博士生导师李昌麒教授。他虽然已步入耄耋之年还为本著作作序。更为感动的是，2019 年 5 月 31 日，是中国法学会党组成员、学术委员会主任张文显教授代表中国法学会为李昌麒教授荣获"全国杰出资深法学家"授牌的日子。李老师早早来到学校，抽空翻阅了书稿并留下亲笔签名。李昌麒教授作为一名"心系'三农'的经济法学者"，从 20 世纪 80 年代以来对"三农"问题展开了卓有成效的法学研究，将经济法学界对"三农"问题的研究推向了一个新的高度。1999 年他应邀在中共中央第九次法制讲座上，以"依法保障和促进农村的改革、发展与稳定"为题，向时任中央领导人系统阐述了"农村法治"思想，在农村经济法制研究方面做出了居功至伟的贡献。特别感谢卢代富教授。早在 1986 年他就积极参与了李昌麒教授作为主研人承担的我国第一项有关农村经济法制的国家社科基金项目"中国农村经济法制研究",也发表了系列相关论文。基于他长期的研究积淀,在本选题申报国家社科基金项目以及后期的研究过程中,卢老师提出了非常有价值的意见和建议。特别感谢我的硕士生导师江帆教授的辛苦指导和帮助。江老师长期关注"三农"问题,多次带领学生到各地进行调研,积累了丰富的、鲜活的第一手资料。她接地气的研究让后辈们感动。从2004年12月开始,我就在江帆教授的引荐之下担任李昌麒教授的学术助手和学科秘书,一直近水楼台的沐浴着学科各位老师的智慧之光。他们是张怡教授、岳彩申教授、盛学军教授、邓纲教授、曹明德教授、胡光志教授、吴越教授。虽然部分老师已经退休或者调离学校,但是他们在中国农村问题方面的研究,对我产生的深刻影响还深深地留在记忆之中。正是前辈们对中国农村问题的执着和专注,以及经年累月的丰硕著述积淀,影响并引领着我终日乾乾、与时偕行,让我能够不断取得新的学术成果。特别提及的是,该课题的阶段性成果还被《人民日报内参》刊发。

还要感谢西南政法大学马克思主义学院黄晓梅副教授对第二章"实证研究"中调查问卷设计、调查对象选择、调查计划安排、调查问卷回收整理方面付出的辛劳。也要感谢西南医科大学羊海燕教授在第二章"实证研究"中运用 SPSS 软件对调查问卷进行的分析工作。四川天府银行综合部总经理助理、科技金融事业部总裁助理陈学勇先生为本著作的调查问卷设计及研究大纲提出了很好的意见和建议,这里也一并表示感谢。

本课题的最终完成,也实现了学术研究与人才培养的统一。我指导的硕士研究生王小朵、唐灿、王楠、王俊霞、胡丹、张瑞峰、李运等同学的法学(律)硕士的毕业论文分别以本著作的子课题作为毕业论文的选题方向,他们完成的学位论文也为本著作的完成以及本著作的最终出版做出了一定的贡献。博士生闫晴、曲君宇,硕士生谭鑫、晏小刚、赵文瑞、叶茂林、王俊霞、胡丹、彭婷婷、赵博、罗世杰、魏于凯等同学进行了繁杂的问卷整理、文字校对、注释核对工作，还有参加调研的我校的几十名本科同学以及东中西部被调研的信贷机构和信贷客户也为本著作的最终出版做出了贡献，在此一并表示感谢！当然，文责全部由我自负。

更要感谢故乡父母一直给予我最深厚的关爱、包容、鼓励和支持。妻子黄晓梅副教授不但承担了著作的一部分工作，同时也为我组织协调完成本著作以及最后付梓付出了辛劳。做课题的过程也是伴随女儿成长的过程。随着课题的完成，女儿也从一年级到了高二，她每天的点滴进步也是我完成本著作的持续动力。

囿于作者的研究能力和认识水平，本著作难免有许多不足之处，敬请读者批评指正！有任何意见和建议请发到邮箱782918534@qq.com，谢谢！

最后，谨以此书献给我深爱的故乡的那些人、那些景，以及发生过、发生着的那些事。

胡元聪
2022 年 1 月 6 日于重庆中央公园悦秀上东 3 期